刑事诉讼法

XING SHI SU SONG FA

■主　编　汪海燕
■副主编　肖沛权

中国政法大学出版社

2015·北京

声 明	1. 版权所有，侵权必究。
	2. 如有缺页、倒装问题，由出版社负责退换。

图书在版编目（CIP）数据

刑事诉讼法 / 汪海燕主编. —北京：中国政法大学出版社，2015.10
ISBN 978-7-5620-6387-2

Ⅰ.①刑… Ⅱ.①汪… Ⅲ.①刑事诉讼法－中国－教材 Ⅳ.①D925.2

中国版本图书馆CIP数据核字(2015)第243070号

出 版 者	中国政法大学出版社
地 址	北京市海淀区西土城路25号
邮寄地址	北京100088 信箱8034分箱 邮编100088
网 址	http://www.cuplpress.com（网络实名：中国政法大学出版社）
电 话	010-58908285(总编室) 58908433(编辑部) 58908334(邮购部)
承 印	北京朝阳印刷厂有限责任公司
开 本	720mm×960mm 1/16
印 张	25
字 数	480千字
版 次	2015年10月第1版
印 次	2015年10月第1次印刷
定 价	38.00元

PREFACE

前 言

2012年3月14日第十一届全国人民代表大会第五次会议通过了《关于修改〈中华人民共和国刑事诉讼法〉的决定》。为保证修改后《刑事诉讼法》的正确有效实施，最高人民法院、最高人民检察院、公安部以及全国人大常委会法制工作委员会等从2012年11月开始相继分别或联合制定了若干个解释文件。刑事司法实践也因之发生了较大变化。在此背景下，我们组织编写了这本教材。

本教材的编撰紧扣教育部制定的刑事诉讼法学的教学大纲，分为绪论、总论、证据论、程序论与附论五编，具有如下特色：

其一，关注前沿。本教材适当地将近年来刑事诉讼改革研究所取得的较为成熟的成果吸收进来，力求体现我国立法、司法以及学术研究的最新动态。此外，本教材以2012年修改后的《刑事诉讼法》以及最新发布的司法解释为主要阐述依据，资料更新至2015年5月31日。

其二，理论联系实践。由于刑事诉讼法学是一门实践性很强的学科，本教材在编写上结合这一特点，注重理论性和实践性的统一，注意结合实际案例阐释有关法律原则、制度、规则、程序，这既能完成作为大学法学本科、法律硕士教材的任务，又能够为司法实践活动提供参考。

其三，立足本土，适度介绍域外有影响力的理论和制度。本教材重点阐释我国现行《刑事诉讼法》及有关司法解释所规定的原则、制度、程序的内容。对域外相关理论和制度虽然着墨不多，但是，对于一些对我国刑事诉讼制度发展有重要影响的相关内容，本书也加以介绍，以求读者在了解我国刑事诉讼制度同时，能够把握刑事诉讼制度的发展动态。

《刑事诉讼法》是法学主干课程教材之一，由汪海燕主编，肖沛权任副主编，并负责全书的统稿工作。作者撰稿分工如下：

汪海燕 法学博士，"2011 计划"司法文明协同创新中心教授，中国政法大学教授，撰写第一、二、九、十二、二十六章

肖沛权 法学博士，中央民族大学讲师，撰写第三、四、五、十七、十九、二十、二十一、二十三、二十五章

赵珊珊 法学博士，中国政法大学副教授，撰写第六、八章

田力男 法学博士，中国人民公安大学讲师，撰写第十三、十四、十五、二十二章

程绍燕 法学博士，北京市法学会编辑，撰写第十、十八章

王迎龙 法学博士，北京工商大学讲师，撰写第七、十一、十六、二十四章

中国政法大学出版社的余娟编辑和隋晓雯编辑为本书的出版不辞辛劳，在此表示诚挚的谢意！

中国政法大学诉讼法学专业博士生付奇艺、马康、硕士生南晨阳等承担了部分文字校对、核查等工作，在此一并表示感谢！本书出版受中国政法大学优秀中青年教师培养支持计划资助，谨致谢意！

本教材的出版凝聚了我们对刑事诉讼法教学的热心与责任感，期望本教材能够在促进我国的刑事诉讼法学教育的发展和司法公正的实现方面发挥一定的作用。本教材的出版，我们做了最大努力，但难免存在不足之处，望读者不吝指正！

汪海燕
2015 年 7 月

目录

前　言...... 001

第一编　绪　论

第一章　刑事诉讼法概述...... 003

第一节　刑事诉讼...... 003

第二节　刑事诉讼法...... 005

第三节　刑事诉讼法学...... 009

第二章　刑事诉讼基本范畴...... 013

第一节　刑事诉讼目的...... 013

第二节　刑事诉讼价值...... 016

第三节　刑事诉讼职能...... 019

第四节　刑事诉讼结构...... 021

第三章　刑事诉讼法的基本理念...... 024

第一节　惩罚犯罪与保障人权相结合...... 024

第二节　程序公正与实体公正并重...... 027

第三节　追求诉讼效率...... 030

第四章 我国刑事诉讼法的历史发展......033
第一节 我国古代的刑事诉讼法......033
第二节 我国近现代刑事诉讼法......038
第三节 中华人民共和国的刑事诉讼法......041

第二编 总 论

第五章 刑事诉讼专门机关与诉讼参与人......047
第一节 刑事诉讼中的专门机关......047
第二节 刑事诉讼中的诉讼参与人......054

第六章 刑事诉讼的基本原则......064
第一节 概 述......064
第二节 国际通行的刑事诉讼基本原则......065
第三节 我国刑事诉讼的基本原则......071

第七章 管 辖......081
第一节 概 述......081
第二节 立案管辖......083
第三节 审判管辖......088

第八章 回 避......096
第一节 回避的概念和种类......096
第二节 回避的人员范围、理由......097
第三节 回避的程序......100

第九章 辩护与代理......105
第一节 辩 护......105
第二节 代 理......116
第三节 刑事法律援助制度......117

第十章 强制措施...... 121

第一节 概　述...... 121

第二节 拘　传...... 123

第三节 取保候审...... 124

第四节 监视居住...... 127

第五节 拘　留...... 130

第六节 逮　捕...... 133

第十一章 附带民事诉讼...... 139

第一节 概　述...... 139

第二节 附带民事诉讼的成立条件...... 142

第三节 附带民事诉讼的提起...... 145

第四节 附带民事诉讼的审理程序...... 146

第十二章 期间与送达...... 150

第一节 期　间...... 150

第二节 送　达...... 155

第三编　证据论

第十三章 刑事证据...... 161

第一节 概　述...... 161

第二节 刑事证据的法定种类...... 164

第三节 刑事证据的理论分类...... 172

第十四章 刑事证据规则...... 175

第一节 概　述...... 175

第二节 非法证据排除规则...... 177

第三节 传闻证据规则...... 180

第四节 意见证据规则...... 183

第五节 最佳证据规则……185

第六节 补强证据规则……188

第十五章 刑事证明……190

第一节 概　述……190

第二节 证明主体……191

第三节 证明对象……193

第四节 证明责任……198

第五节 证明标准……200

第四编　程序论

第十六章 立　案……207

第一节 概　述……207

第二节 立案的材料来源和条件……209

第三节 立案的程序……213

第十七章 侦　查……220

第一节 概　述……220

第二节 侦查行为……222

第三节 侦查终结……239

第四节 补充侦查……242

第五节 侦查监督……244

第十八章 起　诉……246

第一节 概　述……246

第二节 审查起诉……247

第三节 提起公诉……249

第四节 不起诉……254

第五节 提起自诉……256

第十九章　刑事审判的基本理论...... 259
第一节　概　述...... 259
第二节　刑事审判原则...... 259
第三节　刑事审判组织...... 261
第四节　刑事审级制度...... 266
第五节　刑事裁判...... 268

第二十章　第一审程序...... 272
第一节　概　述...... 272
第二节　公诉案件的第一审程序...... 272
第三节　自诉案件的第一审程序...... 283
第四节　简易程序...... 285

第二十一章　第二审程序...... 288
第一节　概　述...... 288
第二节　第二审程序的提起...... 289
第三节　第二审程序的审判...... 292
第四节　在法定刑以下判处刑罚的特别程序...... 299

第二十二章　死刑复核程序...... 301
第一节　概　述...... 301
第二节　死刑立即执行案件的复核程序...... 305
第三节　死刑缓期二年执行案件的复核程序...... 309

第二十三章　审判监督程序...... 311
第一节　概　述...... 311
第二节　审判监督程序的提起...... 315
第三节　依照审判监督程序对案件的重新审判...... 323

第二十四章 执　行…… 327

第一节　概　述…… 327

第二节　各种判决、裁定的执行…… 329

第三节　执行的变更与其他处理…… 335

第四节　人民检察院对执行的监督…… 343

第二十五章 特别程序…… 346

第一节　概　述…… 346

第二节　未成年人刑事案件诉讼程序…… 346

第三节　当事人和解的公诉案件诉讼程序…… 353

第四节　犯罪嫌疑人、被告人逃匿、死亡案件违法所得的没收程序…… 358

第五节　依法不负刑事责任的精神病人的强制医疗程序…… 363

第五编　附　论

第二十六章 联合国刑事司法准则与我国刑事诉讼…… 373

第一节　概　述…… 373

第二节　联合国公约中的刑事司法国际准则…… 376

第三节　联合国刑事司法准则与我国刑事诉讼…… 382

附　本书法律文件简称表…… 388

第一编
绪 论

第一章 刑事诉讼法概述

第一节 刑事诉讼

一、刑事诉讼的概念

"诉讼"一词有多重含义。在现代意义上,"诉"为"告诉"、"控告","讼"为"纠纷"、"争论",诉讼是指原告方针对被告方提出控诉,由裁决机关解决争议的活动。中国古代虽有"诉讼"一词,但同现代意义上的诉讼有很大差异。现代意义上的诉讼起源于西方,西方国家的"诉讼"源于拉丁文 precessus,意思为向前推进。后演化为英语中的"procedure",含义为程序、过程、方法等。我国在清末修律时从日本引入了现代意义上"诉讼"和"刑事诉讼"概念。

根据解决的争议性质不同,现代诉讼可以分为刑事诉讼、民事诉讼和行政诉讼三种。刑事诉讼是以解决被追诉人是否承担刑事责任为核心的诉讼形式。我国的刑事诉讼是指,公安司法机关在当事人及其他诉讼参与人的参加下,依照法定程序,解决被追诉人刑事责任问题的活动。与民事诉讼和行政诉讼相比,刑事诉讼主要有如下特征:

第一,刑事诉讼活动由公安司法机关主持。《宪法》第 135 条规定:"人民法院、人民检察院和公安机关办理刑事案件,应当分工负责,互相配合,互相制约,以保证准确有效地执行法律。"根据宪法的规定,人民法院、人民检察院和公安机关在刑事诉讼中分别依法行使职权,其中,人民法院行使审判权,人民检察院行使审查批准逮捕权、公诉权、部分案件侦查权以及法律监督权,公安机关行使大部分案件的侦查权。

第二,刑事诉讼是在当事人和其他诉讼参与人参加下进行的活动。为了查明案件事实,正确适用法律,不仅需要公安司法机关依法行使国家权力,而且需要当事人和其他诉讼参与人的参加。对于绝大多数案件而言,如果没有被害人告发犯罪事实,鉴定人对特定问题进行鉴定,辩护人维护被追诉人的合法权益等活动,就难以准确、及时地查明案件事实,解决被追诉人的刑事责任问题。

第三,刑事诉讼是严格依照法定程序进行的活动。《刑事诉讼法》第3条规定:"人民法院、人民检察院和公安机关进行刑事诉讼,必须严格遵守本法和其他法律的有关规定。"刑事诉讼不仅直接关系公民的财产和人身自由等基本权利的剥夺或限制,甚至关乎其生命权的剥夺。因此,宪法和刑事诉讼法等对于行使国家权力的公安司法机关进行了严格的限制,通过法律规定的程序对刑事诉讼活动加以严格规范和制约,防止权力的滥用。

第四,刑事诉讼是实现国家刑罚权的活动。刑事诉讼围绕被追诉人有无实施犯罪活动、实施何种或哪些犯罪行为以及如何适用刑罚等问题展开,其中心内容是:在依法查明被追诉人刑事责任的基础上,确定被追诉人的刑事责任,最终实现国家刑罚权。

二、刑事诉讼阶段

刑事诉讼是由若干个相对独立的刑事诉讼单元组成。由于任务和目的相同,这些单元被称之为刑事诉讼阶段。

我国刑事诉讼公诉案件一般包括立案、侦查、起诉、审判和执行五个阶段。这一划分主要是考虑到刑事诉讼活动的动态流程。就大多数案件而言,没有立案就无法开始侦查活动;非经侦查活动,就无法决定是否提起公诉;非经检察机关提起公诉,法院就不能进行审判,也就无法解决被追诉人的刑事责任问题;非经执行,则无法实现刑事裁判的内容。此外,在一些特殊情形下,一些案件还有死刑复核程序和审判监督程序两个特殊阶段。但是,并非所有案件都会经过特殊程序,死刑复核程序只适用于被告人被判处死刑的案件,审判监督程序只适用于已生效的裁判确有错误的情形。

在刑事诉讼中,审判应为诉讼的中心环节。这不仅是因为审判最集中地体现了刑事诉讼的各项基本原则,形成了控辩平等对抗、中立第三方居中裁判的结构,而且审判是解决被追诉人刑事责任问题的最终阶段。只有经过审判,才能确定被追诉人是否承担刑事责任以及是否适用刑罚。

2011年10月5日上午,"华平号"和"玉兴8号"两艘商船在湄公河金三角水域遭遇袭击,13名中国籍船员全部惨遭枪杀,震惊中外的"湄公河惨案"进入国际国内社会视线。中国公安机关在老挝、缅甸、泰国三国警方的密切配合下,成功侦破此案,抓获了糯康、桑康·乍萨、依莱、扎西卡、扎波、扎拖波等主要犯罪嫌疑人。经过协商,老挝警方将犯罪嫌疑人糯康等人及时移交中国。

2012年8月12日,昆明市人民检察院对糯康等6人正式向昆明市中级人民法院提起公诉。11月6日，云南省昆明市中级人民法院对糯康等被告人故意杀人、运输毒品、绑架、劫持船只案进行一审公开宣判，判处被告人糯康、桑康·乍萨、依莱、扎西卡四人死刑；判处被告人扎波死刑，缓期两年执行；判处被告人扎拖波有期徒刑八年；同时判决六被告人连带赔偿各附带民事诉讼原告人共计人民币六百万元。

宣判后，各被告人均表示上诉。12月26日，云南省高级人民法院进行了二审宣判，裁定驳回上诉、维持原判，并依法报请最高人民法院核准糯康、桑康·乍萨、依莱、扎西卡的死刑裁定。2013年3月1日，糯康、桑康·乍萨、依莱、扎西卡四人被执行注射死刑。

上述"湄公河惨案"从立案、侦查、起诉到审判和执行的全过程就是刑事诉讼活动。

第二节 刑事诉讼法

一、刑事诉讼法的概念和属性

刑事诉讼法是规范刑事诉讼活动的法律规范的总称。在我国，刑事诉讼法是指国家制定的规范公安司法机关与当事人和其他诉讼参与人进行刑事诉讼活动的法律规范。刑事诉讼法的具体内容主要包括：①刑事诉讼的原则、规则和制度；②刑事诉讼中公安司法机关与当事人和其他诉讼参与人的权力（权利）和义务；③刑事诉讼的具体程序。

刑事诉讼法有狭义和广义之分。狭义的刑事诉讼法仅指国家立法机关制定的统一的刑事诉讼法典。我国现行刑事诉讼法典于1979年7月1日第五届全国人民代表大会第二次会议通过，此后经过1996年3月17日第八届全国人民代表大会第四次会议和2012年3月14日第十一届全国人民代表大会第五次会议两次修正。

广义的刑事诉讼法指一切有关刑事诉讼活动的全部法律规范，包括刑事诉讼法典和有关刑事诉讼活动的一切法律、法规、条例、规定和司法解释等。刑事诉讼法的概念通常从广义上加以理解。

对刑事诉讼法，按照不同角度的考察，具有如下属性：

（1）刑事诉讼法属于基本法。我国的法律按其效力和层次可以分为宪法、基本法和一般法律。宪法为我国的根本大法；基本法是必须由全国人民代表大会制定和通过的重要法律；一般法律则由全国人民代表大会常务委员会通过。刑事诉讼法是十分重要的部门法，在我国法律体系中占重要地位，其制定应由全国人民代表大会审议通过。

（2）刑事诉讼法属于公法。公法与私法的划分，最早由古罗马法学家乌尔比安提出。公法是调整国家机关之间以及国家与个人之间关系的法律，私法是调整社会成员之间关系的法律。刑事诉讼法调整的是刑事诉讼中的公安司法机关与当事人及其他诉讼参与人的关系，因而它属于公法体系的一部分，对刑事诉讼中规范国家权力的行使与保护公民的权利具有非常重要的意义。

（3）刑事诉讼法属于程序法。根据法律的内容和作用可大体分为实体法与程序法。实体法是规定实质内容（如权利、义务、罪与刑等）的法律；程序法是规定司法机关司法程序和行政机关执法程序的法律。刑事诉讼法作为程序法，规定了公安司法机关和当事人、诉讼参与人如何进行刑事诉讼活动，具有较强的可操作性。程序法的意义在现代以来不断得到弘扬。程序法被普遍认为与实体法处于同等重要的地位，并在某些情况下优于实体法的适用。

二、刑事诉讼法的渊源

刑事诉讼法的渊源是指刑事诉讼法律规范的表现形式。我国刑事诉讼法的渊源有以下几种：

（一）宪法

宪法是国家的根本大法，具有最高的法律效力，也是制定一切法律的根据。刑事诉讼法的制定与修改也应当体现宪法的内容和精神。《刑事诉讼法》第1条开宗明义地指出："为了保证刑法的正确实施，惩罚犯罪，保护人民，保障国家安全和社会公共安全，维护社会主义社会秩序，根据宪法，制定本法"。宪法还规定了一些与刑事诉讼直接有关的原则和制度，如依法独立行使审判权、检察权，审判公开，辩护等。这些规定通过《刑事诉讼法》的具体条文加以体现，如《刑事诉讼法》第5条规定："人民法院依照法律规定独立行使审判权，人民检察院依照法律规定独立行使检察权，不受行政机关、社会团体和个人的干涉"；第11条规定："人民法院审判案件，除本法另有规定的以外，一律公开进行。被告人有权获得辩护，人民法院有义务保证被告人获得辩护。"

（二）刑事诉讼法典

我国现行的刑事诉讼法典是《刑事诉讼法》，它于1979年7月1日由第五届全国人民代表大会第二次会议通过、1980年1月1日施行，经1996年3月17日第八届全国人民代表大会第四次会议第一次修正、1997年1月1日施行，经2012年3月14日第十一届全国人民代表大会第五次会议第二次修正、2013年1月1日实施。这是我国刑事诉讼法的主要法律渊源。

（三）其他有关法律规定

在我国法律体系中，有关刑事诉讼的法律规定分为两类：一类是全国人民代表大会及其常务委员会制定的法律中涉及相关刑事诉讼的规定，如《刑法》、《人民法院组织法》、《人民检察院组织法》、《警察法》、《国家安全法》、《监狱法》、《律师法》、《未成年人保护法》等。另一类是全国人民代表大会及其常务委员会就刑事诉讼有关问题所作的专门规定，如1983年9月2日第六届全国人民代表大会常务委员会第二次会议通过的《关于国家安全机关行使公安机关的侦查、拘留、预审和执行逮捕的职权的决定》等。

（四）司法解释

根据《全国人民代表大会常务委员会关于加强法律解释工作的决议》，最高人民法院、最高人民检察院就审判工作和检察工作中如何具体运用刑事诉讼法，可以制定司法解释。主要包括：六部门《规定》、最高法《解释》、最高检《规则》、两院二部《办理死刑案件意见》、两院三部《非法证据排除规定》等。

（五）行政法规和规章

行政法规是指国务院制定的包含刑事诉讼内容的行政法规；规章是指国务院各部门制定的包含刑事诉讼内容的规章。前者如国务院通过的《法律援助条例》等，后者如公安部《规定》等。

（六）国际条约

"条约必须遵守"是一项古老的习惯法准则，也是国际法的重要原则。我国加入国际公约后，也应当履行国际公约规定的义务。国际条约属于我国法律的渊源之一。中国已陆续加入了25项国际人权公约。[1] 其中同刑事诉讼相关，比较重要的有：1998年10月5日我国政府签署的联合国《两权公约》，2003年8月27日全国人大常委会批准的联合国《打击跨国犯罪公约》，2003年12月10日我国政府签署的联合国《反腐败公约》。因此，凡是我国签署、批准加入了的国际公约中有关刑事诉讼的规定，都属于我国刑事诉讼法的渊源，必须加以遵守和施行。

以上法律规范的适用，要注意法律位阶问题。宪法作为国家的根本大法，具有最高的法律效力，任何同宪法相抵触的法律都会失去法律效力。宪法以下的法律，也必须遵循上位法优先的原则。例如，一般法和基本法相矛盾时，应当适用基本法；行政法规和一般法相矛盾时，应当执行一般法，等等。

三、刑事诉讼法与邻近部门法的关系

（一）刑事诉讼法与刑法

刑事诉讼法与刑法是两个关系最为密切的法律，共同构成了刑事法的整体内

---

[1] 见2009年4月13日国务院新闻办公室发布的《国家人权行动计划（2009—2010年）》以及2010年9月发布的《2009年中国人权事业的发展》白皮书。

容，是刑事程序法与刑事实体法的关系。刑法规定了犯罪与刑罚的问题，在静态上对国家刑罚权进行限制；刑事诉讼法是规定追诉犯罪的程序、公安司法机关的权力范围、当事人以及诉讼参与人的诉讼权利以及相互之间的法律关系，从动态的角度为国家实现刑罚权施加一系列程序方面的限制。

刑事诉讼法的主要价值之一在于保障刑法的正确实施。例如，我国《刑事诉讼法》第1条规定："为了保证刑法的正确实施……根据宪法，制定本法。"我国刑事诉讼法赋予了公安司法机关一系列权限，规定了一系列诉讼制度和程序设计，这些均为其查清案件事实和准确适用法律奠定了基础，从而保证刑法的正确实施。因此，正是由于刑事诉讼法的存在，刑法的内容才得以实现，才会从纸面上的法变成"实际的法"。在理论界，通常将刑事诉讼法保证刑法内容得以实现的价值，称为"工具价值"。

刑事诉讼法除具有工具价值外，还具有自身的独立价值。在刑事诉讼法中，有很多内容与查清事实、惩罚犯罪并无直接关联，甚至在一些特定情形下还有可能阻碍国家刑罚权的实现。如现代文明国家均禁止刑讯逼供，并规定通过刑讯取得的供述不能作为定案的根据。在此背景下，即使通过刑讯逼供取得的供述是真实的，也应当排除。此种规定追求的主要目标是司法文明、保障人权，而不是为了查清案件事实或惩罚犯罪。在诉讼中，很多类似的制度或规则，如回避制度、审判公开原则等，其体现的主要价值取向是规范权力、保障人权等。随着人权保障呼声高涨和诉讼民主化的发展，刑事诉讼法独立价值越来越受到重视。尤其是人类历经两次世界大战的荼毒后，人们更加认识到，追求秩序、社会安宁不能以牺牲基本人权为代价。

（二）刑事诉讼法与民事诉讼法、行政诉讼法

刑事诉讼法与民事诉讼法、行政诉讼法都是程序法，是为正确实施相应的实体法而制定的，并因此规定了诸多共同的原则和制度，如司法机关依法独立行使职权，审判公开，以本民族语言文字进行诉讼等。但是，由于刑事诉讼法、民事诉讼法和行政诉讼法所解决的实体内容不同，它们有以下几点主要的区别：

1. 实体问题。实体问题的不同是区别刑事诉讼法和民事诉讼法、行政诉讼法最主要的界点。刑事诉讼法解决的是被追诉人的刑事责任问题；民事诉讼法解决的是原告与被告之间的权利、义务的纠纷问题；行政诉讼法要解决的是公民、法人和其他组织与行政机关之间因具体行政行为发生的纠纷问题。

2. 诉讼主体。参与刑事诉讼的国家机关包括人民法院、人民检察院和公安机关，而参与民事诉讼、行政诉讼的国家机关主要为人民法院，极少涉及人民检察院和公安机关。刑事诉讼中的当事人是被害人、自诉人和犯罪嫌疑人、被告人以及附带民事诉讼的原告人、被告人，而民事诉讼和行政诉讼中的当事人是原

告、被告以及第三人。

3. 诉讼原则。刑事诉讼法特有的原则主要有，未经人民法院依法判决对任何人都不得确定有罪，犯罪嫌疑人、被告人有权获得辩护等；民事诉讼法特有原则为，当事人平等原则，调解原则，处分原则等；行政诉讼法特有原则为，对具体行政行为进行合法性审查原则，不适用调解原则等。

4. 证据制度。《刑事诉讼法》第49条规定："公诉案件中被告人有罪的举证责任由人民检察院承担，自诉案件中被告人有罪的举证责任由自诉人承担。"这说明刑事诉讼法中控诉方负举证责任，被告方不负举证责任；民事诉讼法实行"谁主张、谁举证"，当事人对自己积极主张的事实负有举证责任；行政诉讼法实行被告负举证责任。另外，在证明主体、证明标准和证明对象等方面，三种诉讼之间也有较大差异。

5. 诉讼程序。刑事诉讼的诉讼程序主要包括立案、侦查、起诉、审判和执行程序。其中，审判程序中的死刑复核程序和2012年《刑事诉讼法》再修正时增加的四个特别程序，都是刑事诉讼法所独有的。民事诉讼、行政诉讼的程序分为审判程序和执行程序。

第三节　刑事诉讼法学

一、刑事诉讼法学的研究对象

刑事诉讼法学的研究对象包括刑事诉讼法律规范、刑事诉讼实践和刑事诉讼理论。这不仅包括当代中国的刑事诉讼法律规范、实践和理论，而且涵盖外国和历史上的刑事诉讼法律规范、实践和理论。

（一）刑事诉讼法律规范

我国《刑事诉讼法》是刑事诉讼法学的首要研究对象。此外，其他法律、法规、规章中有关刑事诉讼的制度、程序的规定，以及最高人民法院、最高人民检察院就审判、检察业务中具体应用刑事诉讼法所作的司法解释，都属于刑事诉讼法学的研究对象。

对刑事诉讼法律规范的研究，首先要准确解读刑事诉讼法的条文含义，同时还要研究刑事诉讼法律规范各个条文之间的关系、各个部分之间的关系以及有关刑事诉讼法律规范之间的关系。刑事诉讼法律规范的理解往往受到立法背景、立法指导思想及其所反映的法律价值选择的影响。因此，为了准确了解和适用刑事诉讼法律规范，在对法律条文进行深入、细致研究的同时，还必须注意研究立法背景和指导思想等，便于深入理解和贯彻法律条文。

另外，随着我国签署加入的国际公约逐渐增多，特别是联合国《两权公约》等同刑事诉讼法有密切联系的国际公约的签署，我国刑事诉讼受到国际刑事司法准则的影响不断增强，加强此领域研究的重要性愈发突出。

（二）刑事诉讼实践

刑事诉讼法学是一门同社会实践紧密结合的法学学科。因此，刑事诉讼法律规范在刑事司法实践中的适用和实施情况必然成为刑事诉讼法学的重要研究内容。

研究刑事诉讼实践，不仅要发现和解决具体贯彻实施刑事诉讼法过程中存在的问题，更要针对刑事司法实践中出现的新问题及时加以回应，将刑事诉讼法研究同刑事司法实践的需求结合起来。刑事诉讼法学离开了实践，便成为无本之木，无源之水。刑事司法实践是检验"纸面上的法律"是否合理、是否科学，在积累刑事司法实践的基础上健全刑事诉讼法律制度，才能发挥刑事诉讼法应有的作用。

（三）刑事诉讼法理论

刑事诉讼法理论是一个系统的结构，在全面掌握基本理论的基础上，才有可能推动刑事诉讼法学研究向前迈进。

刑事诉讼法理论是随着刑事诉讼法学研究水平的提高，以及对刑事诉讼司法实践的总结而不断获得发展的。近代意义上的刑事诉讼法学理论是随着西方资本主义社会和法制的建立而逐渐形成。近代西方的刑事诉讼法学主要分为大陆法系和英美法系，大陆法系以德国、法国等为代表形成了体系严谨的刑事诉讼法理论，英美法系以英国和美国为代表形成了独具一格的刑事诉讼法理论。第二次世界大战以后，以美国正当程序理念为代表的英美法系理论对世界各国刑事诉讼法学的影响愈加明显。

新中国的刑事诉讼法学初创于 20 世纪 50 年代初期，在 1979 年后获得了较为快速的发展，至今不仅形成比较完整的体系，而且在一些基本理论范畴上取得了较为丰富的成果。如：关于刑事诉讼的主体、法律关系、目的、价值、结构等；在证据理论上就证据制度与认识论、价值论的关系等一系列理论问题正在进行着深入的研究。

这些理论研究成果对刑事诉讼立法和指导刑事司法实践发挥了重要作用，不仅为刑事诉讼立法提供了科学的根据，而且在一定程度上弥补法律规定的不足，有效地指导了司法实践。

二、刑事诉讼法学的研究方法

所谓研究方法，就是为解决问题而采取的特定研究方式，也即研究者在研究刑事诉讼问题过程中的思维活动。特定问题的研究方法往往影响着研究的最终效果，故研究方法选择的正确与否就显得尤为重要。选择了错误的研究方法甚至会出现"南辕北辙"的效果。在一定程度上，刑事诉讼法学研究本身首先是研究方法的选择。关于刑事诉讼法学的具体研究方法，我们着重指出以下几点：

（一）规范分析的方法

规范分析方法主要是相对于实证分析方法而言，这种研究方法更多的是从规范角度出发，通过对法律规定（规范）的分析形成基本认识，并在字面含义的基础上对法律规范之间的关系进行分析。规范分析方法是以现有的法律规定为前提，认为法律规定本身的存在是分析得以展开的前提条件，并在此基础上对各种具有法律意义的事实进行研究。

通过规范分析可以明确法律条文的含义，这十分有助于初学者获得法律知识，而且对于研究者而言，规范分析是研究的基础，只有在对法律文本的基本含义获得正确认识以后，才有可能对司法实践进行指导。但是，法律文本总是有限的，而司法实践是无限的。通过规范分析的方式获得的知识也具有有限性，甚至可以说，与司法实践之间的鸿沟在一定程度上是难以避免的。这就需要我们在重视规范研究方法的同时引入实证分析的方法。

（二）实证分析的方法

刑事诉讼法学研究必须要有问题意识，但是问题从何而来？在法律文本之外，复杂多样的司法实践为刑事诉讼法学研究提供了鲜活而又有生命力的问题。与此对应，实证分析的方法在近年来的法学研究中越来越受重视。这是因为刑事诉讼法学作为一门实践性很强的学科，必须认真调查研究实际，即应当深入调查刑事司法实践的运行现状，总结刑事司法实践中的成功经验，及时纠正实践中的错误做法，弥补法律规范的不足，解决实践中存在问题。只有不断联系实际才能促进刑事诉讼法学研究的发展。

实证分析的一个重要方面是个案分析，对具体案例的调查研究是刑事诉讼法学研究联系实际的重要方法，通过个案分析可有效地检验理论是否同实践相符合，不断发现实践中的新情况和新问题，这是研究刑事诉讼法的基本途径。

（三）价值分析的方法

刑事诉讼中的价值分析方法，是通过对刑事诉讼法进行分析、评价，来研究刑事诉讼程序。对刑事诉讼法某一问题的具体内容的理解问题，由规范分析来解决，而法律规定是否完备、应当如何完善等问题，则是以实证分析和价值分析为基础的。在运用价值分析的方法时，应当注意以下几个问题：

1. 价值主体多元化。价值分析总是同特定主体及其需求联系在一起，主体不同，价值判断就会存在差异。价值主体的多元化意味着刑事诉讼法学的研究需要对不同价值主体的需求进行考量,不能仅以某一主体的意愿作为价值判断的唯一依据,应当考虑多元价值主体的多元价值追求。例如,具体到刑事诉讼中的强制措施问题,既要考虑到公安机关保障诉讼程序顺利进行,准确、及时查明犯罪的需求,规定一系列的强制措施;也要考虑到保障被追诉人的合法权益,对强制措施设定严格的条件。

2. 价值多元化。不同的主体有不同的价值追求,同一主体也会有不同的价值追求。《刑事诉讼法》第7条规定:"人民法院、人民检察院和公安机关进行刑事诉讼,应当分工负责,互相配合,互相制约,以保证准确有效地执行法律。"但是,人民法院、人民检察院和公安机关在共同价值追求——"准确有效地执行法律"之外,还有各自独立的价值追求。人民法院的价值追求主要是公平、公正地裁决案件,人民检察院价值追求主要是行使国家求刑权和法律监督权,公安机关的价值追求主要是依法及时侦破案件,等等。这种不同的价值追求会影响到刑事诉讼程序在理论上的构建和实践中的运行,应当成为我们研究刑事诉讼法的一个重要思考方向。

(四)比较研究的方法

比较研究方法主要是通过对古今中外刑事诉讼制度的考察,吸收值得我们借鉴的先进经验,避免已经发生过的教训。刑事诉讼法学的研究主要是纵向和横向的比较,纵向的比较就是古今比较,横向比较最重要的是进行域外刑事诉讼法的比较研究。近现代的刑事诉讼是从西方资产阶级革命后逐渐建立和发展起来的,清末改定新律就是中国学习西方刑事诉讼制度的第一步,对我们现在刑事诉讼法制和法学有着深远的影响。虽然经过了较为长期的学习,但法治发达国家的刑事诉讼法理念和制度,仍有值得借鉴和吸收的地方,例如人权保障理念、司法独立、正当程序等。

因此,通过比较研究的方法,吸收和借鉴古代、域外的刑事诉讼法律规范、实践和理论,有利于提高我国刑事诉讼法学的研究水平,在立足中国实际和国情的基础上,形成具有中国特色的刑事诉讼法制和法学。

第二章 刑事诉讼基本范畴

第一节 刑事诉讼目的

一、刑事诉讼目的的概述

（一）刑事诉讼目的的概念和特征

刑事诉讼目的在刑事诉讼的基本理论范畴中居于核心地位。刑事诉讼目的直接影响和制约着一定时期内刑事诉讼的基本结构、职能以及具体制度和程序的设计。

刑事诉讼目的是指国家制定和运行刑事诉讼法所期望达到的目标，是立法者根据现实需要并基于对刑事诉讼价值的认知而预先设计和追求的刑事诉讼理想结果。通常认为，刑事诉讼目的具有以下特征：一是主观性。刑事诉讼目的是国家主观预设的产物，不等于刑事诉讼运行的实际结果，刑事诉讼的实际运行结果可能同刑事诉讼目的相一致，也可能不一致。二是强制性。刑事诉讼目的的实现有赖于国家的推行和保障，国家权力在此过程中处于一种积极的姿态。三是多元性、层次性。刑事诉讼目的并非是一元的，而是一个多层次、多元化的综合体系。其中以根本目的和直接目的的划分最为常见。

（二）刑事诉讼目的的两个层次

理解刑事诉讼目的，可以从刑事诉讼的根本目的和直接目的两个层次思考。刑事诉讼的根本目的在于维护国家的宪政体制和统治秩序，这与法律的一般目的是一致的。任何国家进行刑事诉讼，均期望达到这一根本目的。

相对于根本目的，刑事诉讼的直接目的是一种手段，是为实现根本目的而服务的。刑事诉讼的直接目的一般表现为两方面：一方面，国家通过刑事诉讼活动来具体实现国家刑罚权。国家在准确、及时地查明案件事实真相的基础上，对被告人正确适用刑罚，通过惩罚犯罪的方式来修复被犯罪所破坏的社会秩序；另一方面，国家在进行刑事诉讼过程中应当保障诉讼参与人的合法权益不受侵犯，特别要注意防止侵害犯罪嫌疑人、被告人和被害人的合法权益。这是因为，行使国家刑罚权的目的在于修复被犯罪所破坏的社会秩序,如果在此过程中以非法的方式惩罚犯罪,无疑是对社会秩序的又一次破坏,甚至危害更烈。

二、域外刑事诉讼目的理论概述

刑事诉讼目的理论研究较有代表性的是美国和日本,形成了多种具有广泛影响力的学说,以下两种理论最具代表性:

（一）犯罪控制模式和正当程序模式

1964年,美国学者赫伯特·帕克教授发表了《刑事诉讼程序的两种模式》一文,将体现不同价值观的刑事诉讼程序归纳为犯罪控制模式和正当程序模式。

犯罪控制模式的目的观认为,刑事诉讼的评价标准应当是控制犯罪的有效性,刑事诉讼的运作应当遵循惩罚犯罪的价值取向。刑事诉讼的主要功能就是有效打击犯罪和维护国家秩序,为此,刑事诉讼程序不应当设立可能减低案件处理速度的障碍,并尽可能地减少对警察、检察机关等追诉机关的权力限制。诉讼程序必须保证极高的有罪判决率,从侦查到审判的整个刑事诉讼程序应当成为快速的流水作业程序。

犯罪控制模式的现实基础是社会经济发展的犯罪化浪潮。第二次世界大战结束后,美国犯罪率激增、社会治安状况持续恶化,迫切需要利用有限的诉讼资源处理数量惊人的案件。

与犯罪控制模式对立的是正当程序模式。正当程序模式的目的观认为,由于人类拥有某些与生俱来的基本权利,在个人权利与国家权力冲突时,应当通过正当程序保护被告人的基本人权。在刑事诉讼中,惩罚犯罪与保障人权经常存在紧张关系,虽然发现案件事实真相、惩罚犯罪是刑事诉讼的重要目的,但更为重要的是刑事诉讼程序要尊重和保障人权,尤其需要保护被追诉人的基本人权。

与犯罪控制模式的流水作业程序相反,正当程序模式是跨栏赛跑式的程序。[1]在具体程序设计上,正当程序模式与犯罪控制模式完全对立:①犯罪控制模式应该赋予警察广泛的适用逮捕的自由裁量权。正当程序模式则认为必须对警察的逮捕权进行限制,除非犯罪已发生或者极有可能发生。②对于侦查中的电子窃听,犯罪控制模式认为原则上不应限制。而正当程序模式则主张,由于在侦查中使用电子窃听可能侵犯公民的隐私权,因此,只有在确有必要的情况下才可以使用。③对于非法搜查所得的证据,犯罪控制模式认为只要该证据与其他证据印证属实即可采信。而正当程序模式则主张,非法搜查所得的证据以及由此衍生的其他证据必须予以排除。④犯罪控制模式主张大量地对被告人适用有罪答辩,

---

[1] 李心鉴:《刑事诉讼构造论》,中国政法大学出版社1992年版,第26页。

且在有罪答辩中国家没有义务为其提供律师。正当程序模式不鼓励适用有罪答辩，即使被告人自愿作有罪答辩，也需由其律师在场协助。[1]

正当程序模式强调对被告人基本人权的保护和辩护律师的作用，符合第二次世界大战以来保障人权的世界潮流，也有利于防止和减少冤错案件的发生。但是，正当程序模式也不可避免地存在缺陷：刑事诉讼程序具有社会公共利益的性质，不能简单理解为个体和国家的二元对立。[2]在保护个人自由与维护国家秩序之间，刑事诉讼应当寻求一种平衡。

需要注意的是，犯罪控制模式和正当程序模式只是学者从现实世界中抽象而来的，反映了现实世界中刑事诉讼程序"极端化"价值取向的一组理论模型。在现实中，几乎没有一个国家实行完全的"犯罪控制模式"或者是"正当程序模式"。与此同时，我们也不能将犯罪控制模式简单理解为现实运行的刑事诉讼程序，而将正当程序模式就视为理想状态下的刑事诉讼程序。

（二）实体真实主义与正当程序主义

在犯罪控制模式与正当程序模式以外，日本也形成了颇具特色的刑事诉讼目的理论。日本在借鉴美国正当程序模式和德国实体真实主义观念的基础上，提出了实体真实主义与正当程序主义的刑事诉讼目的理论。大体而言，实体真实主义同犯罪控制模式，正当程序主义同正当程序模式在很大程度上是对应的。

实体真实主义认为刑事诉讼程序是为寻求实体真实服务的，主张刑事诉讼的目的在于发现案件的事实真相，在此基础上准确适用实体法。实体真实主义可以分为积极的实体真实主义与消极的实体真实主义。积极的实体真实主义主张"有罪必罚"，侧重于毫无遗漏地惩罚犯罪；消极的实体真实主义主张"罚必有罪"，侧重于惩罚犯罪的同时避免处罚无辜。

正当程序主义则认为，刑事诉讼的目的在于维护程序正当性的前提下发现案件事实。刑事诉讼必须通过正当程序来发现真实，并在此过程中尽力避免无辜者受到惩罚。所以，正当程序主义者往往强调对诉讼权力的制约以及对人权的保障。

三、我国刑事诉讼法目的理论

我国《刑事诉讼法》第1条规定："为了保证刑法的正确实施，惩罚犯罪，保护人民，保障国家安全和社会公共安全，维护社会主义社会秩序，根据宪法，制定本法。"对此，可以从三个方面理解我国刑事诉讼法的目的：一是保证刑法

---

[1] 张泽涛："反思帕卡的犯罪控制模式与正当程序模式"，载《法律科学》2005年第2期。
[2] 卞建林主编：《刑事诉讼法学》，科学出版社2008年版，第8页。

的正确实施；二是惩罚犯罪，保护人民；三是保障国家安全和社会公共安全，维护社会主义社会秩序。

（一）保证刑法的正确实施

刑法和刑事诉讼法是刑事实体法与刑事程序法的关系。如果没有刑法作为定罪量刑的依据和标准，刑事诉讼活动也就失去了目的和意义。同时，刑事诉讼法也有保障刑法正确实施的作用，体现在以下几个方面：一是规定了一系列的诉讼原则、规则和制度，保证公安司法机关与诉讼参与人一起参与到刑事诉讼进程中，促进司法公正的实现；二是规定了科学的诉讼规则和制度，为准确查明案件事实真相提供了必要的条件；三是规定了诉讼期限、简易程序等制度和程序，保证刑法得到高效的实施。

（二）惩罚犯罪，保护人民

惩罚犯罪与保护人民是我国刑事诉讼目的不可分割的两个方面。保护人民具体包括两点要求：一是要求及时惩罚犯罪，保护公民的人身权利、财产权利、民主权利和其他合法权益不受犯罪行为的侵害，二是要求追诉犯罪的同时避免国家权力的滥用，防止对公民造成侵害。单独的惩罚犯罪或者保护人民都不足以全面涵盖刑事诉讼的目的，应当将二者并重，在及时惩罚犯罪的同时避免国家权力对公民的侵害。

（三）保障国家安全和社会公共安全，维护社会主义社会秩序

任何犯罪行为都会对国家造成一定程度的危害。有的表现为直接危害国家安全，如从事间谍活动，组织、策划、实施颠覆国家政权等犯罪；有的表现为危害社会公共安全，如抢劫、投毒等严重危害社会治安的行为；有的表现为破坏社会主义社会秩序，如聚众斗殴、组织黑社会组织等妨害社会管理秩序的行为和伪造货币、金融诈骗等危害破坏社会主义经济秩序的行为。刑事诉讼通过刑罚权的有效行使，及时惩罚和预防犯罪，保障国家安全和社会公共安全，从而维护社会主义社会秩序。

第二节 刑事诉讼价值

一、刑事诉讼的价值

刑事诉讼价值，是指刑事诉讼法对于国家和社会大众的特定需要的满足。刑事诉讼的价值根源于刑事诉讼的内在属性和国家、社会及其一般成员对于刑事诉

讼的需要。[1]因此，刑事诉讼价值会随着人类需求的变化而变化，最终形成了多元化的法律价值体系。就现代刑事诉讼而言，这一法律价值体系包括一些具有普遍意义的法律价值，包括秩序、公正、效益等内容，每项内容都具有非常丰富的内涵。

（一）刑事诉讼的公正价值

公正在刑事诉讼价值中居于核心的地位。唯有符合社会的一般公正标准，才能使刑事诉讼活动及其结果为社会大众所接受。如罗尔斯所言，在刑事诉讼中忍受一种不正义的唯一正当理由，是用它来避免另一种更大的不正义。[2]

刑事诉讼的公正价值包括实体公正和程序公正两个方面。有学者将实体公正称为通过刑事司法实现的公正，将程序公正称为刑事司法本身的公正。实体公正是指对惩罚犯罪的最终结果符合公正的要求。我国刑事诉讼法学一般认为，刑事案件的实体公正包括以下内容：据以定罪量刑的事实的认定准确无误；正确适用法律，准确认定被追诉人是否有罪以及罪责轻重；对于冤错案件依法及时予以纠正和补偿。[3]

程序公正是指惩罚犯罪的程序本身合乎公正的标准。近现代刑事诉讼理论确立了一系列保障程序公正的基本原则、制度，如审判活动公开，裁判者必须中立，当事人的诉讼手段对等，等等。程序正义的观念最早可追溯至英国1215年《大宪章》中的"自然正义"。一般认为，"自然正义"包括两个基本原则：第一是避免偏见原则，即任何人不能成为自己案件的法官，案件的裁判者不得对该案件持有偏见或享有利益。第二是给予诉讼各方当事人充分的陈述机会和为自己辩护的权利。[4]

因此，刑事诉讼的公正价值不仅要求刑事诉讼活动的最后结果能够实现实体公正，而且还要求刑事诉讼活动的整个过程符合程序公平的标准。

1994年4月11日，湖北省京山县雁门口镇吕冲村堰塘发现一具无名女尸，经张在玉亲属辨认与张在玉的特征相符。公安机关认为张在玉的丈夫佘祥林有重大杀人嫌疑。针对佘祥林的审讯持续了10天11夜，一天只吃两顿饭，连打带骂，不让喝水，不让睡觉。最后，佘祥林因为无法忍受长时间的审讯和刑讯逼供作出了有罪供述。1998年6月，京山县人民法院以故意杀人罪判处佘祥林有期徒刑15年，同年9月，荆门市中级人民法院裁定驳回上诉，维持原判。2005年3

---

[1] 宋英辉：《刑事诉讼目的论》，中国人民公安大学出版社1995年版，第13页。
[2] [美] 约翰·罗尔斯：《正义论》，何怀宏等译，中国社会科学出版社1988年版，第2页。
[3] 陈光中主编：《刑事诉讼法》，北京大学出版社、高等教育出版社2014年版，第13页。
[4] [英] 威廉·韦德：《行政法》，徐炳等译，中国大百科全书出版社1997年版，第95页。

月 28 日，被"杀害"的妻子张在玉突然归来，公安机关通过 DNA 鉴定证实了她的身份。此时佘祥林已服刑 11 年。4 月 13 日上午，京山县人民法院重新审理此案，当庭宣判佘祥林无罪。

程序公正本身体现出人权、法治、文明的精神，它不依附于实现实体公正而存在，要求刑事诉讼活动应当依法取证、保障人权等。佘祥林一案折射出我国刑事司法实践中"重实体、轻程序"的倾向，并最终造成了冤案。

（二）刑事诉讼的秩序价值

在法律价值层面，秩序是指某种社会关系的稳定性、进程的连续性、行为的规则性以及财产和心理的安全性。[1]

人类社会的历史发展表明，社会的无序状态对任何人都是不利的，而实现秩序的基本条件便是尽力消除犯罪。因此，消除犯罪并修复被犯罪行为所破坏的社会秩序，促使社会在稳定秩序中向前发展，是国家和社会大众所追求的刑事诉讼的基本价值。为了达到这一目的，刑事诉讼的秩序价值包括两方面的含义：其一，通过惩罚犯罪来恢复被犯罪破坏的社会秩序，并预防社会秩序被犯罪再次破坏；其二，惩罚犯罪的刑事诉讼活动也必须符合法定程序，保证刑事诉讼活动以一种有秩序的方式去维护社会整体秩序，防止惩罚犯罪的过程中再次破坏社会秩序。因此，通过刑讯逼供等非法行为获得的某些证据固然有利于惩罚犯罪，也即秩序价值第一个方面的实现，但是刑讯逼供等非法活动背离了秩序价值第二个方面的要求，同犯罪行为一样破坏了社会秩序。

为了实现秩序价值的要求，现代刑事诉讼发展出控诉、辩护、裁判三方结构，以最大限度地防止刑事诉讼在惩罚犯罪的过程中再次破坏社会秩序。具体而言，诉讼各方参与到诉讼进程中，促使准确查明案件事实真相和正确适用法律，进而惩罚和预防犯罪行为；控辩平等对抗、法官居中裁判的结构可以在最大程度上使刑罚权得以有序运作，防止刑罚权的无序运作对社会秩序产生新的破坏。

（三）刑事诉讼的效率价值

刑事诉讼效率是指投入的司法资源与最终处理的案件数量之间的比例关系。即以有限的司法资源投入换取尽可能多的刑事案件的处理。

20 世纪 60 年代，始于美国的法律经济学将效率价值引入法学领域，波斯纳认为："正义的第二种含义——也许是最普遍的涵义——是效率。"[2] 在刑事诉讼中，国家不可能在刑事司法领域投入无限的资源，因此，如何利用既定的有限

---

[1] 张文显主编：《法理学》，高等教育出版社、北京大学出版社 1999 年版，第 227 页。

[2] [美] 理查德·A. 波斯纳：《法律的经济分析》（上），蒋兆康译，中国大百科全书出版社 1997 年版，第 31 页。

司法资源应对不断高涨的犯罪浪潮，成为各国刑事诉讼法学者面前的现实问题。

提高刑事诉讼效率可以合理配置有限的司法资源，减少案件积压，通过迅速惩罚犯罪来抚慰被害人。否则，过分的诉讼拖延是继犯罪行为之后对被害人的第二次伤害，正如一句著名的法谚所揭示的："迟来的正义非正义"。提高刑事诉讼效率还可以减轻诉讼参与人的"诉累"，及时将其从繁琐的刑事诉讼程序中解脱出来，使得诉讼参与人处于不确定状态的权益得到及时的确定和维护。

二、刑事诉讼价值的平衡

刑事诉讼的上述价值既有冲突，又有依存。价值之间的冲突，要求在多元化的价值中间寻求平衡点；价值之间的依存，使得寻求平衡点具有了现实可能性。

维护社会秩序的稳定与和平是刑事诉讼的基本价值追求，现代刑事诉讼将公正和效率纳入刑事诉讼法律价值体系，使三者趋于"融合"。迅速惩处犯罪以恢复社会秩序，离不开刑事诉讼效率的提高；而刑事诉讼效率的提高也离不开公正的实现，如果没有了公正，所谓的高效率只会造成大量的处罚不公，导致更尖锐的社会矛盾，甚至产生新的犯罪。

因此，刑事诉讼价值的平衡应当是整体性的，我国的刑事诉讼法律制度应当转变秩序至上的法律价值观，在立法和司法过程中正确处理社会稳定与个人自由的关系，实现秩序与公正、效率的平衡。

第三节 刑事诉讼职能

一、刑事诉讼职能的概念

刑事诉讼职能是指刑事诉讼法所规定的国家专门机关和诉讼参与人在刑事诉讼中所承担的功能和发挥的作用。刑事诉讼职能是由国家专门机关和诉讼参与人在诉讼中的法律地位和参与诉讼的目的所决定的，并通过法律规定的相应权限和诉讼权利来具体实现。不同的主体，其履行的诉讼职能并不相同，如公安机关行使侦查职能，检察机关承担控诉职能和法律监督职能，法院履行审判职能，犯罪嫌疑人、被告人及其辩护人行使辩护职能，等等。

二、刑事诉讼的基本职能

我国刑事诉讼理论的通说认为，刑事诉讼有控诉、辩护和审判三种基本职能。此外还存在"四职能说"（侦查、控诉、辩护、审判）、"五职能说"（侦查、控诉、辩护、审判、监督）等观点。我们认为，刑事诉讼的基本框架是由控诉、辩护和审判三方组成的，没有这三种职能就不可能构成刑事诉讼程序。在此意义上，刑事诉讼职能主要包括控诉、辩护和审判三种。

（一）控诉职能

向有关机关提起控告或起诉，要求追究犯罪嫌疑人、被告人刑事责任的活动，属于控诉职能。向法院起诉的方式可分为两种类型，一种是国家垄断起诉，由国家法定专门机关（通常是检察机关）代表国家统一起诉，不允许任何个人自诉，如日本等国家。另一种是公诉兼自诉，刑事案件的起诉权被检察机关和公民个人分别享有。其中，大部分刑事案件由检察机关代表国家提起公诉；一些主要损害被害人个人利益的案件则允许被害人等提起自诉，典型国家如德国。我国也实行公诉兼自诉的制度，由检察机关代表国家行使公诉职权，由被害人等行使自诉权。

我国刑事诉讼中的控诉职能主要由检察机关承担，公安机关进行侦查活动是为提起公诉做准备，属于国家专门机关整个追诉活动的一部分，其本质是要求追究犯罪嫌疑人的刑事责任，因而侦查职能属于广义的控诉职能。公诉案件被害人参加诉讼的基本目的是为了追究被追诉人的刑事责任，因此也履行控诉职能。自诉案件中的被害人则在完全意义上行使控诉职能，并可以由被害人的法定代理人或者诉讼代理人协助行使。

（二）辩护职能

辩护职能与控诉职能相对立，是指提出对犯罪嫌疑人、被告人有利的事实和理由，维护犯罪嫌疑人、被告人的合法权益的职能。犯罪嫌疑人、被告人是辩护职能的主要行使主体，其享有的辩护权贯彻整个刑事诉讼活动全程。由于多数犯罪嫌疑人、被告人不了解法律，并且往往被采取强制措施，难以有效行使法定的诉讼权利，因而需要具备专业法律知识的辩护人协助其行使。辩护人基于犯罪嫌疑人、被告人的委托和授权而行使相应的辩护权，或者基于有关机关的指定而帮助犯罪嫌疑人、被告人进行辩护。

（三）审判职能

审判职能是法院通过审理案件并裁决被告人是否承担刑事责任和应否处以刑罚以及处以何种刑罚的职能。由法院统一行使审判职能已经是世界各国的通例。法官通过具体的事实审理行为和最终的裁判行为来实现审判职能。法官通过事实审理，可以尽量了解案件事实，并在此基础上确定被告人是否承担刑事责任，裁判行为则是在事实审理的基础上正确适用法律，确定是否对被告人处以刑罚以及处以何种刑罚。

控诉、辩护、审判这三种基本诉讼职能相互联系、密不可分，共同成为现代刑事诉讼的基本特征。随着刑事诉讼研究的深入，有部分学者认为刑事诉讼职能在不断分化、发展，传统审判中心论已经过时。但是，我们认为审判仍应是刑事诉讼程序的中心，控诉职能的行使是审判职能的前提，审判则是控诉的法律后果，如果没有审判职能，控诉职能将变得毫无意义；同控诉职能对立的辩护职能，必须依赖审判职能的保障，没有审判职能对控诉职能的制约和最终裁决，刑事诉讼程序有滑向专制、野蛮的可能。

第四节　刑事诉讼结构

刑事诉讼结构又称为刑事诉讼模式或刑事诉讼构造，是指刑事诉讼法所确立的控诉、辩护、裁判三方在诉讼过程中的法律地位及其相互间法律关系的基本格局。

刑事诉讼结构是在刑事诉讼目的的影响下确立的。不同国家或社会追求的诉讼目的不同，控诉、辩护和裁判三方在诉讼中的地位和相互关系也有很大的差异。这种差异性往往外化为诉讼原则、诉讼制度和具体的程序、规则等。在诉讼理论上，人们将早期出现的诉讼制度总结为弹劾式诉讼和纠问式诉讼两种类型。

一、弹劾式诉讼和纠问式诉讼

（一）弹劾式诉讼结构

弹劾式诉讼结构主要盛行于奴隶制时期的古希腊、古罗马共和国等。在当时，人们往往将犯罪行为等同于一般的侵权行为处理，国家权力并不积极介入犯罪的追诉。追诉犯罪的职责由被害人及其家属承担。在此背景下，弹劾式诉讼结构的主要特征是：国家不行使对犯罪的追诉权，诉讼由被害人或者其他人控告而开始；法院实行"不告不理"原则，法官进行审判必须以原告的起诉为条件；原告、被告双方在诉讼中的地位平等，对自己提出的证据负有积极收集的责任，主动推动诉讼程序的进行，法官以消极中立的身份听取双方的诉讼主张，并作出裁判。

（二）纠问式诉讼结构

纠问式诉讼结构主要盛行于中世纪的欧陆国家，是欧陆国家中央集权在诉讼中的反映，适应了专制王权强化统治的需要。统治者意识到犯罪行为不仅仅是对被害人个人权利的侵害，也是对统治秩序和社会安宁的破坏，因此，国家权力积极介入刑事诉讼，并将惩治犯罪作为诉讼的首要目的。在此背景下，纠问式诉讼结构的主要特征是：法官身兼侦查、控诉、审判等多种职能，可以依职权主动追究犯罪，并不以被害人或其他人的控告为条件；被告在诉讼中沦为程序客体和被刑讯的对象；法官为了收集证据和查明事实，既可以对被告合法采用刑讯，也可以对原告和证人刑讯。在这种诉讼结构中，原告和被告双方都不再是诉讼主体，被告更是处于诉讼客体的地位，是被追究犯罪的对象。在欧洲大陆，同纠问式诉讼结构相匹配的是严格的法定证据制度。按照法定证据制度，证据材料有无证明力、证明力的大小以及判断证据的规则，均由法律预先规定，法官并无自由裁量权。在法定证据制度中，被告人的口供被称为"证据之王"，其证明力最高，这也导致了刑讯的盛行。因此，欧洲大陆纠问式诉讼最主要的特征是残酷性和机械性。

二、当事人主义诉讼结构、职权主义诉讼结构和混合式诉讼结构

资产阶级革命胜利之后，一些体现自由、人权、平等的理念被诸多西方国家刑事诉讼制度所吸纳，无罪推定、禁止刑讯、控审分离等原则和制度纷纷在诉讼中确立。但是，由于国情不同，文化传统有别，追求的诉讼目的和价值偏好也不尽相同，每一个国家的诉讼制度也不可能完全相同，甚至不同法系之间还有较大的区别。总的来看，现代意义上的刑事诉讼结构主要有英美法系的当事人主义诉讼结构、大陆法系的职权主义诉讼结构和以日本为代表的混合式刑事诉讼结构三种类型。

（一）英美法系当事人主义刑事诉讼结构

当事人主义刑事诉讼结构也被称为对抗式诉讼结构，主要被英美法系国家所奉行。这种诉讼结构强调控辩双方在刑事诉讼进程中的主体地位和推动作用，在侦查、起诉、审判等各个诉讼阶段都赋予了控辩双方广泛的权利，并尤为重视被追诉人的人权保障。具体而言，控辩双方在刑事诉讼中的地位平等，追诉机关和犯罪嫌疑人都属于地位平等的诉讼当事人，辩护一方享有较多的诉讼权利。诉讼的准备活动、程序的推进、证据的提出等主要由控辩双方负责，控辩双方通过积极对抗推动诉讼程序的进行。法官处于消极、中立的地位，在诉讼中主要扮演程序主持者和仲裁者的角色。法官并不积极主动地调查案件事实真相，而是在控辩双方结束举证、质证和辩论的基础上进行裁判。

（二）大陆法系职权主义刑事诉讼结构

以法国、德国为代表的大陆法系国家实行职权主义刑事诉讼结构。现代意义上的职权主义诉讼结构摒弃了纠问式诉讼中野蛮、落后的因素，保留其积极查明真实的特点，并吸收弹劾式诉讼中某些理念。这种诉讼结构强调国家机关在刑事诉讼进程中的积极作用，侦查、起诉、审判等国家机关依职权主动查明事实真相。具体而言，控辩双方在侦查阶段的诉讼地位不平等，侦查机关因代表国家追究犯罪而享有较多的权力，而辩护方在侦查阶段的诉讼权利受到较多限制。诉讼主要由侦查机关、检察机关和审判机关的积极活动推进程序的运行。诉讼的准备活动、程序的推进、证据的提出等主要由法院负责，控辩双方推动诉讼进行的作

用相对较小。在实行控辩双方辩论的同时，强调法官对案件事实真相负有积极查明的职责，为查明案件事实真相，法官可以依职权主动讯问被告人并采取必要的调查措施。

（三）日本混合式刑事诉讼结构

混合式诉讼结构的代表性国家为日本。日本在明治维新中仿效德国形成了大陆法系职权式刑事诉讼结构。第二次世界大战以后，日本深受美国诉讼制度的影响，在职权式刑事诉讼的基础上融合了当事人式诉讼结构的因素，形成了一种混合式的刑事诉讼结构。

混合式诉讼结构的主要特点是：为保证查明案件事实真相，在赋予侦查机关较大权力的同时，也注意保障辩护方的合法诉讼权益；实行"起诉状一本主义"，即检察机关在起诉时不能移送起诉书以外的任何卷宗材料，避免法官在审判前受到检察机关的影响，形成先入为主的心理暗示；庭审既注重控辩双方的积极作用，又强调法官查明真相的职责。

三、我国刑事诉讼结构

我国刑事诉讼具有较为浓厚的职权主义基因，这不仅体现为我国传统上实行纠问式诉讼制度，也体现为在清末修律时，深受大陆法系的影响。而新中国成立以后，我国刑事诉讼制度又借鉴了前苏联很多内容。但是，我国刑事诉讼结构与英美法系当事人式诉讼结构有较大差异，也不同于大陆法系职权式诉讼结构，而是具有自己的特点。从总体上看，我国控诉、辩护、审判三方并非呈现出"三角形"的格局，而是由公安司法机关作为追诉犯罪的整体，积极推动诉讼活动向前进行。在审前阶段，我国刑事诉讼不存在法官对侦查行为的司法审查制度，虽然由相对独立的检察机关进行审查批准逮捕和侦查监督，但公安机关仍可自行决定拘传、拘留等限制或剥夺公民人身自由的强制措施的适用。而且，检察机关在很大程度上也发挥着追诉机关的作用。在审判阶段，被追诉人同控诉方形成了较为平等的对抗，法官居中裁判，但是法官可以利用职权探求案件事实真相，总体上符合"三角结构"。

1996年和2012年修改《刑事诉讼法》的总体趋势是，不断增加我国刑事诉讼中的当事人主义因素，通过强化辩护方的诉讼权利缩小控辩双方的力量悬殊，并适度限制了法官主动调查的职权。但我国刑事诉讼的机构仍然存在不足之处，如侦查行为缺乏有效的制约，强调人民法院、人民检察院、公安机关的互相配合，人民法院和人民检察院独立行使职权的规定有待进一步落实，等等。因此，我国现行刑事诉讼结构也可以界定为"混合式诉讼结构"，只不过相对于其他国家，其中的职权因素比其他国家更明显。

第三章 刑事诉讼法的基本理念

第一节 惩罚犯罪与保障人权相结合

一、惩罚犯罪与保障人权的内涵

(一) 惩罚犯罪

打击犯罪、惩罚犯罪是刑事诉讼的直接目的。犯罪既是对公民人身、财产等合法权益的侵犯,也破坏了本来安定的社会关系,使社会秩序处于紊乱状态,这就要求国家对实施犯罪的人加以刑事处罚。只有通过刑事诉讼准确、及时、有效地揭露、证实和惩罚犯罪,有效减少社会犯罪现象,才能使社会公众的合法权益不受侵犯,使社会恢复有序、和平及安全的状态。

在刑事诉讼中强调惩罚犯罪,是由刑事诉讼活动产生原因所决定的。在原始社会时期,犯罪问题被视为是对个人权利的侵犯,因此犯罪问题通常以血亲复仇、同态复仇等手段解决。随着社会的发展,犯罪行为也被认为是对统治秩序和社会平和的侵害,因此国家开始建立专门机构和相应的程序打击犯罪。从刑事诉讼的历史发展来看,虽然规定惩罚犯罪的方式发生了重大变化,但是刑事诉讼所具有的惩罚犯罪的目的从来没有消失。可以说,刑事诉讼是顺应国家惩罚犯罪的需求而产生的,没有惩罚犯罪的需求,就不可能产生刑事诉讼活动,也就不可能产生刑事诉讼法。

我国《刑事诉讼法》把惩罚犯罪规定为刑事诉讼的直接目的,即第1条规定:"为了保证刑法的正确实施,惩罚犯罪,保护人民,保障国家安全和社会公共安全,维护社会主义社会秩序,根据宪法,制定本法。"并在此基础上,为了保证及时有效地完成打击揭露犯罪、打击犯罪的任务,规定国家专门机关在刑事诉讼中履行一定的专门职责。侦查机关发现有犯罪事实,需要追究刑事责任的,应当立案侦查;对于犯罪事实清楚、证据确实、充分的案件,侦查机关在侦查终结时应当写出起诉意见书,连同案卷材料、证据一并移送人民检察院审查起诉,人民检察院应当及时对案件进行审查并提起公诉,人民法院应当对案件进行审理作出判决。

（二）保障人权

人权，即人的基本权利，是人与生俱来所具有的基本权利。《牛津法律大辞典》对人权的定义是："人权，就是人要求维护或者有时要求阐明的那些应在法律上受到承认和保护的权利，以使每一个人在个性、精神、道德和其他方面的独立获得最充分与最自由的发展。"人权保障理念作为当今国际社会普遍认可的一种价值追求和政治道德观念，已被写入国际公约中。《联合国宪章》在序言中规定，"重申基本人权，人格尊严与价值"。《世界人权宣言》第1条也宣布："人人生而自由，在尊严和权利上一律平等。"可以说，尊重和保障人权已逐渐成为现代社会的法治目标之一，是评价一个国家民主法治文明程度的重要尺度。

为增强社会公众的人权意识，切实保障公民的合法权益，我国《宪法》第33条第3款规定："国家尊重和保障人权。"2012年3月14日通过的《刑事诉讼法》在第2条根据《宪法》的规定把"尊重和保障人权"列为刑事诉讼法的一项重要任务。在刑事诉讼中，保障人权应当作广义上的理解，具体包括三方面的内涵：

第一，保障广大人民群众的权利。犯罪破坏了既定的社会关系，使社会秩序处于紊乱状态。缺乏稳定的社会秩序，广大民众就难以获得工作、学习、生活的安宁环境。通过及时、有效打击犯罪、惩罚犯罪，可以使受到破坏的社会关系得以恢复，进而维护社会秩序的稳定，为广大人民群众提供稳定的工作、学习和生活环境。因此，保障人权包括保障广大人民群众的权利。

第二，保障所有诉讼参与人的权利。在刑事诉讼中，除了犯罪嫌疑人、被告人是被追诉的对象而参加诉讼外，被害人、法定代理人、诉讼代理人、辩护人、证人、鉴定人、翻译人员等人也参加诉讼，并享有一定的权利，如证人的人身安全保护权、辩护人的辩护权等。在保护上述诉讼参与人的诉讼权利中，尤其要注意保障被害人的诉讼权利。这是因为被害人的人身、财产或其他合法权益直接遭受犯罪行为的侵害，其与案件的最后处理有着直接利害关系。他们往往不仅希望能够获得经济赔偿或补偿，而且积极要求被告人受到法律上的惩处。只有保障被害人的诉讼权利，满足被害人的这种愿望，才能在很大程度恢复被犯罪行为破坏的社会秩序，合理平衡国家、被告人与被害人之间的关系。为了切实保障被害人的权利，我国《刑事诉讼法》赋予了被害人当事人的诉讼地位，且赋予了被害人对诉讼进程的知悉权以及对案件处理发表意见等程序性权利，如有权参加法庭调查、法庭辩论；不服第一审判决的，有权请求人民检察院提起抗诉等。

第三，保障犯罪嫌疑人、被告人的权利，防止无辜的人受到刑事追究，防止有罪的人遭受不公正处罚。在刑事诉讼中，保障犯罪嫌疑人、被告人的权利处于核心地位，这是因为刑事诉讼涉及对犯罪嫌疑人、被告人财产、自由乃至生命这三项最基本的宪法权利的限制或剥夺，体现出最尖锐的公民个人与国家之间的冲突。更重要的是，犯罪嫌疑人、被告人在刑事诉讼中是被国家追诉的对象，其作为孤立的个人在诉讼中处于一种天然的弱势地位，加之其人身自由可能会受到追诉机关的限制或剥夺，其合法权利最容易受到有关机关的侵犯，这就要求强调对犯罪嫌疑人、被告人的权利保障。正因为如此，我国《刑事诉讼法》规定了被告人有权获得辩护、不被强迫自证其罪原则、非法证据排除规则等一系列保障犯罪嫌疑人、被告人人权的原则、制度和程序。随着我国民主与法制水平的不断提高，我国将进一步加强对犯罪嫌疑人、被告人人权的保障。

二、惩罚犯罪与保障人权的关系

如何处理惩罚犯罪和保障人权的关系问题直接反映出刑事诉讼的价值取向。长期以来，我国存在着"重打击、轻保护"的理念和做法，一旦发现刑事案件，就急于破案，甚至要求"限期破案"、"命案必破"，而在破案过程中忽视了人权保障，尤其是不重视对犯罪嫌疑人、被告人的权利保护。随着人权保障意识的不断提高，刑事诉讼中的人权保障开始受到了重视。相应地，在惩罚犯罪和保障人权的关系上，出现了另一种声音，即强调保障人权，而忽略惩罚犯罪。如有学者指出："长期以来，人们习惯于把刑事诉讼的宗旨表述为惩治犯罪与保障人权两方面，这实际是一种误解。其实，从更深的层面来讲，惩治犯罪也是保障人权的一种手段，刑事诉讼追究犯罪，既是对被害者权益进行国家救济，更是为社会公众利益提供法律保障。因此，刑事诉讼的唯一宗旨就是保障人权。"[1] 强调人权保障固然有利于纠正过去"重打击、轻保护"的理念，但是完全忽略惩罚犯罪则是走向了另一个极端，势必导致放纵犯罪，难以实现社会的长治久安，最终公民的权利也得不到保障。

在刑事诉讼中，惩罚犯罪和保障人权构成刑事诉讼目的的两个方面。一方面，惩罚犯罪是刑事诉讼产生的根本原因，没有惩罚犯罪，就无所谓的刑事诉讼，因此不能把惩罚犯罪放在次要的位置。另一方面，进行刑事诉讼，惩罚犯罪，从根本上来说也是为了更好地保障公民的权利，满足公民享受权利的需要，可见保障人权也至关重要。基于此，我们认为，在刑事诉讼中应当坚持惩罚犯罪和保障人权相结合的理念，不可片面强调一方而忽视另一方。刑事诉讼法应当将惩罚犯罪和保障人权二者有机地结合起来。事实上，此理念也为一些外国学者所认可，如日本有学者指出，"所谓正当程序，就是'能够保持必罚要求与人权保

---

[1] 姜伟："刑事诉讼与人权保障"，载《人民检察》1998年第6期，第45页。

障相均衡的程序'，这种观点是以如何平衡人权保障与追究真实的利益权衡论。"[1]

第二节 程序公正与实体公正并重

一、程序公正与实体公正的含义和具体要求

公正（正义）是"社会制度的首要价值"，[2]是人类社会追求的永恒目标。在现代法治社会，"司法是正义的最后一道屏障"，而且刑事诉讼制度作为社会制度的重要组成部分，必然把公正置于核心位置而对其孜孜以求。在内容上考察，司法公正包括程序公正和实体公正两个方面。

（一）程序公正的含义和具体要求

程序公正，简言之就是诉讼过程公正。刑事诉讼程序应当具有公正品质，如果当事人在刑事诉讼中得到公正待遇，即使案件最后处理结果略有瑕疵，当事人也有可能因为受到公正审判而理解并接受案件的实体处理结果；相反，如果当事人在诉讼过程中得不到公正、合理的对待，即使案件最后处理结果公正，社会公众也会诟病司法过程，难以形成司法权威。

著名美国学者罗尔斯在《正义论》一书中对程序正义作了三种不同的分类：一是完善的程序正义。它的两个特征是：对什么是公平的分配有一个独立的标准。其次，设计一个保证达到预期结果的程序是可能的。完善的程序正义的典型例子是分蛋糕。"一些人分一个蛋糕，假定公平的划分是人人平等的一份……我们把技术问题放在一边，明显的办法就是让一人来划分蛋糕并得到最后一份。二是纯粹的程序正义。纯粹的程序正义中，不存在对正当结果的独立标准，而是存在一种正当或公平的程序，这个程序一旦被人们恰当遵守，无论产生什么结果，这个结果都是正确的或公正的。纯粹的程序正义的典型例子是赌博。一些人在进行一系列赌博活动后，只要赌博程序本身是公平的，也没有人有作弊行为，则最后的赌金无论被谁赢得，无论赢得多少，结果都是正义的。三是不完善的程序正义，即有独立于程序的结果正义，但是确保结果正义实现的程序却不存在。刑事审判就是不完善的程序正义。在刑事审判中，正义的结果是"有罪者均被宣判为有罪并判处该当的刑罚，无辜者被宣告无罪并释放"。审判程序以实现这个结果为目标，但也许除了全知全能的神之外，人们无论如何努力也无法设计出总能实

---

[1] [日]田口守一：《刑事诉讼法》，张凌等译，中国政法大学出版社2010年版，第18页。
[2] [美]约翰·罗尔斯：《正义论》，何怀宏等译，中国社会科学出版社1988年版，第1页。

现这一结果的程序规范。[1]

一般而言，程序公正的要求包括形式要求和实质要求两个方面的内容。其中，形式要求包括程序法定以及法定的程序应该被严格地遵守，任何违反法定程序的行为都会引起消极性后果，甚至导致程序性制裁。而实质要求则包括以下几个方面：①司法机关依法独立公正行使职权；②保障刑事诉讼程序的公开性，尤其是审判程序，除法律另有规定外，应一律公开；③控辩双方在法庭上平等对抗，法庭居中裁判；④保障当事人的程序权利，尤其是应保障被追诉人辩护权有效行使。

（二）实体公正的含义和具体要求

实体公正，简言之就是结果公正，指案件的最后实体处理结果所体现出来的公正。在刑事案件中，实体公正的具体要求包括四方面的内容：①准确认定案件事实。这是实体公正的灵魂所在。根据证据准确认定据以定罪量刑的犯罪事实，可以有效打击犯罪，同时避免无罪的人遭受牢狱之苦，使社会公众感觉到社会的安宁，进而相信司法的公信力，尊重司法的权威。诚如有学者指出："如果没有与真实相一致的司法事实认定，那么公民就会对司法程序的公正性和可靠的司法裁判以及有效的纠纷解决丧失信心。"[2]②正确适用法律，对犯罪人准确适用罪名和刑罚。这是实体公正的实现途径。根据刑法所规定的犯罪构成要件准确判断被告人是否有罪及所涉罪名；区分具体个案中的不同犯罪情节，根据个案情况合理地量刑。③在认定被告人有罪或者罪重在事实或法律上存在疑问的情况下，应当作出有利于被追诉人的处理。在疑义时作出有利于被告人的解释，防止冤枉无辜，或者错误处罚被追诉人，这是人权保障的基本要义之一。④执行公正，即依法、及时地实现生效判决所确定的权利义务内容。执行公正是诉讼公正的重要构成。离开执法公正，诉讼公正往往只能停留在形式上，并不能真正实现。⑤及时纠正错案并进行赔偿。要实现实体公正，就应当尽量避免错案发生；对于已经出现的错案，应当依法采取救济措施及时纠正、及时补偿。

二、程序公正与实体公正的关系

在刑事诉讼中，实体公正与程序公正的关系体现在以下两个方面：一方面，二者具有内在的一致性，二者的终极目标都是为了使纠纷得到公正解决。一般情

---

[1] [美]约翰·罗尔斯：《正义论》，何怀宏等译，中国社会科学出版社1988年版，第85~113页。

[2] [美]罗伯特·萨摩尔、阿西尔·莫兹："事实真实、法律真实与历史真实：事实、法律和历史"，徐卉译，载王敏远主编：《公法》（第4卷），法律出版社2003年版，第133页。

况下，程序公正具有保障实体公正实现的作用，但是程序公正具有其独立的评判标准，加上它本身直接体现出来民主、法治、人权和文明的精神，使它独立于实体公正，成为社会正义的一种重要内容。另一方面，二者相互冲突。在某些情况下，程序公正与实体公正会不可避免地发生矛盾，二者不能同时实现时，只能取其一。

理论界对二者的内在一致性基本上没有争议。但是，在二者发生冲突的情况下应当如何选择的问题上，则众说纷纭，莫衷一是。如在英美法系国家，由于历史传统和思想方法的原因，程序优先比较盛行。而在大陆法系国家，则坚持实体公正与程序公正同等重要。如有学者形象指出："实体法与形式法如同一辆车的两个轮子，对诉讼都起作用，它们之间不可能存在主从关系。"[1]

我们认为，程序公正与实体公正都是司法活动追求的目标，二者同等重要，没有先后轻重之分，不存在谁优于谁的问题，因而应当坚持程序公正与实体公正并重的理念。这既是诉讼规律的客观要求，也符合我国的国情。首先，程序公正与实体公正分别有独立的判断标准，不能也无法互相替代。无论坚持程序公正优先还是实体公正优先，都意味着舍弃实体公正或者程序公正，不能全面实现刑事诉讼的多元价值追求。其次，刑事诉讼中并不存在纯粹的程序独立价值。刑事诉讼程序的价值包括工具价值和独立价值两个方面。其工具价值表现为保证刑法的正确实施，实现实体公正；独立价值体现了现代法治文明。需要指出的是，刑事诉讼程序的独立价值只能在国家追究犯罪的过程中实现，而惩罚犯罪则是刑事诉讼之源，因此，不能放弃惩罚犯罪而追求所谓的纯粹的程序之独立价值。最后，当事人或控诉方启动诉讼的目的一般是追求实体公正，即实现己方的实体请求（包括求刑权）。另外，当事人在刑事诉讼过程中对未生效裁判的上诉、申请抗诉和对已生效裁判的申诉，主要原因是对实体结果不服，程序不公一般作为造成实体不公的原因而被提出。因此，在意识到程序的重要性同时，应坚持程序公正与实体公正并重理念，反对实体正义优先，并不意味着过分强调程序至上。

当然，程序公正与实体公正的并重是动态的辩证的并重，也就是说，当二者发生冲突时，不能一概而论，有时采取程序公正优先，有时采取实体公正优先。究竟是选择程序公正还是实体公正，要根据具体的情况分析各种诉讼价值的大小，然后根据价值最大化的目标有所侧重和调整。在实现实体的价值比程序价值更为重要的情况下，应当采取实体优先的原则，例如因错误认定案件事实或适用法律导致错判的发生，一旦发现，就必须予以纠正，并且给予国家赔偿，而不受程序终局性的限制。而在某些情况下，实现程序价值比实体价值更为重要时，则

---

[1] [日] 兼子一、竹下守夫：《民事诉讼法》，白绿铉译，法律出版社1995年版，第8页。

应当优先程序公正，例如程序的终局性、非法证据排除规则等。长期以来，我国存在"重实体、轻程序"的理念和做法，应当着重予以纠正。在立法上要强化程序公正，并完善违反程序规定的制裁措施。

第三节 追求诉讼效率

一、刑事诉讼效率的内涵

从世界范围来看，除了司法公正以外，诉讼效率已成为衡量一个国家刑事诉讼是否科学与文明的重要标杆。刑事诉讼中的效率，是指在刑事诉讼中所投入的司法资源（包括人力、财力、物力等）与所取得的成果的比例关系。在现实社会中，刑事诉讼效率问题的产生源于因犯罪现象层出不穷而日益增长的诉讼资源需要与国家有限司法资源之间的矛盾。随着社会关系日趋复杂化，现实中犯罪现象呈现上升的势头。面对越发增长的刑事案件，国家惩罚犯罪、预防犯罪的司法资源日趋紧张。但是，受国家经济发展水平等限制，国家在一定时期内投入刑事诉讼中的人力、物力和财力是既定的，追求诉讼效率成为世界各国在刑事诉讼中解决日趋紧张的司法资源需要与有限的司法资源投入之间的矛盾的必由之路。如美国《联邦刑事诉讼规则》第2条规定："本规则旨在确保程序之简洁、诉讼进行之公正、并除去不合理的费用与延迟。"日本《刑事诉讼法》第1条也规定："本法系以在刑事案件上，于维护公共福祉，保障个人之基本人权的同时，发现案件的事实真相，准确而迅速地适用刑罚法令为目的。"我国的《刑事诉讼法》第2条也规定要"准确、及时地查明犯罪事实"。

在刑事诉讼中，追求诉讼效率要求以一定的司法资源投入取得尽可能多的诉讼成果，即提高单位时间内的有效工作量，加快刑事诉讼程序的运作，降低诉讼成本，减少案件积压和诉讼拖延等现象，使办结的刑事案件从数量上和质量上能满足社会的需要。一般而言，提高刑事诉讼效率有两种方法：一是最大程度地增加司法资源的投入；二是在司法资源既定的前提下，合理地设计刑事诉讼程序和科学地配置这些司法资源来提高诉讼效率。由于国家往往难以大量增加司法资源，所以，一般是通过对诉讼程序进行科学、合理的设置，即合理设置和运用诉讼规则和程序，合理配置诉讼权利与义务、诉讼权力和职责等资源，使成本结构优化配置，促使诉讼主体作出理性选择，有效利用司法资源而达到效益最大化。从诉讼程序的优化配置来看，应当做到以下几点：①缩短诉讼周期。诉讼周期是刑事诉讼程序从发生到终结的时间延续过程，分为法定周期和具体案件的实际周期两种。一般而言，法定周期越短，投入的诉讼资源就越少，相应地，诉讼效率就提高。具体案件的实际周期必须遵守法定的诉讼周期，因此，要提高具体案件的诉讼效率，必须使具体案件的诉讼周期小于或等于法定周期。如果具体案件的诉讼周期超过法定周期，不仅违反法律规定，而且增加了诉讼成本，导致诉讼效率的降低。②适当简化诉讼程序。繁琐的诉讼程序必然要增加诉讼成本，降低诉讼效率。因此，提高诉讼效率的一个重要途径无疑是对刑事案件进行繁简、难易分流。以简化的程序审理那些事实清楚、控辩双方无争议的刑事案件，可以减轻审判的负担，及时结案，提高诉讼效率。在当代国际社会，大多数国家也都实行了正当程序的简易化。如英国、日本、德国等国家都设立了简易程序，我国2012年刑事诉讼法修改时也适当扩大了简易程序的适用范围。需要指出的是，为了进一步提高审理刑事案件的质量与效率，我国目前正在部分地区开展刑事案件速裁程序试点工作，进一步简化刑事诉讼法规定的相关诉讼程序。在试点经验基础上构建刑事案件速裁程序，对提高诉讼效率大有裨益。③合理配置司法资源。在刑事诉讼中合理地配置司法资源，可以在不损害司法公正目标实现的前提下提高诉讼活动的效率。实现司法资源的合理配置，应当遵循以下原则：一是相适应原则，例如采用的强制措施要与犯罪的性质、犯罪嫌疑人的社会危险程度等相适应；二是区别原则，即针对不同案件采用不同程序。例如对所涉罪行较为严重，社会影响较大，审判结果对公民产生重大影响的案件，应当适用对抗性强的诉讼程序；而对那些案情简单、所涉罪行较轻，事实清楚的案件，应适用简易程序等。

二、诉讼效率与司法公正的关系

在刑事诉讼中，效率与公正二者在很大程度上具有一致性。从上述分析可知，司法公正包含实体公正和程序公正两个方面。因此，刑事诉讼中公正与效率的统一性表现为以下两个方面：

首先，效率与实体公正相统一。一方面，诉讼高效有助于实现实体公正。例如，审判阶段要遵循集中审理原则。集中审理原则要求法院开庭审理案件，应在不更换审判人员的条件下连续进行，不得中断审理。集中审理原则既可以减少或避免法官受到来自庭外的不当干扰，也可以保证法官获得对案件清晰、连续的完整印象，为从实体上正确处理案件奠定基础。如果诉讼效率不高，不仅会造成大量刑事案件积压，使案件得不到及时处理，而且往往会导致难以查明案件事实真相。例如，如果侦查机关不及时收集证据，就有可能导致一些重要证据因自然或人为因素而遭到破坏或灭失，一旦没有重要证据，就难以准确认定案件事实。另一方面，实体公正也有利于诉讼效率的提高。例如，如果法院准确认定案件事实，量刑得当，那么被告人一般会认可法院的判决，从而放弃上诉或申诉，检察机关、被害人一般也不会抗诉或申诉。

其次，效率与程序公正相统一。提高诉讼效率有利于实现程序公正。在生效判决作出之前，被羁押的犯罪嫌疑人、被告人不仅丧失了人身自由，而且他的实体权益（如财产和生命等）处于不确定的状态，犯罪嫌疑人、被告人往往承受着极大的精神压力。诉讼高效能及时确定其实体权益，使他能够及时根据司法裁判所确立的权利义务去重新安排生活，从而减轻犯罪嫌疑人、被告人的这些不幸，使犯罪嫌疑人、被告人形成对司法的普遍信从和尊重。诚如美国一位大法官所说："无休止的诉讼反映了，同时更刺激了对法院决定的不尊重"。[1]同时，程序公正有时也有利于诉讼效率的提高。"程序公正给当事人一种公平待遇之感。它能够促进解决，并增进双方之间的信任"。[2]如果当事人在诉讼中得到公正待遇，即使案件最后处理结果略有瑕疵，也有可能使当事人因为受到公正审判而理解并接受对案件处理的实体结果。这无疑有利于减少当事人上诉、申诉比例。就此意义而言，程序公正与效率也是统一的。

然而，刑事诉讼效率与公正毕竟是不同的范畴。诉讼效率的提高主要通过合理设计诉讼程序和优化配置司法资源而实现，在这个过程中，效率与公正必然发生冲突。例如，如果过分追求迅速侦破案件、尽快审结案件，就容易出现不严格遵守诉讼程序，甚至非法取证，草率定案等现象，这既损害了程序公正，也可能导致最后处理结果上的不公正，导致冤案错案的发生。因此，在效率与公正发生矛盾时，必须正确处理好二者的关系。

我们应当明确，在刑事诉讼中，公正与效率的关系，应当坚持公正优先，兼顾效率的理念。刑事诉讼的根本目的是在查清案件事实的基础上，惩罚犯罪、保障人权，以恢复被犯罪行为破坏的社会秩序。实体公正和程序公正正是达到这种目的的体现，因此，公正处于首要地位，只有在实现公正的前提下追求诉讼效率，而不能本末倒置，盲目图快求多，无视司法公正。如果无视司法公正，而片面追求诉讼效率，那么案件的质量就很有可能得不到保证，甚至发生错案现象。最终，还要花费一定的时间和司法资源进行纠错，反而损害了效率。当然，公正的优先地位不是绝对的，在一定情况下应兼顾效率，例如简易程序等。但是这种兼顾不能过分牺牲司法公正，否则，就违反司法的基本要求了。

---

[1] 宋冰：《程序、正义与现代化——外国法学家在华演讲录》，中国政法大学出版社1998年版，前言第3页。

[2] [美] 戈尔丁：《法律哲学》，齐海滨译，三联书店1987年版，第241页。

第四章 我国刑事诉讼法的历史发展

第一节 我国古代的刑事诉讼法

一、我国古代刑事诉讼法的历史沿革

中国古代自早期奴隶制国家出现时起,至清王朝走向崩溃时止,在时间上绵延了两三千年,经历了奴隶制和封建制两个发展阶段。在这漫长的历史时期里,中国古代法制,包括刑事诉讼法制逐步建立和发展起来,形成了独具特色的中华法系。

(一)我国古代刑事诉讼法制的起源

刑事诉讼法制是随着国家的出现而产生专门的国家司法机构后的产物。因为缺乏史料,很难准确认定我国古代刑事诉讼法制起源的具体时间,但根据有关史料考查,刑事诉讼制度在禹舜时代就已经存在。

《舜典》记载皋陶作为司法大臣,[1]并在器物上刻有五种肉刑的规定,由此可以推测,当时已有刑事诉讼。关于当时的诉讼规则,可以从《尚书·吕刑》窥见一斑。《尚书·吕刑》记载,西周穆王时期指定的法令就有"祥刑"的诉讼原则,要求司法官员审理案件要"有伦有要"(即要依法定程序和抓住关键问题),在诉讼制度上实行两造审理、五听制度,强调司法官员必须通过辞听、色听、气听、耳听和目听等方法观察双方当事人心理活动,认真听取他们的陈述,并强调在听取供词时,必须"察辞于差"、"非天不中,惟人在命"(即注意陈述之间的矛盾,不可因听信一方之词而有所私袒)。[2]另外,从证据制度来看,西周刑事诉讼中就采用人证、书证等证据种类。在西周时期,神明裁判制度已基本上在刑事诉讼中消失,盟誓不再作为诉讼证据使用,而是通过司法官采用证人证言、物证、书证等证据来认定案件。为了获得犯人的供词,是允许刑讯的。

---

[1]《舜典》:"帝曰:'皋陶,……汝作士'。"
[2]《尚书·吕刑》。

（二）中国古代刑事诉讼法制在封建社会的演变

随着奴隶制在春秋时期开始走向瓦解，中国开始进入封建社会。脱胎于奴隶制的封建诉讼制度，不可避免地受到奴隶制时期诉讼文化的深重影响，可以说中国封建刑事诉讼法制是奴隶制刑事诉讼法制发展的一种延续。为巩固封建统治政权，中国封建诸国开始编纂成文法典。溯源编纂成文法典的国家，可以发现当时的郑国是最早制定成文法的国家。公元前536年郑国的子产"铸刑书"，把刑法铸在铁鼎上。战国时期，魏国的李悝编纂了《法经》，在此法典中，李悝"集诸国刑典，造法六篇"，篇名分别为盗、贼、囚、捕、杂、具，其中囚法、捕法两篇是关于囚禁罪犯、审判罪犯和逮捕罪犯的规定，属于刑事诉讼法的规定。《法经》是我国古代第一部比较系统的刑事法典，为后世各朝封建立法奠定了基础。

秦统一中国后，建立了我国第一个中央集权的封建国家。在法典编纂上，商鞅以《法经》为蓝本，改法为律，制定了《秦律》。《秦律》明确规定了证据收集、起诉、庭审、上诉以及再审等有关刑事诉讼程序的相关内容，并规定刑讯是合法的"拷讯"作虚假供述的被告人的手段。

汉承秦制，编纂了《九章律》。《九章律》在保留《秦律》原有的囚律、捕律等六篇的基础上增设三篇，共九篇。但是，所增设的三篇并未涉及刑事诉讼内容，九篇中涉及刑事诉讼内容的仍然只有囚律、捕律两篇。曹魏制定的《魏律》较之秦汉刑事诉讼制度而言更为完善，不仅保留了原有的告诉、查封、勘验、审问、判决等审判程序的具体规则，而且在"告劾"、"系讯"、"断狱"、"囚律"、"捕律"诸篇中专门规定刑事审判程序。《晋律》沿袭《魏律》，并增至二十篇，仍含有捕律、告劾律、系讯律和断狱律。南北朝的《北魏律》、《北齐律》以《晋律》为基础，并略有增删。《北齐律》中的捕亡、斗讼两篇规定了刑事诉讼制度相关的内容。到了隋初的《开皇律》，则把刑事诉讼制度规定在"名例"、"斗讼"、"断狱"诸篇中。

唐朝建立以后，我国进入封建社会的鼎盛时期，在律令编纂上，唐代以隋代法律为蓝本，先后制定了《武德律》、《贞观律》、《永徽律》、《开元律》。其中，《永徽律》是现有我国最早且保存最为完整的封建刑律，于唐高宗永徽二年（公元651年）颁布，并由太尉长孙无忌等人对律文逐条作注解以统一解释律文的精神内核，于永徽四年（公元653年）颁布，与律文合在一起称为《永徽律疏》（元以后称《唐律疏议》）。从内容来看，唐律对诉讼程序的规定臻于成熟，在捕亡、斗讼、断狱等篇中全面规定了刑事诉讼制度。

唐代律令是我国封建社会最具有代表性的刑事法律，影响深远，后续朝代相关法令延续了其基本内容。如宋朝的《宋刑统》、元代的《大元通制》等基本沿袭唐律的内容，与唐律大同小异。其中，《大元通制》在诉讼篇中着重规定了控诉犯罪的程序。这种趋势到明、清有更进一步的发展。明朝在参照唐律的基础上，制定了《大明律》，这是我国封建制后期的一部重要法典。清初援用《大明律》，后制定《大清律例》。明律、清律都是由唐律发展而来的，均设有诉讼、捕亡、断狱等诸篇来规定刑事诉讼程序和制度。

二、我国古代刑事诉讼制度的主要内容

综观我国历代法律，有关刑事诉讼制度的规定在早期主要包含在捕律、囚律等篇中，而到了隋唐及嗣后的明清，刑事诉讼的相关规定主要规定在"斗讼"、"捕亡"、"断狱"中。以下就中国古代诉讼制度，尤其是秦汉以来封建刑事诉讼制度的主要内容作概述。

1. 司法机构。在我国古代刑事诉讼中，审理刑事案件的司法机构可分为中央司法机构与地方司法机构两个级别。在中央司法机构设置上，秦汉设廷尉执掌司法权。三国两晋南北朝的中央审判机关一般仍为廷尉，但北齐设大理寺掌决正刑狱。唐代时，大理寺、刑部和御史台为中央司法机构，大理寺卿、刑部侍郎、御史中丞三司组成最高审判组织，专门负责对大要案进行会审。在宋朝，中央司法机构包括刑部、大理寺和审刑院。上奏案件须先送审刑院，再交付大理寺、刑部断复，办理完毕后还要交行审刑院详议，最后交由皇帝裁决。元代设刑部和御史台，撤销了大理寺，并把其职权并入刑部，另设宗正府，是负责审理蒙古人、色目人与汉人相犯案件的审判机构。明代设刑部、都察院和大理寺为中央司法机构，该三者被统称"三法司"，其中刑部主持审判，大理寺为复核机关，都察院则负责对刑部的审判和大理寺的复核进行监督，除此以外，还有权直接审理部分案件和参加"三法司"对重大疑难案件的会审。清朝与明代相似，但刑部权力扩大。此外，清朝在中央还设有理藩院，主要负责审判少数民族犯罪案件。

在地方司法机构设置上，秦汉以郡守、县令为地方长官，同时拥有审判权。三国两晋南北朝时期，地方包括州、郡、县三级。州刺史、郡守、县令兼理司法。隋唐地方只设州、县两级政权机构，由地方长官"掌察冤滞，听狱讼"。[1] 宋朝地方也设州、县两级，知州、知县分别为州、县的长官，兼管行政、司法。明朝地方设省、府、县三级。清朝地方政权为省、道、府、县四级，一般由各级行政长官行使司法权。

2. 告诉制度。告诉是指司法机构启动审理程序的依据或缘由。在告诉制度的设置上，秦汉以后至明清大致相同，各个朝代均没有设立专门的控诉机关负责提起控诉，而主要以被害人告诉为控诉方式。除此以外，被害人或其亲属以外的

---

[1]《唐书·百官志》。

其他知情人的告诉、官吏举发、犯罪人自首、审判机关直接纠问等也是司法机构开始审理刑事案件的依据。为了鼓励告诉，中国古代采取奖励的政策，而且要惩罚知情不举的情形。但是，为了维护家族伦理关系和等级制度，古代对告诉也作了一定的限制，除谋反叛逆犯罪、亲属相互侵害的犯罪案件以外，实行"亲亲相隐"制度。根据亲亲相隐制度的规定，允许亲属之间相互隐瞒犯罪事实而不告发，特别是子孙不得控告祖父母、父母，妻妾不得控告丈夫，下辈不得控告长辈，奴婢不得控告主人及主人之亲属，对违反者甚至会加以惩罚。中国古代的司法机构存在一定的审级，被害人和其他人告诉必须向最低一级审判机关提出，不得跨越审级直接向上级司法机构告诉。对越诉者要予以处罚。此外，为了使君主能够及时获悉民间的冤情，中国古代还建立了直诉制度，允许申冤者直接向君主诉冤。

3. 证据制度。中国古代刑事证明虽然出现过"神明裁判"的做法，[1]但这种做法消失得较早，并未在中国古代占据统治地位。从总体上而言，中国古代刑事诉讼中，一般由法官对证据进行自由判断。至于作为判断依据的证据种类，在历代封建法典中都有专门的规定。从种类来看，中国古代的证据种类主要有被告人口供、证人证言、物证、书证和检验结果等。其中，被告人口供被视为最重要的证据，被称为"证据之王"，刑事诉讼主要奉行口供裁判方式，刑讯是获得口供的合法手段。[2]唐宋明清的法律都有对被告人进行拷讯的规定。如《唐律疏议·断狱》明确规定："诸应讯者，必先以情，审查辞理，反复参验，犹未能决，事须讯问者，立案同判，然后拷讯。"[3]按照唐律疏议对该条的解释，"察狱之官，先备五听，又验诸证信，事状疑似，由不首实者，然后拷掠"。[4]《宋刑统》继承了《唐律疏议》相关内容，并作出进一步解释："诸察狱之官，先备五听。按《周礼》云：'以五声听狱讼，求民情。一曰辞听，观其出言，不直则烦；二曰色听，观其颜色，不直则赧然；三曰气听，观其气息，不直则喘；四曰耳听，不直则惑；五曰目听，观其眸子视，不直则眊然'。"[5]明律"吏典代写

---

[1] 如《周礼·秋官·司盟》中记载，"有狱讼者，则使盟诅"，"凡盟诅，各以其地域之众庶，共有牲而致焉，既盟则为司盟共祈酒脯。"《论衡·是应》中也有记载："皋陶治狱，其罪疑者令羊触之，有罪者则触，无罪责不触，天生一角圣兽助狱为验。"

[2] 我国著名历史学家瞿同祖先生通过研究断言："中国有史以来就以刑讯获得口供，早就不仰赖审判法了。"参见瞿同祖：《中国法律与中国社会》，中华书局2003年版，第272页。

[3] 刘俊文点校：《唐律疏议·断狱》"诸应讯因者"条，法律出版社1999年版，第592页。

[4] 刘俊文点校：《唐律疏议·断狱》"诸应讯因者"条，法律出版社1999年版，第592页。

[5] 薛梅卿点校：《宋刑统·断狱律》，法律出版社1999年版，第539页。

招草"条王肯堂笺释说:"鞫问刑名等项,必据犯人之招草,以定其情。"[1]《清史稿·刑法志》规定:"断罪必取输服供词。律虽有众证明白即同狱成之文,然非共犯有逃亡,并罪在军流以下,不轻用也。"[2]刑讯是一种野蛮、落后的获得被告人供述的方法,即使具有合法性,也会造成严重后果,是导致大量冤案错案发生的最重要原因。

4. 审判制度。在审判组织上,中国历代审理刑事案件一般采用独任制,由一个承审官坐堂问案,少数重大案件则实行会审制度。会审制度源于唐朝的三司推事,即大理卿、刑部侍郎、御史中丞会同审理重大疑难案件,确立于明清时期。当然,在明朝,对重大案件的审理,除三法司外,厂、卫也参加会审。清朝对特别重大案件的审理由九卿(六部加都察院、大理寺、通政使司的官员)会审。

在庭审程序上,中国古代刑事诉讼实行两造审理原则,要求审判必须在原告、被告都到庭的情况下进行。[3]在开庭审理时,先审原告,再审被告,被告不服的,则审证人,必要时,可传唤原告、被告与证人对质。审判活动还实行五听制度,要求承审官察言观色,察听词情,据以判断。

承审官作出判决后,"读鞫",即向人犯宣读并将判决内容告知人犯家属。如人犯对判决不服,还可以上诉或申诉,这被称为"乞鞫"。

对于死刑案件,中国古代还确立了死刑复奏制度。根据死刑复奏制度的要求,中央司法机构判决死刑的,执行前须奏报皇帝最后核准。唐朝区分不同情况复奏不同,如在京师判决死刑须五复奏,在诸州则三复奏,而对于恶逆等案件则只需一复奏。到了明、清时期,复奏程序演变为秋审、朝审制度。对于各省判处死刑、缓期处决的案件,由中央司法机构在每年秋季进行复审,称为秋审;对于京师地方或刑部判处的死刑、缓期处决的案件,由临时派出的王公大臣在天安门外的金水桥朝房复审,时间略迟于秋审,称为朝审。

三、我国古代刑事诉讼法的特点

我国古代刑事诉讼制度自夏商代至于明清,历经了漫长的发展过程,并形成一系列鲜明的特点。这些特点主要是:

---

[1] [清]薛允升:《唐明律合编》(五),商务印书馆发行《万有文库》第二集七百种之134,第699页。转引自陈光中、郑曦:"论刑事诉讼中的证据裁判原则——兼谈《刑事诉讼法》修改中的若干问题",载《法学》2011年第9期。

[2] 《清史稿·刑法志》卷一百四十四志一百十九刑法三。转引自陈光中、郑曦:"论刑事诉讼中的证据裁判原则——兼谈《刑事诉讼法》修改中的若干问题",载《法学》2011年第9期。

[3] 《魏书·高柔传》。

（一）司法行政机关合一

中国古代没有形成独立的司法机构，司法由行政官兼理。在中央，虽然中央司法机构的主要职责是办理狱讼案件，但其并不独立，对于君主的命令必须绝对服从，而且一般要受制于冢宰、丞相、三省等中央行政中枢。在地方，审判机构一般同时也是行政机关。司法活动被视为行政事务的组成部分，因此，各级衙门成为审理刑事案件的场所，行政官同时也是司法官，负责审理刑事案件。应当说，这种权力一体化的权力机构，有助于君主控制司法权，巩固君主的封建统治地位。

（二）刑事诉讼法与民事诉讼法基本不分

《周礼》记载，刑事诉讼在周代被称为"狱"，民事诉讼被称为"讼"，二者虽然在字义上存在一定的区别，但秦汉以后的立法和司法都没有把刑事诉讼与民事诉讼严格区分开来。这主要表现为刑事诉讼程序和民事诉讼程序作为程序法与刑法、民法等实体法诸法合一，共同构成刑法。在这种民刑合一、实体法与程序法不分的立法格局中，家庭、户婚纠纷等民事纠纷也以刑事手段来解决。同时，在适用程序和原则上，刑事诉讼与民事诉讼基本上适用相同的诉讼程序和原则。

（三）君主掌握最高司法权

在奴隶制社会和封建制社会时期的中国，国家被视为君主一家的天下，君主是一国之君，拥有至高无上的权力，其中包括掌握最高司法权。皇帝掌握着生杀大权，可以权宜行事，不受法律约束。他可以亲自审判任何案件；可以在判决时对任何人施以任何刑罚或赦免；也可以下令将最不该死的人逮捕治罪甚至处死；对于重大案件，必须复奏皇帝核准；皇帝还可以通过直诉等方式直接参与刑事审判。

（四）刑讯具有法定性

中国古代刑事诉讼非常重视口供，主要奉行口供裁判方式，口供是定案的主要依据，没有被告的认罪口供，一般不能定案。为获取被告认罪口供，刑讯作为获得口供的诉讼手段被明确规定在法律中。在司法实践中，刑讯手段得以广泛适用，甚至是刑事诉讼的中心环节。

第二节　我国近现代刑事诉讼法

一、清朝末年的刑事诉讼法

1840年鸦片战争以后，中国进入了半封建半殖民地的近代社会。帝国主义列强在我国确立的领事裁判权分割了清帝国部分司法主权，从此打破了中国古代法律的封闭局面。面对内忧外患，清朝为了巩固其统治地位，开始进行涉及官制、军事、法律、教育和财政的"新政"改革。法律的修订作为"新政"改革的重要组成部分也正式启动。1902年清政府下诏："著派沈家本、伍廷芳，将一切现行律例，按照交涉情形，参酌各国法律，悉心考订，妥为拟议，务期中外通行，有裨治理。"[1]次年修订法律馆正式成立，并由沈家本主持，负责拟定奉旨交议的法律与专门法典。

沈家本十分重视法律的编纂工作。在诉讼法律制订方面，沈家本以"参考古今，博辑中外"、"汇通中西"为修律指导思想，于1906年主持修订了《大清刑事、民事诉讼律草案》，较为完善地规定了刑事诉讼程序与民事诉讼程序。这是我国第一部具有近代意义的诉讼法典草案，明确规定了陪审制度、公开审判制度和律师制度等刑事诉讼法的内容。遗憾的是，由于地方保守力量先后覆奏请求暂缓施行，该法律草案最终被搁置而未予施行。1909年，沈家本在修订法律馆以该法律草案为基础，开始主持重新编纂《刑事诉讼律草案》和《民事诉讼律草案》，并于1910年修订完成。尽管这两个草案因清朝灭亡而未及颁行，但它们的修订正式结束了我国历代"诸法合体"的立法模式，把刑事诉讼立法与民事诉讼立法分开，具有重要意义。

二、中华民国的刑事诉讼法

（一）南京临时政府时期的刑事诉讼法

1911年，孙中山领导的辛亥革命推翻了清政府的统治，中国历史开始进入中华民国时期。1912年1月1日，南京临时政府成立。南京临时政府以美国国家制度为蓝本制订了《中华民国临时约法》并于1912年3月11日予以公布。《中华民国临时约法》已确立了刑事诉讼中的审判公开和司法独立原则并规定了法官任职保障等。根据《中华民国临时约法》第六章规定，法院之审判，须公开之，但有认为妨害安宁秩序者，得秘密之；法官独立审判，不受上级官厅之干涉；法官在任中不得减俸或转职，非依法律受刑罚宣告，或应处免职之罚戒处分，不得解职，惩戒条规，以法律定之。与此同时，南京临时政府通过大总统令废除了封建社会可合法适用的刑讯制度，"不论行政司法官署，及何种案件，一概不准刑讯，鞫狱当视证据之充实与否，不当偏废口供。"[2]

虽然南京临时政府只存续了3个月，但其却在借鉴西方国家法律制度的基础上进行了重大司法改革，吸纳了很多体现人道主义精神、现代诉讼理念的内容，

---

〔1〕《清德宗实录》卷四九八。
〔2〕《辛亥革命资料》，中华书局1961年版，第215页。

这无疑是一个历史性的进步。遗憾的是，南京临时政府很快被北洋政府所取代，因而南京临时政府时期的刑事诉讼制度未能完全付诸实施。

（二）北洋政府时期的刑事诉讼法

北洋政府时期，军阀专权。袁世凯任民国大总统时，因"民国法律未经议定颁布"，于是下令暂时援用清朝施行的法律。嗣后北洋政府于1921年在清朝《刑事诉讼律》的基础上修订成《刑事诉讼条例》，并于1922年7月正式施行。此外，北洋政府还颁布了有关司法机构和刑事诉讼程序的法规，主要包括以下几个方面的内容：

1. 建立了近现代的司法机构体系。北洋政府法院体制沿袭清末建制，设大理院、高等审判厅、地方审判厅和初级审判厅四级普通法院，并实行三审制。此外，设有区别于上述普通法院的军事法院。在各级审判衙门内设有检察机构，检察机构包括总检察厅、高等检察厅、初级检察厅三级。

2. 对诉讼程序作了明确规定。北洋政府有关刑事诉讼活动的规范，不仅规定了管辖制度、讼费制度等，而且规定了法定起诉原则、简易程序以及辩护制度等。此外，北洋政府借鉴英美法系国家的做法，大量援用法院审判中的判例作为处理案件的依据。

（三）国民政府时期的刑事诉讼法

1927年，国民政府取代北洋政府，中国开始进入国民政府统治时期。在这个时期，国民政府加强了法制的建设，于1928年1月28日颁布了《刑事诉讼法》，尔后对这部《刑事诉讼法》进行了重新修订并于1935年1月1日予以公布。除此以外，国民政府还制定了一系列单行法规，如于1927年11月颁布《惩治盗匪暂行条例》、于1931年1月颁布《危害民国紧急治罪法》以及于1948年4月颁布《特种刑事法庭审判条例》等。

从内容上看，国民政府的《刑事诉讼法》以北洋政府《刑事诉讼条例》为基础，并在一定程度上参考和移植了大陆法系国家行使诉讼原则和制度，如确立了公开审判原则、公诉与自诉相结合、以公诉为主原则、起诉便宜原则、直接审理原则、自由心证原则、言词审理原则、不变更原则、上诉不加刑原则和律师辩护制度、再审制度等。这些规定体现出明显的职权主义诉讼模式的特征，相对于中国过去几千年里落后的封建制司法审判原则和制度而言，无疑是一种重大突破。

1949年以后，我国台湾地区仍然沿用国民政府于1935年修订的《刑事诉讼法》，但时有修改。特别是在2003年，台湾地区加大了刑事诉讼法的修改力度，在刑事诉讼法中建立改良式当事人主义诉讼制度。

第三节 中华人民共和国的刑事诉讼法

一、新中国成立初期的刑事诉讼法

1949年10月1日中华人民共和国成立，从此，我国进入了社会主义法制建设和刑事诉讼立法的新时期。

1950年7月，中央政府公布了《中华人民共和国人民法庭组织通则》。1951年9月，中央人民政府委员会第十二次会议通过并公布了《中华人民共和国人民法院暂行组织条例》、《中央人民政府最高人民检察署暂行组织条例》和《各级地方人民检察署组织通则》。这些通则和条例规定了人民法院、人民检察署的组织形式和组织原则，并确立了公开审判原则、回避制度、辩护制度和人民陪审制等刑事诉讼原则和制度。1954年9月，第一届全国人民代表大会颁布了《中华人民共和国人民法院组织法》和《中华人民共和国人民检察院组织法》，同年12月，全国人大常委会通过了《中华人民共和国逮捕拘留条例》。这些法律明确规定了法院独立原则、公开审判原则、被告人有权获得辩护原则，并规定了公安机关、人民检察院和人民法院的职权、回避制度、陪审制度、合议制度、死刑复核程序、逮捕程序等，为刑事诉讼活动提供了重要的法律依据。

与此同时，我国在建国初期就开始着手起草专门的刑事诉讼法。中央人民政府法制委员会于1954年草拟了《中华人民共和国刑事诉讼条例（草案）》。受全国人大委托，最高人民法院于1957年5月拟定了《中华人民共和国刑事诉讼法草案（草稿）》，分7篇共325条。到了1963年4月，《中华人民共和国刑事诉讼法草案（初稿）》在中央政法小组的主持下完成了，共7编18章，条文共200条。不过，由于极"左"思潮的加剧并迅速进入"文化大革命"十年动乱期间，该草案一直未能成为法律。

二、《刑事诉讼法》的制定

1979年2月，全国人大常委会法制委员会重新组织力量对1963年《刑事诉讼法草案（初稿）》进行修改，并于同年6月完成《刑事诉讼法草案》（修正二稿），提请全国人大审议。1979年7月1日，第五届全国人民代表大会第二次会议正式通过《刑事诉讼法》，并于同年7月7日公布，1980年1月1日起施行。

《刑事诉讼法》分总则与分则两大部分，共4编17章164条，明确规定了人民法院、人民检察院和公安机关依法独立行使职权、分工负责、互相配合、互相制约，被告人有权获得辩护等诉讼原则，同时就管辖制度、回避制度、辩护制度、证据制度、强制措施以及诉讼程序等作了详细规定。这部《刑事诉讼法》是我国第一部社会主义性质的刑事诉讼法典，结束了新中国成立以后刑事诉讼活动长期没有刑事诉讼法典作为依据的局面。该法自实施以来，对于规范公安司法机关的刑事诉讼活动、保障准确、及时查明案件事实、惩罚犯罪、保障公民合法权益发挥了重要作用。

《刑事诉讼法》施行后，全国人大常委会根据实际需要又陆续颁布了一些单行法规，其中影响较大的有 1983 年 9 月 2 日颁布的《关于迅速审判严重危害社会治安的犯罪分子的程序的决定》与 1984 年 7 月 7 日颁布的《关于刑事案件办案期限的补充规定》等。这些单行法规对刑事诉讼法规定的审判组织、陪审制度、办案期限、审判程序、死刑复核权等问题作了一些补充和修改。

三、《刑事诉讼法》的修改

随着我国改革开放的不断深入，我国的政治、经济以及社会主义民主和法制建设不断发展，犯罪也呈现出新的特点。面对司法实践中出现的新问题以及新的形势需要，《刑事诉讼法》存在的弊端日益显露。1995 年 12 月，全国人大法工委拟定了《中华人民共和国刑事诉讼法修正案（草案）》，并经委员长会议决定，提交第八届全国人大常委会第十七次会议进行第二次审议。1996 年 3 月 5 日，第八届全国人民代表大会第四次会议对《中华人民共和国刑事诉讼法修正案（草案）》进行了审议。同年 3 月 17 日，修正案草案获得通过，并以全国人民代表大会《关于修改〈中华人民共和国刑事诉讼法〉的决定》的形式予以公布。修正后的《刑事诉讼法》共 4 编 17 章，条文共 225 条，于 1997 年 1 月 1 日起施行。

这次《刑事诉讼法》的修改是中国刑事诉讼法制的重大改革，反映了我国改革开放以来刑事诉讼立法和司法的最新成果，为实现司法公正提供了重要保障。从改革内容看，这次修改涉及刑事诉讼的各个环节，概括起来，主要内容包括以下几个方面：确立了未经人民法院依法判决，对任何人都不得确定有罪的原则；与之相适应，取消了免予起诉制度，在审查起诉与一审判决中确立了疑罪从无原则；调整了检察机关自侦案件的范围；加强了对诉讼参与人的权利保障；完善了辩护制度，将律师参加诉讼活动的时间提前到侦查阶段；取消了收容审查，完善了强制措施；改革了庭审方式，取消了开庭前的实体审查，增强了法庭审判程序的对抗性，注重发挥合议庭在审判中的决定性作用；增设对部分简单轻微的一审案件适用的简易程序；确立了人民检察院依法对刑事诉讼实行法律监督的原则；等等。

为了保障刑事诉讼法的正确实施，最高人民法院、最高人民检察院、公安部、国家安全部、司法部、全国人民代表大会常务委员会法制工作委员会于 1998

年 1 月联合发布了《关于〈中华人民共和国刑事诉讼法〉实施中若干问题的规定》。尔后最高人民法院 1998 年 6 月公布了《关于执行〈中华人民共和国刑事诉讼法〉若干问题的解释》（1998 年 9 月 8 日起施行）、最高人民检察院于 1998 年 12 月公布了《人民检察院刑事诉讼规则》（1999 年 1 月 18 日起施行）、公安部于 1998 年 5 月发布了《公安机关办理刑事案件程序规定》（公安部令第 35 号）等，这些规范性文件对于保障刑事诉讼法的正确适用起到了积极作用，但也有个别不妥之处。

四、《刑事诉讼法》的再修改

1996 年修正后的刑事诉讼法实施以来，我国社会主义民主法制建设取得了长足进步，"依法治国"和"国家尊重和保障人权"相继写入宪法；但从司法实践来看，刑讯逼供、超期羁押等痼疾并未得到根治，辩护难等问题仍没有得到解决，加之我国的犯罪活动呈现出新的特点，《刑事诉讼法》越来越难以适应社会发展和司法实践的需要，迫切需要进行再次修改。相关司法改革和有关立法工作也在进行。2004 年 8 月 28 日，旨在完善人民陪审员制度的《全国人大常委会关于完善人民陪审员制度的决定》获得通过，并于 2005 年 5 月 1 日起实施。2005 年 2 月 28 日，第十届全国人民代表大会常务委员会第十四次会议通过了《关于司法鉴定管理问题的决定》，有效解决了司法鉴定在诉讼活动中存在的涉及司法鉴定体制的问题。2007 年 1 月 1 日起所有死刑案件核准权收归最高人民法院统一行使。2007 年 10 月 28 日修订后的《律师法》获得通过，并于 2008 年 6 月 1 日实施。

到了 2009 年初，第十一届全国人大常委会再次将修订刑事诉讼法列入立法规划。与此同时，中央政法机关为了推进刑事司法改革开始陆续出台相关司法解释或规范性文件。如最高人民法院、最高人民检察院、公安部、国家安全部和司法部于 2010 年 6 月 24 日联合发布《关于办理死刑案件审查判断证据若干问题的规定》和《关于办理刑事案件排除非法证据若干问题的规定》；最高人民法院、最高人民检察院、公安部、国家安全部、司法部于 2010 年 9 月 13 日印发了《关于规范量刑程序若干问题的意见（试行）》；最高人民检察院于 2011 年 1 月 29 日印发了《关于办理当事人达成和解的轻微刑事案件的若干意见》；等等。这些司法解释对一些刑事诉讼制度作了初步改革，为再次修改《刑事诉讼法》提供了良好的基础。

全国人大法工委在经过认真充分的准备工作后，于 2011 年 8 月 24 日将拟定的《中华人民共和国刑事诉讼法修正案（草案）》（以下简称《修正案（草案）》）正式提请第十一届全国人大常委会第二十二次会议进行初次审议。2011

年12月26日,第十一届全国人大常委会第二十四次会议再次对《修正案(草案)》进行了审议并决定将《修正案(草案)》提请第十一届全国人大第五次会议审议。2012年3月14日,第十一届全国人大第五次会议表决通过了《全国人民代表大会关于修改〈中华人民共和国刑事诉讼法〉的决定》。再次修改后的《刑事诉讼法》共5篇,条文共290条,自2013年1月1日起实施。

此次《刑事诉讼法》的再次修改体现了惩罚犯罪与保障人权并重、实体公正与程序公正并重的司法理念,着力解决司法实践中的突出问题,使刑事诉讼制度走向更加民主化、法治化的道路。从内容来看,此次修改的主要内容包括以下几个方面:增加"尊重和保障人权"的规定;改革完善辩护制度,确认了侦查阶段律师的"辩护人"地位,强调辩护人的职责应当实体辩护与程序辩护并重,改善辩护律师会见程序,扩大辩护人的阅卷权,对辩护律师的涉案信息保密权作出规定,扩大法律援助适用的阶段和案件范围;完善证据制度,确立非法证据排除规则,增加规定"不得强迫任何人证实自己有罪"原则,对刑事证明标准作了进一步细化与补充完善;完善了强制措施制度,完善了逮捕、监视居住的条件、程序和采取强制措施后通知家属的规定;改革完善了侦查阶段讯问犯罪嫌疑人程序,增加规定了讯问过程中的录音录像制度;增加采取特殊侦查手段的规定;完善第一审程序中证人、鉴定人出庭制度,扩大了简易程序的适用范围,对二审程序和死刑复核程序进行了改革与完善;完善了执行程序,重点完善了暂予监外执行的条件和程序,创设了社区矫正制度;增加规定了四种特别程序,即未成年人犯罪案件诉讼程序,当事人和解的公诉案件诉讼程序,犯罪嫌疑人、被告人逃匿、死亡案件违法所得的没收程序,依法不负刑事责任的精神病人的强制医疗程序。

为保证修改后《刑事诉讼法》的正确实施,最高人民检察院于2012年11月22日率先颁布了《人民检察院刑事诉讼规则(试行)》;公安部就贯彻修改后的《刑事诉讼法》而于2012年12月13日发布了《公安机关办理刑事案件程序规定》;最高人民法院也于2012年12月20日发布了《关于适用〈中华人民共和国刑事诉讼法〉的解释》;尔后最高人民法院、最高人民检察院、公安部、司法部、国家安全部和全国人民代表大会常务委员会法制工作委员会于2012年12月26日联合制定并发布了《关于实施刑事诉讼法若干问题的规定》。此外,司法部、国家安全部也制定了贯彻执行修改后《刑事诉讼法》的相关规范性文件。这些司法解释、程序规定和规范性文件明确了许多法律规定的内涵,细化了许多法律规定的内容,为正确适用《刑事诉讼法》的具体规定创造了条件。

第二编
总　　论

第五章 刑事诉讼专门机关与诉讼参与人

第一节 刑事诉讼中的专门机关

刑事诉讼中的专门机关,是指在刑事诉讼中依法行使侦查、起诉和审判等法定职权的国家机关。根据我国《刑事诉讼法》及有关法律的规定,我国刑事诉讼中的专门机关包括人民法院、人民检察院、公安机关、国家安全机关、监狱、军队保卫部门和设置在各级海关的走私犯罪侦查机构等。在刑事诉讼中,这些国家专门机关分工负责、互相配合、互相制约,共同完成惩罚犯罪,保障人权任务,保障社会主义建设事业的顺利进行。为完成此任务,法律规定了这些机关进行刑事诉讼活动应遵守的原则、制度、规则和程序,规范其权力运行,保障当事人和其他诉讼参与人的合法权益。

一、人民法院

(一)人民法院的性质、组织体系和上下级之间的关系

1. 人民法院的性质。我国《宪法》第 123 条和《人民法院组织法》第 1 条都规定:"中华人民共和国人民法院是国家的审判机关。"据此,人民法院的性质属于国家的审判机关,代表国家依法独立行使审判权。根据《人民法院组织法》第 3 条规定,人民法院的任务是依法对刑事案件、民事案件和行政案件进行审判,通过审判活动,惩罚犯罪,解决民事和行政纠纷,教育公民遵守宪法和法律。

我国《刑事诉讼法》第 3 条第 1 款规定:"审判由人民法院负责。"第 12 条规定:"未经人民法院依法判决,对任何人都不得确定有罪。"据此,人民法院是有权审理案件并对案件作出生效裁判的唯一专门机关。只有经过人民法院审判,才能确定被告人是否有罪,如果有罪,所犯何罪,是否应判处刑罚以及应判处种刑罚等。

2. 人民法院的组织体系。根据《人民法院组织法》第 2 条的规定,我国人民法院组织体系由最高人民法院、地方各级人民法院和专门人民法院构成。

最高人民法院是国家的最高审判机关，负责审判法律、法令规定由其管辖的和认为应由自己审判的第一审案件；对高级人民法院、专门人民法院判决和裁定的上诉案件和抗诉案件、最高人民检察院按照审判监督程序提起再审的案件进行审判；对地方各级人民法院和专门法院的审判工作进行监督；对于在审判过程中如何具体应用法律、法令的问题，进行解释。

最高人民法院设刑事审判庭、民事审判庭、行政审判庭，并根据需要设立其他审判庭。2015年1月5日最高人民法院通过《关于巡回法庭审理案件若干问题的规定》，设立了两个巡回法庭作为其派出的常设审判机构，主要负责审理跨行政区域重大行政和民商事案件，而巡回法庭作出的判决、裁定和决定，是最高人民法院的判决、裁定和决定。其中，第一巡回法庭设在广东省深圳市，巡回区为广东、广西、海南三省区；第二巡回法庭设在辽宁省沈阳市，巡回区为辽宁、吉林、黑龙江三省区。

地方各级人民法院分为高级人民法院、中级人民法院和基层人民法院。

高级人民法院包括省高级人民法院、自治区高级人民法院和直辖市高级人民法院。高级人民法院主要负责审判依法由它管辖的第一审案件；对下级人民法院移送审判的第一审案件进行审判；对不服中级人民法院作出的未生效的判决和裁定的上诉、抗诉案件进行审判；监督本辖区内中级人民法院和基层人民法院的审判活动，对人民检察院根据审判监督程序提起抗诉的案件进行审判。

中级人民法院包括在省、自治区内按地区设立的中级人民法院，在直辖市内设立的中级人民法院，省、自治区辖市的中级人民法院和自治州中级人民法院。中级人民法院审判下列案件：法律、法令规定由它管辖的第一审案件；基层人民法院移送审判的第一审案件；对基层人民法院作出的未生效判决、裁定的上诉案件和抗诉案件；人民检察院按照审判监督程序提出的抗诉案件；以及适用违法所得没收程序的案件。中级人民法院对它所受理的刑事和民事案件，认为案情重大应当由上级人民法院审判的时候，可以请求移送上级人民法院审判。

基层人民法院包括县人民法院和市人民法院、自治县人民法院和市辖区人民法院。另外，基层人民法院根据地区、人口和案件情况可以设立若干人民法庭。人民法庭不是独立一级的人民法院，而是基层人民法院的组成部分，它的判决和裁定就是基层人民法院的判决和裁定。基层人民法院审判刑事和民事的第一审案件，但是法律、法令另有规定的案件除外。基层人民法院对它所受理的刑事和民事案件，认为案情重大应当由上级人民法院审判的时候，可以请求移送上级人民法院审判。

专门人民法院是指在上述普通法院以外，在某些特定的部门和系统内或针对某些特定纠纷的解决而设立的专门性人民法院。专门人民法院不按行政区划设立，受理案件的范围也区别于地方人民法院。根据实践需要，目前我国设立的专门人民法院包括军事法院、海事法院和知识产权法院。其中海事法院和知识产权法院对刑事案件没有管辖权。过去，我国曾在铁路系统设有铁路运输法院，但经改革，铁路运输法院已经从铁路系统剥离，编入地方各级人民法院。

3. 人民法院上下级之间的关系。在我国，人民法院系统内部上下级之间是监督与被监督的关系。最高人民法院监督地方各级人民法院和专门人民法院的审判工作，上级人民法院监督下级人民法院的审判工作。最高人民法院和上级人民法院行使监督权必须依据法定权限和法定途径来实现，具体而言，最高人民法院和上级人民法院应当通过二审程序、死刑复核程序、审判监督程序、法定刑以下量刑的核准程序等法定程序进行，而不能直接对下级人民法院正在审理的案件作出处理，指令下级人民法院执行。下级人民法院也不应在案件判决作出前就案件的处理等问题请示上级人民法院，而应当依法独立进行审判。

（二）人民法院的职权

在我国，人民法院是唯一的审判机关，其在刑事诉讼中最基本的职权就是审判案件。人民法院通过对公诉案件和自诉案件进行审判，在查明案件事实真相的基础上，依据法律准确认定被告人是否有罪，应否判处刑罚和应判处何种刑罚等。

为了保证人民法院有效行使审判权，《刑事诉讼法》和《人民法院组织法》赋予人民法院以下具体的职权：有权对自诉人提起的自诉案件直接受理；有权对人民检察院提起的公诉案件进行审查，并对符合起诉条件的案件决定开庭审判；有权对已经受理的案件进行审判并根据案件的具体情况作出裁判；在审判过程中有权对被告人采取拘传、取保候审、监视居住和决定逮捕等强制措施；在审判过程中有权对非法证据排除等程序问题作出裁定或者决定；在法庭审理过程中，有权对证据进行调查核实，必要时可以进行勘验、检查、扣押、鉴定和查询、冻结；有权主持和指挥审判活动，并有权对违反法庭秩序的诉讼参与人和旁听人员进行必要的处罚；有权收缴和处理赃款、赃物及其孳息；有权将生效的判决和裁定交付执行机关执行，并有权直接执行某些判决和裁定；有权对执行中的某些问题进行审核裁决；对确有错误的生效裁判，有权启动审判监督程序进行再审。

二、人民检察院

（一）人民检察院的性质、组织体系和上下级之间的关系

1. 人民检察院的性质。我国《宪法》第 129 条和《人民检察院组织法》第 1 条都规定："中华人民共和国人民检察院是国家的法律监督机关。"据此，人民检察院是国家专门的法律监督机关，代表国家行使法律监督权。人民检察院法律

监督权应当通过依法独立行使检察权来实现。

人民检察院通过行使检察权，惩罚一切犯罪分子，维护社会秩序、生产秩序、工作秩序、教学科研秩序和人民群众生活秩序，保护国家财产，保护公民私人所有的合法财产，保护公民的人身权利、民主权利和其他权利，保卫社会主义现代化建设的顺利进行，并通过检察活动，教育公民自觉地遵守宪法和法律，积极同违法行为作斗争。

2. 人民检察院的组织体系。根据《人民检察院组织法》第 2 条的规定，人民检察院的组织体系包括最高人民检察院、地方各级人民检察院和专门人民检察院。

最高人民检察院是全国最高检察机关，领导地方各级人民检察院和专门人民检察院的检察工作；对全国性的重大刑事案件行使侦查权和提起公诉权；对高级人民法院、专门人民法院未生效的判决和裁定提起二审抗诉；依法对刑事诉讼、民事诉讼和行政诉讼实行法律监督；对各级人民法院已生效的判决和裁定，如果发现确有错误，按照审判监督程序向最高人民法院提起再审抗诉；对于检察过程中具体应用法律、法令的问题进行解释。

地方各级人民检察院包括：①省、自治区、直辖市人民检察院；②省、自治区、直辖市人民检察院分院，自治州、省辖市人民检察院；③县、市、自治县和市辖区人民检察院。省一级人民检察院和县一级人民检察院，根据工作需要，提请本级人民代表大会常务委员会批准，可以在工矿区、农垦区、林区等区域设置人民检察院，作为派出机构。此外，根据检察工作的需要，地方各级人民检察院在监狱、看守所、劳教所设立了驻监、驻所检察室，在税务机关设立了税务检察室，作为派出机构。地方各级人民检察院负责对本辖区内依据法律、法令规定由它管辖的案件行使检察权；对公诉案件进行审查，并根据案件具体情况作出提起公诉或不起诉的决定；依法对刑事诉讼、民事诉讼和行政诉讼实行法律监督。

专门人民检察院是指在上述普通人民检察院以外，在某些特定的组织体系或行业内设立的专门性人民检察院。专门人民检察院不按行政区划设立，接受最高人民检察院领导。目前我国的专门检察院只有军事检察院。军事检察院设立在中国人民解放军，专门负责对现役军人的违反职责罪和其他刑事案件行使检察权。过去，与铁路运输法院相对应，我国曾在铁路系统设有铁路运输检察院，但改革后，铁路运输检察院也已经从铁路系统剥离，并入地方各级人民检察院。

3. 人民检察院上下级之间的关系。在我国，人民检察院系统内部上下级之间是领导与被领导的关系。最高人民检察院领导地方各级人民检察院和专门人民检察院的检察工作，上级人民检察院领导下级人民检察院的检察工作。最高人民检察院通过对检察工作具体应用法律、法令的问题的解释指导各级人民检察院的工作。最高人民检察院和上级人民检察院可以直接参加并领导下级人民检察院的检察工作；对最高人民检察院和上级人民检察院的指令或决定，下级人民检察院应当执行。

人民检察院内部实行检察长负责制，由检察长统一领导本院工作。在检察长的统一领导下，检察院内部的各个检察业务部门分工负责、互相配合、互相制约，完成侦查、审查逮捕、审查起诉、控告申诉的处理等检察业务。此外，根据我国《人民检察院组织法》第3条第2款的规定，各级人民检察院设立检察委员会。检察委员会实行民主集中制，在检察长的主持下，讨论决定重大案件和其他重大问题。如果检察长在重大问题上不同意多数人的决定，可以报请本级人民代表大会常务委员会决定。

（二）人民检察院的职权

我国《刑事诉讼法》第3条第1款规定："检察、批准逮捕、检察机关直接受理的案件的侦查、提起公诉，由人民检察院负责。"第8条规定："人民检察院依法对刑事诉讼实行法律监督。"据此，人民检察院在刑事诉讼中的职权主要包括以下三个方面：

1. 立案侦查权。人民检察院是我国的侦查机关之一，主要负责侦查国家机关人员利用职权实施的犯罪活动，包括贪污贿赂犯罪，国家工作人员的渎职犯罪，国家机关工作人员利用职权实施的非法拘禁、刑讯逼供、报复陷害、非法搜查的侵犯公民人身权利的犯罪以及侵犯公民民主权利的犯罪。对于国家机关工作人员利用职权实施的其他重大的犯罪案件，需要由人民检察院直接受理的时候，经省级以上人民检察院决定，可以由人民检察院立案侦查。人民检察院在对上述案件进行侦查过程中，既可以进行专门调查工作，包括讯问犯罪嫌疑人、询问证人、被害人，搜查，查封、扣押物证、书证，查询、冻结存款、汇款、债券、股票等财产，勘验、检查，侦查实验，鉴定，通缉，技术侦查等；也可以采取有关的强制措施，如对犯罪嫌疑人采取拘传、取保候审、监视居住、拘留与逮捕；有权对侦查终结移送审查起诉的案件进行补充侦查。

2. 公诉权。人民检察院是国家唯一的公诉机关，代表国家行使控诉权，负责对公诉案件进行审查起诉和提起公诉。人民检察院负责对侦查终结的案件进行审查，并在审查后根据不同情形作出提起公诉或不起诉的决定；在审查起诉过程中，对于需要补充侦查的案件，有权决定退回补充侦查或自行侦查；对于决定提起公诉的案件，人民检察院在审判阶段有权派员出庭支持公诉并实质性地参与庭审过程；此外，对国家财产、集体财产遭受损失的，人民检察院在提起公诉时，可以提起附带民事诉讼。

3. 诉讼监督权。人民检察院是我国《宪法》规定的法律监督机关。人民检察院法律监督的重要内容之一就是对刑事诉讼活动进行监督。人民检察院对刑事诉讼的监督贯穿刑事诉讼全过程，包括刑事立案监督、侦查活动监督、审判活动监督、死刑复核法律监督、刑事判决裁定执行监督和强制医疗执行监督等。

三、公安机关

（一）公安机关的性质、组织体系和上下级之间的关系

1. 公安机关的性质。在我国，公安机关是武装性质的国家治安保卫机关，是各级人民政府的职能部门。从性质上属于行政执法机关，担负着维护国家安全，维护社会治安秩序，保护公民的人身安全、人身自由和合法财产，保护公共财产，预防、制止和惩治违法犯罪活动的任务。

2. 公安机关的组织体系。我国公安机关是各级人民政府的职能部门，设置在各级人民政府中。从组织体系来看，公安机关包括公安部、公安厅（局）、公安处（局）以及公安分局。公安部设于中央人民政府，是国家最高公安机关，负责领导和指挥全国的公安工作；公安厅（局）设在省级人民政府中，是省、自治区、直辖市人民政府的重要组成部分；公安处（局）设在地级市级别的人民政府，属于地区、自治州和市人民政府的重要组成部分；公安局设于县、县级市、自治县的人民政府；公安分局设在直辖市和中等城市的市辖区的人民政府中。根据需要，基层公安机关可在乡、镇、城市街道和其他必要的地方设立公安派出所，作为派出机关，履行基层公安机关的部分职能。此外，在军队、铁路、民航等系统内设立的保卫和公安部门，也是公安机关的组成部分。

3. 公安机关上下级之间的关系。公安机关上下级之间是领导与被领导的关系。公安部领导和指挥全国的公安工作。上级公安机关可以直接领导和指挥下级公安机关的公安工作，在侦查过程中可调动下级公安机关的侦查力量。但是，《刑事诉讼法》第 81 条规定：“公安机关在异地执行拘留、逮捕的时候，应当通知被拘留、逮捕人所在地的公安机关，被拘留、逮捕人所在地的公安机关应当予以配合。”据此，不同地区、不同系统的公安机关之间在刑事诉讼中是配合、协作的关系，并没有隶属关系。

（二）公安机关在刑事诉讼中的职权

在刑事诉讼中，公安机关的职权主要有：

第一，立案权。我国《刑事诉讼法》第 107 条规定：“公安机关或者人民检察院发现犯罪事实或者犯罪嫌疑人，应当按照管辖范围，立案侦查。”在刑事诉讼中，公安机关对自行发现有犯罪事实需要追究刑事责任，且属于自己管辖的案件，有权决定立案。此外，对于有关单位、组织或个人的报案、控告、举报、自首等材料，公安机关经审查后认为有犯罪事实发生需要追究刑事责任，且属于自

己管辖范围的，有权决定立案。

第二，侦查权。在刑事诉讼中，公安机关是最主要的侦查机关。除法律另有规定以外，绝大多数刑事案件的侦查都是由公安机关进行的。在侦查中，公安机关的主要职责是侦查，即进行专门的调查工作和采取强制措施。此外，公安机关还负责对案件进行预审。

第三，执行权。公安机关是刑罚的执行机关之一。在刑事诉讼的执行阶段，公安机关有权对判处拘役、剥夺政治权利的刑罚予以执行。

四、其他专门机关

在刑事诉讼中，除人民法院、人民检察院和公安机关以外，刑事诉讼专门机关还有国家安全机关、军队保卫部门、监狱和海关所属走私犯罪侦查机构，这些机关也参与刑事诉讼活动，承担刑事诉讼基本职能。

国家安全机关是反间谍工作的主管机关，是各级人民政府的组成部分。国家安全机关由国家安全部、国家安全厅和其他国家安全机构组成。国家安全部成立于1983年7月1日，设于国务院，负责领导和管理全国的国家安全工作，维护国家安全。国家安全厅设于省、自治区、直辖市人民政府中。此外，根据需要，在省、自治区、直辖市以下各级人民政府中设立国家安全机构和人员。地方各级国家安全机关是地方各级人民政府的职能部门，业务上接受国家安全部的领导。在刑事诉讼中，国家安全机关行使的职权与公安机关相同。我国《刑事诉讼法》第4条规定："国家安全机关依照法律规定，办理危害国家安全的刑事案件，行使与公安机关相同的职权。"根据2014年11月1日第十二届全国人民代表大会常务委员会第十一次会议通过的《反间谍法》第8条规定，国家安全机关在反间谍工作中依法行使侦查、拘留、预审和执行逮捕以及法律规定的其他职权。

军队保卫部门是中国人民解放军的政治安全保卫机关。1993年12月29日全国人民代表大会常务委员会第五次会议通过的《关于中国人民解放军保卫部门对军队内部发生的刑事案件行使公安机关的侦查、拘留、预审和执行逮捕的职权的决定》明确规定："中国人民解放军保卫部门承担军队内部发生的刑事案件的侦查工作，同公安机关对刑事案件的侦查工作性质是相同的，因此，军队保卫部门对军队内部发生的刑事案件，可以行使宪法和法律规定的公安机关的侦查、拘留、预审和执行逮捕的职权。"我国《刑事诉讼法》第290条第1款也规定："军队保卫部门对军队内部发生的刑事案件行使侦查权。"由此，进一步明确了军队保卫部门在刑事诉讼中的地位和职权，即军队保卫部门负责对军队内部发生的刑事案件进行侦查。

监狱是主要的刑罚执行机关。被判处死刑缓期二年执行、无期徒刑、有期徒刑的罪犯，在监狱内执行刑罚。为有效打击罪犯在服刑期间的犯罪行为，我国《监狱法》第 60 条规定："对罪犯在监狱内犯罪的案件，由监狱进行侦查。侦查终结后，写出起诉意见书，连同案卷材料、证据一并移送人民检察院。"我国《刑事诉讼法》第 290 条第 2 款进一步规定："对罪犯在监狱内犯罪的案件由监狱进行侦查。"由此，监狱在刑事诉讼中也是侦查机关之一，负责对罪犯在监狱内犯罪的案件行使侦查权。

走私犯罪侦查机构设于各级海关中，专门负责对走私犯罪案件进行侦查。海关总署、公安部组建成立走私犯罪侦查局，纳入公安部编制机构序列，设在海关总署。走私犯罪侦查局在广东分署和全国各直属海关设立走私犯罪侦查分局；走私犯罪侦查分局原则上隶属海关设立走私犯罪侦查支局。走私犯罪侦查机构实行海关与公安双重垂直领导、以海关领导为主的体制，按照海关对缉私工作的统一部署和指挥，部署警力，执行任务。走私犯罪侦查机构也是刑事诉讼的专门机关之一，各级走私犯罪侦查机关负责其所在海关业务管辖区域内的走私犯罪案件的侦查、拘留、执行逮捕、预审。

第二节　刑事诉讼中的诉讼参与人

刑事诉讼中的诉讼参与人是指除国家专门机关工作人员以外，在刑事诉讼中享有一定诉讼权利并承担一定诉讼义务的人。诉讼参与人通过行使诉讼权利和履行诉讼义务，影响刑事诉讼的进程和结局，保证刑事诉讼活动有效、顺利进行。如果没有诉讼参与人的有效参与诉讼，刑事诉讼就蜕变成行政治罪程序，而不是现代意义上的刑事诉讼活动。

按照诉讼参与人与案件最终结局的利害关系不同，可以把诉讼参与人分为两大类：一类是当事人；另一类是其他诉讼参与人。这两类诉讼参与人在刑事诉讼中享有的诉讼权利与承担的诉讼义务范围以及对刑事诉讼过程的影响程度有着很大差异。

一、当事人

当事人是指与案件有直接利害关系，为维护自身合法权益而参与刑事诉讼，并对刑事诉讼进程有着较大影响的诉讼参与人。根据我国《刑事诉讼法》第 106 条第 2 项的规定，当事人包括犯罪嫌疑人、被告人、被害人、自诉人、附带民事诉讼的原告人和被告人。

（一）犯罪嫌疑人、被告人

1. 犯罪嫌疑人、被告人的概念与称谓区分。"犯罪嫌疑人"和"被告人"是对涉嫌犯罪而受到刑事追诉的人在不同诉讼阶段的两种称谓。犯罪嫌疑人指因涉嫌犯罪而被公安机关以及人民检察院立案侦查和审查起诉的人；被告人是指被人民检察院或有自诉权的公民指控犯有某种罪行，并被起诉到人民法院要求追究其刑事责任的人。由此可见，在公诉案件中，人民检察院正式向人民法院提起公诉是区分不同称谓的分界线。人民检察院向人民法院提起公诉以前，受刑事追诉者被称为"犯罪嫌疑人"，从人民检察院向人民法院提起公诉时起到生效裁判作出之前，受刑事追诉者被称为"被告人"。在自诉案件中，一旦自诉人向人民法院提起诉讼，被起诉的人即称为"被告人"。

将被追诉人在刑事诉讼过程中区分不同的称谓，反映了刑事诉讼活动的进程，在侦查和审查起诉阶段，被追诉人只是具有犯罪嫌疑而被有关机关侦查和审查，但尚未被正式起诉，称之为"犯罪嫌疑人"是恰当的。经过审查起诉后，被检察机关起诉至法院，要求法院依法予以定罪量刑，是真正的"被告人"。同时，不同的称谓也符合诉讼民主和诉讼文明的要求。无论是"犯罪嫌疑人"还是"被告人"，都意味着受刑事追诉的人在刑事诉讼过程中不是"罪犯"。我国《刑事诉讼法》第 12 条规定："未经人民法院依法判决，对任何人都不得确定有罪。"只有在法院经过审判最终判决有罪，一个人才能在法律上被确定为有罪。在有罪判决生效前的整个刑事诉讼过程中，受追诉的人在法律上是无罪的人。将受追诉的人称为"犯罪嫌疑人"或"被告人"，从法律上排除了他的"罪犯"身份，是诉讼文明的重要体现。

2. 犯罪嫌疑人、被告人的诉讼地位。在我国，犯罪嫌疑人、被告人在刑事诉讼中的诉讼地位主要体现在以下几个方面：①犯罪嫌疑人、被告人具有诉讼主体地位。在古代纠问式诉讼中，犯罪嫌疑人、被告人没有诉讼主体地位，而只是被追诉的客体，他们只能被动地接受刑讯，消极地等待有关机关处理。随着人权保障理念的兴起和不断发展，现代法治国家都确立了犯罪嫌疑人、被告人的诉讼主体地位。这一地位标志着他们在刑事诉讼中可以积极主动地防御，并拥有以辩护权为核心的一系列诉讼权利。②犯罪嫌疑人、被告人居于被追诉者的地位。刑事诉讼活动的进行旨在解决犯罪嫌疑人、被告人的刑事责任问题。作为被追诉者，犯罪嫌疑人、被告人与案件结局有着直接利害关系，刑事案件的最终结果首先涉及犯罪嫌疑人、被告人的切身利益。③犯罪嫌疑人、被告人是重要的证据来源。根据《刑事诉讼法》的规定，犯罪嫌疑人、被告人的供述和辩解是法定证据种类之一。无论犯罪嫌疑人、被告人作出的是认罪供述还是无罪、罪轻的辩解，都是刑事诉讼中的证据材料。

3. 犯罪嫌疑人、被告人的诉讼权利和义务。我国《刑事诉讼法》为犯罪嫌疑人、被告人确立了一系列诉讼权利。这些诉讼权利主要包括：①辩护权。有权自行或在辩护人协助下进行辩护，有权在法定条件下获得法律援助机构为其指派律师提供辩护；②有权对审判人员、检察人员和侦查人员侵犯自己诉讼权利和人身侮辱的行为提出控告；③有权申请侦查人员、检察人员、审判人员、书记员、鉴定人、翻译人员回避；④对侦查人员提出的与本案无关的问题，有权拒绝回答；⑤有权对人民法院、人民检察院和公安机关违法采取强制措施的行为提出申诉和控告；⑥获得法院通知时参加庭前会议的权利；⑦有权参加法庭调查、法庭辩论；⑧有权向法庭作最后陈述；⑨自诉案件的被告人有权对自诉人提出反诉；⑩对地方各级人民法院第一审的判决、裁定，有权用书状或者口头方式向上一级人民法院上诉；⑪对各级人民法院已经发生法律效力的判决、裁定，有权向人民法院、人民检察院提出申诉申请再审，等等。

犯罪嫌疑人、被告人在享有上述诉讼权利的同时，也承担一定的诉讼义务。如果他们违反所要承担的诉讼义务，就要承担相应的法律责任或法律后果。根据我国《刑事诉讼法》的规定，犯罪嫌疑人、被告人在刑事诉讼中所应承担的诉讼义务主要有：①承受公安司法机关及其工作人员依法进行的侦查、审查起诉和审判；②对侦查人员提出与本案有关的讯问，应当如实回答；③不得伪造、隐匿或毁灭证据；④在符合法定条件的情况下承受拘传、取保候审、监视居住、拘留、逮捕强制措施；⑤对于生效的裁定和判决，有义务执行或协助执行，等等。

（二）被害人

1. 被害人的诉讼地位。合法权益遭受犯罪行为直接侵害的人，称为被害人。被害人有广义和狭义之分。狭义的被害人是指公诉案件中，人身、财产或其他合法权益遭受犯罪行为直接侵害的人。广义的被害人还被包括自诉案件中的被害人，即自诉人。另外，如果被害人因犯罪行为遭受物质损失而在刑事诉讼中提起附带民事诉讼，又称为"附带民事诉讼原告人"。

被害人在刑事诉讼中的诉讼地位经历了一个漫长的发展过程。在古代弹劾式诉讼制度中，因为犯罪被视为是对个人权益的侵害，起诉权赋予了被害人。没有被害人的起诉，法院就不会主动启动审判程序。被害人处于原告人的地位。随着权力日益集中，人们认识到，犯罪行为不仅仅是对个人权益的侵害，也是对国家利益的侵害。此时，追究犯罪人的刑事责任成为国家的一种职能活动，由国家专门机构代表国家对犯罪行为进行追究。被害人不再具有原告人身份，而是处于证人的地位，协助国家专门机构完成追诉的任务。第二次世界大战以后，随着人权保障理念在世界各国的兴起和广泛发展，被害人在刑事诉讼中的诉讼地位问题成为人们关注的焦点问题。大陆法系国家逐步确立了被害人的当事人或准当事人地位，而英美法系国家被害人也拥有了更多的诉讼参与权。

我国1996年《刑事诉讼法》修改时顺应人权保障的国际趋势，赋予了被害人当事人的地位。2012 年《刑事诉讼法》修改延续了这一规定。对于被害人的当事人地位，可从以下几个方面加以认识：第一，被害人作为诉讼当事人，其诉讼地位与犯罪嫌疑人、被告人大致相当，也拥有一系列的诉讼权利。但是，在公诉案件中，由于刑事诉讼中已有检察机关作为公诉机关提起诉讼，被害人只是协助检察机关行使控诉职能。第二，被害人的人身、财产或其他合法权益遭受犯罪行为直接侵害，与案件最终处理结果有着直接的利害关系。他不仅希望能够获得经济赔偿或补偿，而且要求犯罪人受到相应的惩处。法律不仅要赋予其当事人的诉讼地位，还应当明确其相应的诉讼权利，使其能够有效参与诉讼，并能够影响诉讼的结局。第三，被害人是重要的证据来源。被害人由于受到犯罪行为的直接侵害，往往了解全部或者部分案情，因此，被害人陈述是我国的法定证据种类之一。

2. 被害人的诉讼权利和义务。根据我国《刑事诉讼法》的规定，被害人在刑事诉讼中除了享有当事人所共有的诉讼权利外，也享有一些特有的诉讼权利。这些特有的诉讼权利主要有：①对于侵犯其人身、财产权利的犯罪事实或者犯罪嫌疑人，有权向公安司法机关报案或者控告，要求有关机关立案；②对于公安机关所作的不立案决定，有权向人民检察院提出意见；③对于人民检察院所作的不起诉决定，有权向上一级人民检察院申诉；如果上级人民检察院维持不起诉决定，有权向人民法院起诉；也可以不经申诉，直接向人民法院起诉；④被害人有证据证明被告人侵犯自己人身、财产权利的行为应当依法追究刑事责任，而公安机关或者人民检察院不予追究被告人刑事责任的案件，有权向人民法院提起自诉；⑤有权自案件移送审查起诉之日起，委托诉讼代理人；⑥对地方各级人民法院第一审的判决不服的，有权请求人民检察院抗诉；等等。

被害人在享有上述诉讼权利的同时，也承担一定的诉讼义务。根据我国《刑事诉讼法》的规定，被害人在刑事诉讼中承担的诉讼义务主要有：①如实向公安机关、人民检察院、人民法院陈述案件事实的义务；②接受公安司法机关传唤，按时出庭的义务；③在法庭上接受询问和回答问题的义务；④遵守法庭秩序的义务；等等。

（三）自诉人

自诉人是指在自诉案件中，依法以自己名义直接向人民法院提起诉讼，要求人民法院追究被告人刑事责任的人。自诉人是自诉案件中的当事人，处于原告人的诉讼地位，承担控诉职能。一般而言，自诉人通常是案件的被害人，但是根据我国《刑事诉讼法》第 112 条规定，被害人死亡或者丧失行为能力的，被害人的法定代理人、近亲属有权向人民法院提起诉讼。

由于自诉人在刑事诉讼中承担控诉职能，是与被告人相对抗的一方当事人，因而我国法律赋予自诉人广泛的诉讼权利。自诉人享有的诉讼权利主要包括：①有权直接向人民法院提起自诉；②有权随时委托诉讼代理人；③有权提起附带民事诉讼；④有权参加法庭调查和法庭辩论；⑤有权申请回避；⑥对于告诉才处理的刑事案件和被害人有证据证明的轻微刑事案件，有权在人民法院宣告判决前同被告人自行和解或者撤回自诉，或者在人民法院主持之下与被告人调解；⑦有权申请人民法院调取新的证据、传唤新的证人；⑧对第一审人民法院作出的尚未发生法律效力的判决或者裁定，有权提出上诉；⑨对已经发生法律效力的判决或者裁定认为确有错误的，有权提出申诉。

自诉人在刑事诉讼中承担的诉讼义务主要有：①承担举证责任，自诉人对自己的主张和请求应当提供证据证明；②不得捏造事实，诬告陷害他人或伪造证据，否则承担相应的法律责任；③按时出庭参加审判，自诉人经两次依法传唤，无正当理由拒不到庭的，或者未经法庭许可中途退庭的，按撤诉处理；④执行人民法院生效的调解协议、判决或者裁定。

(四) 附带民事诉讼原告人、被告人

1. 附带民事诉讼原告人。附带民事诉讼原告人是指在刑事诉讼过程中，因被告人的犯罪行为遭受物质损失而提起赔偿请求的人。一般而言，附带民事诉讼的原告人是遭受犯罪行为直接侵害的被害人。如果被害人已经死亡或者丧失行为能力，则他们的法定代理人、近亲属等可以成为附带民事诉讼的原告人。此外，如果是国家财产、集体财产遭受损失的，人民检察院在提起公诉的时候，可以提起附带民事诉讼。

附带民事诉讼原告人享有的诉讼权利主要有：①有权提起附带民事诉讼，要求被告人赔偿物质损失；②有权申请回避；③有权委托诉讼代理人；④有权参与附带民事诉讼部分事实和证据的调查和辩论；⑤有权与附带民事诉讼被告人自行和解或者请求人民法院主持调解；⑥对于一审判决或者裁定，有权提出上诉。

附带民事诉讼原告人享有诉讼权利的同时，也要承担一定的诉讼义务。这些诉讼义务主要有：①对自己提出的主张负责举证；②如实陈述义务；③遵守法庭秩序等。

2. 附带民事诉讼被告人。附带民事诉讼被告人是指对犯罪行为所造成的物质损失依法承担民事赔偿责任的人。附带民事诉讼被告人通常是刑事被告人本人，但在某些情况下，也可以是未成年刑事被告人的监护人，没有被追究刑事责任的其他共同致害人，共同犯罪案件中已死亡被告人的遗产继承人，以及其他对刑事被告人的犯罪行为依法应当承担民事赔偿责任的单位和个人。

附带民事诉讼被告人的诉讼权利、诉讼义务与附带民事诉讼原告人基本相同。不同的是，附带民事诉讼被告人在刑事附带民事诉讼过程中有权提出反诉。

（五）单位当事人

当事人在一般情况下是自然人，但在特殊情况下，单位也可以成为刑事诉讼中的当事人。

1. 单位犯罪嫌疑人、被告人。我国《刑法》第30条规定："公司、企业、事业单位、机关、团体实施的危害社会的行为，法律规定为单位犯罪的，应当负刑事责任。"根据《刑法》第31条规定，我国对单位犯罪实行"双罚制"，既对单位判处罚金，并对其直接负责的主管人员和其他直接责任人员判处刑罚。由此可见，单位在刑事诉讼中可以独立地成为犯罪嫌疑人、被告人。

根据最高法《解释》第十一章"单位犯罪案件的审理"的规定，单位犯罪的，由涉嫌犯罪单位的诉讼代表人代表单位参加诉讼。被告单位的诉讼代表人，应当是法定代表人或者主要负责人；法定代表人或者主要负责人被指控为单位犯罪直接负责的主管人员或者因客观原因无法出庭的，应当由单位的其他负责人或者职工作为涉嫌犯罪单位的诉讼代表人参加。但是，有关人员被指控为单位犯罪的其他直接责任人员或者知道案件情况、负有作证义务的除外。

涉嫌犯罪单位的诉讼代表人以单位的名义，并在单位的授权范围内代表单位参与刑事诉讼活动，产生的诉讼后果由单位承担。为了有效维护单位的合法权益，诉讼代表人有权行使犯罪嫌疑人、被告人的诉讼权利，并承担相应的诉讼义务。但是，由于诉讼代表人并不是犯罪嫌疑人、被告人，因此，对诉讼代表人本人不能采取强制性措施。

2. 单位被害人。在刑事诉讼中，被害人除了自然人被害人外，还包括单位被害人。单位作为社会组织，有一定的财产和经费，此外，单位也有信誉、名誉乃至生存能力等权益，其实体权益也可能遭受犯罪行为的侵害，因而单位不仅有着要求获得赔偿的愿望，而且也有追诉犯罪和惩罚加害者的要求和愿望。赋予单位以被害人的诉讼地位，有利于单位被害人有效参与刑事诉讼，并通过自己的行为影响案件的处理结果。

单位被害人在刑事诉讼中拥有与自然人被害人基本相同的诉讼地位，诉讼权利与诉讼义务也基本相同。但是，单位本身的性质决定了单位被害人参与刑事诉讼的方式有别于自然人被害人。单位被害人应当通过其法定代表人参与刑事诉讼。单位的法定代表人有权行使被害人的一切诉讼权利，且他的行为所产生的后果由单位承担。当然，根据《刑事诉讼法》的规定，法定代表人也可以委托诉讼代理人参与刑事诉讼。

二、其他诉讼参与人

其他诉讼参与人，是指除当事人以外在诉讼中依法享有一定诉讼权利、承担一定诉讼义务的参与人。根据我国《刑事诉讼法》第106条第4项的规定，其他诉讼参与人是指法定代理人、诉讼代理人、辩护人、证人、鉴定人和翻译人员。

（一）法定代理人

法定代理人是指依法对被代理人负有保护义务，并代为行使诉讼权利的人。根据我国《刑事诉讼法》第106条第3项的规定，法定代理人包括被代理人的父母、养父母、监护人和负有保护责任的机关、团体的代表。法定代理人代理的对象一般是未成年人、限制行为能力人或无行为能力人。

法定代理人在刑事诉讼中享有独立的诉讼地位。这种独立地位主要体现在法定代理人根据法律规定参加刑事诉讼活动，而不是受被代理人的委托。因此，法定代理人参与诉讼和行使代理权时无须经被代理人授权，也不受被代理人意思表示的约束。当法定代理人和被代理人就是否行使某项共同享有的诉讼权利存在分歧时，法定代理人可依据自己的意思表示决定是否行使，且其行为视为被代理人的行为，具有相同的法律效果。

法定代理人参与刑事诉讼的主要目的在于依法保护被代理人的合法权益，因此其享有与被代理人基本相同的广泛的诉讼权利，同时也承担一定的诉讼义务。但是，法定代理人不能行使某些只能由被代理人行使的特定权利，如被代理人是被告人时，被代理人在法庭上的最后陈述权只能由被代理人本人行使，其法定代理人只能在被代理人陈述后进行补充陈述。同时，法定代理人也不得为被代理人承担与其人身有关的特定诉讼义务，如不得代替被代理人承受拘传、取保候审、监视居住、拘留、逮捕等强制措施；不得代为供述、辩解或陈述等。

（二）诉讼代理人

诉讼代理人是指受有权委托的人委托，以被代理人的名义参与刑事诉讼的诉讼参与人。根据我国《刑事诉讼法》第106条第5项的规定，刑事诉讼中有权委托诉讼代理人的主体包括公诉案件的被害人及其法定代理人或者近亲属、自诉案件的自诉人及其法定代理人、附带民事诉讼的当事人及其法定代理人。

与法定代理人参与刑事诉讼的依据不同，诉讼代理人参与刑事诉讼活动是基于委托授权，依据委托协议而进行的代理。因此，诉讼代理人必须在被代理人授权或委托的范围内进行刑事诉讼活动，既不得违背被代理人的意思表示，也不得超越代理权限。诉讼代理人以被代理人的名义参加刑事诉讼，其主要职责是维护被代理人的合法权益，代理行为的法律后果由被代理人承担。

根据《刑事诉讼法》第45条规定，被代理人可以委托一至二人担任诉讼代理人，下列的人可以被委托为诉讼代理人：①律师；②人民团体或者犯罪嫌疑人、被告人所在单位推荐的人；③犯罪嫌疑人、被告人的监护人、亲友。但是，正在被执行刑罚或者依法被剥夺、限制人身自由的人，不得担任诉讼代理人。

（三）辩护人

辩护人是指接受犯罪嫌疑人、被告人及其法定代理人或者近亲属的委托或者受法律援助机构的指派，帮助犯罪嫌疑人、被告人行使辩护权，以维护其合法权益的人。根据《刑事诉讼法》第32条规定，辩护人可以由律师担任，也可以由人民团体或者犯罪嫌疑人、被告人所在单位推荐的人担任，还可以由犯罪嫌疑人、被告人的监护人、亲友担任。

在刑事诉讼中，辩护人具有独立的诉讼参与人地位，既独立于公安司法机关，也独立于犯罪嫌疑人、被告人。根据我国《刑事诉讼法》第35条规定，辩护人的责任是根据事实和法律，提出犯罪嫌疑人、被告人无罪、罪轻或者减轻、免除其刑事责任的材料和意见，维护犯罪嫌疑人、被告人的诉讼权利和其他合法权益。

为了保证辩护人顺利开展辩护活动，我国《刑事诉讼法》和《律师法》赋予了辩护人一系列诉讼权利，同时也规定了一定的诉讼义务。关于辩护人的诉讼权利和诉讼义务在辩护与代理一章中有详细介绍，此处不赘。

（四）证人

证人是指把自己在诉讼之外了解到的案件情况向公安司法机关作出陈述的当事人以外的诉讼参与人。人民警察就其执行职务时目击的犯罪情况作为证人出庭作证，适用证人相关规定。

根据我国《刑事诉讼法》第60条的规定，凡是知道案件情况的人，都有作证的义务。但是，生理上、精神上有缺陷或者年幼，不能辨别是非、不能正确表达的人，不能作证人。证人只能是自然人。这是由证人必须以自己对案件事实的感知来作证的要求所决定的。同时，也只有自然人才可能承担故意作伪证、隐匿罪证的法律责任。

证人成为诉讼参与人的基本条件是了解案件相关情况，这意味着谁有资格成为证人不能由公安司法机关或其他人选择和指定，而只能依据谁在诉讼之外知道案件情况这一特定事实。因此，证人具有不可替代的特点。为了保证知道案件情况的人能够向公安司法机关提供案件情况，证人还具有优先性的特点，即证人的身份与其他身份可能产生冲突时，只能选择作为证人。如果一个人在诉讼之外就知道案件的情况，那么他只能优先以证人的身份参与刑事诉讼，而不能担任本案的侦查人员、检察人员、审判人员或者辩护人、鉴定人、翻译人员等角色。

证人享有的诉讼权利主要包括：①有权查阅证言笔录，对记录中的错误或遗漏的地方，有更正或补充的权利；②有权要求保障自身及近亲属的安全；③在侦查阶段，有权要求为其姓名保密；④有权要求补偿因作证而受到的经济损失；⑤对其本人及近亲属受到的威胁、侮辱、殴打或者打击报复的行为有权提出控告。

证人承担的诉讼义务主要包括：①向公安司法机关如实提供证言，有意作伪证或者隐匿罪证的，应当承担法律责任；②有义务回答公安司法人员以及当事人和其他诉讼参与人的询问，并接受质证；③有义务保守案件秘密。

（五）鉴定人

鉴定人是指接受公安司法机关的指派或聘请，运用自己的专门知识或技能对刑事案件中的专门性问题进行分析判断并提供鉴定意见的诉讼参与人。

鉴定人应当符合以下条件：①鉴定人只能是自然人。单位不是鉴定的主体，鉴定意见只能以鉴定人个人名义作出；②鉴定人应当具备某项专门的知识或者技能。在鉴定活动中，鉴定人主要根据专门的知识或者技能解决案件中的事实性问题，而不能对法律性问题作评价；③鉴定人必须受到专门机关的指派或者聘请。当事人及其代理人不得自行聘请鉴定人进行鉴定，而只能申请专门机关重新鉴定或补充鉴定；④鉴定人必须与案件当事人没有利害关系，如具有我国《刑事诉讼法》规定的法定回避事由，有关人员有权申请其回避。

为了保障鉴定人客观、科学地进行鉴定，我国法律赋予了鉴定人一系列的诉讼权利。这些诉讼权利主要包括：①有权了解为进行鉴定所必需的案件材料；②有权要求指派或者聘请的机关提供足够的鉴定材料；③鉴定条件不具备时，有权拒绝鉴定；④必要时，有权要求参加现场勘验、检查和侦查实验等；⑤有权收取鉴定费用。

同时，鉴定人承担的诉讼义务主要包括：①如实作出鉴定，不得故意作出虚假鉴定意见，否则应当承担相应的法律责任；②对于因鉴定而了解的案件情况和有关人员的隐私，应当保密；③公诉人、当事人或者辩护人、诉讼代理人对鉴定意见有异议，人民法院认为鉴定人有必要出庭的，鉴定人应当出庭作证。经人民法院通知，鉴定人拒不出庭作证的，其提供的鉴定意见不得作为定案的根据。

为了保证控辩双方在庭审中的能够进行有效质证，我国《刑事诉讼法》在2012年修改时建立了具有专门知识人员出庭质证制度。根据我国《刑事诉讼法》第192条第2款的规定，公诉人、当事人和辩护人、诉讼代理人可以申请法庭通知有专门知识的人出庭，就鉴定人作出的鉴定意见提出意见。有专门知识的人出庭，适用鉴定人的有关规定。

（六）翻译人员

翻译人员是指接受公安司法机关的指派或者聘请，在刑事诉讼过程中提供语言文字翻译工作的诉讼参与人。翻译人员也是刑事诉讼中独立的诉讼参与人。

翻译人员在诉讼过程中主要为外国人、少数民族人员、盲人、哑人、聋人等进行语言翻译、文字翻译或者手势翻译。这要求翻译人员准确地传递案件信息，尽量减少错误翻译的现象。由于错误翻译可能影响到诉讼参与人的权利，因此翻译人员不能与案件或案件当事人有利害关系,否则应当回避。

翻译人员在刑事诉讼中享有的诉讼权利主要包括:①要求公安司法机关提供与翻译内容有关的材料并了解案件有关情况;②有权查阅记载其翻译内容的笔录,并有权要求修改或者补充;③有权获得相应的报酬。

同时,翻译人员所负有的诉讼义务主要包括:①按语言文字的原意如实翻译,不得弄虚作假,否则应承担相应法律责任;②对在翻译过程中所知道的案件情况和他人隐私,应当保密。

第六章 刑事诉讼的基本原则

第一节 概　述

一、刑事诉讼基本原则的概念

刑事诉讼基本原则，指对刑事诉讼全过程或主要诉讼过程具有指导意义和规范作用，在刑事诉讼立法和司法中应当遵循的基本行为准则。具体而言，刑事诉讼基本原则是一种特定法律原则，既体现了刑事诉讼的立法精神，又反映了现代法治在刑事司法中的基本价值追求。

《刑事诉讼法》明确规定了我国刑事诉讼的基本原则：侦查权、检察权、审判权由专门机关行使原则（《刑事诉讼法》第3条第1款）；严格遵守法律程序原则（《刑事诉讼法》第3条第2款）；人民法院、人民检察院依法独立行使审判权、检察权原则（《刑事诉讼法》第5条）；依靠群众原则（《刑事诉讼法》第6条）；以事实为依据，以法律为准绳原则（《刑事诉讼法》第6条）；法律面前人人平等原则（《刑事诉讼法》第6条）；分工负责、互相配合、互相制约原则（《刑事诉讼法》第7条）；人民检察院依法对刑事诉讼实行法律监督原则（《刑事诉讼法》第8条）；使用本民族语言文字进行诉讼原则（《刑事诉讼法》第9条）；两审终审原则（《刑事诉讼法》第10条）；审判公开原则（《刑事诉讼法》第11条）；犯罪嫌疑人、被告人有权获得辩护原则（《刑事诉讼法》第11条）；未经人民法院依法判决不得确定有罪原则（《刑事诉讼法》第12条）；人民陪审原则（《刑事诉讼法》第13条）；保障诉讼参与人依法享有的诉讼权利原则（《刑事诉讼法》第14条）；法定不追究刑事责任原则（《刑事诉讼法》第15条）；追究外国人刑事责任适用我国刑事诉讼法原则（《刑事诉讼法》第16条）；刑事司法协助原则（《刑事诉讼法》第17条）。其中，依靠群众原则，以事实为依据、以法律为准绳原则，法律面前人人平等原则，是所有法律部门都适用的原则，因此，本章不再予以论述。两审终审原则、审判公开原则以及人民陪审原则只规范审判阶段，本书将在相关章节阐述。

二、刑事诉讼基本原则的特点

（一）科学性

刑事诉讼基本原则是在借鉴古今中外刑事诉讼的文明成果基础上形成的，反映了刑事诉讼的基本规律，因此，具有科学性的特点。

（二）规范性

刑事诉讼基本原则一般都是由法律所明确规定的，对国家专门机关与诉讼参与人进行和参与诉讼活动具有法律约束力，因此，具有规范性的特点。

（三）概括性

刑事诉讼基本原则与具体规则不同，有更高的涵盖性，是对刑事立法与司法工作经验的高度抽象，因此，具有概括性的特点。

（四）指导性

刑事诉讼基本原则是刑事诉讼具体制度和程序制定的前提和基础，刑事立法与司法活动都要遵循刑事诉讼基本原则，因此，具有指导性的特点。

第二节　国际通行的刑事诉讼基本原则

一、无罪推定原则

无罪推定原则，是指任何人在未经法院依法确认有罪之前，在法律上应当被推定为无罪或者不得被推定为有罪。

无罪推定理念最初由意大利法学家贝卡利亚提出。1764年，贝卡利亚在其名著《论犯罪与刑罚》中指出："在法官判决之前，一个人是不能被称为罪犯的。只要还不能断定他已经侵犯了给予他公共保护的契约，社会就不能取消对他的保护。……如果犯罪是不肯定的，就不应折磨一个无辜者，因为，在法律看来，他的罪行并没有得到证实。"[1]最先将无罪推定作为法律原则予以确认的是1789年的法国《人权宣言》。此后，各国相继在宪法和刑事诉讼法中对无罪推定原则作出明确规定。与此同时，很多联合国人权公约也将无罪推定原则作为一项重要的刑事司法准则加以确认。1948年联合国《世界人权宣言》第11条第1款规定："凡受刑事控告者，在未经依法公开审判证实有罪前，应视为无罪，审判时并须予答辩上所需之一切保障。"联合国《两权公约》第14条第2款规定："凡受刑事控告者，在未依法证实有罪之前，应有权被视为无罪。"

---

[1]　[意] 切萨雷·贝卡利亚：《论犯罪与刑罚》，黄风译，北京大学出版社2008年版，第37页。

尽管各国际人权公约与各国法律对无罪推定原则的表述不尽相同，但是其所包含的核心要义是一致的，即任何人在未被依法确定为有罪之前，应当被推定或假定为无罪。无罪推定原则确立了犯罪嫌疑人、被告人的程序主体地位，明确了被追诉人无罪的法律地位，给予了犯罪嫌疑人、被告人有力的保障，使其能够借助以辩护权为主的各种防御性权利，与国家追诉机关展开平等对抗。无罪推定原则背后更为深刻的理念是，对于守法公民而言，刑事诉讼是一项沉重负担，为了防止"警察国家"随意追诉定罪，必须要求公诉机关提供必要、足够的证据。[1]因此，在此逻辑之下，刑事诉讼的各项制度和程序设计围绕被追诉人无罪的法律推定展开。在公诉机关提出符合证明标准要求的证据，并经过审判机关的公正裁判之前，不能剥夺任何公民的无罪的法律地位。

为贯彻落实无罪推定原则，诸多国际人权公约与各国法律都进一步提出了保障被追诉者权利的具体要求，主要包括：①对任何人有罪的确定，只能由法院作出。②法院应当依照法律程序作出有罪判决。③控诉方承担证明被告人有罪的责任，被告人不负任何证明自己无罪的义务。④不能强迫被告人证明自己有罪，即被告人有权拒绝陈述，享有沉默权。⑤控诉方提出的证据不能证明被告人有罪，应当作有利于被告人的解释，对被告人作无罪处理，即疑罪从无。

二、程序法定原则

程序法定原则，是指刑事诉讼程序必须由法律预先明确规定，且刑事诉讼活动必须按照法律规定的程序进行。

程序法定原则作为刑事诉讼中的重要原则，是刑事诉讼发展的必然结果，也是诉讼公正的要求。首先，程序法定原则是法治现代化的标志。法律作为全民意志的体现，是一切国家机关行使权力的合法性基础。刑事司法机关行使权力，也必须按照法律事先规定的程序进行。贝卡利亚在《论犯罪与刑罚》中指出："刑事法官根本没有解释刑事法律的权利，因为他们不是立法者。"[2]其次，程序法定原则旨在防止国家刑事司法机关滥用公权力，实现人权保障。刑事诉讼是实现国家刑罚权的过程，由于国家以强制力剥夺公民的财产权、自由权乃至生命权等，程序的确定性就显得尤为重要。正是在这个意义上，法律明确规定刑事诉讼程序，规范刑事诉讼活动。

程序法定原则不仅为世界大多数国家认可和遵循，而且已经成为国际刑事司法准则中的一项重要内容。联合国《两权公约》第9条第1款规定："每个人都

---

[1] 卞建林主编：《刑事诉讼法学》，科学出版社2008年版，第71页。
[2] [意] 切萨雷·贝卡利亚：《论犯罪与刑罚》，黄风译，北京大学出版社2008年版，第12页。

享有人身自由与安全的权利，任何人不得被任意逮捕或羁押，除非依据法律所规定的理由并遵守法定的程序，任何人不得被剥夺自由。"

在刑事诉讼活动中贯彻程序法定原则，应当遵守以下要求：①国家专门机关追究犯罪的程序必须由国家法律明确规定。②国家专门机关和诉讼参与人进行或参与刑事诉讼活动必须严格遵守法律规定的程序。③国家专门机关和诉讼参与人在进行或参与刑事诉讼活动时如违反法定程序，必须承担相应的法律后果。

三、司法独立原则

司法独立原则是建立在西方国家的三权分立政治体制之上的。司法独立原则是现代民主法治社会在刑事诉讼领域的重要体现，其根本目的就是保证司法的中立性，增强司法者的责任感，实现司法的公正与权威。

司法独立原则已经成为现代法治国家普遍承认和确立的基本法律原则。联合国也在很多法律文件中将司法独立原则予以明确规定。联合国《两权公约》第14条第1款规定："在判定对任何人提出的任何刑事指控或确定他在一件诉讼案件中的权利和义务时，人人有资格由一个依法设立的合格的、独立的、无偏倚的法庭进行公正的和公开的审判。"1985年第7届联合国预防犯罪和罪犯待遇大会还通过了《关于司法机关独立的基本原则》，对司法独立的标准以及保障措施进行了专门规定。

司法独立原则的基本内涵包括：①国家的审判权只能由法院行使，其他任何机关、团体和个人都无权行使。②法官独立行使审判权，必须服从宪法和法律。同时，只能服从宪法和法律，不受其他任何机关、团体和个人的干涉。

为保障司法独立原则的贯彻实施，各个国家一般都采取一系列的保障制度和措施。例如，实行法院组织机构独立，即法院组织与立法机关、行政机关分开，互不隶属；实行法官任职终身制；法官高薪制等。

四、控审分离原则

控审分离原则，是指在刑事诉讼中国家的起诉权与审判权必须由两个不同的机关分别行使。控审分离原则的基本内涵包括：①不告不理。即法院的审判必须以合法有效的起诉为前提。法院在启动审判方面完全被动。没有起诉，就没有审判。②诉审同一。即法院的审判受起诉请求范围的限制，法院不能随意变更起诉理由和被诉对象。

控审分离原则在许多国家法律中都有明确规定，同时也被一些国际性文件所确认。联合国《检察官作用准则》第10条规定："检察官的职责应与司法职能严格分开。"世界刑法学协会第15届代表大会通过的《关于刑事诉讼中的人权问题的决议》指出:"无罪推定原则要求法官对诉讼双方公正不倚。为了使这种公正确实存在,必须严格区分起诉职能与审判职能。"

控审分离原则对应的是控审不分,即在封建纠问制诉讼模式下,起诉权和审判权集于同一机关或个人。法院不仅负责审判,而且充当侦查机关和起诉机关的角色,负有积极发现犯罪并收集证据的职责。资产阶级革命颠覆了封建纠问制诉讼模式,用控审分离取代了控审不分。刑事追诉的任务只能由在法院之外设立的专门机构承担,法院只能就被追诉人是否承担刑事责任问题作出裁判。控审分离原则的重要性在于,法院所拥有的司法权逐渐从行政权和立法权中分离出来,司法开始真正独立于行政,为刑事诉讼的现代化奠定了基础。

首先,控审分离原则有助于保障司法公正。司法公正包括实体公正和程序公正。控审不分将导致法官对案件产生严重的预断和偏见,难以保证实体公正。实行控审分离不仅保证了实体的公正性,而且有助于树立程序的公正性。控审分离实现了审判中立、独立,当事人权利得到充分保障,多数案件的最终处理结果会是公正的。而且由于控审分离保证了程序的公开、透明,有利于促进当事人理解并接受案件处理的实体结果。

其次,控审分离原则保障了被追诉人的程序主体地位。现代刑事诉讼不同于封建时代刑事诉讼的一个重要特点,就是承认被追诉人在刑事诉讼中的主体地位。控审分离原则构建了控辩双方平等对抗、法官居中独立裁判的诉讼结构,被追诉人同刑事司法机关都属于平等的程序主体,而非被追究刑事责任的程序客体。

五、控辩平等原则

控辩平等原则,是指"对待被告人,在原则上应当如同对刑事追诉机关一样平等地加以对待。"[1]这里的平等是实质意义上的平等,而不是形式上的平等。

人类社会最早的弹劾式诉讼模式实行私诉制度,即受害人作为原告自己去提起告诉,原告与被告地位平等,双方可以平等地辩论、对抗。但是,在纠问式诉讼模式中,控审不分,再加之实行有罪推定,被追诉者完全沦为诉讼客体,没有任何权利可言,成为被纠问、被刑讯的对象,控辩双方地位不再平等。在近现代诉讼模式中的英美法系当事人主义诉讼模式下,控辩平等对抗表现得比大陆法系的职权主义诉讼模式更为明显。

控辩平等原则的基本内涵包括:①控、辩双方诉讼地位平等,都是诉讼主

---

[1] [德]约阿希姆·赫尔曼:《德国刑事诉讼法》,李昌珂译,中国政法大学出版社1995年版,序言。

体。②控、辩双方在平等的基础上进行对抗，即诉讼程序应当向控、辩双方平等公开，控、辩双方都有获得诉讼证据的平等机会，控、辩双方在庭审中可以平等地陈述、质证、辩论，法官在审理过程中应当不偏不倚，客观中立。需要注意的是，控辩平等原则主要适用于审判阶段，而在审前阶段特别是侦查阶段很难实现。

六、有效辩护原则

有效辩护原则，是指在刑事诉讼中，国家应当保障被追诉方享有充分的辩护权。其基本内涵包括：①被追诉者在刑事诉讼的任何阶段都应当享有充分的辩护权，既可以自行辩护，也可以委托律师或者其他人为自己辩护。②为保障辩护权的有效行使，法律还应当赋予被追诉者以下诉讼权利：知悉被指控的性质和内容的权利，被告知可以委托律师进行辩护或提供法律帮助的权利，询问证人的权利，申请调取新的证据的权利，上诉的权利等。

有效辩护原则已成为现代法治国家的基本法律原则，各国宪法和刑事诉讼法中都有明确规定，许多国际人权公约中也有所确认。联合国《两权公约》第14条第3款规定："在判定对他提出的任何刑事指控时，人人完全平等地有资格享受以下最低限度保证……（乙）有相当的时间和便利准备他的辩护并与他自己选择的律师联络……（丁）出庭受审并亲自替自己辩护或经由他自己选择的法律援助进行辩护；如果他没有法律援助，要通知他享有这种权利；在司法利益有此需要的案件中，为他制定法律援助，而在他没有足够能力偿付法律援助的案件中，不要他自己付费。"联合国《律师作用基本原则》第8条规定："遭逮捕、拘留或监禁的所有的人应有充分机会、时间和便利条件，毫无迟延地，在不被窃听、不被检查和完全保密情况下接受律师来访和与律师联系协商。这种协商可在执法人员能看得见但听不见的范围内进行。"

第二次世界大战后，随着国际人权保障运动的蓬勃发展，刑事诉讼中的人权保障不断加强，各国纷纷充实辩护原则的内涵，主要包括：①辩护律师介入刑事诉讼的时间提前至侦查阶段。②法律援助制度不断健全，发展成一项国家责任。

七、诉讼效率原则

诉讼效率原则，是指刑事诉讼应当尽可能迅速地进行，避免一切没有必要的拖延，使刑事案件得到及时处理。诉讼效率原则要求在司法资源有限的背景下，合理设计刑事诉讼程序，科学配置刑事司法资源。在保证公正的前提下，迅速裁判不仅有利于及时查清案件事实，实现刑事诉讼打击犯罪、维护社会秩序的功能，而且也可以及时将无罪的被追诉人从刑事诉讼程序中解脱出来。

诉讼效率原则在许多国家法律中均有体现，同时也为一些国际人权文件所要求。联合国《两权公约》第 9 条第 3 款规定："任何因刑事指控被逮捕或拘禁的人，应被迅速带见审判官或其他经法律授权行使司法权的官员，并应在合理的时间内受审或在审判前释放。"另外，该公约第 14 条第 3 款丙项还进一步规定："受审时间不得被无故拖延。"

诉讼效率原则包括以下基本内涵：①国家专门机关和诉讼参与人必须在法律规定的期限内完成一定的诉讼行为，因此，法律必须明确规定各种诉讼行为的期限，特别是羁押期限。②根据案件的具体情况设计不同的处理程序，即相对简单的案件就适用相对简化的程序，以使诉讼迅速进行，例如简易程序的设立。

需要注意的是，诉讼效率原则不是仅追求诉讼的快速进行，而是应当在遵守法定程序、保障人权、司法公正的基础上，实现诉讼经济与诉讼效率。

八、禁止重复追究原则

禁止重复追究原则，是指对被追究的行为，一旦作出有罪或者无罪的具有法律效力的确定判决之后，就不得再次对该同一行为启动新的刑事追究程序。大陆法系国家将此原则称为"一事不再理"，强调对国家公权力的制约；英美法系国家将此原则称为"禁止双重危险"，强调对任何人的权利保障。尽管两大法系对该原则的具体表述不同，但是其精神实质是相同的，即都要求严格限制国家重新启动刑事追究的权力，对被依法定罪的人以及任何人的权利作出保护。

禁止重复追究原则在许多国家法律和联合国相关文件中都有所体现。联合国《两权公约》第 14 条第 7 款规定："任何人已依一国的法律及刑事诉讼程序被最后定罪或宣告无罪者，不得就同一罪名再受审判或惩罚。"

禁止重复追究的主要目的就在于保护刑事被追究者的权利，同时，这一原则还能维护司法的尊严与权威。在刑事案件中，由于国家占据了绝对的优势地位，对公民而言具有很大的危险性。如果允许国家无限制的使用这种优势，对一个案件进行重复的追诉或处罚，将使刑事被追究者始终置于危险之下。同时，禁止重复追究也有助于维护司法权威。司法权威得以确立的一个重要因素就是裁判的终局性。司法机关一旦做出最终的裁判，原则上便不得以同一纠纷再行启动诉讼程序。对同一案件事实进行重复审理时，法官的心证未必完全一致，其判决结果也未必相同，甚至可能出现相互抵触、矛盾的判决。这不仅会使民众失去对司法的基本信任和尊重，甚至会对法律的权威性产生质疑。为了尽量避免造成裁判矛盾，维系民众对于司法裁判的信赖，原则上应当禁止重复追究。

第三节　我国刑事诉讼的基本原则

一、侦查权、检察权、审判权由专门机关行使原则

《刑事诉讼法》第 3 条第 1 款规定："对刑事案件的侦查、拘留、执行逮捕、预审，由公安机关负责。检察、批准逮捕、检察机关直接受理的案件的侦查、提起公诉，由人民检察院负责。审判由人民法院负责。除法律特别规定的以外，其他任何机关、团体和个人都无权行使这些权力。"这一规定是侦查权、检察权、审判权由专门机关行使原则的基本法律依据。

同时，《刑事诉讼法》中以下条文也体现了这一原则：《刑事诉讼法》第 4 条规定了国家安全机关的职权，即"国家安全机关依照法律规定，办理危害国家安全的刑事案件，行使与公安机关相同的职权"。《刑事诉讼法》第 18 条第 2 款规定了人民检察院侦查的权限范围，即"贪污贿赂犯罪，国家工作人员的渎职犯罪，国家机关工作人员利用职权实施的非法拘禁、刑讯逼供、报复陷害、非法搜查的侵犯公民人身权利的犯罪以及侵犯公民民主权利的犯罪，由人民检察院立案侦查。对于国家机关工作人员利用职权实施的其它重大的犯罪案件，需要由人民检察院直接受理的时候，经省级以上人民检察院决定，可以由人民检察院立案侦查"。《刑事诉讼法》第 290 条第 1、2 款规定了军队保卫部门、监狱的侦查权限，即"军队保卫部门对军队内部发生的刑事案件行使侦查权。对罪犯在监狱内犯罪的案件由监狱进行侦查"。

这一原则主要包括以下含义：

第一，各专门机关的职权有专属性和排他性。即侦查权、检察权、审判权只能由公安机关、检察机关、人民法院等专门机关行使，其他任何机关、团体和个人都无权行使这些权力。

第二，侦查权、检察权、审判权由各专门机关分别行使。即侦查权由各法定专门机关依照立案范围行使，具体为检察机关对法律规定的利用职权犯罪的案件享有侦查权、国家安全机关对危害国家安全的犯罪案件行使与公安机关相同的侦查权、军队保卫部门对军队内部发生的刑事案件享有侦查权、监狱对罪犯在监狱内犯罪的案件享有侦查权、走私犯罪侦查机关享有对走私犯罪案件的侦查权、其他刑事案件由公安机关负责侦查；检察权由人民检察院行使；审判权由人民法院行使。

这一原则的意义就在于侦查权、检察权、审判权由各专门机关依职权行使，可以防止其他任何机关、团体和个人擅自滥用权力、私设公堂、错误追诉等，从

而有效维护社会主义法治的尊严和权威,保障人权。同时,侦查权、检察权、审判权由各专门机关依职权行使,可以更有效地追究犯罪,提高诉讼效率,从而有利于惩罚犯罪,维护社会秩序。

二、严格遵守法律程序原则

《刑事诉讼法》第3条第2款规定:"人民法院、人民检察院和公安机关进行刑事诉讼,必须严格遵守本法和其他法律的有关规定。"这一规定确立了严格遵守法律程序原则。

这一原则主要包括以下含义:

第一,国家专门机关进行和开展刑事诉讼活动,必须严格遵守刑事诉讼法的有关规定。即人民法院、人民检察院和公安机关进行刑事诉讼活动时,不仅要严格遵守刑事诉讼法有关职权范围的规定,还必须严格遵守刑事诉讼法规定的权力行使条件、程序等,以有效防止国家专门机关及其工作人员滥用权力,保障刑事诉讼中诉讼参与人的人权,以便刑事诉讼能够顺利进行。

第二,国家专门机关进行和开展刑事诉讼活动,必须严格遵守其他法律中有关刑事诉讼的规定。例如,在处理刑事案件时必须根据刑法来定罪量刑。

公正是法律的灵魂和生命线。司法公正包括程序公正和实体公正两方面。严格遵守法律程序原则就是程序公正的重要体现。近些年,一些冤假错案震惊国内外。冤案错案的屡屡发生,严重侵犯了公民的人权。在这些冤案错案的背后,几乎全部都存在严重违反法律程序的情形,突出表现为刑讯逼供等。违反法律程序既有可能导致实体不公,又会因为程序不公而使司法公信力下降,玷污司法公正。因此,刑事诉讼活动必须严格遵守法律程序,采取有效措施遏制违反程序的行为。

三、人民法院、人民检察院依法独立行使审判权、检察权原则

《刑事诉讼法》第5条规定:"人民法院依照法律规定独立行使审判权,人民检察院依照法律规定独立行使检察权,不受行政机关、社会团体和个人的干涉。"这一原则同时也是宪法原则。《宪法》第126条规定:"人民法院依照法律规定独立行使审判权,不受行政机关、社会团体和个人的干涉。"第131条规定:"人民检察院依照法律规定独立行使检察权,不受行政机关、社会团体和个人的干涉。"同时,《人民法院组织法》第4条、《人民检察院组织法》第9条也有类似规定。这些规定确立了人民法院、人民检察院依法独立行使审判权、检察权原则。

这一原则主要包括以下含义:

第一，人民法院、人民检察院独立行使审判权、检察权，不受行政机关、社会团体和个人的干涉。即法律明确将审判权、检察权赋予人民法院、人民检察院独立行使，其他任何行政机关、社会团体和个人都无权干涉。但是，需要注意的是：①人民法院、人民检察院独立行使审判权、检察权与各级人民代表大会的监督并不矛盾。各级司法机关由各级人民代表大会产生，应当接受其监督，向其负责并报告工作。当然，各级人民代表大会的监督应当依法进行，而不应对具体案件直接发布指示或者命令。②人民法院、人民检察院独立行使审判权、检察权与人民群众和社会各界的监督并不矛盾。人民法院、人民检察院在独立行使审判权、检察权时，应当自觉接受人民群众和社会各界的监督。当然，人民群众和社会各界也不得干扰诉讼活动的正常进行。

第二，人民法院、人民检察院独立行使审判权、检察权，必须严格遵守法律的规定。人民法院、人民检察院独立行使职权必须严格遵守宪法、刑事诉讼法以及其他有关法律的规定，不得恣意行事。

第三，人民法院、人民检察院作为一个整体，集体独立行使审判权、检察权。在我国，独立行使审判权、检察权的主体是人民法院、人民检察院，而不是法官、检察官个人。这就有别于西方国家的司法独立原则。西方国家的司法独立是一项政治原则，是资产阶级三权分立原则的重要组成部分，其中的司法权是相对于立法权和行政权而言的，而我国的司法机关和行政机关都由立法机关产生，对其负责并受其监督。

虽然人民法院、人民检察院的独立有别于西方国家的司法独立，但从司法规律和发展趋势来看，人民法院独立行使审判权应当逐步落实到法官的独立上。对此，中共中央十八届三中全会《关于全面深化改革若干重大问题的决定》提出"改革审判委员会制度，完善主审法官、合议庭办案责任制，让审理者裁判、由裁判者负责"。针对司法机关内部人员干预案件的情况，中共中央十八届四中全会《关于全面推进依法治国若干重大问题的决定》确立了具体的制度保障，要求"司法机关内部人员不得违反规定干预其他人员正在办理的案件，建立司法机关内部人员过问案件的记录制度和责任追究制度"。我们期待在新一轮的司法改革中能够采取有效措施切实保障法官的独立性。

四、分工负责、互相配合、互相制约原则

《刑事诉讼法》第7条规定："人民法院、人民检察院和公安机关进行刑事诉讼，应当分工负责，互相配合，互相制约，以保证准确有效地执行法律。"这一原则也是我国宪法原则。《宪法》第135条规定："人民法院、人民检察院和

公安机关办理刑事案件，应当分工负责，互相配合，互相制约，以保证准确有效地执行法律。"这一规定确立了我国人民法院、人民检察院、公安机关在刑事诉讼中的基本关系。

这一原则包括以下主要含义：

第一，分工负责，指人民法院、人民检察院、公安机关三机关根据法律规定的职权范围各司其职，不允许互相替代和越权行使职责，不允许互相推诿。互相配合，指人民法院、人民检察院、公安机关在分工负责的前提下，为了实现惩罚犯罪、保护人民的目的，应当互相支持、通力合作。互相制约，指人民法院、人民检察院、公安机关三机关在行使职权时，应当互相约束、互相制衡，防止在刑事诉讼进行过程中发生错误。

第二，分工负责、互相配合、互相制约三者之间相辅相成，缺一不可。分工负责是互相配合、互相制约的前提，互相制约是分工负责的表现形式，互相配合是分工负责、互相制约的结果。其中，互相制约应当是该原则的关键，因为没有制约，那么，公、检、法三机关的职权划分就丧失其应有的意义，而诉讼职能分工是诉讼现代化与诉讼民主化最重要的体现之一。

第三，分工负责、互相配合、互相制约的三机关关系体现在刑事诉讼的各个阶段。例如，在立案阶段，公、检、法三机关应当按照自己的职权范围进行立案；人民检察院有权对公安机关的立案活动进行监督，对公安机关应当立案侦查的案件而不立案侦查的，应依法通知其立案。在审查批捕阶段，公安机关要逮捕犯罪嫌疑人，需要报请人民检察院审查批准；人民检察院对于不符合逮捕条件的，可以作出不批准逮捕的决定；公安机关如果认为人民检察院不批准逮捕的决定有错误，可以要求复议，如果意见不被接受，可以向上一级人民检察院提请复核。在侦查终结和审查起诉阶段，公安机关侦查终结的案件，认为需要提起公诉的，应当移送人民检察院审查决定，人民检察院对案件进行审查后，如果认为事实不清、证据不足的，可以退回公安机关补充侦查，如果认为犯罪嫌疑人的行为不构成犯罪或者依法不应当追究刑事责任，应当作出不起诉的决定，如果犯罪情节轻微，依照刑法规定不需要判处刑罚或者可以免除刑罚的，可以作出不起诉的决定；公安机关认为人民检察院的不起诉决定有错误时，可以要求复议，如果意见不被接受，可以向上一级人民检察院提请复核。在审判阶段，人民法院对于人民检察院提起公诉的案件，应当进行审查，对符合条件的，应当决定开庭审理。

五、人民检察院依法对刑事诉讼实行法律监督原则

《刑事诉讼法》第8条规定："人民检察院依法对刑事诉讼实行法律监督。"《宪法》第129条规定："中华人民共和国人民检察院是国家的法律监督机关。"

《人民检察院组织法》也有此规定。这一规定确立了人民检察院依法对刑事诉讼实行法律监督原则。

人民检察院对刑事诉讼进行法律监督，这是由我国人民检察院的性质和地位决定的。我国人民检察院有别于西方的检察官，其除了具有控诉职能外，还具有法律监督的职能。人民检察院对刑事诉讼的法律监督贯穿于刑事诉讼的全过程，体现在刑事诉讼的各个阶段，主要包括：

1. 立案监督。人民检察院认为公安机关对应当立案侦查的案件而不立案侦查的，或者被害人认为公安机关对应当立案侦查的案件而不立案侦查，向人民检察院提出的，人民检察院应当要求公安机关说明不立案的理由。人民检察院认为公安机关不立案理由不能成立的，应当通知公安机关立案，公安机关接到通知后应当立案。这就是人民检察院对公安机关应当立案而不立案的案件享有的监督权。另外，最高检《规则》还规定了人民检察院对公安机关不应当立案而立案的监督权。

2. 侦查监督。人民检察院在审查批准逮捕、审查起诉时，应当审查公安机关的侦查活动是否合法，如果发现有违法行为，应当通知公安机关予以纠正，公安机关应当将纠正的情况通知人民检察院。同时，人民检察院根据需要可以派员参加公安机关对于重大案件的讨论和其他侦查活动，发现违法行为，应当及时通知纠正。

3. 审判监督。人民检察院发现人民法院审理案件违反法律规定的诉讼程序，有权向人民法院提出纠正意见。这里需要注意，人民检察院对审判活动的监督主体是人民检察院，而不是出庭支持公诉的检察官，因此，检察人员在法庭审理中如发现违反法定诉讼程序的情况时，应当在庭审后以人民检察院的名义向人民法院提出。另外，人民检察院只能就违反法定诉讼程序的事项提出纠正意见，而对实体法律适用的问题，人民检察院只能以控诉的方式提出。

4. 执行监督。人民检察院认为人民法院减刑、假释的裁定不当的，应当向人民法院提出书面纠正意见。人民检察院认为暂予监外执行不当的，应将书面意见递交决定或者批准暂予监外执行的机关，该机关接到人民检察院的书面意见后，应当立即对该决定重新审查。此外，人民检察院还要对刑罚执行机关执行刑罚活动是否合法进行监督，如果发现有违法情况，应当通知执行机关纠正。

六、使用本民族语言文字进行诉讼原则

《刑事诉讼法》第 9 条规定："各民族公民都有用本民族语言文字进行诉讼的权利。人民法院、人民检察院和公安机关对于不通晓当地通用的语言文字的诉讼参与人，应当为他们翻译。在少数民族聚居或者多民族杂居的地区，应当用当

地通用的语言进行审讯,用当地通用的文字发布判决书、布告和其他文件。"这一规定确立了使用本民族语言文字进行诉讼原则,是《宪法》第4条第4款规定的"各民族都有使用和发展自己的语言文字的自由"原则的体现。

这一原则包括以下主要含义:

第一,各民族公民,无论他是当事人,还是其他诉讼参与人,都有权使用本民族语言文字进行诉讼的权利,即在进行诉讼时,说自己本民族的语言,写自己本民族的文字。

第二,在少数民族聚居或者多民族杂居的地区,公、检、法三机关在侦查、起诉和审判的过程中应当用当地通用的语言,同时,用当地通用的文字发布判决书、布告和其他文件。

第三,如果诉讼参与人不通晓当地通用的语言文字,公、检、法三机关有义务免费为其指派或者聘请翻译人员进行翻译。

七、犯罪嫌疑人、被告人有权获得辩护原则

《刑事诉讼法》第11条规定:"被告人有权获得辩护,人民法院有义务保证被告人获得辩护。"这是犯罪嫌疑人、被告人有权获得辩护原则的法律依据。同时,这也是一项宪法原则。《宪法》第125条规定:"……被告人有权获得辩护。"

这一原则主要包括以下含义:

第一,犯罪嫌疑人、被告人在整个诉讼过程中都有权为自己进行辩护,不受诉讼阶段的限制。任何人一经被确定为犯罪嫌疑人,就依法享有辩护权。辩护权是犯罪嫌疑人、被告人的一项基本诉讼权利。辩护权的发展完善是现代法治国家的必然要求。辩护权的行使没有任何限制,即在任何情况下,对任何犯罪嫌疑人、被告人的辩护权都不得限制或者剥夺。具体来讲就是指,犯罪嫌疑人、被告人有权依法行使辩护权,不受其认罪态度、是否有罪或者罪行轻重、案件严重程度、案件调查情况以及辩护理由等影响。

第二,犯罪嫌疑人、被告人可以通过自行辩护、委托辩护与指定辩护三种方式行使辩护权。在刑事诉讼中,犯罪嫌疑人、被告人既可以自行辩护,也可以委托辩护人为其进行辩护,在法定情形下由法律援助机构指派律师为其进行辩护。

第三,国家专门机关有保障犯罪嫌疑人、被告人行使辩护权的职责。侦查机关在第一次讯问犯罪嫌疑人或者对犯罪嫌疑人采取强制措施的时候,应当告知犯罪嫌疑人有权委托辩护人。人民检察院自收到移送审查起诉的案件材料之日起3日以内,应当告知犯罪嫌疑人有权委托辩护人。人民法院自受理案件之日起3日以内,应当告知被告人有权委托辩护人。犯罪嫌疑人、被告人在押期间要求委托辩护人的，人民法院、人民检察院和公安机关应当及时转达其要求。犯罪嫌疑人、被告人是盲、聋、哑人，或者是尚未完全丧失辨认或者控制自己行为能力的精神病人，以及未成年人，没有委托辩护人的，人民法院、人民检察院和公安机关应当通知法律援助机构指派律师为其提供辩护。犯罪嫌疑人、被告人可能被判处无期徒刑、死刑，没有委托辩护人的，人民法院、人民检察院和公安机关应当通知法律援助机构指派律师为其提供辩护。

八、未经人民法院依法判决不得确定有罪原则

《刑事诉讼法》第 12 条规定："未经人民法院依法判决，对任何人都不得确定有罪。"

该原则的确立与无罪推定密切相关，从中体现了我国法治的进步和人权保障的加强。我国 1979 年颁布的《刑事诉讼法》规定："不需要判处刑罚或者免除刑罚的，人民检察院可以免予起诉。"免予起诉制度不经人民法院审判，而由人民检察院行使定罪权，明显违反无罪推定原则，剥夺了当事人的重要诉讼权利。因此，1996 年修改《刑事诉讼法》时顺应保障人权的历史潮流，废止免予起诉制度，同时吸收无罪推定的内核，新增"未经人民法院依法判决，对任何人都不得确定有罪"。

这一原则主要包括以下含义：

第一，对被告人的定罪权由人民法院统一行使，其他任何机关、团体和个人都无权行使这一权力。定罪权是刑事审判权的核心内容，人民法院作为我国唯一的审判机关，应当代表国家统一行使定罪权，其他任何机关、团体和个人都不能行使这一权力。

第二，人民法院行使定罪权必须依法进行，即在查清事实、证据以及正确适用法律的基础上，对被告人作出判决。

第三，为贯彻未经人民法院依法判决不得确定有罪原则，刑事诉讼法相应规定：①刑事诉讼中的被追诉者一律被称为犯罪嫌疑人、被告人，不再被称为人犯。②人民检察院在审查起诉后只能作出提起公诉或者不起诉的决定，而不能作出认定犯罪嫌疑人有罪的免予起诉的决定。③举证责任由控诉方承担，被告人不负任何的举证责任。④确立疑罪从无的原则。即在审查起诉中，人民检察院对于经过两次补充侦查的案件，如果仍然认为证据不足，不符合起诉条件的，应当作出不起诉的决定。在第一审程序中，对于证据不足、指控罪名不能成立的案件，人民法院应当作出证据不足、指控犯罪不能成立的无罪判决。

【案例】

2003年2月24日上午，22岁的湘潭市临丰小学音乐教师黄某，被人发现裸体死于其工作的小学宿舍，现场的卫生纸团遗留有男性精液，后鉴定为其欲分手的男友姜某所留。湘潭市公安局和湖南省公安厅尸检认定黄某系患心脏疾病急性发作导致急性心、肺功能衰竭猝死。家属对此持异议拒绝火化尸体。2003年6月2日姜某被刑拘，7月8日被批捕。8月1日，姜某被湘潭市公安局以涉嫌强奸罪移送湘潭市检察院审查起诉。2003年8月14日，中山大学法医鉴定中心鉴定认为："黄某因风湿性心脏病、冠状动脉粥样硬化性心脏病、肺梗死致死缺乏证据。"2003年12月22日，雨湖区检察院以涉嫌强奸罪为由，对姜某提起公诉。黄某案曾做过五次尸体检查、六次死亡鉴定，每次鉴定结果都不尽相同。湘潭市检察院最终采用了第三次鉴定结果，此鉴定结果认定黄某系因肺梗死致急性呼吸循环衰竭而死亡。2004年3月中旬，姜某被取保候审。2004年3月22日，司法部法医鉴定中心专家赶到湘潭，黄某的器官标本被烧，因主要证据不复存在，于4月2日终止鉴定。2004年8月2日，最高人民法院司法鉴定中心作出法医鉴定为：被鉴定人黄某在潜在病理改变的基础下，因姜某采用较特殊方式进行的性活动促发死亡。2005年12月7日，雨湖区法院审理此案。一审以证据不足为由判决被告人姜某无罪。后湘潭市中级人民法院也作出维持原判的终审裁定。

九、保障诉讼参与人依法享有的诉讼权利原则

《刑事诉讼法》第14条规定："人民法院、人民检察院和公安机关应当保障犯罪嫌疑人、被告人和其他诉讼参与人依法享有的辩护权和其他诉讼权利。"这一规定确立了保障诉讼参与人依法享有的诉讼权利原则。

这一原则主要包括以下含义：

第一，诉讼参与人的诉讼权利是一项法定权利，受法律保护。

第二，公、检、法三机关有保障诉讼参与人诉讼权利的义务，对于阻碍诉讼参与人行使其诉讼权利的行为，公、检、法机关有义务予以制止。

第三，诉讼参与人的诉讼权利受到侵犯时，有救济的权利。辩护人、诉讼代理人认为公安机关、人民检察院、人民法院及其工作人员阻碍其依法行使诉讼权利的，有权向同级或者上一级人民检察院申诉或者控告。人民检察院对申诉或者控告应当及时进行审查，情况属实的，通知有关机关予以纠正。另外，当事人和辩护人、诉讼代理人、利害关系人对于司法机关及其工作人员有下列行为之一的，有权向该机关申诉或者控告：①采取强制措施法定期限届满，不予以释放、解除或者变更的；②应当退还取保候审保证金不退还的；③对与案件无关的财物采取查封、扣押、冻结措施的；④应当解除查封、扣押、冻结不解除的；⑤贪

污、挪用、私分、调换、违反规定使用查封、扣押、冻结的财物的。受理申诉或者控告的机关应当及时处理。对处理不服的，可以向同级人民检察院申诉；人民检察院直接受理的案件，可以向上一级人民检察院申诉。人民检察院对申诉应当及时进行审查，情况属实的，通知有关机关予以纠正。

十、法定不追究刑事责任原则

《刑事诉讼法》第 15 条规定："有下列情形之一的，不追究刑事责任，已经追究的，应当撤销案件，或者不起诉，或者终止审理，或者宣告无罪：（一）情节显著轻微、危害不大，不认为是犯罪的；（二）犯罪已过追诉时效期限的；（三）经特赦令免除刑罚的；（四）依照刑法告诉才处理的犯罪，没有告诉或者撤回告诉的；（五）犯罪嫌疑人、被告人死亡的；（六）其他法律规定免予追究刑事责任的。"这一规定确立了法定不追究刑事责任原则。

对于不追究刑事责任的上述法定情形，在不同阶段不予追究刑事责任的方式并不相同。①立案阶段。公安机关、人民检察院、人民法院在对报案、控告、举报以及其他犯罪线索材料，如果认为有以上 6 种法定不追究刑事责任的情形时，应当作出不立案的决定。②侦查阶段。公安机关、人民检察院在侦查阶段如果认为有以上 6 种法定不追究刑事责任的情形时，应当作出撤销案件的决定。③审查起诉阶段。人民检察院在审查起诉阶段如果发现有以上 6 种法定不追究刑事责任的情形时，应当作出不起诉的决定。④审判阶段。人民法院在审判阶段，如果发现有上述第一种不追究刑事责任的情形时，应当作出宣告无罪的判决；如果发现有上述其他 5 种不追究刑事责任的情形时，应当作出终止审理的裁定。

【案例】

徐才厚，男，汉族，1943 年 6 月生，辽宁瓦房店人，1971 年 4 月加入中国共产党，1963 年 8 月入伍，哈尔滨军事工程学院电子工程系毕业，大学学历。上将军衔。曾任中央军事委员会副主席，中华人民共和国中央军事委员会副主席，中央政治局委员。2014 年 3 月 15 日，因涉嫌违纪问题，接受组织调查。2014 年 6 月 30 日，中央决定开除徐才厚党籍，对其涉嫌受贿犯罪问题及问题线索移送最高人民检察院授权军事检察机关依法处理。2014 年 10 月 27 日，军事检察院对中央军委原副主席徐才厚涉嫌受贿犯罪案件侦查终结，移送审查起诉。军事检察院侦查查明，徐才厚利用职务便利，为他人晋升职务提供帮助，直接和通过家人收受贿赂，数额特别巨大；利用职务影响为他人谋利，其和家人收受他人贿赂，数额特别巨大。徐才厚对受贿犯罪事实供认不讳。2015 年 3 月 15 日，徐才厚因膀胱癌终末期，全身多发转移，多器官功能衰竭，医治无效在医院死亡，根据

《刑事诉讼法》第 15 条的规定，军事检察院对徐才厚作出不起诉决定，其涉嫌受贿犯罪所得依法处理。

十一、追究外国人刑事责任适用我国刑事诉讼法原则

《刑事诉讼法》第 16 条规定："对于外国人犯罪应当追究刑事责任的，适用本法的规定。对于享有外交特权和豁免权的外国人犯罪应当追究刑事责任的，通过外交途径解决。"这一规定确立了追究外国人刑事责任适用我国刑事诉讼法原则。

这一原则主要包括以下含义：

第一，追究外国人刑事责任适用我国刑事诉讼法规定。我国是一个独立的主权国家，不论是我国公民还是外国人在我国领域内犯罪，都应当适用我国刑事诉讼法的规定，进行立案、侦查、起诉和审判。

第二，对于享有外交特权和豁免权的外国人犯罪应当追究刑事责任的，通过外交途径解决。根据《中华人民共和国外交特权与豁免条例》，享有外交特权和豁免权的外国人包括：外国驻中国使馆的外交代表以及与他们共同生活的配偶和未成年子女；来中国访问的外国国家元首、政府首脑、外交部长及其他具有同等身份的官员；途经中国的外国驻第三国的外交代表和与其共同生活的配偶及未成年子女；持有中国外交签证或者持有外交护照（仅限互免签证的国家）来中国的外国官员；经中国政府同意给予外交特权和豁免权的其他来中国访问的外国人。这里的外交途径包括：宣布为不受欢迎的人，要求派遣国将其召回处理；限期出境；驱逐出境。

十二、刑事司法协助原则

《刑事诉讼法》第 17 条规定："根据中华人民共和国缔结或者参加的国际条约，或者按照互惠原则，我国司法机关和外国司法机关可以相互请求刑事司法协助。"这一原则确立了刑事司法协助原则。

刑事司法协助，指我国司法机关与外国司法机关之间，根据多边或者双边国际条约或者互惠原则，代为进行某些刑事诉讼行为的活动。自 1987 年开始，我国先后与一些国家签订了有关刑事司法协助的条约或者协定。我国现在承认的刑事司法协助包括：①代为送达司法文书或者非司法文书。②代为调查取证。例如代为讯问犯罪嫌疑人，询问证人、通知证人、鉴定人出庭等。③引渡。指一国把在该国境内而被他国指控为犯罪或已被他国判刑的人，根据有关国家的请求移交给请求国审判或处罚的制度。

第七章 管辖

第一节 概述

一、管辖的概念

我国刑事诉讼法中的管辖，是指公安机关、人民检察院和人民法院等在直接受理刑事案件上的权限划分以及人民法院系统内部在审判第一审刑事案件上的权限划分。管辖主要解决两个问题：一个是公安机关、人民检察院和人民法院之间直接受理刑事案件的分工问题，称为立案管辖、职能管辖或者部门管辖；另一个是人民法院系统内部各级法院、普通人民法院与专门法院以及同级人民法院之间在审判第一审刑事案件上的分工问题，称为审判管辖。

管辖是刑事诉讼活动中首先要解决的问题，因为刑事诉讼程序是从立案活动开始的，当刑事案件发生或者进入相应诉讼阶段后，首先面临的程序问题就是这个案件应由公安司法机关中的哪一个机关立案受理，以及哪一级、哪一地区的法院对此案件享有管辖权。因此，刑事诉讼中的管辖，其实质就是公安司法机关在受理刑事案件方面的权限划分。根据我国《刑事诉讼法》及相关司法解释的规定，公安机关、人民检察院、人民法院等国家专门机关在其职责范围内享有刑事案件的管辖权，对不属于自己管辖的案件，则无权受理。

二、确定管辖的原则

刑事诉讼管辖关系到刑事诉讼能否顺利地开展和进行，因此，案件管辖权的确定以及确定时应当考虑的因素，也是刑事诉讼中的重要问题。刑事诉讼中的管辖，一般是根据刑事案件的性质、情节的轻重、复杂程度、发生地点、影响大小等不同特点和公安司法机关在刑事诉讼中的职责确定的。从有利于刑事诉讼的顺利进行，保证刑事诉讼任务的有效完成的角度考虑，确定管辖应当遵循的原则是：

(一) 准确及时原则

管辖的确定,应当遵循准确、及时查明案件事实,保证案件质量,实现《刑事诉讼法》基本任务的原则。在确定管辖时,应全面考虑各种因素,分工明确,合理设置,以便于公安司法机关能够准确、及时查明案件真实情况,正确适用法律,保证案件质量,提高办案效率,完成《刑事诉讼法》规定的惩罚犯罪、保护人民的任务。

(二) 合理分工原则

管辖的确定,应当充分发挥各公安司法机关的职能作用,充分调动公安司法工作人员的积极性和主动性。应当根据各机关的性质与任务、级别与职能、物质装备与技术等,结合刑事案件的数量、复杂程度,对刑事案件的管辖权合理分配,使各机关担负的工作量和能力相适应,充分发挥职能作用。

(三) 便利诉讼原则

管辖的确定,应当便于公安司法机关履行职责,便于当事人和其他诉讼参与人参加刑事诉讼,保护合法权益;应当有利于公安司法机关调查核实证据,查明事实真相,而且有利于当事人和其他诉讼参与人参加诉讼,便于群众旁听,节省人力、财力、物力,提高诉讼效率。

(四) 维护当事人合法权益原则

为防止当事人告状无门,保证诉讼参与人的诉讼权利,我国《刑事诉讼法》还从维护公民合法权益的角度出发,将被害人有证据证明对被告人侵犯自己人身、财产权利的行为依法应当追究刑事责任,而公安机关或者人民检察院不予追究被告人刑事责任的案件,划归自诉案件的范围,要求人民法院依法处理。这体现了我国法律对于当事人合法权益的尊重与保障。

(五) 原则性和灵活性相结合原则

明确管辖权的归属,有利于准确、及时处理案件,但是为了适应刑事案件复杂性等特点以及办案工作的实际需要,刑事案件的管辖还应有一定的灵活性。例如,我国《刑事诉讼法》第23条关于上下级法院的变通管辖、第26条关于地区管辖中可以由上级人民法院指定管辖的规定,都体现了贯彻原则性和灵活性相结合的原则,以处理管辖中的争议和例外情况。

三、管辖的分类与意义

(一) 管辖的分类

根据我国《刑事诉讼法》的规定,刑事诉讼中的管辖包括两大类:立案管辖与审判管辖。立案管辖是公安机关、人民法院、人民检察院在各自直接受理刑事案件上的权限划分;审判管辖是人民法院系统内各级法院、普通人民法院和专门人民法院以及同级人民法院之间在审判第一审刑事案件上的权限划分。审判管辖又分为级别管辖、地区管辖、指定管辖和专门管辖。

在理解立案管辖与审判管辖的关系时应当注意：对于自诉案件，人民法院的立案管辖和审判管辖，都是审判权的具体落实，它们是重合的，即合二为一的。对于公诉案件，这两种管辖的关系，实质上是侦查权、起诉权、审判权相互关系的反映。首先，公安机关、人民检察院的立案管辖和人民法院的审判管辖，并不是同时发生的，而是一先一后，发生在不同的诉讼阶段；其次，立案管辖并不必然导致或引起审判管辖。有的案件并不进入审判程序，不发生审判管辖的问题。

（二）管辖的意义

管辖是刑事诉讼中的一项重要的诉讼制度，明确、合理地确定刑事案件的管辖，对于保证刑事诉讼活动的顺利进行以及刑事诉讼任务的实现，具有十分重要的意义：

1. 有利于公、检、法明确自己的权力与职责，使刑事诉讼得以顺利开展和运行，能够充分发挥各部门、各单位应有的作用，及时有效地惩罚犯罪，保证各类案件都能够得到正确的处理。

2. 可以防止诉讼拖延和有关机关相互推诿，防止因管辖不明而使案件迟迟得不到处理，问题得不到及时解决。

3. 便于有关单位和公民直接向有管辖权的机关报案、控告和举报，避免或减少移送环节的出现，便于公、检、法机关调查取证，也便于公民参加诉讼。

4. 科学、合理地确定刑事案件的管辖，有助于诉讼活动的顺利进行，保证案件得到正确、及时的处理。

第二节 立案管辖

刑事诉讼中的立案管辖，又称为职能管辖或部门管辖，是指公安机关、人民检察院和人民法院等在直接受理刑事案件上的权限划分。立案管辖所要解决的是哪类刑事案件应当由公安司法机关中的哪一个机关立案受理的问题。具体而言，就是确定哪些案件应当由公安机关立案侦查，哪些案件应当由人民检察院立案侦查，哪些案件经自诉人起诉，由人民法院直接受理审判等。立案管辖主要是根据公安司法机关在刑事诉讼中的职责分工，以及刑事案件的性质、案情的轻重、复杂程度等不同情况确定的。

我国《刑事诉讼法》第18条对人民法院、人民检察院和公安机关的立案管辖范围，作了概括性的规定，有关司法解释和规章作出了更为具体的规定。

一、公安机关立案侦查的案件

我国《刑事诉讼法》第18条第1款规定："刑事案件的侦查由公安机关进行，法律另有规定的除外。"也就是说，除了法律另有规定的，其他刑事案件一律由公安机关立案侦查。

法律另有规定的情形包括：①由人民法院直接受理，不需要经过侦查的自诉案件；②由人民检察院直接立案侦查的案件；③由军队保卫部门负责侦查的军队内部发生的刑事案件；④由国家安全机关立案侦查的案件；⑤由监狱立案侦查的罪犯在监狱内犯罪的案件；⑥由设置在各级海关的走私犯罪侦查机构立案侦查的案件。

这些例外情形种类虽多，但数量上仅占刑事案件总数的一小部分，实践中大多数刑事案件的立案侦查由公安机关承担。这是由公安机关的性质与职能决定的：一方面，公安机关是国家的治安保卫机关，负有维护社会秩序、保卫社会治安的责任；另一方面，公安机关拥有严密的组织系统和人员配备以及良好的技术装备，由其担负绝大多数案件的立案侦查任务具有坚实的基础。

二、人民检察院直接受理的案件

我国《刑事诉讼法》第18条第2款规定："贪污贿赂犯罪，国家工作人员的渎职犯罪，国家机关工作人员利用职权实施的非法拘禁、刑讯逼供、报复陷害、非法搜查的侵犯公民人身权利的犯罪以及侵犯公民民主权利的犯罪，由人民检察院立案侦查。对于国家机关工作人员利用职权实施的其他重大的犯罪案件，需要由人民检察院直接受理的时候，经省级以上人民检察院决定，可以由人民检察院立案侦查。"[1]六部门《规定》和最高检《规则》对此都作了详细解释，最高人民检察院1998年5月11日发布的《关于人民检察院直接受理立案侦查案件范围的规定》更明确规定了由检察院负责立案的案件范围。根据上述解释，人民检察院立案侦查的案件有：

1. 贪污贿赂犯罪。贪污贿赂犯罪是指我国《刑法》分则第八章规定的贪污贿赂罪和其他章节中明确规定按照《刑法》分则第八章贪污贿赂罪的规定定罪处罚的犯罪。具体包括：①贪污案；②挪用公款案；③受贿案；④单位受贿案；

---

[1] 本条所说的"国家工作人员"，依照我国《刑法》第93条的规定，是指：国家机关中从事公务的人员。国有公司、企业、事业单位、人民团体中从事公务的人员和国家机关、国有公司、企业、事业单位委派到非国有公司、企业、事业单位、社会团体从事公务的人员，以及其他依照法律从事公务的人员，以国家工作人员论。

⑤行贿案；⑥对单位行贿案；⑦介绍贿赂案；⑧单位行贿案；⑨巨额财产来源不明案；⑩隐瞒境外存款案；⑪私分国有资产案；⑫私分罚没财物案。

2. 国家工作人员的渎职犯罪。根据我国《刑法》分则第九章的有关规定，具体包括：①滥用职权案；②玩忽职守案；③国家机关工作人员徇私舞弊案；④故意泄露国家秘密案；⑤过失泄露国家秘密案；⑥枉法追诉、裁判案；⑦民事、行政枉法裁判案；⑧私放在押人员案；⑨失职致使在押人员逃脱案；⑩徇私舞弊减刑、假释、暂予监外执行案；⑪徇私舞弊不移交刑事案件案；⑫滥用管理公司、证券职权案；⑬徇私舞弊不征、少征税款案；⑭徇私舞弊发售发票、抵扣税款、出口退税案；⑮违法提供出口退税凭证案；⑯国家机关工作人员签订、履行合同失职被骗案；⑰违法发放林木采伐许可证案；⑱环境监管失职案；⑲食品监管渎职案；⑳传染病防治失职案；㉑非法批准征用、占用土地案；㉒非法低价出让国有土地使用权案；㉓放纵走私案；㉔商检徇私舞弊案；㉕商检失职案；㉖动植物检疫徇私舞弊案；㉗动植物检疫失职案；㉘放纵制售伪劣商品犯罪行为案；㉙办理偷越国（边）境人员出入境证件案；㉚放行偷越国（边）境人员案；㉛不解救被拐卖、绑架妇女、儿童案；㉜阻碍解救被拐卖、绑架妇女、儿童案；㉝帮助犯罪分子逃避处罚案；㉞招收公务员、学生徇私舞弊案；㉟失职造成珍贵文物损毁、流失案。

3. 国家机关工作人员利用职权侵犯公民人身权利和民主权利的犯罪。具体包括：①非法拘禁案；②非法搜查案；③刑讯逼供案；④暴力取证案；⑤虐待被监管人案；⑥报复陷害案；⑦破坏选举案。

4. 国家机关工作人员利用职权实施的其他重大的犯罪案件。这种情况只适用于极个别的国家机关工作人员利用职权实施的其他重大犯罪，需要经过省级以上人民检察院的决定，才能由人民检察院立案侦查。根据最高检《规则》的规定，基层人民检察院或者分、州、市人民检察院需要直接立案侦查的，应当层报省级人民检察院决定。省级人民检察院可以决定由下级人民检察院直接立案侦查，也可以决定直接立案侦查。

从上述内容看，人民检察院直接受理侦查的刑事案件，都是国家机关工作人员职务方面的犯罪或者利用职权实施的犯罪案件，体现了人民检察院的法律监督职能。

三、人民法院直接受理的刑事案件

《刑事诉讼法》第18条第3款规定："自诉案件，由人民法院直接受理。"在刑事诉讼中，由人民法院直接受理的刑事案件，称为自诉案件。此类案件不需经过公安机关或者人民检察院立案侦查，不通过人民检察院提起公诉，而由被害人或其法定代理人、近亲属直接向人民法院提起诉讼，法院进行立案和审判。根据《刑事诉讼法》第 204 条的规定，自诉案件具体包括：

1. 告诉才处理的案件。这类案件是指被害人或其法定代理人提出控告和起诉，人民法院才予受理的案件。我国《刑法》分则规定了四种告诉才处理的案件：第 246 条第 1 款规定的侮辱、诽谤案，第 257 条第 1 款规定的暴力干涉婚姻自由案，第 260 条第 1 款规定的虐待案，第 270 条规定的侵占他人财物案。这四种案件，犯罪情节轻微、案情较为简单，不需要侦查即可查清案件事实，所以适宜由人民法院直接受理。如果被害人及其法定代理人没有告诉或者告诉后又撤回告诉的，人民法院就不予追究。被害人不起诉必须是他本人真实意思的体现，如果被害人因受到强制、威吓等原因无法告诉的，被害人的法定代理人、近亲属也可以告诉。此外，根据《刑事诉讼法》第 112 条的规定，告诉才处理的案件，如果被害人死亡或者丧失行为能力，他的法定代理人、近亲属有权向人民法院起诉，人民法院应当依法受理。

2. 被害人有证据证明的轻微刑事案件。这类自诉案件必须符合两个条件：①必须是轻微的刑事案件；②被害人必须有相应的证据证明被告人有罪。这类案件包括：故意伤害案（轻伤）；非法侵入住宅案；侵犯通信自由案；重婚案；遗弃案；生产、销售伪劣商品案（严重危害社会秩序和国家利益的除外）；侵犯知识产权案（严重危害社会秩序和国家利益的除外）；属于《刑法》分则第四章、第五章规定的，对被告人可能判处 3 年有期徒刑以下刑罚的其他轻微刑事案件。

根据最高法《解释》，上述所列八项案件中，被害人直接向人民法院起诉的，人民法院应当依法受理。对其中证据不足、可以由公安机关受理的，或者认为对被告人可能判处 3 年有期徒刑以上刑罚的，应当告知被害人向公安机关报案，或者移送公安机关立案侦查。因此，这类案件既可以由被害人提起自诉，由人民法院作为自诉案件直接受理，也可以由人民检察院提起公诉，按公诉案件处理。

3. 被害人有证据证明对被告人侵犯自己人身、财产权利的行为应当依法追究刑事责任，且有证据证明曾经提出控告，而公安机关或人民检察院不予追究被告人刑事责任的案件。这类案件从性质上说属于公诉案件范围，其转为自诉案件，必须具备三个条件：一是被告人侵犯了自己人身、财产权利，应当追究被告人刑事责任；二是被害人有证据证明被告人的行为构成犯罪；三是有证据证明曾经提出控告，而公安司法机关不予追究被告人的刑事责任。这类案件可以称为"公诉转自诉案件"，其目的是保障被害人的控告权，维护被害人诉讼权利，解决司法实践中"告状难"的问题。

此外，依照《刑事诉讼法》第 176 条的规定，对于有被害人的案件，决定不起诉的,人民检察院应当将不起诉决定书送达被害人。被害人如果不服,可以自收到决定书 7 日以内向上一级人民检察院申诉,请求提起公诉。人民检察院应当将复查决定告知被害人。对人民检察院维持不起诉决定的,被害人可以向人民法院起诉。被害人也可以不经申诉,直接向人民法院起诉。这种被害人对人民检察院不起诉决定不服而向人民法院起诉的案件,实际上也应当属于自诉案件。这类案件与第三类公诉转自诉案件并不完全相同,一方面,在此被害人只是对不起诉决定不服时才可以提起自诉,不包括对其他不追究刑事责任的行为提起自诉;另一方面,被害人在不服不起诉决定而向法院起诉时,不仅限于第三类自诉案件中所要求的"侵犯人身权利、财产权利"的范围。

国外立法中,对于被害人对公诉权的监督与制约亦规定了相应的制度。如《德国刑事诉讼法典》规定了强制起诉制度,即被害人不服不起诉决定时,有权向检察院上级官员抗告,若抗告不被接受,则可向法院申请裁判,应法院要求,检察院应移送相关材料,法院审查后,如裁定准予提起公诉,则由检察院负责提起公诉。《日本刑事诉讼法》规定了准起诉制度,对于国家公务员和警察滥用职权的犯罪,被害人不服检察官的不起诉决定时,可请求法院将案件交付审判,法院经审查(如有必要,可进行相应调查),认为应当起诉的,可作出交付审判决定,视为提起诉讼,法院指定律师担任检察官职务。

四、关于立案管辖需要注意的几个问题

1. 我国《刑事诉讼法》明确界定了公安司法机关受理刑事案件的职权范围,各机关在办理案件过程中,应当严格执行法律关于立案管辖的规定,对于属于自己管辖的案件应当恪尽职守,不推卸责任,对于不属于自己管辖的案件,不能越权处理。如果案件违反了立案管辖的规定,人民检察院即使已经提起公诉,人民法院在审判阶段发现的,应当建议人民检察院撤回起诉。人民法院对于违反管辖规定的案件,不应开庭审判。但是,由于刑事诉讼自身的特点,公安机关、人民检察院或者人民法院对于报案、控告、举报、自首等,都应当接受。对于不属于自己管辖的,应当移送主管机关处理,并且通知报案人、控告人、举报人、自首人;对于不属于自己管辖而又必须采取紧急措施的,应当先采取紧急措施,然后移送主管机关。

2. 公安机关或者人民检察院在侦查过程中,如果发现被告人还涉嫌实施了属于人民法院直接受理的犯罪行为时,应当分情况进行处理。对于属于告诉才处理的案件,可以告知被害人向人民法院直接提起诉讼;对于属于人民法院可以受理的其他类型自诉案件的,可以立案侦查,然后在人民检察院提起公诉时,和公

诉案件一并移送人民法院,由人民法院合并审理,侦查终结后不提起公诉的,则应直接移送人民法院处理。

3. 人民法院在审理自诉案件的过程中,如果发现被告人还涉嫌实施了应当由人民检察院提起公诉的犯罪行为的,应当将新发现的案件另案移送有管辖权的公安机关、人民检察院处理。

4. 根据六部门《规定》,公安机关侦查刑事案件涉及人民检察院管辖的贪污贿赂案件时,应当将贪污贿赂案件移送人民检察院;人民检察院侦查贪污贿赂案件涉及公安机关管辖的刑事案件,应当将属于公安机关管辖的刑事案件移送公安机关。在上述情况中,如果涉嫌主罪属于公安机关管辖,由公安机关为主侦查,人民检察院予以配合;如果涉嫌主罪属于人民检察院管辖,由人民检察院为主侦查,公安机关予以配合。主罪与次罪的划分,应当以犯罪嫌疑人涉嫌的犯罪可能被判处的刑罚轻重为标准。

第三节 审判管辖

审判管辖,是指各级人民法院之间、同级人民法院之间、普通人民法院与专门人民法院之间、各专门人民法院之间在审判第一审刑事案件上的职权分工。审判管辖所要解决的是人民法院系统内部受理案件的分工问题,即某个刑事案件由哪个人民法院作为第一审法院进行审判的问题。

根据《刑事诉讼法》第19条至第27条规定,我国刑事审判管辖分为普通管辖和专门管辖;普通管辖又分为级别管辖、地区管辖和指定管辖。

立案管辖与审判管辖之间的关系因公诉案件和自诉案件而有所不同。对于自诉案件而言,人民法院的立案管辖和审判管辖是重合的,都是审判权的具体落实。对于公诉案件而言,二者之间的关系表现为:

(1) 公安机关、人民检察院等机关的立案管辖和法院的审判管辖是一先一后的关系,发生在刑事诉讼程序的不同阶段。立案管辖是公安司法机关在受理刑事案件上的第一次分工,审判管辖是刑事案件进入审判阶段后的第二次分工。

(2) 立案管辖并不会必然导致审判管辖,因为有一些案件在经过侦查或者经过审查起诉后即告终结,没有进入审判程序,因此,不会产生审判管辖的问题。

(3)《刑事诉讼法》规定的有关审判管辖中的级别管辖、地区管辖、专门管辖的原则和标准,也适用于公安机关和人民检察院。需要注意的是,公安机关、人民检察院系统内部对刑事案件的立案侦查权限的划分,既要与人民法院的级别管辖、地区管辖和专门管辖相互对应,又不失灵活性。这与侦查机关的组织体系和侦查活动自身的特点相对应。

根据《刑事诉讼法》第172条的规定，人民检察院决定起诉的案件，应当按照审判管辖的规定，向人民法院提起公诉。因此，人民检察院提起公诉的案件，应当与各级人民法院管辖审理的案件范围相适应。因此，明确了审判管辖，也就确定了相应的提起公诉的检察机关。

一、级别管辖

级别管辖，是指各级人民法院在审判第一审刑事案件上的权限划分，解决的是上、下级人民法院之间在审判第一审刑事案件上的权限分工问题。

我国划分级别管辖主要是根据案件的性质、罪行的轻重和可能判处的刑罚、涉及面和对社会影响的大小，以及各级人民法院的工作职责来确定的。因为不同级别的法院的人员素质、审判业务能力和审判水平一般略有不同，各级人民法院在审判体系中的地位、职责和条件也需要考虑。

国外许多国家按照被告人犯罪行为的轻重确立级别管辖。法国的刑事审判组织分为违警罪法庭、轻罪法庭与重罪法庭三级。《法国刑事诉讼法典》规定：法律规定处以两万法郎以下罚金的罪行，为违警罪，违警罪法庭受理违警罪案件；依照法律可能处以监禁或两万五千法郎以上罚金的犯罪为轻罪，轻罪法庭受理轻罪案件；重罪法庭包括法庭本身和陪审团，受理重罪案件。重罪法庭是法国唯一设有陪审团审理刑事案件的法庭。

在英国，刑事案件的一审是由治安法院与刑事法院进行的，其中治安法院负责审理绝大部分刑事案件，但在判决时，所判处的刑罚不得超过6个月监禁和2000英镑的罚金。刑事法院受理经治安法院预审决定起诉的案件和验尸法院移送的案件，还受理已经治安法院定罪但未判刑而移送刑事法院判处刑罚的案件。

由此可见，各国根据罪行轻重来确立刑事案件的级别管辖，而罪行轻重的依据则是对该案可能判处的刑罚，因此确立级别管辖的标准是刑法对犯罪行为所规定的刑罚种类及刑期长短，是实体法原则。刑法所规定刑期的长短与法院组织结构的复杂性成正比。刑法对犯罪所规定的刑期越长，表明犯罪行为的社会危害性越大，而犯罪行为的社会危害性越大，受诉法院的级别越高，法院的组织结构也更复杂，其审理刑事案件、揭示案件事实真相、保证案件公正审理的审判能力越强，因此法院的级别管辖是保证案件公正审判的一项制度保证。

我国《刑事诉讼法》对各级人民法院管辖的第一审刑事案件，作了明确的规定：

（一）基层人民法院管辖的第一审刑事案件

《刑事诉讼法》第19条规定："基层人民法院管辖第一审普通刑事案件，但是依照本法由上级人民法院管辖的除外。"可见，基层人民法院只能管辖普通刑事案件。在刑事诉讼中，普通案件占刑事案件的绝大部分，因此，绝大多数刑事案件实际上是由基层人民法院进行第一审。这是因为基层人民法院在人民法院组织体系中数量最多，分布地区最广，而且案件的发生地都在其辖区内，最接近犯罪地，也最接近人民群众。由基层法院进行审判，便于及时、有效地处理案件，便于诉讼参与人参加诉讼，也便于人民群众旁听案件的审判。

（二）中级人民法院管辖的第一审刑事案件

我国《刑事诉讼法》第20条规定："中级人民法院管辖下列第一审刑事案件：（一）危害国家安全、恐怖活动案件；（二）可能判处无期徒刑、死刑的案件。"

危害国家安全案件，属于性质严重，对国家危害极大的一类案件；恐怖活动犯罪案件，往往涉案人员众多，涉及面广，多存在跨国、跨境的情况，案情复杂，这两类刑事案件由中级人民法院作为初审法院，更加有利于保证一审案件质量。同时，处理这类案件，无论在案件事实的认定上还是在适用法律上，难度往往比较大，这就需要法律、政策水平更高、业务能力更强的司法工作人员。由中级人民法院作第一审，是适宜的，也是必要的，有利于保证案件的正确处理，实现司法公正。

立法上对中级人民法院管辖的规定，并不是说这两类案件必须由中级人民法院进行第一审，而是指最低应由中级人民法院进行第一审，但并不排除由高级人民法院、最高人民法院对这些案件进行第一审。

这里需要说明的是，《刑事诉讼法》第20条所规定的"可能判处无期徒刑、死刑的案件"，司法实践中，人民检察院对侦查终结的案件进行审查后，认为犯罪嫌疑人的犯罪事实已经查清，证据确实、充分，并可能判处无期徒刑、死刑时，向中级人民法院提起公诉。中级人民法院受理后，认为不够判处无期徒刑、死刑而应判处其他刑罚或者应作其他处理时，应当不再将案件交由基层人民法院审理，而仍应由中级人民法院审判，以利于案件的及时处理。

（三）高级人民法院管辖的第一审刑事案件

我国《刑事诉讼法》第21条规定："高级人民法院管辖的第一审刑事案件，是全省（自治区、直辖市）性的重大刑事案件。"

高级人民法院是地方各级人民法院中最高一级的法院，也就是一个省（自治区、直辖市）的最高一级的审判机关，它的主要任务是审判对中级人民法院裁判的上诉、抗诉案件，死刑复核案件，核准死刑缓期两年执行的案件，以及监督全省（自治区、直辖市）的下级人民法院的审判工作。所以，高级人民法院管辖的第一审刑事案件，不宜过宽。因此，立法上对全省性重大刑事案件的标准并没有作出明确的规定，只作了原则性的规定，具体由高级人民法院认定和把握。

（四）最高人民法院管辖的第一审刑事案件

我国《刑事诉讼法》第22条规定："最高人民法院管辖的第一审刑事案件，是全国性的重大刑事案件。"

最高人民法院是全国的最高审判机关，除核准死刑案件外，由最高人民法院作为第一审审判的刑事案件，只应当是极个别的，在全国范围内具有重大影响的、性质、情节都特别严重的刑事案件。只有这样，才有利于它集中力量监督、指导全国人民法院审判工作。而在实践中，由最高人民法院直接审判的第一审刑事案件也是非常罕见的。

由于刑事案件的实际情况十分复杂，为了适应审判实践中可能出现的一些特殊情况的需要，保证案件正确、及时地处理，级别管辖还必须有一定的灵活性。为此，《刑事诉讼法》第23条规定："上级人民法院在必要的时候，可以审判下级人民法院管辖的第一审刑事案件；下级人民法院认为案情重大、复杂需要由上级人民法院审判的第一审刑事案件，可以请求移送上一级人民法院审判。"这是法律对级别管辖所作的变通性规定。需要从以下几个方面理解、执行这一变通规定：

第一，上级人民法院审判下级人民法院管辖的第一审刑事案件，可以由上级人民法院依职权自行决定，但只能"在必要的时候"对个别案件适用。

第二，根据最高法《解释》的规定，上级人民法院决定审判下级人民法院管辖的第一审刑事案件，应当向下级人民法院下达改变管辖决定书，并书面通知同级人民检察院。

第三，根据最高法《解释》的规定，人民检察院认为可能判处无期徒刑、死刑而向中级人民法院提起公诉的普通刑事案件，中级人民法院受理后，认为不需要判处无期以上刑罚的，应当依法审判，不再交基层人民法院审判。

第四，根据最高法《解释》的规定，基层人民法院对于可能判处无期徒刑、死刑的第一审刑事案件，应当移送中级人民法院审判，基层人民法院对于下列第一审刑事案件，可以请求移送中级人民法院审判：

（1）重大、复杂案件；

（2）新类型的疑难案件；

（3）在法律适用上具有普遍指导意义的案件。

需要将案件移送中级人民法院进行审判的，应当在报请院长决定后，至迟于案件审理期限届满15日前书面请求移送。中级人民法院应当在接到申请后10日内作出决定。不同意移送的,应当下达不同意移送决定书,由请求移送的人民法院依法审判;同意移送的,应当下达同意移送决定书,并书面通知同级的人民检察院。

第五,根据最高法《解释》的规定,一人犯数罪、共同犯罪和其他需要并案审理的案件,只要其中一人或者一罪属于上级人民法院管辖的,全案由上级人民法院管辖。

二、地区管辖

地区管辖是指同级人民法院之间在审理第一审刑事案件上的权限划分。

级别管辖是从纵向上解决案件由哪一级人民法院管辖的问题,而地区管辖则是在明确案件的级别管辖的基础上,确定案件由该级人民法院中的哪一个人民法院管辖,是从横向上解决案件的管辖问题。只有级别管辖和地区管辖都解决了,案件的管辖权才能最终落实。各国一般都规定被告人犯罪地法院对刑事案件有管辖权,这是因为由犯罪地法院审理刑事案件易于收集证据,便于证人出庭作证,便于诉讼参与人参加诉讼,从而有利于刑事案件的及时审结,有利于提高诉讼效率。

根据我国《刑事诉讼法》的规定,确定地区管辖遵循两个原则:

1. 以犯罪地人民法院管辖为主,被告人居住地人民法院管辖为辅。

我国《刑事诉讼法》第 24 条规定:"刑事案件由犯罪地的人民法院管辖。如果由被告人居住地的人民法院审判更为适宜的,可以由被告人居住地的人民法院管辖。"这一规定表明,在确定刑事案件的地区管辖时,首先要以刑事案件的犯罪地人民法院管辖为原则;其次,只有在有被告人居住地的人民法院审判更为适宜的情况下,才可以由被告人居住地的人民法院管辖。

刑事案件原则上由犯罪地的人民法院管辖。这里所说的犯罪地,包括犯罪行为发生地和犯罪结果发生地。一般理解为包括犯罪预备地、犯罪行为实施地、犯罪结果地以及销赃地等。根据最高法《解释》的规定,针对或利用计算机网络实施的犯罪,犯罪地包括犯罪行为发生地的网站服务器所在地,网络接入地,网站建立者、管理者所在地,被侵害的计算机信息系统及其管理者所在地,被告人、被害人使用的计算机信息系统所在地,以及被害人财产遭受损失地。

由被告人居住地的人民法院管辖更为适宜的情况,一般包括:被告人流窜作案,主要犯罪地难于确定,而其居住地的群众更多地了解案件的情况;被告人在居住地民愤极大,当地群众要求在当地审判的,等等。另外,最高法《解释》第 3 条规定:"被告人的户籍地为其居住地。经常居住地与户籍地不一致的,经常居住地为其居住地。经常居住地为被告人被追诉前已连续居住一年以上的地方,但住院就医的除外。被告单位登记的住所地为其居住地。主要营业地或者主要办事机构所在地与登记的住所地不一致的,主要营业地或者主要办事机构所在地为其居住地。"

2. 以最初受理的人民法院审判为主,主要犯罪地人民法院审判为辅。

《刑事诉讼法》第 25 条规定:"几个同级人民法院都有权管辖的案件,由最初受理的人民法院审判。在必要的时候,可以移送主要犯罪地的人民法院审判。"在司法实践中,经常会遇到被告人在几个人民法院的辖区内实施犯罪行为的案件,因而就可能出现几个犯罪地的人民法院都有管辖权的复杂情况。遇到这种情况,原则上由最初受理的人民法院审判。因为,最初受理的人民法院对案件已有一定的了解,对处理案件有利,便于及时审结案件。但是,为了适应各种案件的复杂情况,法律又规定,在必要的时候,最初受理的人民法院可以将案件移送主要犯罪地的人民法院审判。"必要的时候"主要是指对查清主要犯罪事实以及及时处理案件更为有利等情况。

三、指定管辖

指定管辖是指当刑事案件的管辖不明或者有管辖权的法院不宜行使管辖权时,由上级人民法院以指定的方式确定案件的管辖。我国《刑事诉讼法》第 26 条明确规定:"上级人民法院可以指定下级人民法院审判管辖不明的案件,也可以指定下级人民法院将案件移送其他人民法院审判。"

指定管辖一般适用于两类刑事案件:

1. 地区管辖不明的刑事案件。例如刑事案件发生在两个或两个以上地区的交界处,犯罪地属于哪个人民法院管辖的地区不明确,在这种情况下,应当由争议各方在审限内协商解决管辖权问题;协商不成的,由争议的人民法院分别层报共同的上级人民法院指定管辖。

2. 由上级人民法院以指定的方式改变管辖权。司法实践中有时会出现有管辖权的法院不宜行使审判权的情况。例如,本院院长需要回避的案件,因案件在该法院审判受到严重干扰而不能很好地行使审判权等情形。在这种情况下,可以请求上一级人民法院管辖;上一级人民法院也可以指定与提出请求的人民法院同级的其他人民法院管辖。

根据最高法《解释》的规定,上级人民法院指定管辖的,应当在开庭审判前将指定管辖决定书分别送达被指定管辖的人民法院及其他有关的人民法院。原受理案件的人民法院,在收到上级人民法院指定其他法院管辖决定书后,不再行使管辖权。对于公诉案件,应书面通知提起公诉的人民检察院,并将全部案卷材料退回,同时书面通知当事人;对于自诉案件,应当将全部案卷移送被指定管辖的人民法院，并书面通知当事人。上级人民法院在必要的时候，可以将下级人民法院管辖的案件指定其他下级人民法院管辖。第二审人民法院发回重新审判的案件，人民检察院撤回起诉后，又向原第一审人民法院的下级人民法院重新提起公诉的，下级人民法院应当将有关情况层报原第二审人民法院。原第二审人民法院根据具体情况，可以决定将案件移送原第一审人民法院或者其他人民法院审判。

四、专门管辖

专门管辖是指专门人民法院之间，以及专门人民法院与普通人民法院之间对第一审刑事案件在受理范围上的分工，即进一步明确各专门人民法院审判刑事案件的职权范围。它解决的是哪些刑事案件应当由哪些专门人民法院审判的问题。

我国《刑事诉讼法》第 27 条规定："专门人民法院案件的管辖另行规定。"军事法院管辖的刑事案件，主要是现役军人和军内在编职工，违反《刑法》分则第十章，犯军人违反职责罪的犯罪案件。司法实践中，存在军队和地方互涉案件的管辖权争议问题，依据司法解释的规定，应当区分情况分别处理：（1）现役军人（含军内在编职工，下同）和非军人共同犯罪的，分别由军事法院和地方人民法院或者其他专门人民法院管辖；涉及国家军事秘密的，全案由军事法院管辖。（2）由地方人民法院或者军事法院以外的其他专门法院管辖以下案件：①非军人、随军家属在部队营区犯罪的；②军人在办理退役手续后犯罪的；③现役军人入伍前犯罪的（需与服役期内犯罪一并审判的除外）；④退役军人在服役期内犯罪的（犯军人违反职责罪的除外）。

铁路运输法院于 2012 年 6 月全部划归地方。最高人民法院已于 2012 年 8 月 1 日正式实施《关于铁路运输法院案件管辖范围的若干规定》。根据该规定，改制后的铁路运输法院刑事案件的管辖范围，除涉及铁路运输的各类公诉案件外，还包括有关刑事自诉案件。

五、几种特殊案件的审判管辖

在司法实践中，存在一些特殊的案件，不能够完全适用以上关于地区管辖的法律规定，因此最高法《解释》对下列特殊情况予以特别规定：

1. 对罪犯在服刑期间发现漏罪或者又犯新罪的：

（1）正在服刑的罪犯在判决宣告前还有其他罪没有判决的，由原审地人民法院管辖；由罪犯服刑地或者犯罪地的人民法院审判更为适宜的，可以由罪犯服刑地或者犯罪地的人民法院管辖。

（2）罪犯在服刑期间又犯新罪的，由服刑地的人民法院管辖。

（3）罪犯在逃脱期间犯罪的，由服刑地的人民法院管辖。但是，在犯罪地抓获罪犯并发现其在逃脱期间的犯罪的，由犯罪地人民法院管辖。

2. 对于中华人民共和国缔结或者参加的国际条约所规定的罪行，中华人民共和国在所承担条约义务的范围内，行使刑事管辖权的，由被告人被抓获地的人民法院管辖。

3. 在中华人民共和国领域外的中国船舶内的犯罪，由该船舶最初停泊的中国口岸所在地的人民法院管辖。

4. 在中华人民共和国领域外的中国航空器内的犯罪，由该航空器在中国最初降落地的人民法院管辖。

5. 在国际列车上的犯罪，根据我国与相关国家签订的协定确定管辖；没有协定的，由该列车最初停靠的中国车站所在地或者目的地的铁路运输法院管辖。

6. 中国公民在中国驻外使、领馆内的犯罪，由其主管单位所在地或者原户籍地的人民法院管辖。

7. 中国公民在中华人民共和国领域外的犯罪，由其入境地或者离境前居住地的人民法院管辖；被害人是中国公民的，也可由被害人离境前居住地的人民法院管辖。

8. 外国人在中华人民共和国领域外对中华人民共和国国家或者公民犯罪，根据《中华人民共和国刑法》应当受处罚的，由该外国人入境地、入境后居住地或者被害中国公民离境前居住地的人民法院管辖。

第八章 回 避

第一节 回避的概念和种类

一、回避的概念

刑事诉讼中的回避，指与案件有某种利害关系或者其他特殊关系的审判人员、检察人员和侦查人员等不得参与该案相关诉讼活动。

回避制度最初源于"自然正义"原则，要求任何人都不能担任自己为当事人的案件的法官，其目的是为了确保裁判者的中立性。回避制度不仅是实现案件实体公正的前提，也是确保当事人在诉讼中受到公正对待，实现程序公正的必要条件，同时也能提高公众对司法机关和裁决结果的认同感，确保司法的权威性。随着刑事诉讼的不断发展，侦查人员、检察人员、鉴定人、翻译人员、书记员在诉讼中也被要求保持中立、恪守客观义务，这就必须确立利益规避和排除预断的回避制度。我国《刑事诉讼法》第28～31条规定了刑事诉讼中的回避制度。同时，最高法《解释》、最高检《规则》、公安部《规定》也对回避制度作出了相应规定。

二、回避的种类

根据《刑事诉讼法》和有关司法解释的规定，我国刑事诉讼中的回避分为自行回避、申请回避和指令回避三种。

（一）自行回避

自行回避，指审判人员、检察人员、侦查人员等在诉讼过程中遇有法定回避情形时，自己主动要求退出诉讼活动的诉讼行为。在刑事诉讼过程中，审判人员、检察人员、侦查人员等由于其具有的法律素养，对于回避事由比较清楚，在符合回避情形时应当主动提出不参加或者申请退出诉讼活动，避免影响诉讼活动的正常进行。

（二）申请回避

申请回避，指案件当事人及其法定代理人、辩护人、诉讼代理人依法提出申请，要求符合法定回避理由的审判人员、检察人员、侦查人员等退出诉讼活动的诉讼行为。申请回避是当事人等诉讼参与人的一项重要诉讼权利，公安司法机关有职责保障此诉讼权利的行使。

（三）指令回避

指令回避，又称"职权回避"，指审判人员、检察人员、侦查人员等有法定的回避情形而没有自行回避，当事人及其法定代理人、辩护人、诉讼代理人也没有申请其回避，由法定的人员或者组织作出决定，令其退出诉讼活动的诉讼行为。

指令回避是自行回避、申请回避的重要补充。虽然我国《刑事诉讼法》没有关于指令回避的规定，但司法解释对这一问题有所规定。最高法《解释》第29条规定："应当回避的审判人员没有自行回避，当事人及其法定代理人也没有申请其回避的，院长或者审判委员会应当决定其回避。"最高检《规则》第26条规定："应当回避的人员，本人没有自行回避，当事人及其法定代理人也没有申请其回避的，检察长或者检察委员会应当决定其回避。"公安部《规定》第30条规定："公安机关负责人、侦查人员有下列情形之一的，应当自行提出回避申请，没有自行提出回避申请的，应当责令其回避，当事人及其法定代理人也有权要求他们回避：（一）是本案的当事人或者是当事人的近亲属的；（二）本人或者他的近亲属和本案有利害关系的；（三）担任过本案的证人、鉴定人、辩护人、诉讼代理人的；（四）与本案当事人有其他关系，可能影响公正处理案件的。"

第二节　回避的人员范围、理由

一、回避的人员范围

《刑事诉讼法》第28条和第31条规定，适用回避的人员包括审判人员、检察人员、侦查人员、书记员、翻译人员和鉴定人。最高检《规则》第33条、公安部《规定》第38条将司法警察、记录人也列为适用回避的人员。

（一）审判人员

凡是参加案件审理、讨论决定的法院工作人员均属于回避的对象。因此，上述"审判人员"应作广义理解，包括人民法院院长、副院长、审判委员会委员、庭长、副庭长、审判员、助理审判员和人民陪审员。

（二）检察人员

"检察人员"也应作广义理解，包括人民检察院检察长、副检察长、检察委员会委员、检察员和助理检察员。

（三）侦查人员

"侦查人员"也应作广义理解，包括直接负责侦查本案的侦查人员、机关负责人和侦查部门负责人。

（四）书记员

这里的"书记员"包括起诉阶段和审判阶段中担任记录工作的书记员。人民检察院和人民法院都配备有书记员。检察机关的书记员参与起诉和审判两个阶段的活动，在审判阶段要随同公诉人出席法庭担任记录工作。

（五）翻译人员

"翻译人员"包括任何诉讼阶段中受聘请或者指派承担翻译工作的人员。

（六）鉴定人

"鉴定人"包括任何诉讼阶段中受聘请或者指派进行鉴定工作的人员。

（七）司法警察

司法警察，又被称为"法警"，根据《人民法院组织法》和《人民检察院组织法》分别配置在人民检察院和人民法院，执行押解、警戒、强制执行以及维护法庭秩序等任务。我国的司法警察并非刑事诉讼主体，其职能对于司法行为具有辅助性，因此并非刑事诉讼法调整的对象。但是，最高检《规则》第33条将回避的人员范围扩大到司法警察。

（八）记录人

记录人是指在侦查过程中承担讯问笔录、询问笔录等侦查活动笔录的记录工作的人员。公安部《规定》第38条规定，记录人也适用有关回避的规定。

二、回避的理由

回避的理由，指法律明确规定的实施回避所必备的事实依据。我国实行有因回避制度，因此，我国刑事诉讼法及相关司法解释明确规定了回避的理由。

（一）是本案的当事人或者是当事人的近亲属的

本案的当事人指本案的犯罪嫌疑人、被告人、被害人、自诉人、附带民事诉讼的原告人与被告人；近亲属指上述当事人的夫、妻、父、母、子、女、同胞兄弟姐妹。如果办理案件的侦查人员、检察人员、审判人员等本人就是本案的当事人或者当事人的近亲属，那么他就很有可能为了维护自身利益而不能公正处理案件。另外，即使这些人员能够秉公执法，但因为他们与案件存在利害关系，还是会受到社会一般民众对其是否能公正办理案件的怀疑，影响司法的公信力。

（二）本人或者他的近亲属与本案有利害关系的

如果本人或者他们的近亲属与本案有着某种利害关系，即同当事人或其近亲属、案件事实存在某种利害关系，如属于案件当事人的未婚未，若他们参加诉讼活动，则可能使案件得不到公正处理。因此，法律明确规定具有此种关系的人员应当回避。

（三）担任过本案的证人、鉴定人、辩护人、诉讼代理人的

由于证人的不可替代性，所以，证人作证是他向国家所必须尽的一项义务，因此，办案人员如果在诉讼开始前已经知晓案件情况，就应当履行作证义务，优先成为证人，不能再担任其他诉讼参与人，这也是为了防止办案人员由于之前已经了解了案情，而产生预断，不能公正客观地处理案件。另外，如果担任过本案的鉴定人、辩护人、诉讼代理人、翻译人员，也可能对案件存在预断，难以客观地从事诉讼活动，因此遇有这些情形自应回避。

（四）与本案当事人有其他关系，可能影响公正处理案件的

如果审判人员、检察人员或侦查人员与本案当事人存有上述三种情形以外的其他关系，并且这种关系的存在可能导致案件无法得到公正处理的，也应当回避。这里的其他关系，法律没有具体列出，主要是由于在实践中可能还存在不同形式的影响案件公正处理的关系。

2000年1月31日，最高人民法院就公布了《关于审判人员在诉讼活动中执行回避制度若干的规定》，将法律所规定的回避理由进一步细化。根据这一规定，不但与当事人有亲属关系的审判人员应当回避，与本案的诉讼代理人、辩护人有近亲属关系的也应当回避。《关于审判人员在诉讼活动中执行回避制度若干问题的规定》还对违反回避制度审理案件的法律后果以及对有关审判人员的纪律处分作出了明确规定。2011年2月10日最高人民法院发布《关于对配偶子女从事律师职业的法院领导干部和审判执行岗位法官实行任职回避的规定（试行）》，要求人民法院领导干部（包含各级人民法院的领导班子成员及审判委员会专职委员）和审判、执行岗位法官，其配偶、子女在其任职法院辖区内从事律师职业的，应当实行任职回避。人民法院在选拔任用干部时，不得将具备任职回避条件的人员作为法院领导干部和审判、执行岗位法官的拟任人选。人民法院在补充审判、执行岗位工作人员时，不得补充具备任职回避条件的人员。2011年5月9日最高人民法院印发了《关于落实任职回避制度的实施方案》，以落实配偶子女从事律师职业的法院领导干部和审判执行岗位法官实行任职回避的规定。

（五）审判人员、检察人员、侦查人员接受当事人及其委托的人的请客送礼，违反规定会见当事人及其委托的人的

最高法《解释》第24条进一步规定："审判人员违反规定，具有下列情形

之一的,当事人及其法定代理人有权申请其回避:(一)违反规定会见本案当事人、辩护人、诉讼代理人的;(二)为本案当事人推荐、介绍辩护人、诉讼代理人,或者为律师、其他人员介绍办理本案的;(三)索取、接受本案当事人及其委托人的财物或者其他利益的;(四)接受本案当事人及其委托人的宴请,或者参加由其支付费用的活动的;(五)向本案当事人及其委托人借用款物的;(六)有其他不正当行为,可能影响公正审判的。"公安部《规定》第31条也作出了类似规定。

(六)其他应当回避的理由

除上述理由外,还有其他可构成回避理由的情形。例如,《刑事诉讼法》第228条规定:"原审人民法院对于发回重新审判的案件,应当另行组成合议庭,依照第一审程序进行审判。"第245条规定:"人民法院按照审判监督程序重新审判的案件,由原审人民法院审理的,应当另行组成合议庭进行。"如果审判人员曾作为裁判者参加对某一案件的审判活动,而后同一案件又被同一人民法院重新审判,为排除预断,该审判人员应当回避。最高法《解释》第25条第2款规定:"在一个审判程序中参与过本案审判工作的合议庭组成人员或者独任审判员,不得再参与本案其他程序的审判。但是,发回重新审判的案件,在第一审人民法院作出裁判后又进入第二审程序或者死刑复核程序的,原第二审程序或者死刑复核程序中的合议庭组成人员不受本款规定的限制。"最高检《规则》第30条规定:"参加过本案侦查的侦查人员,不得承办本案的审查逮捕、起诉和诉讼监督工作。"

第三节 回避的程序

一、回避权的告知

为了保障当事人有效行使回避申请权,法律规定主持各个阶段诉讼活动的机关有义务及时告知当事人、诉讼代理人和辩护人此权利。

《刑事诉讼法》第185条规定,开庭的时候,审判长告知当事人有权对合议庭组成人员、书记员、公诉人、鉴定人和翻译人员申请回避。最高法《解释》第26条规定:"人民法院应当依法告知当事人及其法定代理人有权申请回避,并告知其合议庭组成人员、独任审判员、书记员等人员的名单。"最高检《规则》第22条规定:"人民检察院应当告知当事人及其法定代理人有依法申请回避的权利,并告知办理相关案件检察人员、书记员等的姓名、职务等有关情况。"

我国《刑事诉讼法》对侦查阶段回避的告知程序没有作出明确的规定。但从保障诉讼参与人合法权利的原则出发，侦查人员在侦查活动开始后，也应及时分别向犯罪嫌疑人、被害人等当事人及其法定代理人告知回避申请权。

二、回避的期间

回避的期间，指回避制度适用的诉讼阶段，即侦查人员、检察人员、审判人员及其他回避适用人员自行回避，当事人及其他申请人申请回避以及有权进行指令回避的组织和人员指令回避的期限。回避可以在刑事诉讼程序开始后的任何阶段提出，适用于刑事诉讼的全过程。

三、回避申请的提出

属于回避人员范围内的人员自行回避的，可以口头或者书面提出，并说明理由。口头提出申请的，应当记录在案。最高检《规则》第21条规定："检察人员自行回避的，可以口头或者书面提出，并说明理由。口头提出申请的，应当记录在案。"最高法《解释》第27条、公安部《规定》第32条也作出了这样的规定。

当事人及其法定代理人、诉讼代理人和辩护人的回避要求，应当书面或者口头提出，并说明理由；根据《刑事诉讼法》第29条的规定提出回避申请的，应当提供有关证明材料。

四、回避的审查、决定和宣布

回避人员范围内的人员自行提出回避，或者当事人、诉讼代理人和辩护人申请回避人员范围内的人员回避，需要由法定的组织和人员根据法定的回避理由进行审查并作出是否准许的决定。

《刑事诉讼法》第30条第1款规定："审判人员、检察人员、侦查人员的回避，应当分别由院长、检察长、公安机关负责人决定；院长的回避，由本院审判委员会决定；检察长和公安机关负责人的回避，由同级人民检察院检察委员会决定。"根据这一规定，有权作出是否回避决定的法定人员和组织包括：

（1）审判人员的回避，由本法院的院长决定。这里的"审判人员"包括各级人民法院副院长、审判委员会委员、庭长、副庭长、审判员、助理审判员。人民陪审员的回避问题，参照审判人员回避的有关内容执行。

（2）检察人员的回避，由本检察院的检察长决定。这里的"检察人员"包括各级人民检察院副检察长、检察委员会委员、检察员、助理检察员。

（3）侦查人员的回避，由本公安机关的负责人决定。公安部《规定》第33

条规定:"侦查人员的回避,由县级以上公安机关负责人决定;县级以上公安机关负责人的回避,由同级人民检察院检察委员会决定。"

(4) 法院院长的回避,由本院审判委员会讨论决定。审判委员会讨论院长回避问题时,由副院长主持,院长不得参加。最高法《解释》第27条第2款规定:"院长自行申请回避,或者当事人及其法定代理人申请院长回避的,由审判委员会讨论决定。审判委员会讨论时,由副院长主持,院长不得参加。"

(5) 检察长的回避,由本院检察委员会讨论决定。检察委员会讨论检察长回避问题时,由副检察长主持,检察长不得参加。最高检《规则》第24条规定:"检察长的回避,由检察委员会讨论决定。检察委员会讨论检察长回避问题时,由副检察长主持,检察长不得参加。其他检察人员的回避,由检察长决定。"

(6) 公安机关负责人的回避,由同级检察机关的检察委员会讨论决定。最高检《规则》第25条规定:"当事人及其法定代理人要求公安机关负责人回避,应当向公安机关同级的人民检察院提出,由检察长提交检察委员会讨论决定。"

(7) 书记员的回避,根据其所属的机关不同,由本机关的负责人决定。如法院的书记员的回避,由本法院的院长决定;检察院的书记员的回避,由本院的检察长决定。

(8) 鉴定人、翻译人员的回避,根据其所处的不同诉讼阶段,分别由该阶段主持进行诉讼活动的机关负责人决定。如审查起诉阶段鉴定人、翻译人员的回避,由进行审查起诉活动的检察院的检察长决定;在审判阶段,由法院的院长决定。

(9) 司法警察的回避。最高检《规则》第33条规定该规则关于回避的规定,适用于司法警察,司法警察的回避由检察长决定。

(10) 记录人的回避,公安部《规定》第38条第2款规定"由县级以上公安机关负责人决定"。

有回避决定权的个人或组织对当事人等的回避申请或有关司法人员自行回避的请求进行全面审查后,发现确有《刑事诉讼法》规定的回避情形之一的,应当依法作出决定,令其回避;认为不具有应当回避的情形的,应驳回申请。

无论是否同意回避申请,作出决定的个人或组织都应当向申请回避的当事人或者法定代理人、辩护人、诉讼代理人宣布,不同意回避申请的,还应告知其有权申请复议。

五、对驳回申请回避决定的复议

当事人及其法定代理人、诉讼代理人和辩护人对于其提出属于法定理由的回避申请被驳回后,有权向作出决定的机构申请复议一次。最高法《解释》第30

条第 1 款规定:"对当事人及其法定代理人提出的回避申请,人民法院可以口头或者书面作出决定,并将决定告知申请人。"第 2 款进一步规定:"当事人及其法定代理人申请回避被驳回的,可以在接到决定时申请复议一次。不属于刑事诉讼法第 28 条、第 29 条规定情形的回避申请,由法庭当庭驳回,并不得申请复议。"最高检《规则》第 27 条规定:"人民检察院作出驳回申请回避的决定后,应当告知当事人及其法定代理人如不服本决定,有权在收到驳回申请回避的决定书后 5 日以内向原决定机关申请复议一次。"

作出这一决定的机关复议后,认为驳回申请回避的决定不正确,应当撤销这一决定,同时作出准许回避的决定,并将复议的结果及时告知申请复议的当事人及其法定代理人、诉讼代理人和辩护人。

最高检《规则》第 28 条对检察机关就驳回申请回避的决定提出的复议规定了复议期限,当事人及其法定代理人对驳回申请回避的决定不服申请复议的,决定机关应当在 3 日内作出复议决定并书面通知申请人。同时,公安部《规定》第 35 条规定:"当事人及其法定代理人对驳回申请回避的决定不服的,可以在收到驳回申请回避决定书后 5 日以内向作出决定的公安机关申请复议。"另外还规定:"公安机关应当在收到复议申请后 5 日以内作出复议决定并书面通知申请人。

六、回避的效力

回避决定一经作出,立即发生法律效力,应当回避的人员须立即退出诉讼活动。公安部《规定》第 36 条第 2 款规定:"作出回避决定后,申请或者被申请回避的公安机关负责人、侦查人员不得再参与本案的侦查工作。"

在作出决定前,自行请求回避或被当事人申请回避的司法人员应停止进行本案的诉讼活动,但鉴于刑事侦查工作的紧迫性和特殊性,为防止延误侦查,我国《刑事诉讼法》第 30 条第 2 款规定:"对侦查人员的回避作出决定前,侦查人员不能停止对案件的侦查。"同样,最高检《规则》第 29 条规定:"人民检察院直接受理案件的侦查人员或者进行补充侦查的人员在回避决定作出以前或者复议期间,不得停止对案件的侦查。"公安部《规定》第 36 条第 1 款规定:"在作出回避决定前,申请或者被申请回避的公安机关负责人、侦查人员不得停止对案件的侦查。"

在复议期间,诉讼行为的重新开始和继续进行一般不受影响。

对于决定回避前进行过的诉讼行为是否有效,最高检《规则》第 31 条规定:"因符合刑事诉讼法第 28 条或者第 29 条规定的情形之一而回避的检察人员,在回避决定作出以前所取得的证据和进行的诉讼行为是否有效,由检察委员会或者检察长根据案件具体情况决定。"公安部《规定》第 37 条规定:"被决定回避的公安机关负责人、侦查人员在回避决定作出以前所进行的诉讼活动是否有效，由作出决定的机关根据案件情况决定。"

在一审阶段，审判人员有法定回避情形之一却没有回避的，构成程序违法，诉讼行为归于无效。《刑事诉讼法》第227条规定，第二审人民法院发现第一审人民法院的审理违反有关回避制度规定的，应当裁定撤销原判，发回原审人民法院重新审判。

2013年8月20日，淮滨县人民法院作出（2013）淮刑他字第013号刑事判决，以被告人岳某犯敲诈勒索罪，免予刑事处罚。被告人岳某不服，提起上诉。随后，河南省信阳市中级人民法院依法组成合议庭，公开开庭审理了该案。经查，该案存在侦查人员违反回避制度的情形，属于程序违法。因此，河南省信阳市中院依照《中华人民共和国刑事诉讼法》第227条第2项的规定，裁定：（1）撤销河南省淮滨县人民法院（2013）淮刑他字第013号刑事判决；（2）发回河南省淮滨县人民法院重新审判。本案中，第二审人民法院认为存在侦查人员违反回避制度的情形，从而判定程序违法，作出了撤销原判，发回原审人民法院重新审判的裁定。

第九章 辩护与代理

第一节 辩 护

一、辩护制度概述

(一) 辩护的有关概念

刑事诉讼中的辩护,是指犯罪嫌疑人、被告人及其辩护人根据事实和相关法律,针对控诉方的指控,提出犯罪嫌疑人、被告人无罪、罪轻或者应当减轻、免除刑事责任的材料和意见,维护犯罪嫌疑人、被告人诉讼权利和其他合法权益的诉讼活动。辩护的目的是为了维护被追诉人的合法权益,既包括实体方面的权利,也包括程序方面的权利。因此,辩护的具体内容包括实体性辩护与程序性辩护两个方面。

辩护权是我国《宪法》及《刑事诉讼法》赋予犯罪嫌疑人、被告人的一项不可剥夺的专属权利,目的在于维护犯罪嫌疑人、被告人的合法诉讼权益,使其在对抗国家刑事追诉时,有平等防御的"武器"。辩护权在犯罪嫌疑人、被告人享有的各项诉讼权利中,处于核心地位。正因为其功能及地位,辩护权一般具有专属性、绝对性及不可被剥夺性等特点。具体而言,辩护权专属于犯罪嫌疑人、被告人,犯罪嫌疑人、被告人可以由本人亲自进行辩护,也可以委托辩护人为其辩护。无论案件处于何种诉讼阶段,案件事实是否清楚,犯罪嫌疑人、被告人可能被判处的刑罚是轻是重,都不能影响犯罪嫌疑人、被告人辩护权的行使,更不能剥夺犯罪嫌疑人、被告人的辩护权。

为保障犯罪嫌疑人、被告人的辩护权,我国相关法律法规及司法解释确立了完整的刑事辩护制度。其中,《宪法》第125条规定:"人民法院审理案件……被告人有权获得辩护。"为贯彻宪法的这一精神,《刑事诉讼法》专列"辩护与代理"一章,分别规定了辩护权的内容、辩护种类、辩护方式、辩护人的范围、辩护人的责任及辩护人的权利义务等内容,这一系列规则构成了刑事辩护制度。它是现代国家刑事法律制度的重要组成部分,其核心紧紧围绕在如何规范、落实犯罪嫌疑人、被告人辩护权的行使这一问题上，是犯罪嫌疑人、被告人有权获得辩护的集中体现。除了《宪法》、《刑事诉讼法》以外，《律师法》以及最高法《解释》、最高检《规则》、公安部《规定》等司法解释和行政规章中也有大量关于辩护制度的规定，这些均为我国辩护制度的法律渊源。

辩护、辩护权及辩护制度之间是一个有机的整体。辩护是辩护权的外在表现形式，辩护权通过具体的反驳和辩解活动得以实现；辩护权是辩护制度设立的基础，而辩护制度又为辩护权的落实提供了有力的保障。在现代刑事司法体系中，各项辩护制度都是为了充分保障犯罪嫌疑人、被告人的辩护权而设立的。

（二）刑事辩护制度的理论基础

可以说，刑事诉讼制度近现代文明史，在很大程度上就是辩护制度发达史。辩护制度的确立与发展有其正当性的理论基础。

第一，刑事辩护是诉讼构造原理的内在要求。辩护制度萌芽于古罗马共和国时期，当时的审判活动实行"弹劾式诉讼"，被告人与控告人享有同等权利。公元前3世纪至公元1世纪，古罗马的商事活动日益频繁，由此衍生出的社会冲突也日益加剧。至此，社会上出现了专门为诉讼当事人提供专业法律帮助的"辩护士"或"代理人"，他们的职责是为当事人进行诉讼代理活动，在法庭上针对控告方的指控加以辩驳。随着时间的推移，这一诉讼代理制度逐步发展为律师辩护制度。但是到了中世纪，辩护制度出现了断层现象，在当时，无论是欧洲还是正处于封建时期的中国，均实行"纠问式诉讼"。在此诉讼模式中，被追诉人仅仅是被拷问的对象，只有供述的义务而没有辩护的权利。这一现象直至资产阶级革命后才得以转变。随着资产阶级民主、自由、平等思想的提出，尤其是刑事诉讼中无罪推定原则的确立，为刑事辩护的复兴和发展奠定了坚实的理论基础。此后，英法等主要资本主义国家均在立法中肯定了刑事诉讼的辩护原则。二战之后，各国普遍建立法律援助制度，并从保障律师知悉权、调查取证权等方面对辩护制度进行丰富，辩护制度得到空前发展。在现代刑事司法体系中，无论是普通法系当事人主义诉讼模式还是大陆法系职权主义诉讼模式，其基本诉讼结构均由控、辩、审三方构成。控方的诉讼职能主要是向审判方揭发犯罪、证明犯罪，以使被追诉人受到应有的刑罚惩罚。而辩方行使辩护权的主要意图是依据事实和法律，针对控方的指责加以辩驳，提出证明被追诉人无罪、罪轻或者减轻、免除其刑事责任的材料和意见，从而维护被追诉人的合法权益。可以说，刑事辩护职能的不断发展与刑事诉讼构造理论的不断完善有着密切的联系。

第二，刑事辩护是诉讼发展规律的必然结果。随着刑事诉讼理论的不断发展，被追诉人从诉讼的客体地位上升至拥有一系列权利的诉讼主体地位，在被追诉人诉讼地位转变的影响下，刑事诉讼程序也被赋予了独立的价值意义，即程序的目的不仅在于发现案件事实,还在于通过程序设计保障被追诉人获得公正的裁判。可以说,在当代文明国家和法制社会,"刑事诉讼法不容许以不问是非不计代价的方法来发现事实。"[1]然而,具体到个案,相对于拥有强大司法资源的公权力机关,被追诉人不仅不能采取强制性手段收集对自己有利的证据,而且其人身自由很可能遭到限制或剥夺,甚至不懂得用法律来维护自己的合法权利。因此,需要不断丰富、完善辩护制度的内涵,以使被追诉人获得基本的"平等武装",从而实现与控诉方的有效对抗,最终实现刑事诉讼的独立的程序价值。可以说,对于被追诉人而言,辩护权的充分行使是其取得诉讼主体地位的终极体现。同时需要指出的是,辩护制度的受益者不仅是被追诉人,而且包括全体公民。因为任何公民都有可能因为涉嫌犯罪而成为犯罪嫌疑人、被告人,辩护权是公民对抗司法权滥用的有效防御手段。

第三,刑事辩护是认识刑事诉讼这一特殊活动的客观要求。根据辩证唯物主义认识论,人的认识是一个不断深化的能动的辩证发展过程。在认识过程中,人对世界的认识并不是一次完成的,而是一个多次反复、无限深化的过程。就刑事个案而言,犯罪活动具有不可重复性,由于刑事诉讼程序期限的要求,对案件事实的探究不可能无限期的进行。因此,就需要通过辩护来丰富认识的主体。在控辩式诉讼的等腰三角形结构中,由于法律明确规定了控告方与辩护方不同的诉讼权利及诉讼职能,控辩双方之间有着天然的"对立"性,这种"对立"使对方看待事实及法律的角度不同,又最终在"以事实为根据,以法律为准绳"的原则下达到统一,确保了案件的正确处理,对于法官居中裁判、防止错误的追究具有非常重要的现实意义。

(三)刑事辩护的意义

刑事诉讼主要围绕追究犯罪嫌疑人、被告人刑事责任展开,在追诉过程中可能对犯罪嫌疑人、被告人的人身权、财产权加以剥夺或限制,并有可能对被告人予以定罪量刑,剥夺其人身自由甚至生命,因此从保障犯罪嫌疑人、被告人的合法权益角度考量,辩护制度在刑事诉讼中显得尤为重要。

首先,辩护制度符合认识规律,有利于查明案件事实。建立与控诉制度相对应的辩护制度,不仅符合我国"兼听则明"的朴素主义认识观,而且符合马克思主义哲学中的"对立与统一"规律。办案人员只有认真听取控辩双方的意见,在案件疑点充分暴露的情况下,才能克服主观偏见,形成正确裁判,最大限度地防止冤假错案的发生。因此,对辩护权的保障是客观准确地查明案件事实、保证国家法律准确实施的必然要求。

---

[1] 林钰雄:《刑事诉讼法》(上册,总论编),中国人民大学出版社2005年版,第11页。

其次，辩护制度的确立与完善，反映了我国刑事司法对人权的尊重和保障，是刑事诉讼法对保障人民民主权利的具体落实。面对强大的国家追诉权，犯罪嫌疑人、被告人往往处于非常弱小的地位，加上法律知识欠缺等各种主客观因素影响，常常使他们不懂辩护、不能辩护、不敢辩护，对于他人侵犯其人身自由等权利的行为往往也不知如何应对。因此，法律赋予犯罪嫌疑人、被告人辩护权并确立辩护制度，不仅可以消除犯罪嫌疑人、被告人的思想顾虑，而且可以使他们得到法律专业人士的多方面的帮助，切实有效的实行辩护权。

再次，辩护制度有利于增强裁判的权威性。贯彻辩护制度，可以使犯罪嫌疑人、被告人及其辩护人充分陈述有利的事实和理由，司法机关在此基础上作出的事实认定及裁判更具有说服力，也更能让被追诉人接受，切实缓解他们对社会的不满情绪，有利于其积极接受改造。对于社会大众而言，建立在充分保障被追诉人辩护权基础上的判决，相对于一个专横的诉讼程序产生的结果，更容易让人们相信其公正性。

最后，辩护制度的完备有利于加强社会主义法制建设。现代刑事诉讼结构是由控诉、辩护、审判构成，三者相辅相成，共同推动着刑事诉讼程序的进行。其中，辩护制度的完备程度最能体现一个国家诉讼民主化及科学化的程度。现代法治国家均将辩护制度纳入本国的法律体系中，并在司法实践和理论研究中不断深化、完善。与西方国家悠久的刑事辩护历史相比，我国现代意义上的辩护制度起步较晚。直至1954年《律师暂行条例》颁布后，我国的辩护制度才得以曲折发展，因此，如何完善刑事辩护制度、真正有效地落实辩护权成为加强我国社会主义法制建设的重要课题。

从"文化大革命"、"严打"等诸多特殊时期的司法经验教训中我们可以得出，对犯罪嫌疑人、被告人的一味打压，很容易造成对他们合法权益的漠视，进而造成诉讼过程残暴、诉讼结果不公等后果，因此，无论犯罪嫌疑人、被告人是否有罪以及涉嫌罪名是轻是重，无论他们认罪态度是否良好、案件事实是否清楚明白、辩护理由是否成立，均应保障他们辩护权的行使。这不仅是实现控辩平等的诉讼需要，更是被告人获得公正审判的最低要求。因此，辩护制度的完备，对保障诉讼民主、促进司法公正具有重要意义。

二、我国刑事辩护的主要内容

（一）辩护的种类

根据《刑事诉讼法》第32条、第33条和第34条的规定，犯罪嫌疑人、被告人可以通过以下三种方式行使辩护权：

1. 自行辩护。自行辩护是指由犯罪嫌疑人、被告人自己针对指控进行反驳、辩解。自行辩护贯穿于刑事诉讼程序的始终，且不受诉讼阶段的限制。犯罪嫌疑人、被告人是刑事诉讼追诉的对象，他们对案件事实是否发生及案件的前因后果最为清楚，为了保护自身的合法权益，他们会竭力提供对自己有利的事实和证据，以示清白或者求得宽大处理。在侦查、审查起诉及审判阶段，犯罪嫌疑人、被告人有权知道自己被采取强制措施及被提出控告的理由，有权进行无罪或罪轻的辩解。当然，根据无罪推定原则，犯罪嫌疑人、被告人并不负证明其有罪或无罪的证明责任，因此他们当然可以消极行使辩护权。无论犯罪嫌疑人、被告人积极或消极的行使辩护权，办案机关均应对其权利予以充分保障。

2. 委托辩护。由于犯罪嫌疑人、被告人在刑事诉讼中往往被限制或者剥夺人身自由，加之缺乏了解相关法律知识，因此，我国刑事诉讼法除赋予其自行辩护权以外，还可以委托一至二人作为辩护人，此种辩护权的行使方式即为委托辩护。委托辩护是指犯罪嫌疑人、被告人依法委托律师或者其他公民担任其辩护人，以协助自己进行辩护。我国刑事诉讼中对于犯罪嫌疑人、被告人委托辩护人的问题，采取意思自治原则，即是否委托辩护人、委托何人为辩护人一般尊重犯罪嫌疑人、被告人的意思表示，但对于委托辩护的时间及条件，《刑事诉讼法》有明确规定。

（1）委托辩护的时间。根据《刑事诉讼法》的规定，在公诉案件中，犯罪嫌疑人自被侦查机关第一次讯问或者采取强制措施之日起，有权委托辩护人；在侦查期间，只能委托律师作为辩护人。在自诉案件中，被告人有权随时委托辩护人。

为了保障犯罪嫌疑人、被告人对辩护权的知情权，《刑事诉讼法》第33条亦明确了公安机关、检察机关及人民法院的告知义务。即侦查机关在第一次讯问犯罪嫌疑人或者对犯罪嫌疑人采取强制措施的时候，应当告知犯罪嫌疑人有权委托辩护人。人民检察院自收到移送审查起诉的案件材料之日起3日以内，应当告知犯罪嫌疑人有权委托辩护人。人民法院自受理案件之日起3日以内，应当告知被告人有权委托辩护人。

（2）委托人的范围。当犯罪嫌疑人、被告人需要委托辩护人为其辩护时，可以自己委托，如果犯罪嫌疑人、被告人在押的，也可以由其监护人、近亲属代为委托。犯罪嫌疑人、被告人在押期间要求委托辩护人的，人民法院、人民检察院和公安机关应当及时转达其要求。

3. 法律援助辩护。法律援助辩护，是指在刑事诉讼过程中，遇有法定情形时，有关机关为没有委托辩护人的犯罪嫌疑人、被告人，指定承担法律援助义务的律师为其辩护人，协助犯罪嫌疑人、被告人进行辩护。我国《刑事诉讼法》及《法律援助条例》对提供刑事法律援助辩护的情形进行了专门规定，总体上分为申请法律援助辩护、强制法律援助辩护和酌定法律援助辩护三种。

（1）申请法律援助辩护。犯罪嫌疑人、被告人因经济困难或者其他原因没有委托辩护人，经本人及其近亲属申请，对符合法律援助条件的，法律援助机构应当指派律师为其提供辩护。这一类法律援助辩护主要针对的是因经济困难或者其他因素无法委托辩护人，只能通过法律援助手段保障其自身基本诉讼权利的人员。对于当事人提出申请且符合援助条件的，法律援助机构就应当为其指定律师提供法律援助，而不能推诿。

（2）强制法律援助辩护。对于一些性质特殊的案件，即使犯罪嫌疑人、被告人没有提出法律援助申请，只要其没有委托辩护人，公检法机关就应当通知法律援助机关为其指定辩护律师。这包括以下几种情形：

第一，犯罪嫌疑人、被告人是盲、聋、哑人，或者是尚未完全丧失辨认或者控制自己行为能力的精神病人，没有委托辩护人的，人民法院、人民检察院和公安机关应当通知法律援助机构指派律师为其提供辩护。这一类法律援助辩护主要考虑到该类人员由于生理或者心理条件的限制，无法准确行使刑事辩护权，为了保障他们的诉讼权益，国家应当为其提供刑事辩护法律援助。

第二，犯罪嫌疑人、被告人可能被判处无期徒刑、死刑，没有委托辩护人的，人民法院、人民检察院和公安机关应当通知法律援助机构指派律师为其提供辩护。无期徒刑是最严苛的自由刑，而死刑则直接剥夺人的生命，鉴于二者的严厉性，对无期徒刑及死刑的适用应当极为慎重。因此，对于可能判处无期徒刑、死刑的案件，必须确保犯罪嫌疑人、被告人能够充分发表辩护意见，保障其诉讼权利免受侵害，从而有效防止冤假错案的发生。

第三，未成年犯罪嫌疑人、被告人没有委托辩护人的，人民法院、人民检察院和公安机关应当通知法律援助机构指派律师为其提供辩护。此处的未成年人指的是刑事追诉过程中不满18周岁的未成年人，不包括犯罪时是未成年人而在被追诉时年满18周岁的人。针对涉嫌犯罪的未成年人，我国刑事司法皆采取教育为主惩罚为辅的方针，出于对被追诉主体的人性化关爱，为没有辩护人的未成年人提供刑事辩护法律援助，体现了刑事司法的人道主义精神。并且，对于不满18周岁的被追诉人而言，其心智尚未完全成熟，因此有必要为其指派辩护律师协助其完成诉讼活动。

（3）酌定法律援助辩护。根据最高法《解释》第43条规定，具有下列情形之一，被告人没有委托辩护人的，人民法院可以通知法律援助机构指派律师为其提供辩护：①共同犯罪案件中，其他被告人已经委托辩护人；②有重大社会影响的案件；③人民检察院抗诉的案件；④被告人的行为可能不构成犯罪；⑤有必要指派律师提供辩护的其他情形。

（二）辩护人的范围

辩护人是指在刑事诉讼中接受犯罪嫌疑人、被告人的委托或者受法律援助机构的指派，协助犯罪嫌疑人、被告人行使辩护权，依法维护犯罪嫌疑人、被告人合法权益的诉讼参与人。根据《刑事诉讼法》及相关司法解释的规定，可以担任辩护人的范围有：

1. 律师。律师是为社会公众提供法律服务的执业人员。相较于其他辩护人而言，律师具有更为丰富的法律专业知识，熟悉刑事案件办案流程及规范，而且相对于非律师辩护人，其享有较多的诉讼权利，这为有效辩护奠定了基础。因此，从实践看，绝大多数辩护人都具有律师身份。

2. 人民团体或者犯罪嫌疑人、被告人所在单位推荐的人。这里的人民团体，主要是指工会、妇联、共青团等群众性团体。法律之所以允许此类人员担任辩护人，主要是考虑到我国的具体国情。近年来，虽然我国的律师执业人数不断增加，但与不断增长的刑事案件相比，仍存有很大的空缺。允许人民团体或者犯罪嫌疑人、被告人所在单位推荐的人担任辩护人，可以在一定程度上缓解辩护律师不足的现状，并且经由人民团体、相关单位推荐，在一定程度上能够保障辩护质量。

3. 犯罪嫌疑人、被告人的监护人、亲友。根据我国《民法通则》的规定，无民事行为能力人、限制民事行为能力人的监护人由其法定代理人担任。亲友，是指犯罪嫌疑人的亲戚朋友。允许犯罪嫌疑人、被告人的监护人、亲友担任辩护人，主要是因为他们与犯罪嫌疑人、被告人生活关系密切，且多与犯罪嫌疑人、被告人存在良好的信任关系，有利于打消被追诉人顾虑，同时，也促使他们出于情感考虑，尽力维护犯罪嫌疑人、被告人的合法权益。除此之外，由犯罪嫌疑人、被告人的监护人、亲友担任其辩护人，在一定程度上能够减轻被追诉人的经济压力，从而提高刑事辩护率。

除了对辩护人的范围作出肯定性规范的同时，我国最高法《解释》第15条规定下列人员不能担任辩护人：①正在被执行刑罚或者处于缓刑、假释考验期间的人；②依法被剥夺、限制人身自由的人；③无行为能力或者限制行为能力的人；④人民法院、人民检察院、公安机关、国家安全机关、监狱的现职人员；⑤人民陪审员；⑥与本案审理结果有利害关系的人；⑦外国人或者无国籍人。上述第④项至第⑦项规定的人员，如果是被告人的监护人、近亲属，由被告人委托担任辩护人的，人民法院可以准许。这些限制性规定，有的是从保障辩护质量的角度考虑的，有的则是从保障司法公正的角度考虑的，还有的是为了维护我国刑事司法的严肃性及独立性。除了上述法律规定外，一般而言，同一案件的证人、鉴定人、翻译人员不能同时担任本案的辩护人，这是因为这些人的诉讼地位、诉讼权利与义务与辩护人的诉讼地位、诉讼权利和义务有相互冲突之处。

（三）辩护人的诉讼地位及职责

近年来，随着诉讼理念的发展和法治水平的提升，我国辩护制度有了较大的发展。但是，受传统"重实体，轻程序"、"重惩罚，轻打击"的思想影响，我国仍然有不少民众对辩护制度及辩护人的作用存在认识上的误区，认为犯罪嫌疑人、被告人行使辩护权的目的就是为自己洗脱罪名，而辩护人尤其是辩护律师的存在是为"坏人"说话，为犯罪嫌疑人、被告人"钻法律空子"提供帮助。有不少人将对犯罪怨恨情绪转移到辩护人身上，甚至对辩护人施加不当的舆论压力。这些错误观念妨碍了辩护制度的有效运行和辩护制度的发展。因此，明晰辩护人的诉讼地位及职责具有非常重要的现实意义。

《刑事诉讼法》第35条规定："辩护人的责任是根据事实和法律，提出犯罪嫌疑人、被告人无罪、罪轻或者减轻、免除其刑事责任的材料和意见，维护犯罪嫌疑人、被告人的诉讼权利和其他合法权益。"由于辩护权专属于刑事诉讼中的犯罪嫌疑人、被告人所有，辩护人依据犯罪嫌疑人、被告人的委托或有关机关指派参与诉讼，但是，这并不意味着辩护人在辩护中受犯罪嫌疑人、被告人的意志左右，而是应根据"事实和法律"，提出有利于被追诉人的事实和理由。因此，辩护人在刑事诉讼中享有独立的诉讼地位，以自己的名义独立地履行职责，既不受犯罪嫌疑人、被告人意志左右，也不受公检法等机关的影响。根据第35条规定，辩护人的职责主要包括三个方面：

第一，从实体上为犯罪嫌疑人、被告人辩护。具体而言，针对控方指控的罪名以及量刑建议，辩护人依据事实和法律，提出被追诉人无罪、罪轻或者减轻、免除其刑事责任的材料和意见，在实体上维护其合法权益。例如，辩护人可以针对控方指控的犯罪，从犯罪构成要件上分析指出犯罪嫌疑人、被告人的行为并不构成该项罪名；再如，辩护人可以提出犯罪嫌疑人、被告人具有立功、自首、坦白、退赃等各种有利于从轻或减轻处罚的事实及情节。

第二，从程序上为犯罪嫌疑人、被告人辩护。程序上的辩护主要表现为辩护人维护被追诉人的程序性权利，当办案机关及其工作人员侵犯被追诉人的诉讼权利时，辩护人应当及时提出纠正意见，或者提出申诉、控告。如辩护人对回避、管辖权提出异议或者对非法证据予以排除提出申请等。

第三，辩护律师在侦查期间可以为犯罪嫌疑人提供法律帮助；代理申诉、控告；申请变更强制措施；向侦查机关了解犯罪嫌疑人涉嫌的罪名和案件有关情况，提出意见。

因此，辩护人是犯罪嫌疑人、被告人合法权益的专门维护者。当然，辩护人的辩护应依据事实和法律，不能伪造证据，非法干扰公安司法机关依法进行的诉讼活动。

（四）辩护人的诉讼权利与诉讼义务

辩护人依法享有辩护权利、承担辩护义务是辩护人从实体及程序两方面为犯罪嫌疑人、被告人辩护的重要保证。为此，我国《律师法》、《刑事诉讼法》以及相关司法解释对辩护人的诉讼权利和诉讼义务进行了明确的规定。

1. 辩护人的诉讼权利。

（1）独立进行辩护的权利。辩护人在刑事诉讼的过程中，独立于公安机关、检察机关和审判机关，行使辩护职能，同时独立于犯罪嫌疑人、被告人，有权独立发表辩护意见，不受犯罪嫌疑人、被告人意思表示的约束。

我国法律及相关司法解释充分保障辩护人依法履行辩护职责。辩护人有权根据事实和法律独立进行辩护，不受任何机关、团体和个人的非法限制和干涉。辩护人认为公安机关、人民检察院、人民法院及其工作人员阻碍其依法行使诉讼权利的，有权向同级或者上一级人民检察院申诉或者控告。对于以下情形，律师有权拒绝辩护：一是当事人的委托事项违法；二是委托人利用律师从事违法活动；三是委托人故意隐瞒与案件有关的重要事实。

（2）阅卷权。《刑事诉讼法》第38条规定，辩护律师自人民检察院对案件审查起诉之日起，可以查阅、摘抄、复制本案的案卷材料，这里的案卷材料是指案卷中的所有材料。其他辩护人经人民法院、人民检察院许可，也可以查阅、摘抄、复制上述材料。案卷材料会随着诉讼阶段的推进不断充实，但是，最高法《解释》第47条明确规定，合议庭、审判委员会的讨论记录以及其他依法不公开的材料不得查阅、摘抄、复制。

（3）会见、通信权。根据《刑事诉讼法》第37条的规定，辩护律师可以同在押的犯罪嫌疑人、被告人会见和通信。其他辩护人经人民法院、人民检察院许可，也可以同在押的犯罪嫌疑人、被告人会见和通信。辩护律师持律师执业证书、律师事务所证明和委托书或者法律援助公函要求会见在押的犯罪嫌疑人、被告人的，看守所应当及时安排会见，至迟不得超过48小时。危害国家安全犯罪、恐怖活动犯罪、特别重大贿赂犯罪案件，在侦查期间辩护律师会见在押的犯罪嫌疑人，应当经侦查机关许可。上述案件，侦查机关应当事先通知看守所。辩护律师会见在押的犯罪嫌疑人、被告人，可以了解案件有关情况，提供法律咨询等；自案件移送审查起诉之日起，可以向犯罪嫌疑人、被告人核实有关证据。辩护律师会见犯罪嫌疑人、被告人时不被监听。

（4）调查取证权和申请调取证据权。辩护律师经证人或者其他有关单位和个人同意，可以向他们收集与本案有关的材料，也可以申请人民检察院、人民法院收集、调取证据，或者申请人民法院通知证人出庭作证。辩护律师经人民检察院或者人民法院许可，并且经被害人或者其近亲属、被害人提供的证人同意，可以向他们收集与本案有关的材料。辩护人认为在侦查、审查起诉期间公安机关、人民检察院收集的证明犯罪嫌疑人、被告人无罪或者罪轻的证据材料未提交的，有权申请人民检察院、人民法院调取。

（5）参加法庭调查和辩论权。在法庭调查阶段，辩护人经审判长许可，可以向被告人、证人、鉴定人发问，辩护人有权向法庭出示物证，让当事人辨认；辩护人有权提出新的证据；未到庭的证人证言、鉴定人的鉴定意见、勘验笔录和其他作为证据的文书当庭宣读后，辩护人可以提出自己的意见，并有进行质询的权利；在法庭审理中，辩护人有权申请新的证人到庭、调取新的物证、重新勘验或者鉴定。在法庭辩论阶段，辩护人可以对证据和案件情况发表意见并可以同控方展开辩论。

（6）申请变更、解除强制措施的权利。犯罪嫌疑人、被告人的辩护人有权申请变更强制措施。人民法院、人民检察院或者公安机关对于被采取强制措施的法定期限届满的犯罪嫌疑人、被告人应当予以释放、解除取保候审、监视居住或者依法变更强制措施。犯罪嫌疑人、被告人的辩护人对于人民法院、人民检察院或者公安机关采取强制措施法定期限届满的，有权要求解除强制措施。

（7）其他权利。《刑事诉讼法》第36条规定，辩护律师在侦查期间可以为犯罪嫌疑人提供法律帮助，向侦查机关了解犯罪嫌疑人涉嫌的罪名和案件有关情况，提出意见。除此之外，《刑事诉讼法》第46条新增加了辩护律师的保密权，即除特殊情况外，辩护律师对在执业活动中知悉的委托人的有关情况和信息，有权予以保密。

虽然2012年再次修改《刑事诉讼法》时对律师执业权利进行了完善，但从目前的实施情况来看，司法实践中恶意曲解甚至剥夺辩护人诉讼权利的现象并不鲜见。第一，现行刑诉法规定，对于危害国家安全犯罪、恐怖活动犯罪以及特别重大贿赂犯罪案件，辩护律师在侦查期间会见在押犯罪嫌疑人时应当经侦查机关许可。"从被疑者辩护权的实质化的观点来看，被疑者与辩护人接见交流的保障必不可少。"[1]然而在司法实践中，部分公安司法机关对这三类特殊案件扩大解释，在被羁押地点的知情权、会见的次数和时间、会见的秘密性等方面不当束缚辩护律师的会见权。对此，在侦查阶段，这于涉嫌三类特殊犯罪的嫌疑人而言，其辩护权有被虚置的危险。第二，法律对辩护律师在侦查阶段是否享有调查取证权没有明确规定。从与控方"平等武装"的角度而言，辩护律师应当享有调查

---

[1] [日] 铃木茂嗣："日本刑事诉讼法的特色及解释上的诸问题"，李海东译，载《日本刑事诉讼法的形成与特色》，中国法律出版社、日本国成文堂1997年联合出版，第51页。

取证权,但是由于立法的模糊性,在司法实践中,公安司法机关严格把辩护律师在侦查阶段的调查取证权的范围限缩在"三类证据"(犯罪嫌疑人不在犯罪现场、未达到刑事责任年龄、属于依法不负刑事责任的精神病人)上。第三,辩护人阅卷权保障体系尚待完善。由于我国审前程序缺乏中立第三方的主持,检察机关既是律师阅卷权的被申请者,也是决定者,阅卷安排是否及时,是否配备专门的阅卷场所和必备的设施,有时依赖于检察机关的自由裁量权和"配合"。因此,检察机关在自己作为被申请方的同时,又单方面决定阅卷事项,不利于辩护律师阅卷质量的保障。

2. 辩护人的诉讼义务。辩护人在办理刑事案件时,应当恪尽职守,切实维护被告人的合法权益。一名辩护人不得同时为两名以上的同案犯罪嫌疑人、被告人,或者未同案处理但与本案存在犯罪事实关联的犯罪嫌疑人、被告人辩护。除此之外,辩护人还应当遵守以下诉讼义务。

(1) 不得毁灭证据、伪造证据、妨碍作证。辩护人或者其他任何人,不得帮助犯罪嫌疑人、被告人隐匿、毁灭、伪造证据或者串供,不得威胁、引诱证人作伪证以及进行其他干扰司法机关诉讼活动的行为。

此外,为防止侦控机关对辩护律师滥用《刑法》第306条的相关规定,《刑事诉讼法》第42条规定,对辩护人涉嫌犯罪的,应当由办理辩护人所承办案件的侦查机关以外的侦查机关办理。据此确立了律师伪证案件的集体回避制度。

2009年春节前后,河南省驿宛高速公路发展有限公司副总经理牛某某利用职务之便收受于某某贿赂款被批准逮捕,赵某某被聘请担任牛某某的辩护人。该案在审理期间赵某某伙同牛某某的家属程某某、程一某为牛某某受贿案开脱罪责,串通高某某、于某某故意做出虚假证明,意图隐匿牛某某的犯罪事实,使其免受刑事责任追究。赵某某身为刑事诉讼中的辩护人,为袒护被告人而伪造和唆使他人伪造刑事诉讼证据,妨碍了司法机关的正常刑事诉讼活动。河南省泌阳县人民法院依据《刑法》第306条,认定被告人赵某某犯辩护人伪造证据、妨害作证罪,判处有期徒刑一年,缓刑二年。

(2) 保密义务。辩护律师对在执业活动中知悉的委托人的有关情况和信息,有权予以保密。但是,辩护律师在执业活动中知悉委托人或者其他人,准备或者正在实施危害国家安全、公共安全以及严重危害他人人身安全的犯罪的,应当及时告知司法机关。

(3) 证据展示义务。辩护人收集的有关犯罪嫌疑人不在犯罪现场、未达到刑事责任年龄、属于依法不负刑事责任的精神病人的证据,应当及时告知公安机关、人民检察院。

（4）告知义务。辩护人接受犯罪嫌疑人、被告人委托后，应当及时告知办理案件的机关。

第二节 代 理

一、刑事代理的概念与意义

刑事代理，是指诉讼代理人接受公诉案件的被害人及其法定代理人或者近亲属、自诉案件的自诉人及其法定代理人、附带民事诉讼的当事人及其法定代理人的委托，以被代理人的名义参加诉讼，由被代理人承担法律后果的一项诉讼活动。

由《刑事诉讼法》、《律师法》等相关法律法规确定的关于诉讼代理人的种类、范围、权利义务及活动原则等规范共同构成了刑事代理制度。作为刑事诉讼制度的重要组成部分，刑事代理制度具有重要意义。在具体的诉讼程序中，被代理人由于受其自身知识水平或其他条件所限，难以依赖自身力量了解并有效行使其诉讼权利，这将直接影响被代理人合法权益的实现，此时就需要刑事代理人从法律角度维护被代理人的合法权益。因此，刑事代理制度为自诉人、公诉案件的被害人、附带民事诉讼当事人有效行使权利提供了法律上的帮助。另外，诉讼代理人的参与也有利于司法机关及时查明事实，分清是非，正确公正地处理案件。

二、刑事代理的种类及方式

（一）公诉案件中被害人的代理

根据我国《刑事诉讼法》第44条规定，公诉案件的被害人及其法定代理人或者近亲属，自案件移送审查起诉之日起，有权委托诉讼代理人参加诉讼。同时，为了确保被害人及其法定代理人、近亲属知晓这一权利，《刑事诉讼法》还规定人民检察院自收到移送审查起诉的案件材料之日起3日以内，应当告知被害人及其法定代理人或者其近亲属有权委托诉讼代理人。

在公诉案件中，诉讼代理人有着特殊的诉讼地位。首先，与辩护人独立的诉讼地位不同，公诉案件中无论是被害人还是其法定代理人或者近亲属委托的代理人，均是被害人的诉讼代理人，诉讼代理人也只能以被害人的名义进行诉讼活动。其次，在对犯罪嫌疑人、被告人的指控中，诉讼代理人同公诉人的诉讼地位是平等的，二者都在刑事诉讼过程中行使控诉职能。但是公诉人除了执行控诉职能外，还执行法律监督职能，因此双方诉讼地位及诉讼职责不尽相同。另外，由于二者的立场并不完全相同，检察机关代表国家行使求刑权，而被害人往往从个人的立场出发参与诉讼，因此在诉讼中会出现公诉人与代理人意见并不完全相同的情况。此时，应当允许被害人的诉讼代理人独立发表意见。

公诉案件中被害人的代理人有权根据委托人的授权，行使相应的诉讼权利并履行相应义务。如在授权范围内参加法庭调查，行使发问权、辩论权等。此外，公诉案件中被害人的代理人还享有法律赋予的独立的诉讼权利，如申请回避权、依法查阅与本案有关的诉讼材料等。

（二）自诉案件中自诉人的代理

自诉案件中的代理，是指代理人接受自诉人及其法定代理人的委托参加诉讼，以维护自诉人的合法权益。自诉案件的自诉人及其法定代理人，有权随时委托诉讼代理人。人民法院自受理自诉案件之日起3日以内，应当告知自诉人及其法定代理人有权委托诉讼代理人。

自诉案件的代理人能履行控诉职能，但应当充分尊重自诉人的意思表示，未经自诉人同意，自诉人的代理人不得撤回起诉、与对方和解、接受法院调解和提出反诉。此外，自诉案件的诉讼代理人可以独立行使某些诉讼权利，如查阅与本案有关的材料、应法院通知参与庭审等。

（三）刑事附带民事诉讼中当事人的代理

附带民事诉讼中的代理，是指诉讼代理人接受附带民事诉讼的当事人及其法定代理人的委托，在所受委托的权限范围内，代理参加诉讼，以维护当事人的合法权益。附带民事诉讼的当事人及其法定代理人，自案件移送审查起诉之日起，有权委托诉讼代理人。人民检察院自收到移送审查起诉的案件材料之日起3日以内，应当告知附带民事诉讼的当事人及其法定代理人有权委托诉讼代理人。人民法院自受理自诉案件之日起3日以内，应当告知附带民事诉讼的当事人及其法定代理人有权委托诉讼代理人。

附带民事诉讼代理人享有与民事代理人相同的权利。但是，由于附带民事诉讼被告的代理人通常又兼任辩护人，因此必须弄清各项职能的权限，避免相互混淆。

第三节　刑事法律援助制度

一、刑事法律援助概述

刑事法律援助制度通常是指国家对经济困难的公民或者案件中的当事人提供必要的法律服务以维护其合法权益的一种法律制度。这些法律服务具体包括获得法律咨询、代理、刑事辩护等无偿法律服务。法律援助制度被认为是实现社会公平正义、保障法律平等、公正实施，维护公民基本权利的一项重要措施，在现代国家的刑事司法体系中占有重要地位。

法律援助具有以下几个特征：其一，法律援助是一种国家行为，是现代法治社会要求国家承担的一种责任，由国家财政保障实施；其二，法律援助的对象是特定的社会群体，这些人因经济困难或其他原因而难以获得必要的法律服务；其三，法律援助的内容有一个发展过程，最初仅限于为刑事案件中被关押的贫困的被告人提供辩护，后来逐渐扩展至为可能被判处刑罚的犯罪嫌疑人、被告人提供辩护；其四，法律援助的宗旨是维护司法公正，实现社会正义，体现法律面前人人平等的精神。

刑事法律援助的范围往往受一国经济发展水平与法制状况的影响，因此，各国在援助的范围上也存在着较大差别。《刑事诉讼法》和《法律援助条例》是我国刑事法律援助的基本法律依据。除此之外，司法部、公安部、最高人民法院和最高人民检察院就刑事法律援助问题相继出台了一系列的规章、司法解释，具体包括两院二部《法律援助规定》、《关于在部分地区就加强和规范刑事诉讼法律援助工作进行试点的通知》等。这些政策性文件的出台为促进和规范刑事法律援助工作提供了重要的依据，标志着我国刑事法律援助工作逐步实现制度化、系统化和规范化。

根据法律援助的具体对象不同，刑事法律援助可以分为为犯罪嫌疑人、被告人提供刑事辩护法律援助，以及为其他诉讼当事人提供刑事代理法律援助两种情况。

二、刑事辩护法律援助

受司法资源的限制，我国刑事辩护法律援助的诉讼阶段和范围有一个发展过程，起先仅限于审判阶段，为被羁押的贫困的被告人提供辩护。2012年再次修改《刑事诉讼法》时，将刑事辩护法律援助由审判阶段延伸至侦查阶段。与此同时，法律还扩大了应当提供法律援助的情形。相关具体内容已在本章第一节"辩护"中阐述，在此不再赘述。

三、刑事代理法律援助

《法律援助条例》第11条对符合援助条件的其他诉讼参与人，同样规定由法律援助机构提供法律援助。具体而言，对于以下几类情况，由法律援助机构视情况考虑是否对其提供刑事代理法律援助：

①公诉案件中的被害人及其法定代理人或者近亲属，自案件移送审查起诉之

日起,因经济困难没有委托诉讼代理人的;②自诉案件的自诉人及其法定代理人,自案件被人民法院受理之日起,因经济困难没有委托诉讼代理人的。这里所称的经济困难的标准,由省、自治区、直辖市人民政府根据本行政区域经济发展状况和法律援助事业的需要规定。申请人住所地的经济困难标准与受理申请的法律援助机构所在地的经济困难标准不一致的,按照受理申请的法律援助机构所在地的经济困难标准执行。符合上述规定的诉讼当事人可以向办理案件的人民检察院、人民法院所在地同级司法行政机关所属法律援助机构申请法律援助。

四、刑事法律援助程序

《法律援助条例》规定,法律援助是政府的责任,县级以上人民政府应当采取积极措施推动法律援助工作。国务院司法行政部门监督管理全国的法律援助工作。县级以上地方各级人民政府司法行政部门监督管理本行政区域的法律援助工作。直辖市、设区的市或者县级人民政府司法行政部门根据需要确定本行政区域的法律援助机构。法律援助机构负责受理、审查法律援助申请,指派或者安排人员为符合规定的公民提供法律援助。律师应当依照规定履行法律援助义务,为受援人提供符合标准的法律服务,依法维护受援人的合法权益,接受律师协会和司法行政部门的监督。

对属于申请法律援助辩护的犯罪嫌疑人、被告人来说,公安机关、人民检察院在第一次讯问犯罪嫌疑人或者采取强制措施的时候,人民检察院自收到移送审查起诉的案件材料之日起 3 日内,人民法院自受理案件之日起 3 日内,应当告知其本人及其近亲属可以向法律援助机构申请法律援助。

对属于强制法律援助辩护的犯罪嫌疑人、被告人而言,公安机关、人民检察院、人民法院应当告知其如果不委托辩护人,将依法通知法律援助机构指派律师为其提供辩护。

上述公安司法机关的告知可以采取口头或者书面方式,告知的内容应当易于被告知人理解。口头告知的,应当制作笔录,由被告知人签名;书面告知的,应当将送达回执入卷。对于被告知人当场表达申请法律援助意愿的,应当记录在案。

被羁押的犯罪嫌疑人、被告人提出法律援助申请的,公安机关、人民检察院、人民法院应当在收到申请 24 小时内将其申请转交或者告知法律援助机构,并于 3 日内通知申请人的法定代理人、近亲属或者其委托的其他人员协助向法律援助机构提供有关证件、证明等相关材料。犯罪嫌疑人、被告人的法定代理人或者近亲属无法通知的,应当在转交申请时一并告知法律援助机构。法律援助机构收到申请后应当及时进行审查并于 7 日内作出决定。对符合法律援助条件的,应当决定给予法律援助,并制作给予法律援助决定书;对不符合法律援助条件的,应当决定不予法律援助,并制作不予法律援助决定书。给予法律援助决定书和不予法律援助决定书应当及时发送申请人,并函告公安机关、人民检察院、人民法院。

经犯罪嫌疑人、被告人本人或者近亲属向法律援助机构提出申请,并由法律援助机构审查后,对符合法律援助条件的,法律援助机构应当及时决定提供法律援助;对不符合法律援助条件的,应当书面告知申请人理由。申请人对法律援助机构作出的不符合法律援助条件的通知有异议的,可以向确定该法律援助机构的司法行政部门提出,司法行政部门应当在收到异议之日起5个工作日内进行审查,经审查认为申请人符合法律援助条件的,应当以书面形式责令法律援助机构及时对该申请人提供法律援助,同时通知申请人;认为申请人不符合法律援助条件的,应当维持法律援助机构不予援助的决定,并书面告知申请人。

对于被害人以及自诉人,人民检察院自收到移送审查起诉的案件材料之日起3日内应当告知被害人及其法定代理人或者近亲属有权委托诉讼代理人,并告知其如果经济困难,可以向法律援助机构申请法律援助。人民法院自受理案件之日起3日内,应当告知自诉人及其法定代理人有权委托诉讼代理人,并告知其如果经济困难,可以向法律援助机构申请法律援助。人民法院决定再审的案件,应当自决定再审之日起3日内履行相关告知职责。

具有下列情形之一的,法律援助机构应当作出终止法律援助决定,制作终止法律援助决定书发送受援人,并自作出决定之日起3日内函告公安机关、人民检察院、人民法院:①受援人的经济收入状况发生变化,不再符合法律援助条件的;②案件终止办理或者已被撤销的;③受援人自行委托辩护人或者代理人的;④受援人要求终止法律援助的,但应当通知辩护的情形除外;⑤法律、法规规定应当终止的其他情形。公安机关、人民检察院、人民法院在案件办理过程中发现有上述规定情形的,应当及时函告法律援助机构。

第十章 强制措施

第一节 概述

一、强制措施的概念和特点

强制措施是指在刑事诉讼过程中，公安机关、人民检察院和人民法院为保证刑事诉讼顺利进行，采用强制手段限制或剥夺犯罪嫌疑人、被告人的人身自由的各种措施。

我国的刑事强制措施具有以下特点：

1. 强制性。强制措施，顾名思义，具有强制性。强制措施是有关机关为保障诉讼顺利进行而对犯罪嫌疑人、被告人采取的强制手段，不以犯罪嫌疑人、被告人的意志为转移。在强制措施的执行过程中可以采用戒具，如遇暴力反抗，可以依法使用制服性警械或者武器。

2. 法定性。强制措施会对犯罪嫌疑人、被告人的人身自由进行限制或剥夺，因此，必须合法使用。其法定性首先表现在设定法定，我国《立法法》第8条规定限制人身自由的强制措施只能通过制定法律来规定，这里的"法律"指狭义上的法律，即全国人大及其常委会制定的法律。其他法律效力稍低的行政法规、规章等都无权设定限制人身自由的强制措施。其次，种类法定，《刑事诉讼法》规定了五种刑事强制措施，包括拘传、取保候审、监视居住、拘留和逮捕。再次，主体和对象法定，强制措施的适用主体只能是公安机关、人民检察院和人民法院；对象只能是犯罪嫌疑人、被告人，不能扩大到其他诉讼参与人。最后，程序法定，《刑事诉讼法》和相关司法解释对各种强制措施的程序进行了详细规定，必须依照程序进行，有关机关违反法定程序使用强制措施的，其获得的证据为非法证据，行为严重的可能受到刑事追诉。

3. 非处罚性。尽管强制措施也可限制和剥夺犯罪嫌疑人、被告人的人身自由，在形式上与刑罚、行政处罚具有相似性，但是，强制措施的目的是保证诉讼顺利进行，而不是惩罚犯罪嫌疑人、被告人。

4. 临时性。尽管有些强制措施的羁押期限可以很长，但是，其目的仍然不是羁押，而是临时地剥夺犯罪嫌疑人、被告人的人身自由，以保证诉讼能够顺利进行。一旦影响诉讼顺利进行的可能性消除，需要立即解除强制措施。

二、强制措施的适用原则

1. 合法性原则。各种强制措施的适用，应当严格遵守法律规定的适用主体、适用对象、适用程序和适用期限等。合法性原则是公检法等机关严格遵守法定程序原则以及保障人权的具体体现。

2. 必要性原则。由于强制措施是限制或剥夺人身自由的强制性行为，因此，只有在保证刑事诉讼顺利进行且确有必要时才能采取。

3. 比例原则。比例原则源于"不因轻罪而受重罚"思想，是行政法中的重要原则，对约束行政权力起到了重要作用。其内容包括但不限于手段和目的的相称性、手段的最小侵害性等。强制措施的适用也要遵循比例原则，即强制措施的采用要与案件情况相适应，要选择强度合适的强制措施，并根据案件的情况变化及时调整强制措施，不得超出必要性限度使用强度较高的强制措施。我国的刑事强制措施包括拘传、取保候审、监视居住、拘留和逮捕五种，这五种强制措施形成了由轻到重、互相衔接的有机体系，《刑事诉讼法》对每种强制措施都规定了适用的条件，要根据案件情况，选择与案件轻重、案情需要形成比例的强制措施，对于情形较轻的，不能选择严厉程度高的强制措施，对情形较严重的，也不能选择严厉程度低的强制措施。

三、强制措施的意义

强制措施是刑事诉讼法中的一项重要制度，对于保证诉讼顺利进行起到了重要的作用。具体来说：

1. 防止犯罪嫌疑人、被告人逃跑、逃避诉讼。这是强制措施的首要目的，用强制到案、限制或剥夺人身自由等方式保证犯罪嫌疑人、被告人能够及时到案、配合诉讼，确保犯罪嫌疑人、被告人不会逃跑以致案件无法进行。

2. 防止犯罪嫌疑人实施新的犯罪。采用强制措施将犯罪嫌疑人、被告人置于公安机关、人民检察院或人民法院的控制之下，防止犯罪嫌疑人、被告人继续实施犯罪或实施其他的犯罪，这对于流窜作案、多次作案的犯罪嫌疑人、被告人尤为必要。

3. 防止犯罪嫌疑人、被告人毁灭、伪造证据或串供。证据是推动诉讼进程的关键，而且证据具有不可重生的特点，一旦损毁很难再获取。毁灭、伪造证据或者串供都会严重阻碍诉讼的顺利进行，需要采取强制措施来防止这些行为的发生。

4. 防止犯罪嫌疑人、被告人打击报复证人、被害人或自杀、自残。打击报复证人、被害人或自杀、自残都将导致诉讼受阻，而强制措施可以通过对犯罪嫌疑人、被告人的人身自由进行限制或剥夺以有效防止以上行为的发生。

5. 规范公安司法机关的行为。《刑事诉讼法》对强制措施的种类、适用条件、审批机关、执行程序、解除、期限等都进行了详细的规定，公安司法机关必须按照法律的规定执行，这对防止刑讯逼供、规范司法行为具有重要作用。

第二节 拘 传

一、拘传的概念

拘传是公安机关、人民检察院和人民法院对于没有被羁押的犯罪嫌疑人、被告人，依法强制其到案接受讯问的强制措施。拘传可适用于侦查、审查起诉、审判等各个阶段。拘传的决定机关包括公安机关、人民检察院和人民法院，适用对象是未被羁押的犯罪嫌疑人、被告人。

拘传与传唤不同。传唤是指公安机关、人民检察院、人民法院使用传票通知当事人在指定的时间自行到指定的地点接受讯问或询问。拘传与传唤都是公安机关、人民检察院和人民法院对特定人采取的以使其到案的特定手段。二者的区别主要有：①传唤不具有强制性，不属于强制措施，而拘传具有强制性，属于法定的强制措施。传唤是一种通知，要求当事人主动到案，而拘传是一种强制措施，是我国刑事强制措施体系中强制性最弱的一种，可以使用戒具强制犯罪嫌疑人、被告人到案。②拘传只适用于犯罪嫌疑人、被告人，而传唤的对象更加广泛。拘传属于强制措施，只能适用于犯罪嫌疑人、被告人，而传唤可以适用于所有当事人，包括犯罪嫌疑人、被告人、被害人、自诉人、附带民事诉讼的原告人和被告人。

二、拘传的适用情形

1. 拘传到指定地点接受讯问。根据《刑事诉讼法》第64、117条，公安机关、人民检察院可以根据案件情况，传唤犯罪嫌疑人到指定地点接受讯问，犯罪嫌疑人拒不到案的，可以拘传，也可以不经传唤直接拘传犯罪嫌疑人到指定地点接受讯问。

拘传县级以上各级人民代表大会代表的，应当书面报请该代表所属的人民代表大会主席团或者常务委员会许可。

2. 强制到庭。根据最高法《解释》第 113~115 条，人民法院审判案件时，根据案件情况，可以对经传唤拒不到庭的被告人拘传到庭，也可以直接拘传。拘传被告人应当由院长签发拘传票，由司法警察执行。

三、拘传的时间和地点

根据《刑事诉讼法》第 117 条、最高法《解释》第 115 条、最高检《规则》第 80 条，一次拘传持续的时间不得超过 12 小时，案情特别重大、复杂，需要采取拘留、逮捕措施的，拘传持续的时间不得超过 24 小时。应当在拘传时间内完成拘留、逮捕的相关手续。

为了保障犯罪嫌疑人、被告人的人权，防止变相拘禁、疲劳审讯，《刑事诉讼法》及相关司法解释规定不得以连续拘传的形式变相拘禁犯罪嫌疑人、被告人。拘传犯罪嫌疑人、被告人，应当保证犯罪嫌疑人、被告人的饮食和必要的休息时间。特别需要说明的是，最高检《规则》在《刑事诉讼法》"不得连续拘传"规定的基础上，细化规定"两次拘传间隔的时间一般不得少于 12 小时"，将"不得连续拘传"的规定量化，加强了可操作性。

第三节 取保候审

一、取保候审的概念和种类

取保候审是指在刑事诉讼过程中，公安机关、人民检察院和人民法院为保证诉讼顺利进行，责令犯罪嫌疑人、被告人提出保证人或者交纳保证金，并承诺遵守一定的条件，并随传随到的一种非羁押性的强制措施。

根据保证方式的不同，取保候审可以分为保证人保证和保证金保证两种。保证人方式和保证金方式只能择一适用。

一般能够采用保证金方式的，采用保证金保证。取保候审的决定机关应当综合考虑保证诉讼活动正常进行的需要，被取保候审人的社会危险性，案件的性质、情节，可能判处刑罚的轻重，被取保候审人的经济状况等情况确定保证金的数额。犯罪嫌疑人、被告人应当将保证金一次性存入指定的银行账户中。

对于下列情况的犯罪嫌疑人、被告人，不能采用保证金方式的，可以采用保证人方式：①无力交纳保证金的；②未成年或者已满 75 周岁的；③不宜收取保证金的其他被告人。

保证人可以有一到两名。保证人的条件是：①与本案无牵连；②有能力履行保证义务；③享有政治权利，人身自由未受到限制；④有固定的住处和收入。保证人应当监督被保证人遵守相关规定，发现被保证人可能或者已经发生违反相关规定行为的，应当及时向执行机关报告。保证人未履行保证义务的，执行机关可对保证人进行罚款。审判期间，对于法院认定已经构成犯罪的被告人在取保候审期间逃匿的，如果系保证人协助被告人逃匿，或者保证人明知被告人藏匿地点但拒绝向司法机关提供，对保证人应当依法追究刑事责任。

取保候审期间，保证人不愿意继续履行保证义务或者丧失保证能力时，可以向取保候审的决定机关提出申请，决定机关接到申请后，应当在3日内责令被取保候审人提供新的保证人，或者改变保证方式、改变强制措施。

二、取保候审的适用条件

取保候审属于相对较轻的强制措施，只是限制而未剥夺犯罪嫌疑人、被告人的人身自由。根据《刑事诉讼法》第65条规定，取保候审的适用条件是：①可能判处管制、拘役或者独立适用附加刑的。这类犯罪行为较轻，相应的犯罪嫌疑人、被告人的人身危险性也较低，且逃避诉讼、串供、危害被害人人身安全等的可能性较小，不采取剥夺人身自由的强制措施也能够保证诉讼的顺利进行。②可能判处有期徒刑以上刑罚，采取取保候审不致发生社会危险性的。这是在第一类的基础上，对于犯罪行为相对严重，但是根据案件具体情况和犯罪嫌疑人、被告人的具体情况综合判断，采取取保候审就能保证诉讼的顺利进行，不必采用更加严厉的强制措施。③患有严重疾病、生活不能自理，怀孕或者正在哺乳自己婴儿的妇女，采取取保候审不致发生社会危险性的。这主要从人道主义的角度出发，对于特殊人群，在不致发生社会危险性的前提下，可以取保候审。对于这类取保候审，在取保候审的情形消失后，应当及时改变强制措施。④羁押期限届满，案件尚未办结，需要采取取保候审的。这是羁押期限届满，不能继续羁押的情况下的变通做法。

三、被取保候审人需要遵守的规定

取保候审作为强制措施之一，必须实现保证诉讼顺利进行的目的。但是，取保候审仅是限制犯罪嫌疑人、被告人的人身自由，这就要求犯罪嫌疑人、被告人遵守相应的规定，以达到这样的目的：①需要的时候能够及时到案，这也就要求犯罪嫌疑人、被告人保证联系的畅通，以便有关机关通知，不能逃跑、逃避诉讼；②不得从事可能扰乱案件正常进行的行为，包括干扰证人作证、毁证、串供等；③不得危害被害人的安全。

根据《刑事诉讼法》第69条规定，被取保候审的犯罪嫌疑人、被告人需要遵守的规定包括两大类，一类是任何犯罪嫌疑人、被告人在取保候审期间均应遵守的;另一类是决定机关根据具体案情为犯罪嫌疑人、被告人选择设定的。

被取保候审的犯罪嫌疑人、被告人都应当遵守以下规定:①未经执行机关批准不得离开所居住的市、县;②住址、工作单位和联系方式发生变动的,在二十四小时以内向执行机关报告;③在传讯的时候及时到案;④不得以任何形式干扰证人作证;⑤不得毁灭、伪造证据或者串供。

人民法院、人民检察院和公安机关可以根据案件情况,责令被取保候审的犯罪嫌疑人、被告人遵守以下一项或者多项规定:①不得进入特定的场所;②不得与特定的人员会见或者通信;③不得从事特定的活动;④将护照等出入境证件、驾驶证件交执行机关保存。

被取保候审的犯罪嫌疑人、被告人违反相应的规定的,由取保候审决定机关作出相应的处罚决定,并决定后续的强制措施情况。对于交纳保证金的,可以决定没收部分或者全部保证金、责令具结悔过。处罚由负责取保候审执行的公安机关执行,公安机关要将执行情况及时反馈给决定机关。取保候审决定机关根据案件具体情况,可以决定继续取保候审,也可以改变强制措施。对于继续取保候审的,应当责令犯罪嫌疑人、被告人重新交纳保证金或者提供保证人,取保候审的期限连续计算。

四、取保候审期间及解除

根据《刑事诉讼法》第77条规定,人民法院、人民检察院和公安机关对犯罪嫌疑人、被告人取保候审最长不得超过12个月。至于是三个机关可分别适用取保候审12个月,还是整个诉讼期间总共取保候审期间不能超过12个月,《刑事诉讼法》未作详细规定,相应的司法解释规定每个阶段期限重新计算。司法实践中的做法与司法解释一致,即在侦查阶段、审查起诉阶段、审判阶段可以分别适用取保候审措施,取保候审的期限在各个阶段分别计算。但是,每个阶段只能使用一次,不得重复取保候审。

解除取保候审的情形有:①针对该犯罪嫌疑人、被告人的案件终结,包括犯罪行为不是犯罪嫌疑人、被告人实施的,犯罪嫌疑人被不起诉,被告人被判无罪等;②期限届满。解除取保候审的,决定机关应当制作《撤销取保候审通知书》,送达被取保候审人及有关单位、保证人、执行机关。犯罪嫌疑人、被告人在取保候审期间未违反相关规定的,取保候审结束的时候,凭解除取保候审的通知或者有关法律文书到银行领取退还的保证金。

值得注意的是,取保候审的终结还包括变更强制措施、本诉讼阶段结束等情形。在变更强制措施的情况下,如取保候审变更为监视居住、拘留、逮捕,取保候审自动终结,不再需要办理解除手续。侦查终结,案件移送审查起诉,或者审查起诉后，提起公诉的，如果人民检察院、人民法院认为仍然需要取保候审或者变更强制措施的，原取保候审自动终结，不再需要办理解除手续。

五、取保候审的程序

1. 取保候审的申请。犯罪嫌疑人、被告人及其法定代理人、近亲属、辩护人可以提出取保候审的申请，公安机关、人民检察院和人民法院接到申请后，应当进行审查，做出是否取保候审的决定，对于不符合取保候审条件的，应当说明理由。

2. 取保候审的决定。取保候审的决定机关包括公安机关、人民检察院和人民法院。上述机关可以自行决定适用取保候审，也可以经申请决定。对县级以上各级人民代表大会代表取保候审的，应当书面报请该代表所属的人民代表大会主席团或者常务委员会许可。

3. 取保候审的执行。取保候审由犯罪嫌疑人、被告人居住地的公安机关执行。对于检察机关自侦案件，在侦查阶段需要取保候审的，仍然需要交由犯罪嫌疑人、被告人居住地的同级公安机关执行。

4. 取保候审的解除。法定情形出现，不需要继续取保候审的，应当及时解除取保候审。

第四节　监视居住

一、监视居住的概念和种类

监视居住是指在刑事诉讼过程中，公安机关、人民检察院和人民法院为保证诉讼顺利进行，责令犯罪嫌疑人、被告人不得离开住处或者指定的居所，并对其行动进行监控的一种强制措施。

监视居住的适用对象是犯罪嫌疑人、被告人。监视居住的决定主体是公安机关、人民检察院和人民法院，监视居住期间不得中断对案件的办理。

根据监视居住场所的不同，监视居住可以分为住处监视居住和指定居所监视居住两种。一般应当在犯罪嫌疑人、被告人的住处执行；无固定住处的，可以在指定的居所执行。此处的"住处"是指犯罪嫌疑人、被告人在办案机关所在地的市、县内工作、生活的合法居所，如果在办案机关所在地的市、县内没有合法居所，则视为无固定住处，可采取指定居所监视居住的方式。

对于特殊的三种犯罪，即涉嫌危害国家安全犯罪、恐怖活动犯罪和特别重大贿赂犯罪，在住处执行可能有碍侦查的，经上一级人民检察院或者公安机关批准，也可以在指定的居所执行。这里要注意，并不是对所有此三类犯罪案件的犯罪嫌疑人、被告人都要指定居所监视居住，其前提是要符合"在住处执行可能有碍侦查"的条件。

在程序上，为了有效控制指定居所监视居住，防止指定居所监视居住的滥用，拟采用指定居所监视居住的，需要经上一级人民检察院或者公安机关批准。另外，为了防止采用监视居住的方式变相羁押犯罪嫌疑人、被告人，《刑事诉讼法》专门规定了不得在羁押场所、专门的办案场所执行。

二、监视居住的适用条件

在一般情形下，监视居住是逮捕的替代措施。对于符合逮捕条件，但是具备以下特殊情况的犯罪嫌疑人、被告人，可以适用监视居住：①患有严重疾病、生活不能自理的；②怀孕或者正在哺乳自己婴儿的妇女；③系生活不能自理的人的唯一扶养人。前述三种皆是从人道主义的角度出发，对于特殊人群，在不致发生社会危险性的前提下，可以监视居住；④因为案件的特殊情况或者办理案件的需要，采取监视居住措施更为适宜的；⑤羁押期限届满，案件尚未办结，需要采取监视居住措施的。这是期限届满，不能继续羁押的情况下的变通做法。

另外，对符合取保候审条件，但犯罪嫌疑人、被告人不能提出保证人，也不交纳保证金的，也可以监视居住。

三、被监视居住人需要遵守的规定

与取保候审一样，监视居住作为强制措施之一，必须实现保证诉讼顺利进行的目的。因此，法律要求犯罪嫌疑人、被告人遵守相应的规定，以达到这些目的：①需要的时候能够及时到案，不能逃跑、逃避诉讼；②不得从事可能扰乱案件正常进行的行为，包括干扰证人作证、毁证、串供等；③不得危害被害人的安全。为达到以上目的，《刑事诉讼法》第75条规定，被监视居住的犯罪嫌疑人、被告人应当遵守以下规定：①未经执行机关批准不得离开执行监视居住的处所；②未经执行机关批准不得会见他人或者通信；③在传讯的时候及时到案；④不得以任何形式干扰证人作证；⑤不得毁灭、伪造证据或者串供；⑥将护照等出入境证件、身份证件、驾驶证件交执行机关保存。

被监视居住的犯罪嫌疑人、被告人违反上述规定的，由监视居住决定机关作出相应的处理决定，并决定后续的强制措施情况。根据案件具体情况，可以继续监视居住，也可以决定改变强制措施，对其适用逮捕。对于需要逮捕的，可以先行拘留，再办理批捕手续。

四、对被监视居住人的监督

监视居住由监视居住地的公安机关执行。对于检察机关自侦的案件,在侦查阶段需要监视居住的,仍然需要由监视居住地的同级公安机关执行。

执行机关对被监视居住的犯罪嫌疑人、被告人进行监督,可以采取电子监控、不定期检查等监视方法;在侦查期间,为了侦查案件的需要,还可以对被监视居住的犯罪嫌疑人的通信进行监控。

五、监视居住的期间及解除

根据《刑事诉讼法》第77条规定,人民法院、人民检察院和公安机关对犯罪嫌疑人、被告人监视居住最长不得超过6个月。与取保候审的情形相同,在侦查阶段、审查起诉阶段、审判阶段可以分别适用监视居住措施,监视居住的期限在各个阶段分别计算。但是,每个阶段只能使用一次,不得重复监视居住。

与取保候审相似,解除监视居住的情形包括:①针对被监视居住人的案件终结;②期限届满。解除监视居住的,决定机关应当制作《撤销监视居住通知书》,送达被监视居住人及有关单位、执行机关。监视居住的终结还包括变更强制措施、本诉讼阶段结束等情形。在变更强制措施的情况下,如监视居住变更为拘留、逮捕,监视居住自动终结,不再需要办理解除手续。侦查终结,案件移送审查起诉,或者审查起诉后,提起公诉的,如果人民检察院、人民法院认为仍然需要监视居住或者变更强制措施的,原监视居住自动终结,不再需要办理解除手续。

住处监视居住与取保候审相同,不能折抵刑期,但是,指定居所监视居住的期限应当折抵刑期。刑期的折抵,体现了强制措施体系中各种强制措施的严厉程度,对于限制或剥夺人身自由程度较高的指定居所监视居住、拘留、逮捕都要进行刑期的折抵,只是在折抵的过程中,还要根据强制措施的轻重程度决定折算的方法。根据《刑事诉讼法》第74条规定,被判处管制的,指定居所监视居住一日折抵刑期一日;被判处拘役、有期徒刑的,指定居所监视居住二日折抵刑期一日。

六、监视居住的程序

1. 监视居住的决定。监视居住的决定机关包括公安机关、人民检察院和人民法院。对县级以上各级人民代表大会代表监视居住的,应当书面报请该代表所属的人民代表大会主席团或者常务委员会许可。

2. 指定居所监视居住的通知。指定居所监视居住、拘留、逮捕都对犯罪嫌疑人、被告人的人身自由进行了较大程度的限制和剥夺，并且犯罪嫌疑人、被告人与其家属分离，除特殊情况外，需要及时通知其家属。根据《刑事诉讼法》第73条和最高法《解释》第126条规定，指定居所监视居住，除无法通知的以外，监视居住的决定机关应当在执行监视居住后24小时以内，通知被监视居住人的家属。通知的内容包括被监视居住的原因及处所。

3. 监视居住的执行。监视居住由公安机关执行，执行机关需将执行情况及时反馈给决定机关。

4. 监视居住的解除。法定情形出现，不需要继续监视居住的，应当及时解除监视居住。

第五节 拘 留

一、拘留的概念和性质

作为强制措施的刑事拘留与行政拘留不同。前者是强制措施的一种，针对的是犯罪嫌疑人或者现行犯，而行政拘留是公安机关针对行政违法者的一种行政处罚措施。本节的"拘留"是指刑事拘留，即指公安机关、人民检察院在侦查过程中，在紧急情况下，依法临时剥夺重大嫌疑人或者现行犯人身自由的一种强制措施。

拘留是强制措施体系中比较严厉的手段，可以短时间的剥夺犯罪嫌疑人、被告人的人身自由。但是，与逮捕相比，拘留具有紧迫性和临时性。拘留往往适用于现行犯或者重大嫌疑分子，如果不立即采取强制措施，可能造成犯罪嫌疑人逃跑、自杀、毁灭证据等不可挽回的情况发生。虽然拘留也会有羁押状态，但其羁押时间较短，而且是为下一步的相对稳定状态，如逮捕，而临时采用。拘留后应当及时讯问，发现有不应当拘留的情况的，应当立即释放；发现有犯罪嫌疑，需要进一步侦查、核实的，应当在拘留期限内办理相关的手续，转为取保候审、监视居住、逮捕等强制措施。

《刑事诉讼法》第82条规定了扭送制度，即对于正在实行犯罪或者在犯罪后即时被发觉的、通缉在案的、越狱逃跑的、正在被追捕的人，任何公民都可以立即扭送公安机关、人民检察院或者人民法院处理。扭送是人民司法的重要体现，是发动人民群众共同打击犯罪的有效制度。

扭送与拘留具有一定的相似性，即二者都是对有犯罪嫌疑的人采取的及时、强制到案的手段。但是，扭送并不属于强制措施。拘留的主体是公安机关、人民检察院,即负有侦查职权的国家机关;扭送的主体是"任何公民"。

二、拘留的适用条件

公安机关和人民检察院有权决定刑事拘留。但是,二者的适用条件并不完全相同。

根据《刑事诉讼法》第80条规定,公安机关对于现行犯或者重大嫌疑分子,如果有下列情形之一的,可以先行拘留:①正在预备犯罪、实行犯罪或者在犯罪后即时被发觉的;②被害人或者在场亲眼看见的人指认他犯罪的;③在身边或者住处发现有犯罪证据的;④犯罪后企图自杀、逃跑或者在逃的;⑤有毁灭、伪造证据或者串供可能的;⑥不讲真实姓名、住址,身份不明的;⑦有流窜作案、多次作案、结伙作案重大嫌疑的。这七种情形可归结为几大类,①至③为第一类,有证据证明犯罪嫌疑人有重大作案嫌疑,需要及时处置的;④⑤为第二类,是有危害诉讼顺利进行行为或可能的;⑥为第三类,是身份不明的;⑦属于第四类,是比较特殊的一类,属于危害较大的"流窜作案、多次作案、结伙作案"。"流窜作案"是指跨市、县管辖范围连续作案,或者在居住地作案后逃跑到外市、县继续作案;"多次作案"是指三次以上作案;"结伙作案"是指二人以上共同作案。

人民检察院对于有下列情形之一的犯罪嫌疑人,可以决定拘留:①犯罪后企图自杀、逃跑或者在逃的;②有毁灭、伪造证据或者串供可能的。与公安机关实施拘留的条件不同,检察机关自侦的案件属于职务犯罪案件,一般不存在现行犯的可能,更不可能存在身份不明或流窜、结伙等情况。

三、拘留的程序

1. 拘留的审批。拘留的审批实行内部审批制度。拘留分为有证拘留和无证拘留两种。一般情况下,公安机关应当填写呈请拘留报告书,经县级以上公安机关负责人批准,或者根据检察长的决定,制作拘留证。公安机关还可以无证拘留,即在紧急情况下,应当将犯罪嫌疑人先带至公安机关,并立即审查,再办理相关法律手续。

拘留担任县级以上人民代表大会代表的犯罪嫌疑人的,如果不是现行犯,还需要报请该代表所属的人民代表大会主席团或者常务委员会许可。如果是现行犯,可以先行拘留后再立即向该代表所属的人民代表大会主席团或者常务委员会报告。

2. 拘留的执行。拘留由公安机关执行。公安机关执行拘留时,必须出示拘留证,并责令被拘留人在拘留证上签名、捺指印,拒绝签名、捺指印的,侦查人员应当注明。

3. 及时送看守所。为防止侦查机关在拘留后、送看守所前对犯罪嫌疑人非法讯问，拘留后，应当立即将被拘留人送看守所羁押，至迟不得超过24小时。异地执行拘留的，应当以进入管辖地的时间为起算时间，即应当在到达管辖地后24小时以内将犯罪嫌疑人送看守所羁押。

4. 及时讯问、通知家属。对被拘留的人，应当在拘留后24小时内讯问。拘留的讯问遵循"谁决定，谁讯问"的原则，公安机关决定拘留的，由公安机关负责讯问；检察机关决定拘留的，由检察机关负责讯问。

除无法通知或者涉嫌危害国家安全犯罪、恐怖活动犯罪通知可能有碍侦查的情形以外，应当在拘留后24小时以内，将拘留的原因和羁押处所通知被拘留人的家属。下列情形属于"有碍侦查"：①可能毁灭、伪造证据，干扰证人作证或者串供的；②可能引起同案犯逃避、妨碍侦查的；③犯罪嫌疑人的家属与犯罪有牵连的。有碍侦查的情形消失以后，应当立即通知被拘留人的家属。拘留的通知也遵循"谁决定，谁通知"的原则，公安机关决定拘留的，由公安机关负责通知；检察机关决定拘留的，由检察机关负责通知。

5. 审查处理。讯问、审查后，要根据案件情况作出相应的处理决定：①发现不应当拘留的，必须立即释放。具体程序是：公安机关、检察机关制作释放通知书并送达看守所，看守所凭释放通知书发给被拘留人释放证明书，将其立即释放。对需要行政处理的，依法予以处理或者移送有关部门。②需要逮捕的，应当在拘留期限内，依法办理提请批准逮捕手续，转为逮捕。③应当追究刑事责任，但不需要逮捕的，依法直接向人民检察院公诉部门移送审查起诉，或者依法办理取保候审或者监视居住手续后，向人民检察院公诉部门移送审查起诉。④拘留期限届满，案件尚未办结，需要继续侦查的，依法办理取保候审或者监视居住手续。

四、拘留的期限

公安机关拘留的期限包括以下三种情形：①公安机关认为需要逮捕的，应当在拘留后的3日以内，提请人民检察院审查批准。人民检察院应当在收到提请批准逮捕书的7日内决定是否逮捕。②在特殊情况下，提请审查批准的时间可以延长1日至4日，即延长至4日至7日，人民检察院仍要在7日内作出决定。此即特殊情况下可以延长至14日。③特殊的"三类"犯罪，即流窜作案、多次作案、结伙作案的，提请审查批准的时间可以延长至30日，而检察机关审查批捕的时间不变，仍为7日。对于犯罪嫌疑人不讲真实姓名、住址，身份不明的，拘留期限自查清其身份之日起计算。但是，不得停止侦查工作，可以按照其自报的姓名申请批准逮捕。

人民检察院对直接受理的案件中被拘留的人,认为需要逮捕的,应当在 14 日内作出决定。在特殊情况下,决定逮捕的时间可以延长 1 日至 3 日。

犯罪嫌疑人及其法定代理人、近亲属或者辩护人认为拘留的法定羁押期限届满,可以向公安机关、人民检察院提出释放犯罪嫌疑人或者变更强制措施的要求。

第六节 逮 捕

一、逮捕的概念

逮捕是公安机关、人民检察院、人民法院为了保证刑事诉讼的顺利进行,防止犯罪嫌疑人、被告人逃避诉讼,妨碍诉讼活动正常进行,或者继续实施危害社会的行为,而依法剥夺犯罪嫌疑人、被告人人身自由,予以羁押的强制措施。

逮捕是最为严厉的强制措施,它不仅剥夺犯罪嫌疑人、被告人的人身自由,而且期限较长。正确及时地适用逮捕措施,可以防止犯罪嫌疑人、被告人串供、毁灭或者伪造证据,也可以预防其自杀、逃跑或者继续犯罪,发挥保证诉讼活动顺利进行的功用,但是,如果错误或者不当适用逮捕,可能侵犯公民的人身权利或者其他权利,损害司法的公信力,破坏法治的尊严和权威。因此,对逮捕的适用应遵循"慎捕"和"少捕"的方针,即不仅要严格适用逮捕的条件,而且对于能够不捕的尽量不捕,更不能以捕代侦,任意逮捕。

我国的逮捕可以分为逮捕人的行为和羁押的状态两个阶段。逮捕的概念本身就内含了羁押,这与英美法的逮捕规定差别较大。逮捕的英文为"arrest",但是"arrest"的真实含义实质上与我国的拘留更为接近,是一个临时性的限制措施,不包含羁押的意义,需要在逮捕后尽快被带见法官,即初次到庭,由法官决定羁押还是保释。在美国,各个州对初次到庭的时间规定不甚一致,但是大多都要求在逮捕后一或两天内进行初次到庭。初次到庭的一项重要职能就是决定犯罪嫌疑人是否会被释放等候审判以及以何种方式被释放。一般来说,被指控犯死刑罪的、可能被判无期徒刑的、释放后可能重新犯罪的,法官可以拒绝释放。1992年,针对美国最大的 75 个县的重罪被告人的调查显示,有 2/3 的被告人在最终审结前被释放,另外 1/3 没有获释的人中,也大多被设定了保释金额,只是因为无力缴纳保释金、违反缓刑或假释规定、在另一个管辖区被通缉等原因未获得释放。在这些县所有的重罪被告人中,只有 6% 没有获得保释而被拘押。另一项研究表明，获释的人中有87%能够按时到庭。[1]

二、逮捕的条件

《刑事诉讼法》第79条对逮捕规定了严格的适用条件，只有满足这些条件的，才能适用逮捕，即"对有证据证明有犯罪事实，可能判处徒刑以上刑罚的犯罪嫌疑人、被告人，采取取保候审尚不足以防止发生下列社会危险性的，应当予以逮捕：①可能实施新的犯罪的；②有危害国家安全、公共安全或者社会秩序的现实危险的；③可能毁灭、伪造证据，干扰证人作证或者串供的；④可能对被害人、举报人、控告人实施打击报复的；⑤企图自杀或者逃跑的。对有证据证明有犯罪事实，可能判处十年有期徒刑以上刑罚的，或者有证据证明有犯罪事实，可能判处徒刑以上刑罚，曾经故意犯罪或者身份不明的，应当予以逮捕。被取保候审、监视居住的犯罪嫌疑人、被告人违反取保候审、监视居住规定，情节严重的，可以予以逮捕。"

根据上述逮捕条件的不同，逮捕可以分为四类：

1. 第一类是对有证据证明有犯罪事实，可能判处徒刑以上刑罚的犯罪嫌疑人、被告人，采取取保候审尚不足以防止发生社会危险性的，应当逮捕。这是实践中运用最多的情形。此种情形中，逮捕犯罪嫌疑人应同时满足证据条件、刑罚条件、社会危险性三个条件。

证据条件即有证据证明有犯罪事实发生，具体包括：有证据证明发生了犯罪事实；有证据证明该犯罪事实是犯罪嫌疑人、被告人实施的；证明犯罪嫌疑人、被告人实施犯罪行为的证据已经查证属实。

刑罚条件即可能判处徒刑以上刑罚，亦即根据现有证据，犯罪嫌疑人、被告人涉嫌的罪名的法定刑中有徒刑，且犯罪嫌疑人可能达到徒刑的量刑标准。

社会危险性条件是这类逮捕中的核心条件，体现了强制措施使用中的比例原则。即具备证据条件和刑罚条件的情况下，如果采用其他强制性较弱的强制措施足以防止社会危险性的，就没有必要适用逮捕措施，只有在其他措施无法防止下列危险性的情况下，才能采用逮捕措施：①可能实施新的犯罪的，即根据犯罪嫌疑人、被告人以往表现，其主观恶性大或者有犯罪习性，表明其可能实施新的犯罪；或者已经有证据证明犯罪嫌疑人、被告人已经策划或预备实施新的犯罪。②有危害国家安全、公共安全或者社会秩序的现实危险的，即有证据证明犯罪嫌疑人、被告人已经策划、预备或者组织实施上述三种重大犯罪的。③可能毁灭、

---

[1] [美]艾伦·豪切斯泰勒·斯黛丽、南希·弗兰克：《美国刑事法院诉讼程序》，陈卫东、徐美君译，中国人民大学出版社2002年版，第332~373页。

伪造证据，干扰证人作证或者串供的，即有证据或迹象表明犯罪嫌疑人、被告人已经实施或预备实施上述四种破坏诉讼正常进行的行为的。④可能对被害人、举报人、控告人实施打击报复的，即有证据或迹象表明犯罪嫌疑人、被告人已经实施或预备实施针对上述三种人的打击报复行为的。⑤企图自杀或者逃跑的，即有证据或迹象表明犯罪嫌疑人、被告人曾经自杀、逃跑或可能自杀、逃跑的。

2. 第二类是有证据证明有犯罪事实，可能判处徒刑以上刑罚，曾经故意犯罪或者身份不明的。对于此种情形，应当逮捕。

3. 第三类是重罪案件应当逮捕，即要符合证据条件和可能判处十年有期徒刑以上刑罚的重罪条件。

4. 第四类是对违反取保候审、监视居住规定，情节严重的，根据案件情况，可以逮捕。

三、逮捕的程序

1. 逮捕的审批和决定。由于逮捕是最严厉的强制措施，需要对逮捕的适用严格控制，与拘留的内部控制不同，公安机关的逮捕中引入了外部控制——检察机关的审查批捕。公安机关认为需要逮捕犯罪嫌疑人的，应当向同级人民检察院提出申请。审查批捕由检察机关的侦查监督部门负责。

人民检察院自侦的案件，也应报检察院侦查监督部门审查批准。省以下（不含省级）检察院自侦案件，应报上一级检察院的侦查监督部门审批，最高人民检察院和省级人民检察院自侦案件应报本级检察院侦查监督部门审批。

审查批捕时，应当审阅案卷材料和证据，依法讯问犯罪嫌疑人、询问证人等诉讼参与人、听取辩护律师意见，并作出批准或者不批准逮捕的意见。对于以下六类犯罪嫌疑人，审查批捕时应当讯问：①对是否符合逮捕条件有疑问的；②犯罪嫌疑人要求向检察人员当面陈述的；③侦查活动可能有重大违法行为的；④案情重大疑难复杂的；⑤犯罪嫌疑人系未成年人的；⑥犯罪嫌疑人是盲、聋、哑人或者是尚未完全丧失辨认或者控制自己行为能力的精神病人的。

对公安机关提请批准逮捕的犯罪嫌疑人，已被拘留的，人民检察院应当在收到提请批准逮捕书后的7日以内作出是否批准逮捕的决定；未被拘留的，应当在收到提请批准逮捕书后的15日以内作出是否批准逮捕的决定，重大、复杂的案件，不得超过20日。对于检察院自侦案件，人民检察院侦查监督部门应当在收到报请逮捕书后7日以内作出是否逮捕的决定，特殊情况下，决定逮捕的时间可以延长1日至3日。犯罪嫌疑人未被拘留的，人民检察院侦查监督部门应当在收到报请逮捕书后15日以内作出是否逮捕决定，重大、复杂的案件，不得超过20日。

审查起诉阶段，人民检察院认为需要逮捕的，也应当移送本院侦查监督部门办理。审判阶段，人民法院认为需要逮捕的，可以决定逮捕。

对担任本级人民代表大会代表的犯罪嫌疑人批准或者决定逮捕，应当报请本级人民代表大会主席团或者常务委员会许可。

2. 逮捕的执行、及时送看守所羁押。逮捕由公安机关执行。公安机关应当依据人民检察院的批捕决定或者人民检察院、人民法院的逮捕决定制作逮捕证，执行逮捕时，必须出示逮捕证。执行逮捕后，应当及时将逮捕执行的情况通知批准或决定机关，如果未能执行，应当说明原因。

为防止侦查机关在逮捕后、送看守所前，对犯罪嫌疑人非法讯问，逮捕后，应当立即将被逮捕人送看守所羁押。

3. 及时讯问、通知家属。对被逮捕的人，应当在逮捕后 24 小时内讯问。公安机关申请逮捕的，由公安机关讯问；检察院自侦案件，由检察院的侦查部门讯问；检察机关决定逮捕的，由检察机关负责讯问；人民法院决定逮捕的，由人民法院负责讯问。讯问后，发现不应当逮捕的，应当立即释放。除无法通知的以外，应当在逮捕后 24 小时以内，通知被逮捕人的家属。

4. 羁押必要性审查。由于我国的羁押率较高、羁押时间较长，为了防止羁押的滥用，减少、缩短捕后羁押，2012 年修改《刑事诉讼法》时，增加规定了羁押必要性审查制度。犯罪嫌疑人、被告人被逮捕后，人民检察院仍应当对羁押的必要性进行审查。对不需要继续羁押的，应当建议予以释放或者变更强制措施。有关机关应当调查核实，认为不需要继续羁押的，应当予以释放或者变更强制措施；认为需要继续羁押的，应当说明理由，并在 10 日以内将处理情况通知人民检察院。

5. 逮捕的撤销和变更。犯罪嫌疑人、被告人被羁押的案件，不能在法定的侦查羁押、审查起诉、一审、二审期限内办结的，对犯罪嫌疑人、被告人应当予以释放；需要继续查证、审理的，可以变更强制措施。

犯罪嫌疑人、被告人及其法定代理人、近亲属或者辩护人有权申请变更强制措施，羁押期限届满，有权要求解除强制措施。相关机关收到申请后，应当及时审查，认为不应当逮捕的，应当及时撤销或者变更；认为申请不能成立的，应当说明理由。

6. 逮捕的监督。人民检察院是法律监督机关，对逮捕全程进行监督。人民检察院的审查批捕权就是对逮捕监督的最直接表现之一；羁押必要性审查也是对逮捕的监督之一；除此之外，在逮捕的申请、决定、执行、羁押等整个过程中，如果发现有关机关存在违法行为，应当提出纠正意见，涉及犯罪的，应当立案；发现逮捕措施有误、期限届满等情况，应当提出纠正意见或者直接决定撤销逮捕或变更强制措施。公安机关释放被逮捕的人或者变更逮捕措施的，应当通知批准逮捕的人民检察院。

四、看守所在逮捕羁押中的职责

司法实践中，刑讯逼供问题突出，许多重大的冤假错案，如赵作海案、佘祥林案等，都与刑讯逼供有直接的关系，而很多刑讯逼供或者非法取证行为发生在看守所。一些典型案件如"躲猫猫事件"、"喝水死事件"也将我国看守所制度推向了改革的风口浪尖。

2009年2月，云南青年李乔明死在看守所，警方称其在看守所中与狱友玩"躲猫猫"游戏时头部受伤，后经医院抢救无效死亡。这一事件经媒体报道后，在网络上迅速发酵，众多网民纷纷质疑，一群成年男人在看守所中玩小孩子玩的"躲猫猫"游戏，听起来非常离奇，而这种"低烈度"游戏竟能致人死亡就更加令人难以置信。于是，一场以"躲猫猫"为标志的舆论抨击热潮迅速掀起。[1]"躲猫猫"事件一年后，2010年2月18日，鲁山县公安局将王亚辉刑事拘留，羁押至鲁山县看守所。2月21日，鲁山县公安局刑警队民警在对王亚辉讯问过程中，王亚辉突感身体不适，办案民警紧急将其送往县医院，经抢救无效死亡。当地警方曾解释，王亚辉是在提审时喝开水突然发病死亡，这一事件也因此被网友称为"喝水死"事件。[2]后经调查，4名办案民警涉嫌在对王亚辉的讯问过程中，刑讯逼供致其死亡。[3]

为了遏制刑讯逼供，规范讯问，《刑事诉讼法》及相关司法解释规定了一系列的制度、要求，其中很多规定涉及看守所，看守所应当在防止刑讯逼供中发挥重要的作用。

其一，拘留、逮捕后应当及时送看守所羁押，至迟不得超过24小时。

其二，看守所收押犯罪嫌疑人、被告人，应当进行健康和体表检查，并予以记录，防止犯罪嫌疑人、被告人在看守所期间被刑讯，也可为将来可能的非法证据排除提供证据。

其三，犯罪嫌疑人被送交看守所羁押以后，除了进行辨认或追缴有关财产等诉讼活动以外，不得随意被带出，不得以讯问为目的将犯罪嫌疑人带出看守所。

---

[1] 参见 http://baike.haosou.com/doc/1951017-2064568.html，访问日期：2015年5月16日。

[2] 参见 http://news.ifeng.com/society/1/201002/0228_343_1558282.shtml，访问日期：2015年5月16日。

[3] 参见 http://news.xinhuanet.com/comments/2010-03/01/content_13072314.htm，访问日期：2015年5月16日。

侦查人员对其进行讯问，应当在看守所讯问室内进行。看守所工作人员不得违法允许侦查人员将犯罪嫌疑人带出看守所讯问。

其四，看守所工作人员不得体罚、殴打、虐待或者变相体罚、殴打、虐待犯罪嫌疑人、被告人。

其五，犯罪嫌疑人、被告人提出委托律师、申诉等请求的，看守所应当代为转达。

其六，为防止超期羁押，对于犯罪嫌疑人、被告人羁押期限即将届满的，看守所应当立即通知办案机关。

其七，犯罪嫌疑人结束羁押离开看守所时，看守所也应当进行健康和体表检查，并予以记录。完整的出入所健康检查记录是证明犯罪嫌疑人在看守所期间有无被刑讯的有力证据，如果入所时身体健康，体表无明显伤痕，而出所时体表有明显伤痕，则有被刑讯的可能，是启动非法证据排除的直接证据；如果出入所时身体健康、体表无伤痕，而被告人声称受到了刑讯逼供，则可作为公诉机关抗辩的证据之一。

第十一章 附带民事诉讼

第一节 概 述

一、附带民事诉讼的概念与特点

(一) 附带民事诉讼的概念

附带民事诉讼，是指公安司法机关在刑事诉讼过程中，在依法解决被告人刑事责任的同时，附带解决被害人由于被告人的犯罪行为而遭受的物质损失的赔偿问题所进行的诉讼活动。

附带民事诉讼作为一项诉讼制度，是有关附带民事诉讼的当事人、赔偿范围、提起和审理程序等问题的法律规范的总称。我国《刑事诉讼法》第99条规定："被害人由于被告人的犯罪行为而遭受物质损失的，在刑事诉讼过程中，有权提出附带民事诉讼。被害人死亡或有丧失行为能力的，被害人的法定代理人、近亲属有权提起附带民事诉讼。如果是国家财产、集体财产遭受损失的，人民检察院在提起公诉的时候，可以提起附带民事诉讼。"这一规定是附带民事诉讼的主要法律依据。《刑事诉讼法》第102条还对附带民事诉讼的审理原则进行了规定。最高法《解释》、《关于审理刑事附带民事诉讼案件有关问题的批复》、《关于刑事附带民事诉讼范围的规定》等司法解释中关于附带民事诉讼的规定，是《刑事诉讼法》相关规定的具体化，具有很强的可操作性，是司法实践的重要依据。

在英美法系国家，尤其是以美国和英国的立法为典型代表，在对同一犯罪案件既涉及刑事责任又涉及民事责任问题应当如何处理的问题上，不同于我国的附带民事诉讼的模式，采取的是一种平行模式。这种模式以刑事诉讼和民事诉讼各自的特殊性为出发点，将犯罪行为引发的刑事诉讼和民事诉讼分别进行，两者虽然在案件事实上基本相同，但在诉讼程序上却是相互独立的，是一种平行关系。在美国，不存在刑事附带民事诉讼制度。刑事案件的被害人要想追回因犯罪行为遭受的损失,最主要的方法是按照民事诉讼程序,提起独立的损害赔偿之诉,如美国著名的世纪大案辛普森案件,就充分说明了这一点。在辛普森被认定无罪,刑事诉讼程序终结之后,该案两名被害人的亲属又分别提起了因非法致人死亡而要求损害赔偿的民事诉讼,并在民事诉讼中胜诉。此外,刑事被害人还可以通过私人保险、公共赞助、国家补偿等形式获得赔偿。在英国,对于被害人由于被告人的犯罪行为而遭受的损失,同样不采取刑事附带民事诉讼的救济方式,而是由被害人或其他具有法定资格的人依法提起独立的损害赔偿之诉。英国在1870年设立的《没收法》中规定,被害人可以通过三种方式提起赔偿之诉:一是向损害赔偿委员会请求赔偿;二是对犯罪人提起民事诉讼;三是刑事法庭依职权或根据被害人请求,在对被告人判刑时以赔偿令的形式责令犯罪人赔偿被害人损失。上述三种方式中,第一种是在刑事诉讼结束后提起的,显然不属于刑事附带民事诉讼的范畴。第三种在性质上仍为刑事制裁,不能将其与以救济被害人民事权利为宗旨、并应遵循一套相应程序的附带民事诉讼相提并论。而第二种正是允许被害人对犯罪人提起独立的民事赔偿之诉。

(二) 附带民事诉讼的特点

附带民事诉讼本质上是民事诉讼,但又不同于一般的民事诉讼,其所要解决的物质损失问题是因犯罪行为引起的,因此同刑事诉讼紧密联系、不可分割。具体来讲,附带民事诉讼具有以下几个特点:

1. 附带民事诉讼性质的特殊性。附带民事诉讼就其解决的问题的性质而言,是平等主体之间的经济损害赔偿问题,和民事诉讼中的损害赔偿是一样的,属于民事诉讼性质。但它和一般的民事诉讼赔偿又有不同,因为这种赔偿是由犯罪行为引起的,是在刑事诉讼过程中提起的,由审判刑事案件的审判组织审理,所以它又依附于刑事诉讼,是一种特殊的民事诉讼。

2. 附带民事诉讼法律依据的复合型。附带民事诉讼所解决是犯罪行为所引起的民事赔偿责任,所以解决这一问题的法律依据具有复合性特点。在实体法上,对损害事实的认定,不仅要遵循《刑法》关于具体案件犯罪构成的规定,而且要受民事法律规范调整;在程序法上,除《刑事诉讼法》有特殊规定的以外,应当适用《民事诉讼法》的规定,如诉讼原则、强制措施、诉讼证据、先行给付、诉讼保全、调解、和解、撤诉、反诉等,都要遵循《民事诉讼法》的有关规定。所以最高法《解释》第163条规定:"人民法院审理附带民事诉讼案件,除刑法、刑事诉讼法以及刑事司法解释已有规定的以外,适用民事法律的有关规定。"

3. 附带民事诉讼处理程序的相对依附性。附带民事诉讼以刑事案件的成立为前提,必须在刑事诉讼过程中提起,附带民事诉讼部分的判决不得同刑事部分的判决相抵触，附带民事诉讼的诉讼时效、上诉期限、管辖法院等都取决于刑事案件的情况。因此，附带民事诉讼在处理程序上是依赖于刑事诉讼的，它必须以刑事诉讼程序为依托。刑事诉讼不存在，附带民事诉讼也就无从谈起。

二、附带民事诉讼的意义

附带民事诉讼是刑事诉讼中一项重要的诉讼制度，其意义主要体现在以下几个方面：

1. 有利于维护国家、集体和公民个人的合法经济利益。犯罪行为往往给被害人造成经济损失，犯罪人除了承担刑事责任以外，仍然需要承担经济赔偿责任，以保证国家、集体和公民个人的经济损失得到补偿和挽回。附带民事诉讼是实现这种保证的有效途径。

2. 有利于打击和制裁犯罪活动。附带民事诉讼意味着给他人造成物质损失的犯罪分子不仅要承担刑事责任，而且还要承担民事赔偿责任。这对于打击和制裁犯罪活动，教育和改造犯罪分子具有重要意义。

3. 有利于公安司法机关全面、正确地处理案件。附带民事诉讼制度的设立，要求公安司法机关在刑事诉讼过程中，既要查明本案中的犯罪事实，还要查明被告人的犯罪行为给被害人造成的物质损失以及他对承担损害赔偿责任的态度。这对于正确认定案件事实，判断被告人认罪态度和悔罪表现，正确定罪量刑，具有重要的参考意义。

4. 有利于保证人民法院审判工作的统一性和严肃性。附带民事诉讼是由审理刑事案件的同一审判组织进行审理的，这有利于保证对案件事实认识的统一性，避免因不同审判组织分别进行审判可能对同一案件在认定事实和适用法律上作出相互矛盾的裁判，维护法院和法律的权威。

5. 有利于节约诉讼成本，提高诉讼效率。附带民事诉讼在刑事诉讼过程中附带解决被害人物质损失的赔偿问题，在一个诉讼中同时解决被告人的刑事责任和民事责任，避免因同一案件事实而再次进行诉讼。一方面，避免了公安司法机关的重复劳动，节约了司法资源，提高了诉讼效率；另一方，又方便了当事人及其他诉讼参与人参与诉讼，减少他们重复出庭、重复举证等活动，减轻了他们的讼累。

第二节　附带民事诉讼的成立条件

一、附带民事诉讼必须以刑事诉讼的成立为前提

附带民事诉讼依附于刑事诉讼，是在追究被告人刑事责任的同时，附带追究被告人的损害赔偿责任。因此，附带民事诉讼必须以刑事案件和刑事诉讼的成立为前提。如果刑事案件和刑事诉讼不成立，附带民事诉讼也就失去了存在的基础。需要注意的是，这里是指以刑事案件和刑事诉讼的成立为前提，而不是以是否对被告人科处刑罚为标准。一般情况下，被告人的行为虽然构成犯罪，但根据法律不需要判处刑罚或者可以免除刑罚的案件中，犯罪行为给被害人造成物质损失的，被害人仍然可以提起附带民事诉讼。如果刑事案件已经终结，比如在案件的侦查和起诉阶段，刑事诉讼部分作了撤销案件或者不起诉的处理决定，意味着刑事诉讼已经终结，附带民事诉讼也就失去了存在的前提，被告人只能向法院提起独立的民事诉讼。

二、原告人必须具有提起附带民事诉讼的权利能力

附带民事诉讼的原告人是指因被告人的犯罪行为而遭受物质损失并在刑事诉讼中提出赔偿请求的诉讼参与人。根据《刑事诉讼法》和最高法《解释》的有关规定，在我国，可以作为附带民事诉讼原告人的包括：

1. 因为犯罪行为而遭受物质损失的公民。任何公民（自然人）由于被告人的犯罪行为而遭受物质损失的，在刑事诉讼过程中，都有权提起附带民事诉讼。这是附带民事诉讼中最常见的原告人。

2. 因为犯罪行为而遭受物质损失的法人和其他组织。《刑事诉讼法》第99条规定的"被害人"作为犯罪侵害的对象，应当从广义上去理解，不仅包括自然人，也应当包括单位，因为二者都是可能受到犯罪侵害的权利主体。比如在伤害罪、杀人罪等以侵害特定人身权利为对象的犯罪中，被害人当然只能是自然人；但在诸如盗窃、贪污、抢劫、纵火等犯罪活动中，被害人显然应包括企业、事业单位、机关、团体等法人和其他组织，这些案件的受害单位有权向人民法院提起附带民事诉讼，要求得到赔偿。

3. 已死亡被害人的法定代理人、近亲属。根据《刑事诉讼法》的规定，法定代理人是指被代理人的父母、养父母、监护人和负有保护责任的机关、团体的代表。近亲属是指夫、妻、父、母、子、女、同胞兄弟姐妹。被害人已死亡的，其民事权利能力终止，但其民事权利仍应依法得到保护，对于其因犯罪而遭受的

物质损失，法定代理人、近亲属有权向人民法院提起附带民事诉讼，要求得到赔偿。

4. 无行为能力人或者限制行为能力人的法定代理人或者监护人。在被害人是未成年人、精神病患者等无行为能力或者限制行为能力人时，由于其个人能力的限制，仅靠自己的力量难以维护其合法权益，因而法律规定，他们的法定代理人或者监护人可以代为提起附带民事诉讼。但此时附带民事诉讼的原告人仍应列被害人本人，只不过其作为原告人的诉讼权利和义务由其法定代理人或者监护人代为行使。

5. 人民检察院。如果是国家财产、集体财产遭受损失的，人民检察院在提起公诉时，可以提起附带民事诉讼。这里的"可以"应当同第二种情况联系起来理解，即当国家财产、集体财产遭受损失，而被害单位没有提起附带民事诉讼时，人民检察院作为国家利益的维护者，有责任提起附带民事诉讼。根据最高法《解释》第 142 条第 2 款的规定，人民检察院提起附带民事诉讼的，应当列为附带民事诉讼原告人。

三、附带民事诉讼必须有明确的被告人和具体的诉讼请求

附带民事诉讼的被告人，一般是刑事诉讼的被告人，但在某些特殊情况下，应当赔偿物质损失的附带民事诉讼被告人，却不是承担刑事责任的被告人。根据最高法《解释》第 143 条的规定，主要包括以下几种情形：

1. 未被追究刑事责任的其他共同侵害人。这种情形主要是指数人共同犯罪案件中，有的被告人被追究刑事责任而交付人民法院审判，有的被公安机关作出行政处罚，有的被人民检察院作出不起诉决定，在这些情况下，被作出其他处理的同案人都可以作为附带民事诉讼的被告人。因为数人共同造成他人物质损失的行为是一个不可分开的整体行为，造成物质损失结果的原因是共同的加害行为，各加害人都应对物质损失共同承担民事赔偿责任。但是，这里的共同侵害人不包括在逃的同案犯。根据最高法《解释》第 146 条的规定，共同犯罪案件，同案犯在逃的，不应列为附带民事诉讼被告人。逃跑的同案犯到案后，被害人或者其法定代理人、近亲属可以对其提起附带民事诉讼，但已经从其他共同犯罪人处获得足额赔偿的除外。

2. 刑事被告人的监护人。当未成年人、精神病人实施危害社会的行为给被害人造成物质损失的，未成年人、精神病人的法定代理人或者监护人应当作为被告人，承担赔偿责任。

3. 死刑罪犯的遗产继承人和共同犯罪案件中案件审结前死亡的被告人的遗产继承人。因为，在这两种情况下对被害人的经济赔偿应当看做是已经死亡的刑

事被告人生前所负的债务，属于遗产的清偿范围。但是，如果该继承人声明放弃继承则不得继续以其为被告。

4. 对被害人的物质损失依法应当承担赔偿责任的其他单位和个人。这里的单位应作广义的理解，既可以是法人组织，也可以是非法人单位。

如果附带民事诉讼被告人的亲友自愿代为赔偿的，司法机关应当准许。

另外，原告人提起附带民事诉讼，不仅要求有明确的被告，还必须有具体的诉讼请求，即提出应当赔偿的具体数额，同时对加害事实造成的物质损失，要有事实根据，并应承担举证责任。

四、附带民事诉讼的诉因是刑事被告人的犯罪行为给被害人造成了物质损失

这一诉因，包括两个相互联系的内容：

1. 被害人所遭受的损失是物质性的。所谓物质损失，是相对于精神损失而言的，它是指可以用金钱计算的损失。关于精神损失能否作为附带民事诉讼的诉因问题，在理论界存在很大争议。但最高法《解释》第138条第2款明确规定："因受到犯罪侵犯，提起附带民事诉讼或者单独提起民事诉讼要求赔偿精神损失的，人民法院不予受理。"因此，在我国，只能针对物质损失提起附带民事诉讼，而不能在附带民事诉讼中提起精神损害赔偿。同时，即使相关被害人不在刑事诉讼过程中提起附带民事诉讼，而是另行提起民事诉讼，也不能针对犯罪行为提起精神损害赔偿。

2013年3月4日，被告人周某某企图将停在某超市门口的一辆轿车盗走。上车后，周某某发现有婴儿在后排座上。为防止被发现，他将车牌掰下，将轮毂上的红布条解下置于车内。行驶过程中，将婴儿掐、勒死。后周某某将婴儿埋于积雪中，并将车内女式挎包、婴儿衣物等抛至路旁沟内。周某某回家后，从家人处及网络上得知公安机关在本省和邻省进行全力抓捕，也知道社会公众在自发寻找被盗车辆及婴儿，在无处可逃的情况下向公安机关投案自首。2013年5月27日，长春市中级人民法院对"偷车杀婴案"作出宣判，被告人周某某犯故意杀人罪和盗窃罪，合并判处其死刑，剥夺政治权利终身，并处罚金人民币5万元；民事赔偿被害人家属经济损失1.7万元。由于现行刑事诉讼法不支持精神损害赔偿。本案的附带民事部分，只能就故意杀害婴儿部分赔偿。按照相关司法解释，对于侵犯生命权、健康权等犯罪，其赔偿物质损失的范围仅限于"医疗费、护理费、交通费等为治疗和康复支付的合理费用，以及因误工减少的收入；造成被害人残疾的，应当赔偿残疾生活辅助具费等费用；造成被害人死亡的，还应当赔偿丧葬费等费用。"而本案中的婴儿已经被当场杀害，不存在医疗费等，只能就丧葬费

作出赔偿。

2. 被害人遭受的物质损失是由被告人的犯罪行为直接造成的。也就是说，被告人的犯罪行为与被害人所遭受的物质损失之间必须存在因果关系。最高人民法院《关于刑事附带民事诉讼范围问题的规定》第 2 条规定："被害人因犯罪行为遭受的物质损失，是指被害人因犯罪行为已经遭受的实际损失和必然遭受到损失。"据此，犯罪行为直接造成的物质损失，既包括犯罪行为已经给被害人造成的物质损失，例如，犯罪分子作案时破坏的门窗、车辆、物品，被害人的治疗费、营养费等，这种损失又称积极损失；又包括被害人将来必然遭受到的物质利益损失，例如，因伤残减少的劳动收入，今后继续医疗的费用，被毁坏丰收在望的庄稼等，这种损失又称消极损失。但是，不包括今后可能得到的或通过努力才能挣得的物质利益，比如超产奖、发明奖、加班费等。至于在犯罪过程中由于被害人自己的过错造成的损失，则不应由被告人承担。此外，引起刑事犯罪的民事纠纷，也不能在刑事诉讼过程中解决。

根据上述精神，最高法《解释》第 155 条对附带民事诉讼的赔偿范围问题进行了如下规定：①犯罪行为造成被害人人身损害的，应当赔偿医疗费、护理费、交通费等为治疗和康复支付的合理费用，以及因误工减少的收入。造成被害人残疾的，还应当赔偿残疾生活辅助具费等费用；造成被害人死亡的，还应当赔偿丧葬费等费用；②驾驶机动车致人伤亡或者造成公私财产重大损失，构成犯罪的，依照《中华人民共和国道路交通安全法》第 76 条的规定确定赔偿责任；③附带民事诉讼当事人就民事赔偿问题达成调解、和解协议的，赔偿范围、数额不受上述规定的限制。

另外，需要注意附带民事诉讼解决的是因犯罪行为而遭受的物质损失，而不是因犯罪行为非法占有和处置的被害人财产。对于因犯罪非法占有和处置的被害人的财产，最高法《解释》第 139 条规定："被告人非法占有、处置被害人财产的，应当依法予以追缴或者责令退赔。被害人提起附带民事诉讼的，人民法院不予受理。追缴、退赔的情况，可以作为量刑情节考虑。"

第三节　附带民事诉讼的提起

一、提起附带民事诉讼的期间

附带民事诉讼应当在刑事案件立案以后、第一审判决宣告之前提起。如果刑事案件尚未立案，意味着刑事诉讼能否成立尚不确定，提起附带民事诉讼的前提条件也就不存在；如果刑事案件的第一审判决已经宣告，再允许提起附带民事诉讼，既会造成刑事审判的过分迟延，带来审判秩序的混乱，又因已经失去了合并审理的机会，而使附带民事诉讼变得没有意义。

如果在侦查、审查起诉阶段提起附带民事诉讼的，人民检察院应当记录在案，并将原告人的诉讼请求和有关材料，在提起公诉的同时，一并移送人民法院。提起附带民事诉讼的终结时间是一审判决的宣告。即只有在一审判决宣告前才能提起附带民事诉讼；一旦一审刑事判决宣告，附带民事诉讼部分就失去了同刑事部分合并审判的基础。为此，最高法《解释》第161条规定："第一审期间未提起附带民事诉讼，在第二审期间提起的，第二审人民法院可以依法进行调解；调解不成的，告知当事人可以在刑事判决、裁定生效后另行提起民事诉讼。"

二、提起附带民事诉讼的方式

我国《刑事诉讼法》对于提起附带民事诉讼的方式没有作出明确规定。根据最高法《解释》第147条第2款和第150条的规定，提起附带民事诉讼一般应当提交附带民事起诉状；书写诉状确有困难的，可以口头起诉。审判人员应当对原告人的口头诉讼请求详细询问，并制作笔录，向原告人宣读；原告人确认无误后，应当签名或者盖章。无论以书面方式还是口头方式，都应当说明附带民事诉讼原告人、被告人的姓名、年龄、职业、住址等个人基本情况，控告的犯罪事实，由于犯罪行为造成的物质损失及相关证据、具体赔偿请求等。

人民检察院在提起公诉时一并提起附带民事诉讼的，只能采取书面形式，即制作附带民事诉状，该诉状应当写明：被告人的基本情况；被告人的犯罪行为给国家、集体财产造成损失的情况；代表国家、集体要求被告人赔偿损失的诉讼请求和适用的法律根据。

第四节 附带民事诉讼的审理程序

一、附带民事诉讼审理的一般原则

我国《刑事诉讼法》第102条规定了附带民事诉讼审理中的刑民一并审判原则，即"附带民事诉讼应当同刑事案件一并审判，只有为了防止刑事案件审判的过分迟延，才可以在刑事案件审判后，由同一审判组织继续审理附带民事诉讼。"根据这一原则，一般情况下，附带民事诉讼应当同刑事诉讼一并审理并作出判决，这样便于全面查清案件事实，也节省人力、物力和时间。但为了防止刑事案件的审判过分迟延，如果附带民事诉讼部分同刑事部分一并审判，会影响刑事部分在法定时间内审结，也可以先审判刑事部分，后审判附带民事部分。但是在分别审判时要注意：第一，只能先审判刑事部分，后审附带民事部分，而不能先审判附带民事部分，后审理刑事部分；第二，应当由审理刑事案件的同一审判组织继续审理附带民事部分，不得另行组成合议庭。如果审理刑事案件中的审判人员因死亡或者患有重大疾病，确实无法继续参加附带民事诉讼审判的，也可以更换其他审判人员；第三，附带民事部分判决对案件事实的认定不得同刑事判决相抵触；第四，附带民事诉讼部分的延期审理，一般不影响刑事判决的生效。

此外，我国《刑事诉讼法》第101条还规定了附带民事诉讼审判中的调判并用原则，即"人民法院审理附带民事诉讼案件，可以进行调解，或者根据物质损失情况作出判决、裁定。"

二、附带民事诉讼的保全和先予执行

（一）附带民事诉讼的保全

附带民事诉讼的保全，是指人民法院为了保证将来发生法律效力的附带民事诉讼判决能够得到切实执行，依据附带民事诉讼原告人的申请，而对被告人的财产采取一定的强制性措施。我国《刑事诉讼法》第100条规定："人民法院在必要的时候，可以采取保全措施，查封、扣押或者冻结被告人的财产。附带民事诉讼原告人或者人民检察院可以申请人民法院采取保全措施。人民法院采取保全措施，适用民事诉讼法的有关规定。"最高法《解释》第152条进行了更为详细的规定，第1款规定："人民法院对可能因被告人的行为或者其他原因，使附带民事判决难以执行的案件，根据附带民事诉讼原告人的申请，可以裁定采取保全措施，查封、扣押或者冻结被告人的财产；附带民事诉讼原告人未提出申请的，必要时，人民法院也可以采取保全措施。"第2款规定："有权提起附带民事诉讼的人因情况紧急，不立即申请保全将会使其合法权益受到难以弥补的损害的，可以在提起附带民事诉讼前，向被保全财产所在地、被申请人居住地或者对案件有管辖权的人民法院申请采取保全措施。申请人在人民法院受理刑事案件后15日内未提起附带民事诉讼的，人民法院应当解除保全措施。"

附带民事诉讼的保全应当注意：第一，确实存在因被告人的行为或其他原因使将来的附带民事判决不能执行或难以执行的可能性；第二，附带民事诉讼的保全措施，刑事诉讼法只规定了查封、扣押和冻结三项，而不包括其他保全措施；第三，查封、扣押和冻结的财产，只能以被告人的个人财产为限，不得查封、扣押或者冻结他人包括被告人的近亲属的财产；第四，查封、扣押或者冻结的财产应以足够支付赔偿数额为限，如果赔偿的准确数额暂时难以确定的，可以已请求数额确定，不得任意扩大查封、扣押或者冻结的范围；第五，对于查封、扣押或者冻结的财产，应当妥善保管，在不宜长久保存的情况下，可以变卖，保存价款。

(二) 附带民事诉讼的先予执行

附带民事诉讼的先予执行,是指人民法院受理附带民事诉讼之后、作出判决前,根据附带民事诉讼原告人的请求决定附带民事诉讼被告人先付给原告人一定款项或特定物并立即执行的措施。关于附带民事诉讼的先予执行问题,我国《刑事诉讼法》中没有作出明确规定,但我们认为这一制度对于及时救治被害人、解决被害人的困难,是很有必要的。附带民事诉讼的先予执行必须具备法定的理由,即犯罪行为给被害人造成了极大的困难。最高人民法院 2000 年 11 月 20 日通过的《关于审理附带民事诉讼案件有关问题的批复》规定:"对于附带民事诉讼当事人提出先予执行申请的,人民法院应当依照民事诉讼法的有关规定,裁定先予执行或驳回申请。"采取先予执行时,既要考虑被害人的需要,又要兼顾被告人的实际支付能力。先予执行的数额应当折抵附带民事诉讼判决中所确定的赔偿数额。

三、附带民事诉讼的受理和审判程序

我国《刑事诉讼法》中对于附带民事诉讼的审判除了上述原则性规定外,对于具体审理程序没有进行规定。为了规范附带民事诉讼的审理程序,最高法《解释》对此进行了详细规定,主要内容如下:

1. 人民法院受理刑事案件后,对符合提起附带民事诉讼的条件的,可以告知被害人或者其法定代理人、近亲属有权提起附带民事诉讼。有权提起附带民事诉讼的人放弃诉讼权利的,应当准许,并记录在案。

2. 侦查、审查起诉期间,有权提起附带民事诉讼的人提出赔偿要求,经公安机关、人民检察院调解,当事人双方达成协议并已全部履行,被害人或者其法定代理人、近亲属又提起附带民事诉讼的,人民法院不予受理,但有证据证明调解违反自愿、合法原则的除外。

3. 人民法院收到附带民事诉讼的起诉状,或者接受口头起诉以后,应当进行审查,并在 7 日以内决定是否立案。符合《刑事诉讼法》关于附带民事诉讼起诉条件的,应当受理;不符合的,裁定不予受理。

4. 人民法院受理附带民事诉讼后,应当在 5 日内向附带民事诉讼的被告人及其法定代理人送达附带民事诉讼的起诉状副本,或者将口头起诉的内容及时通知附带民事诉讼的被告人及其法定代理人,并制作笔录。人民法院在送达附带民事起诉状副本,或者通知口头起诉的内容时,应根据刑事案件审理的期限,确定被告人或者其法定代理人提交民事答辩状的时间。

5. 人民法院开庭审判案件前,要向附带民事诉讼的原告和被告送达传票,

传唤他们出庭。这里的被告人，是指未被羁押的被告人以及与刑事案件被告人不同的被告。原告无正当理由拒不到庭或者未经法庭许可中途退庭的，按撤诉处理；被告人无正当理由拒不到庭或者未经法庭许可中途退庭的，附带民事诉讼部分可以缺席判决。

6. 附带民事诉讼案件的当事人在法庭上对自己提出的主张，有责任提供证据。

7. 人民法院审理附带民事诉讼案件，可以根据自愿、合法的原则进行调解。经调解达成协议的，应当制作调解书，调解书经双方当事人签收后，即具有法律效力。调解达成协议并即时执行完毕的，可以不制作调解书，但应当制作笔录，经双方当事人、审判人员、书记员签名或者盖章后即发生法律效力。

8. 调解未达成协议或者调解书签收前当事人反悔的，附带民事诉讼应当同刑事诉讼一并判决。

9. 人民法院认定公诉案件被告人的行为不构成犯罪的，对已经提起的附带民事诉讼，经调解达不成协议的，应当一并作出刑事附带民事判决。

10. 人民法院准许人民检察院撤回起诉的公诉案件，对已经提起的附带民事诉讼，可以进行调解，不宜调解或者经调解不能达成协议的，应当裁定驳回起诉，并告知附带民事诉讼原告人可以另行提起民事诉讼。

11. 附带民事诉讼被告人的亲友自愿代为赔偿的，应当准许。

12. 人民检察院提起附带民事诉讼的，人民法院经审理，认为附带民事诉讼被告人依法应当承担赔偿责任的，应当判定附带民事被告人直接向遭受损失的单位作出赔偿；遭受损失的单位已经终止，有权利义务继受人的，应当判令其向继受人作出赔偿；没有权利义务继受人的，应当判令其向人民检察院交付赔偿款，由人民检察院上缴国库。

13. 人民法院审理刑事附带民事诉讼案件，应当结合被告人赔偿被害人物质损失的情况认定其悔罪表现，并在量刑时予以考虑。

14. 被害人或者其法定代理人、近亲属在刑事诉讼过程中未提起附带民事诉讼，另行提起民事诉讼，人民法院可以进行调解，或者根据物质损失情况作出判决。

15. 人民法院审理刑事附带民事诉讼案件，不收取诉讼费。

第十二章 期间与送达

第一节 期 间

一、期间与期日

刑事诉讼期间，是指公安司法机关进行刑事诉讼活动以及当事人和其他诉讼参与人参加刑事诉讼所应当遵守的时间期限。刑事诉讼期间一般由法律明确规定，称为法定期间；个别情况下可以由公安司法机关指定，称为指定期间。法律明确规定的期间可以分为公安司法机关应当遵守的期间和当事人及其他诉讼参与人应当遵守的期间两大类。

与期间紧密相联的另一个概念是期日。期日是指公安司法机关以及诉讼参与人共同进行刑事诉讼活动的特定时间。《刑事诉讼法》对期日未作具体规定，刑事司法实践中一般由公安司法机关根据案件的具体情况和法律规定的期间予以具体指定。期间与期日虽然都是刑事诉讼中规范时间的重要概念，但二者有较大的区别，主要为：第一，期间是一定期限内的时间，即从某日某时至某日某时的一段时间；期日是一个特定的时间单位，如刑事诉讼活动的某一日、某几时。第二，期间是指公安司法机关以及当事人和诉讼参与人各自单独进行某项诉讼活动所必须遵守的时间；期日是公安司法机关和诉讼参与人共同进行某项诉讼活动所必须遵守的时间要求。第三，期间一般由法律明确规定，一般不能变更；期日由公安司法机关指定，遇有特殊情形时可以变更。

二、期间的计算

（一）计算单位

根据《刑事诉讼法》第 103 条第 1 款的规定，我国刑事诉讼期间的计算单位有时、日、月三种。虽然法律没有规定以"年"作为计算单位，但实际上在刑事诉讼中也存在以"年"为单位的期限，如追诉期限、申诉期限、刑罚执行期限等。

（二）计算方法

对于期间的计算应当遵循以下方法：

1. 以时和日为计算单位的，开始之时、日不计算在期间以内，从下一时、次日起算。例如，某甲于某日 11 点 30 分被刑事拘留，那么刑事拘留期限的计算时间应从该日 12 点起开始起算。

2. 以月计算的规则是：（1）一律按照按公历月计算，不分大月、小月，自本月某日至下月某日为 1 个月。例如，7 月 11 日至 8 月 11 日为 1 个月的期限。（2）遇有以半月为期的，不分大、小月，均以 15 天计，不受当月实际天数的影响。（3）如果按照第（1）条规则，自本月的起始日至下月的期满日为 1 个月，而下月的期满日实际不存在，则应当将期满月的最后一日为期满日。例如，1 月 29 日开始补充侦查，期满之日本应为 2 月 29 日，但是由于 2 月一般没有 29 日，此时的期满之日应是当年 2 月的最后一日，即 28 日。

3. 期间的最后一日为法定节假日的，以节假日后的第一个工作日为期间届满的日期。

4. 对于法定期间的计算，不包括路途上的时间。这一规定适用于公安司法机关和当事人。例如，当事人提交的上诉状在期满前已经交邮的，即使上诉状到达法院时已经超过了法定期限，仍然应当认定为没有超期。公安机关从外地押解犯罪嫌疑人带回本地需要 5 天时间，则 24 小时内讯问犯罪嫌疑人和通知其家属的法定期间应当扣除 5 天。

三、期间的恢复

刑事诉讼期间的恢复，是指刑事诉讼当事人由于特殊原因未能在法定期限内完成应当进行的诉讼行为的，在障碍消除后一定期限内，经人民法院准许后可以继续进行应当在期满以前完成的诉讼行为。设立期间恢复制度，有利于充分保护当事人的合法权利，保证刑事诉讼活动的顺利进行。《刑事诉讼法》第 104 条规定："当事人由于不能抗拒的原因或者有其他正当理由而耽误期限的，在障碍消除后 5 日以内，可以申请继续进行应当在期满以前完成的诉讼活动。前款申请是否准许，由人民法院裁定。"

按照这一规定，期间恢复必须具备以下条件：

第一，只有当事人才可以提出恢复期间的申请，其他诉讼参与人无权提出这种申请。

第二，当事人未能在法定期限内完成应当进行的诉讼行为，必须是由于不能抗拒的原因或其他正当理由。不能抗拒的原因主要是指当事人不可预见、不可避免和不可克服的客观困难。例如，发生地震、火灾、车祸、战争等当事人本身无法抗拒的现象，或者是当事人家中发生了重大意外变故、突患严重疾病等情况，使当事人无法实施诉讼行为。

第三，当事人应当在障碍消除后的5日内，向负责审理案件的人民法院提出申请。超出此期限，当事人就丧失了恢复期限的权利。

第四，必须经人民法院裁定准许。人民法院在接到当事人的申请后，经过审查，认为当事人所述情况真实可信，确实属于不能抗拒的原因或者其他正当理由的，应当裁定准许当事人继续进行未完成的诉讼活动。如果人民法院经过审查，认为当事人所述情况并非不能抗拒的原因或者其他正当理由的，应当裁定驳回申请。

四、法定期间

法定期间，是指由法律作出明确规定的诉讼时间期限。《刑事诉讼法》对于诉讼活动的期限有明确而具体的规定，主要包括以下几种：

（一）强制措施期间

1. 一次拘传持续的时间不得超过12小时；案情特别重大、复杂，需要采取拘留、逮捕措施的，拘传持续的时间不得超过24小时。两次拘传之间的间隔时间不得少于12小时，不得以连续传唤、拘传的形式变相拘禁犯罪嫌疑人、被告人。

2. 取保候审最长不得超过12个月，监视居住最长不得超过6个月。

3. 拘留后，应当立即将被拘留人送看守所羁押，至迟不得超过24小时。除无法通知或者涉嫌危害国家安全犯罪、恐怖活动犯罪通知可能有碍侦查的情形以外，应当在拘留后24小时以内，通知被拘留人的家属。有碍侦查的情形消失以后，应当立即通知被拘留人的家属。

4. 公安机关对被拘留的人，认为需要逮捕的，应当在拘留后的3日以内，提请人民检察院审查批准。特殊情况下，提请审查批准的时间可以延长1日至4日。对于流窜作案、多次作案、结伙作案的重大嫌疑分子，提请审查批准的时间可以延长至30日。人民检察院应当自收到公安机关提请批准逮捕书后的7日以内，作出批准逮捕或者不批准逮捕的决定。

5. 人民检察院对直接受理的案件中被拘留的人，认为需要逮捕的，下级人民检察院侦查部门应当在拘留后7日以内报上一级人民检察院审查逮捕。上一级人民检察院应当在收到报请逮捕书后7日以内作出是否逮捕的决定。特殊情况下，决定逮捕的时间可以延长1日至3日。

（二）侦查羁押期间

侦查羁押期间是指被逮捕的犯罪嫌疑人、被告人在侦查阶段被剥夺人身自由的期限。侦查羁押期间适用于公安机关立案侦查和人民检察院直接立案侦查的案件。

对犯罪嫌疑人逮捕后的侦查羁押期限不得超过 2 个月。案情复杂、期限届满不能终结的案件，可以经上一级人民检察院批准延长 1 个月。对于交通十分不便的边远地区的重大复杂案件，重大的犯罪集团案件，流窜作案的重大复杂案件以及犯罪涉及面广、取证困难的重大复杂案件，在上述的 3 个月侦查羁押期限内不能办结的，经省、自治区、直辖市人民检察院批准或者决定，可以延长 2 个月。对于犯罪嫌疑人可能判处 10 年有期徒刑以上刑罚，在上述 5 个月的期限内仍不能侦查终结的，经省、自治区、直辖市人民检察院批准或者决定，可以再延长 2 个月。因为特殊原因，在较长时间内不宜交付审判的特别重大复杂的案件，由最高人民检察院报请全国人民代表大会常务委员会批准延期审理。

（三）审查起诉期间

人民检察院对于公安机关移送起诉的案件，应当在 1 个月以内作出决定，重大、复杂的案件，经检察长批准可以延长半个月。

对于补充侦查的案件，应当在 1 个月内补充侦查完毕。补充侦查以两次为限。

（四）被害人对不起诉决定的申诉期间

被害人对于人民检察院作出的不起诉决定不服的，可以在收到决定书后 7 日内向上一级检察院提出申诉。被不起诉人对于人民检察院因"犯罪情节轻微，依照刑法规定不需要判处刑罚或者免除刑罚"而作出的不起诉决定不服，可以在收到决定书后 7 日内向作出决定的人民检察院申诉。

（五）一审程序期间

1. 普通程序公诉案件的庭前告知期间。人民法院应当在 7 日内审查完毕，决定是否受理，并在开庭 10 日前将人民检察院的起诉书副本送达被告人；在开庭 3 日前将开庭的时间、地点通知人民检察院；至迟应当在开庭 3 日前将传票送达当事人，将通知书送达辩护人、诉讼代理人、证人、鉴定人和翻译人员；公开审判的案件，在开庭 3 日前先期公布案由、被告人姓名、开庭时间和地点。

2. 普通程序公诉案件的补充侦查期间。检察人员在庭审中发现提起诉讼的案件需要补充侦查并提出建议的，人民检察院应当在 1 个月内补充侦查完毕。在法庭审判过程中，检察机关建议补充侦查，法院决定延期审理的，延期审理时间不得超过 1 个月。

3. 普通程序公诉案件的审理期间。人民法院审理公诉案件，应当在受理后 2 个月以内宣判，至迟不得超过 3 个月。对于可能判处死刑的案件或者附带民事诉讼的案件，以及有《刑事诉讼法》第 156 条规定的情形之一的，经上一级人民法院批准,可以延长3个月。因特殊情况还需要延长的,报请最高人民法院批准,最高人民法院经审查予以批准的,可以延长审理期限1至3个月。

4. 自诉案件的审理期间。人民法院审理自诉案件的期限,被告人被羁押的,适用上述规定;未被羁押的,应当在受理后6个月以内宣判。

5. 简易程序审理期间。人民法院应当在受理后20日以内审结;对可能判处的有期徒刑超过3年的,可以延长至1个半月。

6. 判决宣告期间。人民法院当庭宣告判决的,应当在5日内将判决书送达当事人和提起公诉的人民检察院;定期宣告判决的,应当在宣告后立即将判决书送达当事人和提起公诉的人民检察院。

(六)上诉、抗诉期间

对第一审刑事判决的上诉、抗诉期间为10日;不服第一审刑事裁定的上诉、抗诉期间为5日。被害人及其法定代理人不服地方各级人民法院一审判决,有权自收到判决书之日起5日内请求人民检察院提出抗诉;人民检察院应在收到请求后5日内作出是否抗诉的决定并且答复请求人。上诉、抗诉的期限,从接到判决书、裁定书的第二日起计算。

(七)二审程序期间

通过原审人民法院提出上诉的,原审人民法院应当在3日内将上诉状连同案卷、证据移送上一级人民法院,同时将上诉状副本送交同级人民检察院和对方当事人;直接向第二审人民法院提出上诉的,第二审人民法院应当在3日内将上诉状交原审人民法院送交同级人民检察院和对方当事人。第二审人民法院应当在开庭10日前通知人民检察院查阅案卷。人民检察院应当在1个月以内查阅完毕。

第二审人民法院受理上诉、抗诉案件后,应当在2个月以内审结。对于可能判处死刑的案件或者附带民事诉讼的案件,以及有《刑事诉讼法》第156条规定情形之一的,经省、自治区、直辖市高级人民法院批准或者决定,可以延长2个月;因特殊情况还需要延长的,报请最高人民法院批准。最高人民法院受理上诉、抗诉案件的审理期限,由最高人民法院决定。

(八)再审程序期间

按照审判监督程序重新审判的案件,人民法院应当在作出提审、再审决定之日起3个月内审结;需要延长期限的,不得超过6个月。接受抗诉的人民法院按照审判监督程序审判抗诉的案件,审理期限适用前述规定;对需要指令下级人民法院再审的,应当自接受抗诉之日起1个月内作出决定,下级人民法院审理案件的期限,同样是3个月内审结;需要延长期限的,不得超过6个月。

(九)执行期间

1. 死刑的执行期间。下级人民法院接到最高人民法院执行死刑的命令后,应当在 7 日内交付执行。第一审人民法院在执行死刑 3 日前,应当通知同级人民检察院派员临场监督。

2. 减刑、假释程序的期间。对被判处无期徒刑、有期徒刑和被减为有期徒刑的罪犯的减刑、假释,罪犯服刑地的高级、中级人民法院应当自收到减刑、假释建议书之日起 1 个月内依法裁定;案情复杂或者情况特殊的,可以延长 1 个月。对被判处拘役、管制的罪犯的减刑,罪犯服刑地中级人民法院应当在收到减刑、假释建议书之日起 1 个月内作出裁定。

3. 暂予监外执行、减刑、假释的监督期间。

人民检察院认为暂予监外执行不当的,报经检察长批准后,应当自接到通知之日起 1 个月内将书面意见送交批准暂予监外执行的机关。批准暂予监外执行的机关接到人民检察院的书面意见后,应当立即对该决定进行重新核查。

人民检察院认为人民法院减刑、假释的裁定不当,报经检察长批准,应当在收到裁定书副本后 20 日内,向人民法院提出书面纠正意见,人民法院应当在收到纠正意见后 1 个月内重新组成合议庭进行审理,作出最终裁定。

第二节 送 达

一、送达的概念和特点

刑事诉讼中的送达,指公安司法机关依照法定的程序和方式,将有关诉讼文书送交诉讼参与人和有关单位的一种诉讼活动。

送达是一项具有法律意义的诉讼活动,具有以下特点:

第一,送达的主体是公安司法机关。其他任何机关送交有关诉讼文书的行为都不是刑事诉讼中的送达。我国刑事诉讼中送达仅限于公安司法机关与诉讼参与人、有关单位之间。

第二,送达的内容是有关的诉讼文书。送达的内容既包括公安司法机关制作的诉讼文书,如起诉书、判决书、裁定书等,也包括诉讼参与人制作的自诉状副本、附带民事诉讼诉状及答辩状副本、上诉状副本等诉讼文书。

第三,送达必须依照法定的程序和方式进行。《刑事诉讼法》对送达作出了严格的规定。公安司法机关必须严格按照法律规定的程序和方式送达,诉讼文书才会发生法律效力。

二、送达的方式和程序

按照《刑事诉讼法》和司法解释的规定,刑事诉讼中的送达主要有以下几种：

(一) 直接送达

直接送达是指公安司法机关派员将诉讼文书直接送交收件人，而不经过其他中间环节的送达方式。直接送达的特点是诉讼文书被直接交付收件人，因而准确、及时。公安司法机关送达诉讼文书，一般以直接送达为原则。根据《刑事诉讼法》第105条的规定，"送达传票、通知书和其他诉讼文件应当交给收件人本人；如果本人不在，可以交给他的成年家属或者所在单位的负责人员代收。"最高法《解释》第167条规定："送达诉讼文书，应当由收件人签收。收件人不在的，可以由其成年家属或者所在单位负责收件的人员代收。收件人或者代收人在送达回证上签收的日期为送达日期。"

(二) 留置送达

留置送达是指收件人本人或者代收人拒绝接收诉讼文书或者拒绝签字、盖章时，送达人员依法将诉讼文书留在收件人或者代收人住处的送达方式。留置送达必须具备的前提是收件人本人或者代收人拒绝接收或者拒绝签名、盖章。如果仅仅是找不到收件人本人或代收人，不可采用留置送达。《刑事诉讼法》第105条第2款明确规定："收件人本人或者代收人拒绝接收或者拒绝签名、盖章的时候，送达人可以邀请他的邻居或者其他见证人到场，说明情况，把文件留在他的住处，在送达证上记明拒绝的事由、送达的日期，由送达人签名，即认为已经送达。"最高法《解释》第167条第3款规定了留置送达的具体程序："收件人或者代收人拒绝签收的，送达人可以邀请见证人到场，说明情况，在送达回证上注明拒收的事由和日期，由送达人、见证人签名或者盖章，将诉讼文书留在收件人、代收人的住处或者单位；也可以把诉讼文书留在受送达人的住处，并采用拍照、录像等方式记录送达过程，即视为送达。"

(三) 委托送达

委托送达是指具体办理案件的公安司法机关委托收件人所在地的公安司法机关代为转交的送达方式。委托送达的前提是，具体办理案件的公安司法机关和收件人不在同一地区，而且直接送达诉讼文书确有困难。最高法《解释》第168条规定："直接送达诉讼文书有困难的，可以委托收件人所在地的人民法院代为送达，或者邮寄送达。"第169条规定："委托送达的，应当将委托函、委托送达的诉讼文书及送达回证寄送受托法院。受托法院收到后，应当登记，在10日内送达收件人，并将送达回证寄送委托法院；无法送达的，应当告知委托法院，并将诉讼文书及送达回证退回。"

(四) 邮寄送达

邮寄送达是指公安司法机关以挂号方式邮寄给收件人的送达方式。邮寄送达一般也是在直接送达有困难时采取的送达方式。最高法《解释》第 170 条规定："邮寄送达的，应当将诉讼文书、送达回证挂号邮寄给收件人。挂号回执上注明的日期为送达日期。"

(五) 转交送达

转交送达是指收件的身份比较特殊，公安司法机关将诉讼文书交由有关单位代收后再转交给收件人的送达方式。转交送达仅适用于收件人较为特殊的情形，最高法《解释》第 171 条规定："诉讼文书的收件人是军人的，可以通过其所在部队团级以上单位的政治部门转交。收件人正在服刑的，可以通过执行机关转交。收件人正在被采取强制性教育措施的，可以通过强制性教育机构转交。由有关部门、单位代为转交诉讼文书的，应当请有关部门、单位收到后立即交收件人签收，并将送达回证及时寄送人民法院。"

第三编
证 据 论

第十三章 刑事证据

第一节 概 述

一、刑事证据的概念

《刑事诉讼法》第 48 条规定:"可以用于证明案件事实的材料,都是证据……证据必须经过查证属实,才能作为定案的根据。"据此,刑事证据,是指以法律规定的形式表现出来的能够证明案件真实情况的一切材料。

证据应当是内容与形式的统一,证据的内容是证据所表达的事实,证据的形式是事实赖以存在的载体。《刑事诉讼法》将证据定义为"可以用于证明案件事实的材料",这里的"材料"是证据事实与证据载体相统一的表述。

刑事证据具有以下三个特点:

第一,证据是材料,包括物证、书证等客观性较强的材料和证言、供述等主观性较强的材料。

第二,证据可以用于证明案件事实,即证据与案件事实有着一定程度的关联性,可以用以揭示、推断案件事实。但某一证据是否真实地反映了案件事实,需要经过司法机关的审查判断。

第三,证据既包括证明犯罪嫌疑人、被告人有罪的材料,也包括证明犯罪嫌疑人、被告人无罪的材料,既包括证明犯罪嫌疑人、被告人罪重的材料,也包括证明犯罪嫌疑人、被告人罪轻或者可以从轻、减轻、免除处罚的材料。[1]

1996 年《刑事诉讼法》第 42 条第一款规定,证明案件真实情况的一切事实,都是证据。根据这一定义,证据都应当是真实的。而该条第三款又规定,证据必须经过查证属实,才能作为定案的根据。这一规定又要求,对证据必须要通过查证来确定其是否属实。从实践情况看,司法机关进行刑事诉讼,主要是通过

---

[1] 朗胜主编:《中华人民共和国刑事诉讼法释义(最新修正版)》,法律出版社 2012 年版,第 99~100 页。

收集、审查、采信证据来认定案件事实。收集来的证据不一定都真实，也不一定都被司法机关采纳为定案的根据。"事实是证据"这一提法在逻辑上和实践中都存在一些问题。因此，2012年修改《刑事诉讼法》时对证据概念进行了修改。

二、刑事证据的意义

（一）证据是开展诉讼活动的基本条件

从某种意义上看，诉讼过程就是运用证据查明案件事实的过程。现代诉讼中，证据是诉讼活动的基本条件。诉讼案件是已经发生且无法直接再现的事件，国家专门机关查明案情的唯一途径是收集与案件有关的证据，通过证据与案件事实之间存在的客观联系，进行正确的推理判断，准确认定案件事实。因此，证据是开展诉讼活动的基本条件。

（二）证据是实现司法公正的基础

在实现诉讼的实体公正中，惩罚犯罪需要依靠证据揭露、证实犯罪事实，正确适用法律定罪量刑；避免冤枉无辜、保障无罪的人不受追究也需要审查证据是否确实充分。另一方面在实现诉讼程序公正中，有关证据立法可以起到限制权力滥用、保障诉讼权利、实现程序公正的作用。

（三）证据是维护当事人合法权益的手段

在刑事公诉中，证据是确保犯罪嫌疑人、被告人免受不当追究的切实保障。证据不仅能够证明当事人违法犯罪，也能证明当事人无罪、罪轻。司法工作人员只有全面收集、运用证据，把对案件的处理建立在确实可靠的证据之上，才能维护被追诉人的合法权益、避免不当追诉。另外，在刑事自诉中，自诉人通过收集确实充分的证据证明被犯罪侵害的事实，达到维护自身实体权利和诉讼权利的目的。

三、刑事证据的基本属性

属性是指事物固有的本质特征。我国的证据属性问题在理论上一直有争议。其中比较明显的分歧在于有的学者主张参照大陆法系学说，将我国的证据属性概括为证据能力和证明力两个方面；还有的学者主张传统的三性说，即客观性、相关性（或关联性）、合法性；当然也有学者建议借鉴英美法系的理论，认为在证据属性中应该主要强调证据的关联性（relevancy）与可采性（admissibility）。其实，这些主张中有共同之处，客观性和关联性大体相当于证据的证明力，而合法性与证据能力、可采性比较类似。一般而言，刑事诉讼证据应当具备客观性、相关性和合法性三个基本属性。

（一）证据的客观性

证据的客观性，是指证据必须是客观上存在的事实，而不是主观想象、猜测或捏造的东西。证据的客观性是由刑事案件发生或没有发生、怎样发生或发生了什么的事实本身所决定的，它不以侦查、检察和审判人员的意志为转移。证据的客观性要求公安司法机关收集和审查证据时应当尊重客观事实，既不能伪造虚假的证据也不能隐匿真实的证据，对证据查证属实后方能将之用于定案。因此，《刑事诉讼法》第48条第3款规定："证据必须经过查证属实，才能作为定案的根据。"《刑事诉讼法》第51条规定："公安机关提请批准逮捕书、人民检察院起诉书、人民法院判决书，必须忠实于事实真象。故意隐瞒事实真象的，应当追究责任。"

（二）证据的相关性

证据的相关性，又称关联性，指证据事实与案件事实存在着客观上的内在联系，从而能起到证明作用。证据的关联性是由案件本源事实所决定、派生的。《刑事诉讼法》第48条第1款规定："可以用于证明案件事实的材料，都是证据。"可见，证据应当同案件事实具有关联性，没有关联性的证据不能用于证明案件事实。同时，证据与案件事实的关联性越大，其对案件事实的证明作用也越大。因此，最高法《解释》第104条规定："对证据的证明力，应当根据具体情况，从证据与待证事实的关联程度、证据之间的联系等方面进行审查判断。"

（三）证据的合法性

证据的合法性，是指证据必须符合法律的要求，才能作为合格的证据在诉讼中加以运用。证据的合法性一般包括取证主体合法、取证程序合法、取证方式、手段合法和证据形式合法等。证据的合法性关乎证明案件事实的资格问题，不具有合法性的证据即使具备客观性和关联性也可能被排除。我国《刑事诉讼法》十分重视证据的合法性，重点强调取证程序和方法的合法性。《刑事诉讼法》第50条规定："审判人员、检察人员、侦查人员必须依照法定程序，收集能够证实犯罪嫌疑人、被告人有罪或者无罪、犯罪情节轻重的各种证据。严禁刑讯逼供和以威胁、引诱、欺骗以及其他非法方法收集证据，不得强迫任何人证实自己有罪。"第54条进一步规定了非法证据排除规则："采用刑讯逼供等非法方法收集的犯罪嫌疑人、被告人供述和采用暴力、威胁等非法方法收集的证人证言、被害人陈述，应当予以排除。收集物证、书证不符合法定程序，可能严重影响司法公正的，应当予以补正或者作出合理解释；不能补正或者作出合理解释的，对该证据应当予以排除。在侦查、审查起诉、审判时发现有应当排除的证据的，应当依法予以排除，不得作为起诉意见、起诉决定和判决的依据。"

证据的属性在两大法系的有关规定及理论中表述略有不同。大陆法系国家通常采用证据能力和证明力来表达证据的属性。何谓证据能力以及证明力？其实，证据能力是指证据资格，即允许该证据在诉讼中使用。大陆法系一般对其只作消极规定，如德国依据证据禁止和程序禁止规定对证据能力加以限制。而证明力是指证据对案件事实有无证明作用以及证明作用的大小。

英美法系国家通常强调证据的关联性（relevancy）与可采性（admissibility）。英美法系中关于关联性的学理解释非常多，但一般必不可少的是证据必须与案件的待证事实有关，从而具有证明案件待证事实的作用。《美国联邦证据规则》第401条将关联性规定为：有关联性的证据指具有下述盖然性的证据，即任何一项对诉讼裁判结案有影响的事实的存在，若有此证据将比缺乏此证据时更为可能或更无可能。[1]值得指出，关联性并不必然指向证据的真实性问题，至少这不是关联性关注的重点。英美法系中证据的可采性，是指该证据在审判中可以被采纳。证据是否具有可采性决定着一项特定的证据资料能否为法庭所接受。有关证据可采性的规则是英美证据法主要内容之一，英美证据法中的大部分证据规则其实就是可采性规则。作为一个法律问题，可采性问题由法庭来裁决，一般情况下，具有关联性的证据不为证据排除规则所排除就具有可采性。具有可采性的证据都具有关联性，但具有关联性的证据未必都具有可采性。

第二节　刑事证据的法定种类

刑事证据的法定种类，是指法律规定的证据材料的各种表现形式。1996年《刑事诉讼法》第42条规定证据分为七种。近年来，随着经济社会的发展，犯罪情况和侦查机关的侦查手段都发生了变化，又出现了一些新的证据形式，因此我国2012年修改后的《刑事诉讼法》补充和调整了证据种类的规定。《刑事诉讼法》第48条第2款规定："证据包括：（一）物证；（二）书证；（三）证人证言；（四）被害人陈述；（五）犯罪嫌疑人、被告人供述和辩解；（六）鉴定意见；（七）勘验、检查、辨认、侦查实验等笔录；（八）视听资料、电子数据。"

一、物证

（一）物证的概念

物证是指与案件相关联，可以用于证明案件情况和犯罪嫌疑人、被告人情况

---

[1] 刘品新译："美国联邦证据规则"，载何家弘、张卫平主编：《外国证据法选译》（下卷），人民法院出版社2000年版，第593页。

的实物或者痕迹。作为实物的物证通常包括犯罪使用的工具、犯罪行为侵犯的客体、犯罪现场留下的物品，如犯罪使用的匕首、被害人的尸体、犯罪现场遗留的作案人的烟头等。作为痕迹的物证通常表现为犯罪遗留下来的物质痕迹，如指纹、脚印等。

（二）物证的特征

物证一般具有以下三个特征：

第一，客观性。这是指通过物质自身的属性、特征和存在状况证明案件事实，在证明过程中无任何主观因素的干扰。

第二，特定性。这是指直接反映案件事实的原始物质本身，而决不能是替代物、同种类物或模型。

第三，间接性。这是指对于说明被告人是不是犯罪行为的实施者这一案件最主要的事实而言，物证一定是间接的。物证在证明案件事实的某个片段时，往往还要辅之以其他证据或印证手段。

二、书证

（一）书证的概念

书证，是指能够以其内容证明案件事实的文字、图案等资料，如合同、账本等。1996年《刑事诉讼法》将书证和物证放在同一项中规定，考虑到书证和物证在性质和证明案件事实的方式上有明显区别，2012年修改《刑事诉讼法》时将物证、书证分开规定。

（二）书证的特征

书证通常具有以下特征：

第一，证据内容的思想性。书证是以其记载或表达的思想内容来证明案件情况的。能够使得书证发挥证明作用的是其以文字、图形、符号记载或表达的内容。

第二，表现形式的多样性。无论是用以记载、制作的工具，还是制作的方法、表达思想的方式等都有多种表现形式，不应特别限定。

第三，证明效果的稳定性。已经客观地印刻在物质载体上的内容一般不会因外界因素而改变。因此，书证也被归入实物证据之列。

书证与物证区别的关键就在于二者发挥证明作用的角度。物证是以其自身的特征、属性和存在状况证明案情的，而书证则是以其记载或表达的内容来证明案件情况的。

（三）物证、书证的审查判断

对物证和书证的审查判断主要从审查物证、书证是否与案件有关联，物证、书证是否为原物原件，物证、书证的来源及收集、保管等过程是否合法，物证、书证是否真实，物证、书证是否全面收集等角度进行。根据最高法《解释》第69条的规定，对物证、书证应当着重审查以下内容：（一）物证、书证是否为原物、原件，是否经过辨认、鉴定；物证的照片、录像、复制品或者书证的副本、复制件是否与原物、原件相符，是否由二人以上制作，有无制作人关于制作过程以及原物、原件存放于何处的文字说明和签名；（二）物证、书证的收集程序、方式是否符合法律、有关规定；经勘验、检查、搜查提取、扣押的物证、书证，是否附有相关笔录、清单，笔录、清单是否经侦查人员、物品持有人、见证人签名，没有物品持有人签名的，是否注明原因；物品的名称、特征、数量、质量等是否注明清楚；（三）物证、书证在收集、保管、鉴定过程中是否受损或者改变；（四）物证、书证与案件事实有无关联；对现场遗留与犯罪有关的具备鉴定条件的血迹、体液、毛发、指纹等生物样本、痕迹、物品，是否已作 DNA 鉴定、指纹鉴定等，并与被告人或者被害人的相应生物检材、生物特征、物品等比对；（五）与案件事实有关联的物证、书证是否全面收集。

另外，两院三部《办理死刑案件证据规定》第 6 条对物证、书证的审查也作了规定，主要包括：第一，物证、书证是否为原物、原件，照片、录像或复制品与原物、原件是否相符；第二，物证、书证收集程序、方式是否合法；第三，物证、书证在收集、保管及鉴定过程中是否受到破坏或者改变；第四，物证、书证与事实是否有关联；第五，物证、书证是否全面收集。

三、证人证言

（一）证人证言的概念

证人证言，是指了解案件情况的人就其了解的案件情况所作的陈述。《刑事诉讼法》第 60 条规定："凡是知道案件情况的人，都有作证的义务。生理上、精神上有缺陷或者年幼，不能辨别是非、不能正确表达的人，不能作证人。""知道案件情况"，是取得证人资格的前提条件；"生理上、精神上有缺陷或者年幼"是丧失证人资格的相对条件；"不能辨别是非、不能正确表达"是丧失证人资格的绝对条件。

（二）证人证言的特征

证人证言具有以下三个特征：

第一，生动、形象、具体。证人证言一般由证人口头提供，往往具有描述性，直观反映所目击的情况。

第二，主观性甚至虚假性较强。由于受到主观因素的影响较大，容易含有虚假成分。

第三，不稳定性。证人可能由于受到记忆、主客观环境等因素的影响，在诉讼不同阶段向公安司法机关提供的证言会有出入。

（三）证人出庭作证

我国《刑事诉讼法》正式确立了强制证人出庭制度。同时对人民警察就其执行职务时目击的犯罪情况作为证人出庭作证也作了明确规定。《刑事诉讼法》第 59 条规定："证人证言必须在法庭上经过公诉人、被害人和被告人、辩护人双方质证并且查实以后，才能作为定案的根据。法庭查明证人有意作伪证或者隐匿罪证的时候，应当依法处理。"并且，在第 187 条第 1 款规定，公诉人、当事人或者辩护人、诉讼代理人对证人证言有异议，且该证人证言对案件定罪量刑有重大影响，人民法院认为证人有必要出庭作证的，证人应当出庭作证。同时在第 188 条规定："经人民法院通知，证人没有正当理由不出庭作证的，人民法院可以强制其到庭，但是被告人的配偶、父母、子女除外。证人没有正当理由拒绝出庭或者出庭后拒绝作证的，予以训诫，情节严重的，经院长批准，处以 10 日以下的拘留。被处罚人对拘留决定不服的，可以向上一级人民法院申请复议。复议期间不停止执行。"

在确立强制证人出庭制度的同时，还规定了证人保护和作证补偿制度。第 62 条规定："对于危害国家安全犯罪、恐怖活动犯罪、黑社会性质的组织犯罪、毒品犯罪等案件，证人、鉴定人、被害人因在诉讼中作证，本人或者其近亲属的人身安全面临危险的，人民法院、人民检察院和公安机关应当采取以下一项或者多项保护措施：（一）不公开真实姓名、住址和工作单位等个人信息；（二）采取不暴露外貌、真实声音等出庭作证措施；（三）禁止特定的人员接触证人、鉴定人、被害人及其近亲属；（四）对人身和住宅采取专门性保护措施；（五）其他必要的保护措施。证人、鉴定人、被害人认为因在诉讼中作证，本人或者其近亲属的人身安全面临危险的，可以向人民法院、人民检察院、公安机关请求予以保护。人民法院、人民检察院、公安机关依法采取保护措施，有关单位和个人应当配合。"

《刑事诉讼法》第 63 条专门对证人作证补偿制度作出规定："证人因履行作证义务而支出的交通、住宿、就餐等费用，应当给予补助。证人作证的补助列入司法机关业务经费，由同级政府财政予以保障。有工作单位的证人作证，所在单位不得克扣或者变相克扣其工资、奖金及其他福利待遇。"

（四）证人证言的审查判断

对于证人证言审查判断的具体内容相关司法解释有明确规定。最高法《解释》第 74 条规定了对证人证言应当着重审查以下内容：①证言的内容是否为证人直接感知；②证人作证时的年龄，认知、记忆和表达能力，生理和精神状态是否影响作证;③证人与案件当事人、案件处理结果有无利害关系;④询问证人是否个别进行;⑤询问笔录的制作、修改是否符合法律、有关规定,是否注明询问的起止时间和地点,首次询问时是否告知证人有关作证的权利义务和法律责任,证人对询问笔录是否核对确认;⑥询问未成年证人时,是否通知其法定代理人或者有关人员到场,其法定代理人或者有关人员是否到场;⑦证人证言有无以暴力、威胁等非法方法收集的情形;⑧证言之间以及与其他证据之间能否相互印证,有无矛盾。

四、被害人陈述

被害人陈述是指直接受犯罪行为侵害的人,就案件情况所作的陈述。

被害人陈述通常具有以下特征:

第一,直接性。由于被害人是受犯罪行为直接侵害的人,有的还与犯罪分子有过一定的接触,因此,往往能够提供许多有关案件的具体情况,具有证明犯罪的直接性。

第二,主观性。被害人可能会有偏激情绪,在其陈述中很可能会夸大事实情节;由于受害时处于紧张或恐惧状态,加上其他客观条件的限制,被害人往往会产生错觉或记忆不准的现象,陈述可能具有虚假性。另外,被害人与案件有直接利害关系,受种种原因影响,被害人有时也会作虚假陈述。

对证人证言的很多法律规定和相关理论同样适用于被害人陈述。最高法《解释》第 79 条规定,对被害人陈述的审查与认定,参照证人证言审查认定的规定。

五、犯罪嫌疑人、被告人的供述和辩解

(一)犯罪嫌疑人、被告人供述和辩解的概念

犯罪嫌疑人、被告人的供述和辩解,是指犯罪嫌疑人、被告人就案件情况所作的陈述。一般包括以下四个方面内容:第一,承认自己有罪,并对有罪事实作以供述;第二,对自己无罪或罪轻的辩解;第三,同案犯罪嫌疑人或被告人就本案事实相互间的揭发或印证,也称攀供;第四,其他对证实查明或处理案件有意义的情况。

(二)犯罪嫌疑人、被告人供述和辩解的特征

犯罪嫌疑人、被告人的供述和辩解具有以下特征:

第一,直接全面性。由于犯罪嫌疑人、被告人对自己是否犯罪、如何犯罪最清楚,因此,真实的口供对于认定案件事实常常能起到直接全面的证明作用。

第二,虚假性。犯罪嫌疑人、被告人是被追诉的对象,很可能是刑事责任的承担者,案件的处理结果直接关系到他的名誉、自由甚至生命,所以,口供虚假

的可能性很大。

第三，反复易变。犯罪嫌疑人、被告人出于各种考虑，或者外在因素的影响，所作出的口供稳定性较差。诉讼中存在多次讯问，口供很可能反复多变。

（三）犯罪嫌疑人、被告人供述和辩解的收集、使用原则

收集、使用犯罪嫌疑人、被告人的供述和辩解通常应遵循以下两项原则：

第一，不轻信口供原则。《刑事诉讼法》第53条规定："对一切案件的判处都要重证据，重调查研究，不轻信口供。"这是我国长期司法实践经验和教训的总结。该条还规定："只有被告人供述，没有其他证据的，不能认定被告人有罪和处以刑罚；没有被告人供述，证据确实、充分的，可以认定被告人有罪和处以刑罚。"

第二，不得强迫任何人自证其罪原则。《刑事诉讼法》第50条规定，"审判人员、检察人员、侦查人员必须依照法定程序，收集能够证实犯罪嫌疑人、被告人有罪或者无罪、犯罪情节轻重的各种证据。严禁刑讯逼供和以威胁、引诱、欺骗以及其他非法的方法收集证据，不得强迫任何人证实自己有罪。"

（四）犯罪嫌疑人、被告人供述和辩解的审查判断

对犯罪嫌疑人、被告人供述和辩解的审查判断具体内容可以参考最高法《解释》第80条的规定，主要包括如下几个方面：①讯问的时间、地点，讯问人的身份、人数以及讯问方式等是否符合法律、有关规定；②讯问笔录的制作、修改是否符合法律、有关规定，是否注明讯问的具体起止时间和地点，首次讯问时是否告知其相关权利和法律规定，被讯问人是否核对确认；③讯问未成年人的，是否通知其法定代理人或者有关人员到场，其法定代理人或者有关人员是否到场；④供述有无以刑讯逼供等非法方法收集的情形；⑤供述是否前后一致，有无反复以及出现反复的原因；所有供述和辩解是否均已随案移送；⑥辩解的内容是否符合案情和常理，有无矛盾；⑦供述和辩解与同案其他供述和辩解以及其他证据能否相互印证，有无矛盾。必要时，可以调取讯问过程的录音录像、被讯问人进出看守所的健康检查记录、笔录，并结合录音录像、记录、笔录对上述内容进行审查。

六、鉴定意见

（一）鉴定意见的概念

鉴定意见，是指有专门知识的鉴定人对案件中的专门性问题进行鉴定后提出的书面意见，如法医鉴定报告、指纹鉴定报告、血迹鉴定报告等。鉴定的结果不是最终结论，仍然要经过司法机关结合全案情况和其他证据进行审查判断，查证属实之后，才能作为定案的根据。因此，人大常委会《司法鉴定管理决定》将

1996 年《刑事诉讼法》中的"鉴定结论"改为"鉴定意见"。2012 年修改《刑事诉讼法》时也将"鉴定结论"改为"鉴定意见"。

对于鉴定意见可以进行以下分类：第一、法医类鉴定，包括法医病理鉴定、法医临床鉴定、法医精神病鉴定、法医物证鉴定和法医毒物鉴定；第二、物证类鉴定，包括文书鉴定、痕迹鉴定和微量鉴定；第三、声像资料鉴定。

根据人大常委会《司法鉴定管理决定》的规定，鉴定人是指符合法定条件由省级人民政府司法行政部门审核登记并编入名册予以公告，在一个鉴定机构中从事司法鉴定业务的专业技术人员。侦查机关根据侦查工作的需要设立鉴定机构，但不得面向社会接受委托从事司法鉴定业务。

（二）鉴定意见的特征

鉴定意见具有以下两个特征：

第一，科学内容与法律形式的统一。鉴定意见既是纯粹的运用科学技术推断所得的科学结论，又是具有法律评价意义的意见。

第二，客观详细的说明与必然明确的结论的统一。鉴定意见既有专业性较强的客观论证与说明，又有司法执法人员和诉讼参与人易于理解的明确结论。

（三）鉴定意见的审查判断

对鉴定意见的审查判断应当根据最高法《解释》第 84 条从以下方面进行：①鉴定机构和鉴定人是否具有法定资质；②鉴定人是否存在应当回避的情形；③检材的来源、取得、保管、送检是否符合法律、有关规定，与相关提取笔录、扣押物品清单等记载的内容是否相符，检材是否充足、可靠；④鉴定意见的形式要件是否完备，是否注明提起鉴定的事由、鉴定委托人、鉴定机构、鉴定要求、鉴定过程、鉴定方法、鉴定日期等相关内容，是否由鉴定机构加盖司法鉴定专用章并由鉴定人签名、盖章；⑤鉴定程序是否符合法律、有关规定；⑥鉴定的过程和方法是否符合相关专业的规范要求；⑦鉴定意见是否明确；⑧鉴定意见与案件待证事实有无关联；⑨鉴定意见与勘验、检查笔录及相关照片等其他证据是否矛盾；⑩鉴定意见是否依法及时告知相关人员，当事人对鉴定意见有无异议。

七、勘验、检查、辨认、侦查实验等笔录

（一）概念

勘验检查笔录是指侦查人员对于犯罪有关的场所、物品、人身、尸体等进行现场勘验、检查所作的记录。辨认笔录是指侦查人员让被害人、犯罪嫌疑人或者证人对于与犯罪有关的物品、文件、尸体、场所或者犯罪嫌疑人进行辨认所作的记录。侦查实验笔录是指侦查人员在必要的时候按照某一事件发生时的环境、条件，进行实验性重演的侦查活动形成的笔录。侦查机关依法进行其他侦查活动形

成的笔录，也可以作为证据。辨认和侦查实验是侦查机关侦查案件常用的侦查手段，有关司法解释也对辨认笔录、侦查实验笔录作了规定。1996年《刑事诉讼法》未明确将这些笔录列入证据种类。2012年修改《刑事诉讼法》时将这两种笔录列入证据种类之中。

（二）笔录类证据的审查判断

对上述笔录类证据的审查判断应当从以下几个方面进行，审查笔录的制作是否符合法律要求，笔录的内容是否客观、全面，笔录与其他证据是否吻合等。具体而言，最高法《解释》第88～91条分别有明确规定。对勘验、检查笔录应当着重审查以下内容：①勘验、检查是否依法进行，笔录的制作是否符合法律、有关规定，勘验、检查人员和见证人是否签名或者盖章；②勘验、检查笔录是否记录了提起勘验、检查的事由，勘验、检查的时间、地点，在场人员、现场方位、周围环境等，现场的物品、人身、尸体等的位置、特征等情况，以及勘验、检查、搜查的过程；文字记录与实物或者绘图、照片、录像是否相符；现场、物品、痕迹等是否伪造、有无破坏；人身特征、伤害情况、生理状态有无伪装或者变化等；③补充进行勘验、检查的，是否说明了再次勘验、检查的原由，前后勘验、检查的情况是否矛盾。对辨认笔录应当着重审查辨认的过程、方法，以及辨认笔录的制作是否符合有关规定。对侦查实验笔录应当着重审查实验的过程、方法，以及笔录的制作是否符合有关规定。

八、视听资料、电子数据

（一）概念

视听资料是指载有与案件相关内容的录像、录音材料等。电子数据是指与案件事实有关的电子邮件、网上聊天记录、电子签名、访问记录等电子形式的证据。随着电子技术的广泛应用，越来越多的证据以电子数据的形式表现出来。因此2012年修订《刑事诉讼法》时将电子数据列入法定证据种类之中。

（二）特征

视听资料具有以下三个特征：第一，依赖性。所有的视听资料必须依靠仪器设备记录、生成、显现；第二，生动性。所有的视听资料声音和影像必须是动态连贯的、生动形象的；第三，思想性。声音和影像必须具有思想内容。

电子数据具有以下四个特征：第一，依赖性。电子数据的存在需要借助于一定的电子介质；第二，传播性。电子数据可以通过互联网快速地在全球传播；第三，科技辅助感知性。人们对电子数据的感知，必须借助电子设备，且不能脱离特定的系统环境。第四，易删改性。电子数据在生成、存储、传播、显示、被感知等环节都有被人为改变的可能，具有易删改性。

（三）审查判断

根据最高法《解释》第 92 条规定，对视听资料的审查判断应当着重从以下方面进行：①是否附有提取过程的说明，来源是否合法；②是否为原件，有无复制及复制份数；是复制件的，是否附有无法调取原件的原因、复制件制作过程和原件存放地点的说明，制作人、原视听资料持有人是否签名或者盖章；③制作过程中是否存在威胁、引诱当事人等违反法律、有关规定的情形；④是否写明制作人、持有人的身份，制作的时间、地点、条件和方法；⑤内容和制作过程是否真实，有无剪辑、增加、删改等情形；⑥内容与案件事实有无关联。

对电子数据的审查判断由上述规定第 93 条明确规范：①是否随原始存储介质移送；在原始存储介质无法封存、不便移动或者依法应当由有关部门保管、处理、返还时，提取、复制电子数据是否由二人以上进行，是否足以保证电子数据的完整性，有无提取、复制过程及原始存储介质存放地点的文字说明和签名；②收集程序、方式是否符合法律及有关技术规范；经勘验、检查、搜查等侦查活动收集的电子数据，是否附有笔录、清单，并经侦查人员、电子数据持有人、见证人签名；没有持有人签名的，是否注明原因；远程调取境外或者异地的电子数据的，是否注明相关情况；对电子数据的规格、类别、文件格式等注明是否清楚；③电子数据内容是否真实，有无删除、修改、增加等情形；④电子数据与案件事实有无关联；⑤与案件事实有关联的电子数据是否全面收集。

随着科学技术的进步，电子数据在诉讼中被应用推广的价值愈发显现。电子数据的取证、质证等问题也受到重视。相关立法应在实践经验基础上继续完善配套规定。

第三节　刑事证据的理论分类

刑事诉讼证据的分类，是在理论上依据不同的标准，对刑事证据进行的类别划分。

关于证据的分类，一般认为，最早对证据进行划分的是英国著名学者边沁。他在《司法证据原理》一书中，就对证据作出了实物证据与人证，直接证据和情况证据，原始证据和传来证据等划分。后来各国学者对于证据有过多种不同的划分，划分标准和方法也不尽统一。[1]

由于证据的分类是从理论研究的角度对证据进行的划分，区别于刑事诉讼法

---

[1] 陈光中主编：《刑事诉讼法》（第五版），北京大学出版社、高等教育出版社 2013 年版，第 198 页。

典明确规定的证据种类。很明显，证据的分类不像证据种类那样具有法律约束力。但分类归纳后，我们会对各类证据的特征和运用规则掌握得更加透彻，增强对刑事诉讼证据规律性的认识。我国通说的观点认为，刑事证据可以在理论上分为原始证据与传来证据、控诉证据与辩护证据、实物证据与言词证据、直接证据与间接证据四类。

一、原始证据与传来证据

原始证据与传来证据的划分依据是案件事实在证据上的反映是初始反映还是再反映。凡是对案件事实初始反映的证据就是原始证据。凡是对案件事实再反映的证据就是传来证据。

区分原始证据和传来证据的意义在于使司法工作人员和当事人、其他诉讼参与人了解在收集证据之时，应当努力寻找原始证据，尽量掌握第一手资料，因为原始证据的可靠性一般比传来证据强。一般而言，证据转手和传递的次数越多，真实性和准确性就越低，因为中间经过的环节越多，越有可能被转手和传递的人有意或无意地改变。

二、控诉证据与辩护证据

控诉证据和辩护证据的划分依据是刑事证据在证明体系中的不同证明作用倾向。凡是在证明体系中支持控诉倾向的证据就是控诉证据。凡是在证明体系中支持辩护倾向的证据就是辩护证据。

区分控诉证据和辩护证据的意义在于促使公安司法机关及其办案人员全面客观地收集和运用证据，防止主观片面，努力查明案件的真相，保障实体公正和程序公正的实现。

三、实物证据与言词证据

实物证据和言词证据的划分依据是证据内容的不同表现形式。凡是通过物质实体形态或对物质实体形态记录表现的证据就是实物证据，凡是通过人的感知和陈述表现的证据就是言词证据。

区分实物证据和言词证据的意义在于帮助司法工作人员和当事人把握实物证据和言词证据各自不同的特点，有针对性地进行收集、固定和运用，并据以正确判断案件事实，查明案件真相。

四、直接证据与间接证据

直接证据与间接证据的划分依据是某个具体的证据能否直接地、单独地说明犯罪嫌疑人、被告人是不是犯罪行为的实施者。凡是能够直接地、单独地说明犯罪嫌疑人、被告人是或不是犯罪行为实施者的证据就是直接证据；凡是间接地、需要与其他证据结合起来才能说明犯罪嫌疑人、被告人是或不是犯罪行为实施者的证据就是间接证据。

在没有直接证据的情况下，若干个按照一定规则组合起来的间接证据，也可以成为定罪量刑的依据。仅凭间接证据定案时应当遵守以下规则：一是每个间接证据都应当具有客观性、关联性和合法性；二是各个间接证据之间，必须协调一致、没有矛盾；三是据以定案的间接证据必须形成完整的、封闭的证明体系；四是由间接证据证明体系所得出的结论必须是唯一的、足以排除得出其他结论的可能性。具体法律根据为最高法《解释》第105条的规定："没有直接证据，但间接证据同时符合下列条件的，可以认定被告人有罪：（一）证据已经查证属实；（二）证据之间相互印证，不存在无法排除的矛盾和无法解释的疑问；（三）全案证据已经形成完整的证明体系；（四）根据证据认定案件事实足以排除合理怀疑，结论具有唯一性；（五）运用证据进行的推理符合逻辑和经验。"另外，两院三部《办理死刑案件证据规定》第33条第2款规定，对于判处死刑的案件，根据间接证据定案的应特别慎重。

第十四章 刑事证据规则

第一节 概　述

一、证据规则的概念

对于证据规则的概念，目前法学界主要有以下几种比较典型的表述：有观点认为，"证据规则就是指在收集证据、采用证据、核实证据、运用证据时必须遵循的一系列准则。换句话说，就是在诉讼中与证据有关的具有可操作性的程序性准则"；也有观点认为，"从广义上讲，证据规则是指规范证据的收集、审查和评价等诉讼证明活动的准则"；还有观点认为，"证据规则是指确认证据的范围、调整和约束证明行为的法律规范的总称，是证据法的集中体现"。[1]我们认为，证据规则是指在诉讼中为规范证明行为而确立的收集、审查、判断证据时应当遵循的规则。

二、证据规则的分类

证据规则因标准不同而存在不同的划分及类型。划分标准主要包括证据规则适用的诉讼类型、规范的对象、追求的法律价值等方面。

（一）按照证据规则适用的诉讼类型划分

按照证据规则适用的诉讼类型可以将证据规则分为：刑事诉讼中的证据规则、民事诉讼中的证据规则、行政诉讼中的证据规则。由于本教材为刑事诉讼法学，所以该章内容主要围绕刑事证据规则展开。

（二）按照证据规则规范的对象划分

按照证据规则规范的对象可以将证据规则分为：规范证据能力的规则和规范证明力的规则。规范证据能力的规则就是规范某项证据是否能被采纳的规则，它主要包括关联性规则、非法证据排除规则、传闻证据规则、意见证据规则等；规

---

[1] 刘万奇主编：《刑事证据学》，中国人民公安大学出版社2012年版，第230页。

范证明力的规则就是规范某项证据的证明力有无及大小的规则,它主要包括补强证据规则、书证优先规则等。

（三）按照证据规则追求的法律价值划分

按照证据规则追求的法律价值划分,可以将证据规则分为追求实体真实的规则和追求正当程序的规则。追求实体真实的规则主要从有利于发现案件真实的角度设立相关规则,这主要包括关联性规则、传闻证据规则、最佳证据规则、补强证据规则等;追求正当程序的规则是以保障当事人、尤其是被追诉者合法权益及诉讼权利的角度而设立的相关规则,最典型的为非法证据排除规则。当然,以上有的证据规则兼备上述两方面价值追求。

三、证据规则的意义

证据规则在诉讼活动中具有十分重要的意义,其集中体现在以下方面：

（一）有利于保障人权

证据规则有利于保障当事人的合法权利,主要是诉讼权利。如非法证据排除规则能保障犯罪嫌疑人、被告人不受强迫自证其罪的权利,从而在诉讼活动中受到公正、文明的对待;传闻证据规则可保障被告人享有与不利于己的证人当庭对质的权利。

（二）有利于规范刑事诉讼活动中的公权力行为

证据规则对刑事诉讼中侦查机关收集证据、法院审查判断证据规定了明确的标准。这就有利于防止公安司法机关任意行使公权力、滥用司法执法权。

（三）平衡多种法律价值

诉讼活动追求的是多种法律价值的平衡,不能过分强调某一种而忽略其他。很多证据规则在实现程序公正与实体公正的问题上兼具双重作用,既有助于发现案件事实真相、又能通过正当程序的途径实现。例如传闻证据规则、最佳证据规则、补强证据规则等。在个案中,有的证据规则突出强调某方面的法律价值,但从整个证据规则体系来看,不同法律价值之间总体上保持平衡。

四、我国刑事证据规则的形成与完善

我国具有大陆法系的传统,对证据规则的制定方面并没有通过专门的证据法典体现。刑事证据规则体现于刑事诉讼法典中,主要集中在专设的证据一章。此外,还通过专门的司法解释规定证据问题,包括证据规则。例如《刑事诉讼法》第54~58条对非法证据排除规则的细化,两院三部发布的《非法证据排除规定》等。

我国的刑事证据规则尚未完全形成,主要存在体系不周全、单项证据规则粗疏、个别规则缺乏强制执行力、违反后的制裁措施缺失等问题。因而在立法层面需要完善。未来亟需在证据规则的体系构建、具体细化、增强可操作性等方面结合国情进行完善。

第二节 非法证据排除规则

一、非法证据排除规则概述

（一）非法证据排除规则的含义

非法证据排除规则是指某些证据对案件事实虽然具有证明价值，但取证的手段违法，基于立法者的预先设定或者司法者的据情考量，认为该种证据的使用将违背法律原则以及法律精神所应当体现的社会价值观念，进而对这种证据的资格作出否定性结论的规则。[1]简言之，非法证据排除规则指在刑事诉讼中，证据由于收集程序违反法律规定而丧失证据资格，不得被法庭采纳作为认定被告人有罪的根据。

在美国，非法证据排除规则还存在狭义与广义两种理解。前者仅指违反美国联邦宪法第四修正案，非法搜查或扣押而取得的实物证据不得在刑事诉讼中用于证明被告人有罪；后者认为非法证据排除规则不限于此，还包括排除非法取得的供述及其他陈述，即除违反宪法第四修正案外，违反宪法第五、六修正案，或其他成文法、判例法而取得的证据亦应排除。[2]

（二）非法证据排除规则的作用

非法证据排除规则的作用一般包括：第一，保障公民基本的宪法性权利。如在美国，排除非法搜查或扣押所取得的证据，旨在维护宪法赋予公民的不受非法搜查、扣押的基本权利。第二，威慑警察的违法取证行为，促使其规范执法。此乃确立非法证据排除规则的直接目标。排除警察以非法手段取得的证据、否定其享有进入法庭的资格，既是对现有非法行为的制裁，又能对警察潜在的违法行为形成震慑和遏制，最终将督促警察严格执法。第三，维护司法的纯洁和程序正义。非法证据排除规则维护宪法及法律的尊严，并使刑事司法程序公正的独立价值得到彰显。第四，保证证据本身的真实可靠，避免冤假错案。非法证据排除规则能够最大限度地保证所收集的言词证据属于自愿供述或陈述、真实性较强，避免屈打成招，从而提高有罪判决的准确率。

---

[1] 宋英辉、汤维建主编：《证据法学研究述评》，中国人民公安大学出版社2006年版，第252页。
[2] 杨宇冠：《非法证据排除规则研究》，中国人民公安大学出版社2002年版，第4页。

在发源地美国，非法证据排除规则是通过一系列判例确立起来的。最早的案例当属 1914 年威克斯诉合众国（Weeks v. U. S.）一案。在该案的判决中联邦最高法院认为，如果不排除违法搜查或者扣押的证据，那么宪法第四修正案将毫无意义，公民的宪法权利也无法真正得到保障。其宪法第四修正案为，"人民保护自己的人身、住宅、文件及财产不受任何无理搜查和扣押的权利不容侵犯；除非是由于某种正当理由，并且要有宣誓或者待宣誓言的支持并明确描述要搜查的地点和要扣押的人或物，否则均不得签发搜查证。"于是，美国联邦最高法院通过排除侵犯被告享有的不受非法搜查的权利所取得的证据，执行宪法第四修正案。自此，现代意义上的非法证据排除规则诞生。

20 世纪 60 年代，美国联邦最高法院不断加强非法证据排除规则的权威。在 1966 年的米兰达诉亚利桑那州（Miranda v. Arizona）案件中，最高法院创设了"米兰达警告"。这一规则随即确认了非法取得的言词证据同样适用非法证据排除规则。另外，以非法搜查得到的实物证据或以非法方法取得的言词证据为线索而收集的其他证据，即"毒树之果"（fruits of the poisonous tree）也开始被排除。

20 世纪 80 年代以来，美国联邦最高法院也不得不在汹涌的犯罪浪潮面前对非法证据排除规则适度软化。其例外逐渐扩大，如 1984 年新增"善意的例外"、"最终或者必然发现的例外"，90 年代后增加"独立来源"、"因果关系被稀释"、用于"质疑"等多项例外。

二、我国的非法证据排除规则

为了规范取证行为，保障被追诉人的权利，我国最高人民法院、最高人民检察院、公安部、国家安全部和司法部先后联合发布了《关于办理死刑案件审查判断证据若干问题的规定》和《关于办理刑事案件排除非法证据若干问题的规定》，尤其是后者对非法证据排除规则做出比较详细的规定。2012 年修改后的《刑事诉讼法》吸收这两个证据规定的部分内容，在法律上确立非法证据排除规则，并明确规定具体的操作程序。

（一）我国非法言词证据排除的范围

我国《刑事诉讼法》第 50 条规定："审判人员、检察人员、侦查人员必须依照法定程序，收集能够证实犯罪嫌疑人、被告人有罪或者无罪、犯罪情节轻重的各种证据。严禁刑讯逼供和以威胁、引诱、欺骗以及其他非法方法收集证据，不得强迫任何人证实自己有罪。"这是禁止以非法方法取得言词证据的原则性规定。至于排除非法言词证据的具体适用范围，在该法第 54 条第 1 款中有规定，即"采用刑讯逼供等非法方法收集的犯罪嫌疑人、被告人供述和采用暴力、威胁等非法方法收集的证人证言、被害人陈述,应当予以排除。"

以上规定明确了非法言词证据的范围,这也是适用非法证据排除规则时应当排除的内容。具体包括:第一,采用刑讯逼供等非法方法收集的犯罪嫌疑人、被告人供述。它不能用作对被告人定罪的证据,但可作为证明侦查人员违法取证的依据。第二,采用暴力、威胁等非法方法收集的证人证言、被害人陈述。值得注意的是,带有轻微程序性瑕疵的讯问、询问所取得的言词证据不属于排除范围。

(二) 我国非法实物证据排除的范围

《刑事诉讼法》第 54 条第 1 款还规定:"收集物证、书证不符合法定程序,可能严重影响司法公正的,应当予以补正或者作出合理解释;不能补正或者作出合理解释的,对该证据应当予以排除。"

我国非法实物证据排除的范围仅包括物证、书证,且仍需满足一定的条件:第一,物证、书证的收集违反法定程序;第二,可能严重影响司法公正;第三,不能作出补正或者合理解释。

(三) 我国非法证据排除规则的程序

1. 排除义务与法律监督

《刑事诉讼法》第 54 条第 2 款为,"在侦查、审查起诉、审判时发现有应当排除的证据的,应当依法予以排除,不得作为起诉意见、起诉决定和判决的依据。"可见,法律规定公安司法机关都具有主动排除非法证据的义务。

另外,对侦查机关非法取证进行监督的法定主体主要是人民检察院。具体规定为《刑事诉讼法》第 55 条,即"人民检察院接到报案、控告、举报或者发现侦查人员以非法方法收集证据的,应当进行调查核实。对于确有以非法方法收集证据情形的,应当提出纠正意见;构成犯罪的,依法追究刑事责任。"

2. 非法证据排除规则的具体程序

(1) 非法证据排除的启动程序。《刑事诉讼法》第 56 条规定:"法庭审理过程中,审判人员认为可能存在本法第五十四条规定的以非法方法收集证据情形的,应当对证据收集的合法性进行法庭调查。当事人及其辩护人、诉讼代理人有权申请人民法院对以非法方法收集的证据依法予以排除。申请排除以非法方法收集的证据的,应当提供相关线索或者材料。"

六部门《规定》第 11 条对《刑事诉讼法》第 56 条第 1 款的解释为,"法庭经对当事人及其辩护人、诉讼代理人提供的相关线索或者材料进行审查后,认为可能存在刑事诉讼法第五十四条规定的以非法方法收集证据情形的,应当对证据收集的合法性进行法庭调查。法庭调查的顺序由法庭根据案件审理情况确定。"

(2) 取证合法的证明责任及证明方式。《刑事诉讼法》第 57 条规定:"在对证据收集的合法性进行法庭调查的过程中,人民检察院应当对证据收集的合法性加以证明。现有证据材料不能证明证据收集的合法性的,人民检察院可以提请人民法院通知有关侦查人员或者其他人员出庭说明情况;人民法院可以通知有关侦查人员或者其他人员出庭说明情况。有关侦查人员或者其他人员也可以要求出庭说明情况。经人民法院通知,有关人员应当出庭。"

法律明确规定在对取证合法性的法庭调查中,控方即人民检察院要对侦查人员收集证据的合法性承担证明责任。

具体证明方式为首先通过"现有材料"的方式证明。"现有材料"包括讯问笔录、对讯问的同步录音录像、对搜查扣押的批准文件等。在"现有证据材料不能证明证据收集的合法性"时,才以有关侦查人员或者其他人员出庭作证的方式证明。后者主要由法院裁量决定具体方式。人民检察院可以提请法院通知或法院可以直接通知有关侦查人员或其他人员出庭说明情况;这些人员还可主动要求出庭说明情况。经过法院通知,以上人员有义务出庭作证。

(3) 非法证据排除程序中的证明标准

《刑事诉讼法》第58条规定:"对于经过法庭审理,确认或者不能排除存在本法第五十四条规定的以非法方法收集证据情形的,对有关证据应当予以排除。"可见,控方不仅对证据收集合法性承担证明责任,而且应当证明至完全排除取证行为非法的可能性,否则该证据最终仍会被排除。

第三节 传闻证据规则

一、传闻证据规则概述

(一) 传闻证据的概念及特征

传闻排除规则或称传闻证据排除法则,是英美证据法中最重要的证据规则之一。"传闻"是相对于案件感知者在法庭上的陈述而言。传闻证据有两种表现形式:一是证人法庭外的陈述被制作成书面证言或询问笔录;二是他人向法庭转述所知悉的证人证言。传闻证据规则是指除法定例外情形下,传闻证据不得被法庭采纳。

据美国《联邦证据规则》第801条(c)项,"'传闻'是指除陈述者在审理或听证作证时所作陈述外的陈述,行为人提供它旨在用作证据来证明所主张事实的真实性。"[1]传闻或传闻证据被视为一项"陈述"。其具体包括"(1) 口头或

---

[1] 《美国联邦刑事诉讼规则和证据规则》,卞建林译,中国政法大学出版社1998年版,第119页。

书面的主张；或（2）个人非言词的行为，行为人意图以此来表达一个主张。"[1]

传闻证据特征可做如下概括：

第一，传闻证据至少包括两个陈述主体和两个陈述环节。所涉及的陈述主体至少是两个人，其一为亲身感知案件事实之人，另一个是在法庭上转述或提交书面证词之人；所涉及的陈述环节至少包括两个，一个为前者对后者在庭外或讯问中的陈述，另一个是后者在法庭之上口头陈述或提交书面证词。

第二，传闻证据本身可以表现为多种形式。传闻证据虽然实质上是一种意思表示，但形式上却可以通过口头、书面或动作等多种方式表现。前两种很常见；而所谓动作，即可以传达一定思想的非语言性行为。

第三，形式多样但目的一致。提出传闻证据的目的是为了证明该陈述所包含的内容是真实的。如果出于其他目的，比如为了揭示证人证言的前后不一，从而削弱其证明力或可靠性等，则所提证据就不能被归结为传闻。

（二）传闻证据规则的意义

首先，排除传闻证据有利于发现案件真实情况。传闻证据并非证人本人就亲身感知的事实在法庭上亲自陈述，而是通过他人转述或书面记录而出示。来源上的非第一手容易造成证据的不准确或伪造。无论出于过失或故意都可能造成转述错误或转述偏差的不良后果。其次，排除传闻证据有利于实现程序公正。传闻证据在证人没有当场宣誓的情况下被出示，且没有经过对方的反询问程序，其真实性不能通过公正的诉讼程序得到检验。排除传闻证据就从保障当事人程序性权利的角度维护了程序正义。

再次，排除传闻证据避免对裁判者造成误导，有利于正确裁判。法官或陪审团根据证据认定案件事实需要在法庭上对证人察言观色，辨明其证言真伪。但传闻证据不是在裁判者面前所作，裁判者没有直接听取证人陈述，不能根据其当面陈述时表现出的态度、神情等客观情况来综合判断陈述内容的真实性。排除传闻证据就不存在这种可能误导裁判者的情况。

最后，排除传闻证据有利于保障被告人的宪法性权利——与对方证人的对质权。如果在法庭上提供的证据为传闻证据，有关当事人就无法行使与提供证据的原始方就证据内容的真伪进行质证的权利。联合国《两权公约》第14条就规定了与证人对质是被告人的基本权利。在普通法系中，美国也在宪法上规定"与对方证人对质"是被告人的一项宪法性权利。显然，排除传闻证据才能保障被告人与对方证人的对质权正常行使。

---

[1] 美国《联邦证据规则》第801条（a）项。《美国联邦刑事诉讼规则和证据规则》，卞建林译，中国政法大学出版社1998年版，第119页。

二、传闻证据规则的例外

在普通法系证据规则体系中证据排除规则一般都存在法定的例外情况,而传闻证据排除规则例外情况却并不多见。传闻证据被排除主要的理由是保证发现真实。因为,如果对所有的传闻证据都不加区分地机械化排除势必会导致有相当一部分案件的事实真相无法查清,或者至少会增大查明案件事实的成本。所以,为了达到发现案件事实真相的目的,传闻证据规则的例外也逐渐增多。这些例外从最初法官在个别案例中确立的一些普通法上的例外逐步发展到制定法阶段更多的例外。

普通法上的例外主要包括:已故人的陈述;可采纳的作为有关事情一部分的陈述;公务文件中的记载;公共文书和著作中的记录;先前程序中所作的记录等。后来普通法系的成文证据法典也吸收了以上规定,同时还建立了其他的例外。如美国《联邦证据规则》第803条和第804条就规定了两类例外:一类是无需陈述者亲自作证的情况;另一类是陈述者无法到庭作证的情况。[1]

另外,普通法系的证据法学理论还对传闻证据在例外情况下可被采纳的条件作出概括:一是该传闻证据具有"可信性的保障";二是已经给予对方反询问的机会。

三、我国的相关规定

我国刑事诉讼法中没有明确确立传闻证据排除规则。但存在对证人、鉴定人等的出庭作证问题予以规范的规定。虽然我国并不存在陪审团审判,没有全面确立典型的传闻证据排除规则的基础,但是传闻证据排除规则中最值得借鉴的是排除陈述者在法庭外的陈述,从而促进证人出庭当面作证,以保证发现案件事实。从这种意义上讲,我国现行法律的相关规定既有值得肯定之处,也有不甚完善之处和需要提升的空间。

《刑事诉讼法》第59条规定:"证人证言必须在法庭上经过公诉人、被害人和被告人、辩护人双方质证并且查实以后,才能作为定案的根据。"第60条第2款规定:"凡是知道案件情况的人,都有作证的义务。"最高法《解释》也规定了特殊情形下,证人可以不出庭作证的情形,其第206条规定:"证人具有下列情形之一,无法出庭作证的,人民法院可以准许其不出庭:(一)在庭审期间身

---

[1]《美国联邦刑事诉讼规则和证据规则》,卞建林译,中国政法大学出版社1998年版,第120~126页。

患严重疾病或者行动极为不便的；（二）居所远离开庭地点且交通极为不便的；（三）身处国外短期无法回国的；（四）有其他客观原因，确实无法出庭的。具有前款规定情形的，可以通过视频等方式作证。"而且按照最高法《解释》，未出庭证人的证言经查证属实可以作为定案根据。在司法实践中，大量证人不出庭作证，但其证言仍然可以作为定案的根据。这与以构建审判为中心诉讼制度的改革趋向和传闻证据规则的要求相悖。

第四节　意见证据规则

一、意见证据规则概述

（一）意见证据规则的含义

意见证据是指证人对其亲身感知的事实发表意见、做出推论等。意见证据规则是英美证据法上的证据规则之一，要求证人仅能就其亲身感知的事实提供证言，通常不得据此推断其他事实或发表意见。从规范证人证言的可采性角度，该规则的含义是证人在陈述自身感知的事实之外，为证明其信以为真的事实而陈述的有关亲历事实的意见、推理或结论一般不具有可采性。例如，某甲在深夜目睹某乙将一个类似人形的麻袋抛弃于荒郊野外，后经察看确认麻袋内确装有死尸。则某甲只能对直接观察到的事实做出陈述，而不能对法庭推论道："乙系杀人后抛尸"。不管事实是否如此，某甲的该种判断或推测意见是不可采纳的。

需要注意的是，英美法的证人概念与大陆法系及我国的对应概念外延不同。英美法系的证人范围是非常广泛的，包括了所有在诉讼中向司法机关提供口头证词的人，即除普通证人外还有被害人、专家证人、出庭作证的警察、自愿作证的被告人等。但在大陆法系国家及我国，证人的概念一般是狭义的，指知悉案件情况并向司法机关陈述的当事人及鉴定人以外的第三人。

（二）意见证据规则的作用

从根本上讲，意见证据规则有利于保证准确认定案件事实，保障司法公正的实现。它的具体作用包括以下方面：

1. 意见证据规则有利于正确收集和审查判断证人证言。一般而言意见证据并不具有很强的可信性，因为意见证据是源于证人耳闻目睹的事实之后的推论。对证人观察后所作的陈述尚且未经法庭判断其证明力，何况经证人推断后发表的意见。

2. 意见证据规则保障案件事实认定职权由裁判者独立行使。在英美法系典型的陪审团审判中，普通公民组成的陪审团行使案件事实裁判权。排除证人发表的意见能够确保陪审团独立地认定案件事实，不受误导。法官审判的案件中，仍然要保障法官对案件独立裁判的权威，即法官裁判职能与证人职能显然应该区分。

3. 意见证据规则防止证人伪证责任落空，间接保证交叉询问的正常进行。一般而言，意见证据是证人主观"认为"的产物。对可能不准确的意见内容不宜直接追究伪证责任，这难免使得该制度有意或无意中被规避，而且对意见证据的交叉询问也难以彻底展开。交叉询问是对真实发现的重要途径，而主观意见却难以绝对地衡量其客观真假。

以美国为例，证人存在普通证人与专家证人的区别，原则上排除普通证人的意见陈述。《美国联邦证据规则》第701条有规定，即"如果证人不是作为专家作证，该证人的意见或推论形式的证言限于如下意见或推论：（a）合理地基于该证人的知觉；并且（b）有助于澄清对证人证言的理解或争议事实的判定；以及（c）不是基于科学、技术或其他属于规则702范围的专业知识。"这些例外在实践中经常表现为不能以其他方式表达的问题，例如证人对交通工具的速度的描述及推测、对犯罪嫌疑人的辨认后所作的陈述、对味觉或嗅觉等本来就具有很强主观体验性的感知、他人的状态等。因为此时意见很大程度上反映感知的事实，不能绝对划分意见与感知两者的界限。

同时，《美国联邦证据规则》第702条对专家证人意见的规定："如果科学、技术或其他专业知识，将辅助事实裁判者理解证据或裁断有争议的事实，因其知识、技能、经验、培训或教育而具备专家资格的证人，可以意见或其他形式对此作证。但须符合下述条件：（1）证言基于充足的事实或数据，（2）证言是可靠的原理或方法的产物，并且（3）证人将这些原理和方法可靠地适用于案件的事实。"

二、我国刑事诉讼中的意见证据规则

我国法律层面上并没有明确规定意见证据规则。两院三部《办理死刑案件证据规定》第12条第3款规定："证人的猜测性、评论性、推断性的证言，不能作为证据使用，但根据一般生活经验判断符合事实的除外。"这条司法解释的内容明显借鉴了英美法系的意见证据规则，至少可以认为其吸收了意见证据规则的合理因素，在最需要严格审查判断证据的死刑案件中已经确立意见证据规则。

对于证人的意见，上述规定采取"以排除为原则、以采纳为例外"的方式。但值得注意的是，对例外的规定并没有照搬英美法系意见证据规则中的条件，而是以"一般生活经验"作为标准判断证人意见是否符合事实。实际上，在最终能否采纳证人意见的问题上，司法解释赋予法官一定的自由裁量权。法官考虑的不是英美证据规则中的是否具有与事实密切相关性且对法官理解事实起到参考作用等方面，而是从更本质的证据内容的真实和准确性上来判断是否可采纳。

第五节 最佳证据规则

一、最佳证据规则概述

（一）最佳证据规则的含义

最佳证据规则在传统上是专门适用于书证的规则，有些学者又将该规则称之为原始文书规则。"最佳证据规则，这个名字给人带来一些不必要的误解，认为律师必须遵守这个普遍规则，即在所有案件中提供最有分量最强最好的证据。其实，把这条规则称为'原始文书规则'或许更为妥当，它仅是一项规定原始文字材料有优先权作为证据的简单原则。"[1]可见，该规则的含义是通过文书内容来证明案件事实时，通常情况下应该提供原始文书，否则将不被采纳。一般在提出证据之人无重大过失时，若能证明存在特定情况，允许使用文书副本。

最佳证据规则要求以文书（书证）的原本来证明文书的内容，旨在证明内容的真实性和可靠性。其实不难理解，文书所记载的内容或思想必然要通过其文字或符号等来表达。如果有个别文字或符号被篡改或出现差错，则整个内容就会发生质变。最佳证据规则通常要排除非原本的文书，这样的做法就是为了防止在文本副本的制作中借机伪造、变造等造假行为。因为虚假的文本副本会影响正常的诉讼活动，乃至被错误采纳、认定为裁判依据，最终酿成错案。总之，最佳证据规则为事实认定的正确性增加了砝码。

时至今日，最佳证据规则随着时代的发展被赋予了一些新意。以典型的美国为例，《联邦证据规则》第1002条规定，"为证明文字、录音或照相的内容，要求提供该文字、录音或照相的原件，除非本证据规则或国会立法另有规定。"尤为值得一提的是该法还对"原件"进行说明，即"文字或录音的原件即该文字或录音材料本身，或者由制作人或签发人使其具有与原件同样效力的副本、复本。照相的原件包括底片或任何由底片冲印的胶片。如果数据储存在电脑或类似设备中，任何从电脑中打印或输出的能准确反映有关数据的可读物，均为'原件'。"

---

[1]［美］乔恩·R. 华尔兹：《刑事证据大全》，何家弘等译，中国人民公安大学出版社2004年版，第420页。

同时,最佳证据规则的例外也被美国《联邦证据规则》第1004条予以限定,即"在下列情况下,不要求原件,关于文字、录音或照相内容的其他证据可以采纳:(1)原件遗失或毁坏。所有原件均已遗失或毁坏,但提供者出于不良动机遗失或毁坏的除外;或(2)原件无法获得。不能通过适当的司法程序或行为获得原件;或(3)原件在对方掌握中。原件处于该材料的出示对其不利的一方当事人的控制中,已通过送达原告起诉状或其他方式告知该当事人在听证时该材料的内容属于证明对象,但该当事人在听证时不提供有关原件;或(4)附属事项。有关文字、录音或照相与主要争议无紧密联系。"另外,对复制品可采还有例外,即第1003条"复制品可与原件在同等程度上采纳,但下列情况下除外:(1)对复制品是否忠实于原件产生疑问;(2)以复制品替代原件采纳将导致不公正。"[1]

二、我国刑事诉讼中的最佳证据规则

(一)适用范围

我国现行的法律并没直接规定最佳证据规则,但有关司法解释体现了最佳证据规则的精神。

最高法《解释》第70条第1款规定,"据以定案的物证应当是原物。原物不便搬运,不易保存,依法应当由有关部门保管、处理,或者依法应当返还的,可以拍摄、制作足以反映原物外形和特征的照片、录像、复制品。"第71条第1款规定,"据以定案的书证应当是原件。取得原件确有困难的,可以使用副本、复制件。"又如两院三部《办理死刑案件证据规定》第6条规定:"对物证、书证应当着重审查以下内容:(一)物证、书证是否为原物、原件,物证的照片、录像或者复制品及书证的副本、复制件与原物、原件是否相符;物证、书证是否经过辨认、鉴定;物证的照片、录像或者复制品和书证的副本、复制件是否由二人以上制作,有无制作人关于制作过程及原件、原物存放于何处的文字说明及签名。"第8条规定:"据以定案的物证应当是原物。只有在原物不便搬运、不易保存或者依法应当由有关部门保管、处理或者依法应当返还时,才可以拍摄或者制作足以反映原物外形或者内容的照片、录像或者复制品。物证的照片、录像或者复制品,经与原物核实无误或者经鉴定证明为真实的,或者以其他方式确能证明其真实的,可以作为定案的根据。原物的照片、录像或者复制品,不能反映原物的外形和特征的,不能作为定案的根据。据以定案的书证应当是原件。只有在取

---

[1]《美国联邦刑事诉讼规则和证据规则》,卞建林译,中国政法大学出版社1996年版,第131页。

得原件确有困难时，才可以使用副本或者复制件。书证的副本、复制件，经与原件核实无误或者经鉴定证明为真实的，或者以其他方式确能证明其真实的，可以作为定案的根据。书证有更改或者更改迹象不能作出合理解释的，书证的副本、复制件不能反映书证原件及其内容的，不能作为定案的根据。"

我国最佳证据规则的适用范围为书证和物证。这与英美法系视野下的最佳证据规则以适用于公文书为传统、扩至书证的新载体，如照相、电子证据等为发展趋势的特点不同。其实，包含了物证之后似乎就不再是本源意义上的最佳证据规则了，有学者称其为"原始证据优先规则"。当然实质上"原始证据优先规则"范围很宽，可以包括所有证据类型。[1]这里暂且称我国的相关规定为最佳证据规则。

（二）例外情况

根据上述司法解释，我国最佳证据规则的例外包括使用书证副本或复制件、物证照片或录像或复制品，两者适用的条件分述如下：

对于书证可以是副本或复制件的情况主要是收集、调取书证原件确有困难。对于物证可以是反映其外形或内容的照片或录像或复制品的情况：第一，原物不便搬运、不易保存；第二，依法应当由有关部门保管、处理或者依法应当返还时。

另外，办理死刑案件及参照适用于其他案件时，使用书证副本、复制件，物证照片、录像或复制品时，必须经过与原件（物）核实无误或者经鉴定证明为真实的，或者以其他方式确能证明其真实的，才可以作为定案的根据。同时要求审查以上非原件（物）是否由二人以上制作，有无制作人关于制作过程及原件、原物存放于何处的文字说明及签名。书证的副本、复制件不能反映书证原件及其内容的，物证照片、录像或复制品不能反映原物的外形和特征的都不能作为定案的根据。

可见，我国《刑事诉讼法》原则上要求提交书证或物证的原件（物），同时规定若干例外情况。总之，在副本或复制品等的真实、可靠性被有效证明后，其应具有与原件（物）同等的证明力。

---

[1] 张建伟：《证据法要义》，北京大学出版社 2009 年版，第 183 页。

第六节 补强证据规则

一、补强证据规则概述

补强证据规则是指在特定类型的证据可能存在虚假性的情况下，法律规定此类证据不能单独作为认定案件事实的根据，唯有在其他证据与其相互印证时，才能认定其证明力。在不同性质的诉讼活动中都有需要补强证据的法定情况。其中尤以刑事诉讼中对犯罪嫌疑人、被告人的供述的补强最具有代表性。

国外的证据规则中，存在对其他言词证据的补强规定。如英国证据法中对如下情况需要运用补强证据规则：第一，伪证罪在仅有一名证人作证时不能定案；第二，对妇女儿童的风化罪在仅有一名证人作证时不能定案；第三，幼年未经宣誓作证的需要另有证据补强；第四，不能仅凭共犯证言对另一共犯定罪；第五，超速行驶罪不能仅凭一名证人的证言定罪。[1]

以下对补强证据规则中最为重要的口供或自白补强规则予以简介。

二、自白补强规则

自白指被追诉人对被指控犯罪的主要事实的承认，即供述。口供或自白补强规则是指不能仅凭被告人供述认定其犯罪，被告人供认的犯罪事实需要在有其他证据补充证实的情况下才可予以认定。有观点称之为"口供补强规则"，也有称之为"自白补强规则"。其中的"补强"应当理解为支持或印证。补强证据是对自白的支撑，其通过证据之间的相互印证作用、增强或担保自白的证明力。这里的自白相对于补强证据而言可称为主证据。

该规则不承认被告人的供述作为认定其犯罪成立的唯一性的证据，而要求提供其他证据予以补强。这是对被告人供述的证明力的限制。理论上讲，被告人供述极有可能作为直接性的证据，对于案件主要事实的证明具有决定作用。为了防止自白的虚假和不可靠，保证发现案件的事实真相，往往需要借助补强证据来印证其证明力。补强证据的作用即在于通过证据的相互印证作用而增强或担保自白的证明力。所以，不宜将自白作为对被告人定罪的唯一根据。仅有被告人的有罪供述不能达到定罪的证据要求，尚需其他证据予以补强。该规则有利于摒弃纠问制下将被告人口供作为"证据之王"的做法，也可以在一定程度上防止偏重口

---

[1] 樊崇义主编：《证据法学》（第五版），法律出版社2012年版，第142~143页。

供而导致冤假错案的发生。

三、我国的补强证据规则

自白补强规则关注的重点问题是自白的证明力。我国《刑事诉讼法》第53条规定："对一切案件的判处都要重证据，重调查研究，不轻信口供。只有被告人供述，没有其他证据的，不能认定被告人有罪和处以刑罚；没有被告人供述，证据确实、充分的，可以认定被告人有罪和处以刑罚。"两院三部《办理死刑案件证据规定》第18条规定："对被告人供述和辩解应当着重审查以下内容：……（五）被告人的供述是否前后一致，有无反复以及出现反复的原因；被告人的所有供述和辩解是否均已收集入卷；应当入卷的供述和辩解没有入卷的，是否出具了相关说明。……（七）被告人的供述和辩解与同案犯的供述和辩解以及其他证据能否相互印证，有无矛盾。对于上述内容，侦查机关随案移送有录音录像资料的，应当结合相关录音录像资料进行审查。"第22条规定："对被告人供述和辩解的审查，应当结合控辩双方提供的所有证据以及被告人本人的全部供述和辩解进行。被告人庭前供述一致，庭审中翻供，但被告人不能合理说明翻供理由或者其辩解与全案证据相矛盾，而庭前供述与其他证据能够相互印证的，可以采信被告人庭前供述。被告人庭前供述和辩解出现反复，但庭审中供认的，且庭审中的供述与其他证据能够印证的，可以采信庭审中的供述；被告人庭前供述和辩解出现反复，庭审中不供认，且无其他证据与庭前供述印证的，不能采信庭前供述。"第34条规定，"根据被告人的供述、指认提取到了隐蔽性很强的物证、书证，且与其他证明犯罪事实发生的证据互相印证，并排除串供、逼供、诱供等可能性的，可以认定有罪。"第37条规定，"对于有下列情形的证据应当慎重使用，有其他证据印证的，可以采信：（一）生理上、精神上有缺陷的被害人、证人和被告人，在对案件事实的认知和表达上存在一定困难，但尚未丧失正确认知、正确表达能力而作的陈述、证言和供述"。另外，最高法《解释》第83条与两院三部《办理死刑案件证据规定》第22条基本一致；最高法《解释》第106条与两院三部《办理死刑案件证据规定》第34条基本一致；最高法《解释》第109条与两院三部《办理死刑案件证据规定》第37条基本一致等。以上规定中所言的"印证"都具有明显的补强作用。总之，对被告人供述类证据补强后要达到证据确实充分的程度，才能够定罪。

第十五章 刑事证明

第一节 概 述

一、证明的概念

作为刑事诉讼法学中的专门术语,证明是指控辩双方在审判过程中,依照法定程序和要求,提出并运用证据阐明待证事实,论证诉讼主张的活动。

其实,我国传统上对于刑事证明的概念一直是从更加广义的角度理解。刑事证明通常被视为刑事诉讼中处理刑事案件的专门机关和当事人运用证据认定案件事实的活动。刑事证明不仅发生在审判阶段,更存在于审前的侦查、审查起诉、提起公诉等阶段之中。从收集、审查和判断证据,到运用证据进行事实认定,再到定案的全过程,刑事证明都有重大意义。

如果仅是一般意义的用语,"证明"可以做上述广义的理解。这种"证明"已经至少包含了专门机关查明是否属实或者为使有关机关采信而通过证据进行说明的一系列活动等。但是,作为刑事诉讼法学的学科范畴,刑事证明却不能简单地从广泛的含义层面解读,而应当做出专属性的界定。因为刑事证明这一范畴,是刑事证明主体、刑事证明对象、刑事证明责任及刑事证明标准理论构建的基础,事关现代诉讼模式与传统诉讼制度的分野,对于准确把握各诉讼主体的职能,区分"查明"和"证明",辨析侦查中心主义与审判中心主义,诠释认识活动和诉讼行为、客观真实和价值选择相统一等理念都具有十分重要的理论和现实意义。[1]

二、证明的特点

证明特点包括如下几个方面。

第一,证明的主体特定,在公诉案件中为公诉人、被告人及其辩护人,自诉

---

[1] 刘万奇主编:《刑事诉讼法学》,中国人民公安大学出版社2011年版,第163页。

案件中为自诉人及其代理人、被告人及其辩护人。总之证明主体仅为刑事控辩双方。

第二，证明具有特定的形式要件，需要依照法定程序和要求展开。具体包括证据的形式需要满足法定要件，控辩双方按照既定的方式提出证据进行证明活动。

第三，证明的目的是阐明待证事实，论证己方提出的诉讼主张，说服审判机关支持其诉求。

三、证明的意义

（一）证明是在诉讼中认定案件事实的必经途径

案件事实是发生在过去的，其需要通过证据加以澄清。诉讼证明主体收集证据，在法庭审判阶段提供证据，对是否发生案件事实、具体如何发生等问题进行证明。裁判者在此基础之上，审查判断证据、认定案件事实。显然，如果缺少证明，诉讼事实就无法查清，甚至审判也将失去依据和根基。

（二）证明使裁判更具有可接受性

从理论上讲，证明责任分配机制避免了裁判者在事实不清、真伪不明时拒绝裁判的情形。同时，证明责任制度要求控诉机关或当事人对特定的事项进行举证，并在达不到证明标准时承担败诉的风险。这些诉讼证明所特有的制度及内涵为案件最终的裁判预设了方向。更重要的是对败诉方而言完全可以接受，因为败诉往往是因其没有提供或者没有及时地提供证据、没有积极履行证明责任所导致。再者，对于社会公众而言，司法机关对被告人的裁判是建立在充分的证据基础上，是通过法定的证明程序得出的。一般而言，裁判如此产生自然更具可接受性。

（三）诉讼的进行直至终结都需要证明活动

刑事诉讼最直接的任务是解决被追诉者刑事责任有无的问题，即令有罪者罪当其罚，令无辜者尽早脱离诉累。而这些在诉讼过程中，尤其是到了法庭审判阶段都必须依靠诉讼证明来最终达到目标。可见，完成诉讼任务或实现诉讼目的都离不开诉讼证明的支撑。

第二节 证明主体

一、证明主体的概念

证明主体指依据法定程序和要求，有资格或条件提出证据、阐明诉求所依据的事实，在诉讼中具有特定身份的个人或专门机关。证明主体，解决的是哪些人或机关具有资格提出诉讼证据，论证诉讼主张，达到诉讼证明标准的要求从而完成证明的过程的问题。

二、证明主体的范围

诉讼证明的主体具有特定性，是集中于审判阶段的特定国家专门机关和诉讼当事人或特定诉讼参与人。诉讼主体的条件主要包括如下几个方面。第一，需要在诉讼中具有己方的诉讼主张；第二，需要与案件具有直接或某种程度的利害关系；第三，当证明不能达到法定的标准或要求时，需要具备承担败诉风险的客观条件和现实可能。

在刑事诉讼的审判阶段，公诉案件的证明主体主要是控诉方，即检察机关。自诉案件的证明主体为自诉人。以上证明主体对于己方所提出的控诉主张，应当提供证据加以证明。当没有提供证据或者所提供的证据不充分的情况发生时，证明主体将承担相应的败诉风险。

无论在公诉案件还是自诉案件中，被告人、辩护人无需证明自己无罪。即被告人对自己无罪的状态不承担证明责任，不是无罪的证明主体。但是，对于被告人在审判中提出积极的辩护主张，如案发时不在犯罪现场、无刑事责任能力等方面的观点时，被告人一方则需要对这些积极主张负有相应的证明责任，否则该主张就有可能不被法庭采纳。诸如此类情形下，被告人及其辩护人也成为了证明主体。

需要说明的是，在整个刑事诉讼过程当中，公安机关、国家安全机关、检察机关、监狱、军队保卫部门以及走私犯罪的侦查机关等按照法律规定在各自的职权范围内对各种刑事案件进行侦查，收集证据、查明犯罪嫌疑人是否实施了犯罪活动，这些都是为法庭审判阶段的刑事证明做准备。人民法院不是狭义证明观下的证明主体。人民法院行使审判权，承担对案件事实作出最终认定的责任。在国内的诉讼法或证据法学理论界，长期以来存在着一种误解，认为作为审判机关的人民法院也负有证明责任。许多教材和论著都持这一观点。理由是当事人举出的证据要由人民法院加以认定，最终完成证明任务；同时，法律还赋予了人民法院主动收集证据、认定证据的职权，因此得出审判机关也负有证明责任的结论。在明确了诉讼法学科视野下的狭义证明概念，将举证责任与证明责任的关系等同之后，就不宜再将法院作为证明主体对待了。诚然，当事人举出的证据要由法院加以认定，这是宪法和法律赋予人民法院的职权，其他任何机关、团体和个人均无此权力。但却不能因此得出法院也负证明责任的结论。因为无论法院审判职权行使的好坏，审判机关永远不会承担败诉的风险。证明责任是一个完整的诉讼规则，"举出"证据和加以"证明"两个环节不能割裂，不可分开。法院具有调查、认定证据的权力,是完成审判任务所必需的,是国家审判权的重要内容之一。审判职权与证明责任完全是两个领域的问题。[1]所以,审判机关不负证明责任,也不是证明的主体。

第三节 证明对象

一、证明对象概述

（一）证明对象的概念

诉讼法学意义上的案件事实包括待证事实和免证事实。刑事证明对象（以下简称"证明对象"）即待证事实,是指诉讼中需要运用证据加以证明的案件事实。

（二）证明对象的意义

从理论研究的角度考虑,在整个证明制度中,证明对象通常是比较基础的问题,同时具有承前启后的意义。明确证明对象更利于深入研究其后的证明责任、证明标准等理论难题。

从司法实践的角度考虑,证明对象的实践指导意义也不可忽视。它为取证、举证、质证和认证等活动提供明确的对象;对准确、及时、全面地查清案件事实,提高办案质量助益良多。

从诉讼证明的公正与效率价值考虑,证明对象及其范围的确定具有重要意义。诉讼证明的第一个环节就是要确定证明的对象。如果证明对象被限定得过于狭窄,则会遗漏需要证明的事实,往往会导致对案情的掌握失之偏颇,不利于案件事实的证明或查证,甚至可能产生错判;另一个极端是如果把证明对象的范围确定得过于宽泛,有可能人为扩大应当证明的对象,会把与案件无关的事实也吸收进来,这样会浪费司法资源或分散证明主体的时间、精力,增加证明成本,同样将影响案件的及时处理。因此,证明对象制度的合理设置有助于实现公正和效率的诉讼价值。

（三）证明对象的特征

为了准确掌握证明对象的概念,理解其实质和意义,有必要对证明对象的特征予以深入分析。归纳起来,证明对象的基本特征主要包括以下方面:

1. 证明对象的有益性。证明对象的有益性是指它对于正确处理案件、认定事实具有一定的作用。作为证明对象的事实要达到对案件处理有意义、有帮助,

---

[1] 刘万奇主编:《刑事诉讼法学》,中国人民公安大学出版社2011年版,第165～166页。

首先必须在内容上与案件具有某种关联。如果与案件本身没有任何关联的事实也没有证明的必要，自然不可能被确定为证明对象。其次，与案件有关的事实也不可能都被吸收作为证明对象，否则容易导致证明的重复，对法律上的认定而言没有实际功用。在确定证明对象时，一定要考虑其是否在法律规定的实体或程序方面对正确处理案件产生实际影响，如果回答是肯定的，则应该被确定为证明对象。

2. 证明对象的法定性。证明对象的法定性是指它必须被法律规范明确规定为要件事实。所谓"要件事实"是指得出裁判结论所依据的基础性事实，包括实体法律规范和程序法律规范确定的构成裁判结论的具有法律意义的若干要素性事实。在刑事诉讼中，实体法要件性事实最主要的当属刑法规定的定罪和量刑的有关事实，即有关犯罪构成要件的事实以及有关法定、酌定量刑情节的事实；而程序法要件性事实一般则为对具体诉讼行为是否合法具有证明作用的事实。

3. 证明对象的待证性。证明对象的待证性是指它必须是需要运用证据加以证明的事实。即使满足了对证明案件事实有益处、又被法律规范明确规定为实体或程序性要件事实，并不必然意味着就要通过证据证明从而成为证明对象。基于诉讼效率或显而易见的有无证明必要性考虑，立法还明确规定了免证事实。所谓"免证事实"就是指不需要运用证据加以证明的事实。免证事实由法官直接予以认定并可以作为裁判的依据之一。免证事实通常包括众所周知的事实、自然规律和科学定理、预决事实、法律规定的推定事实等。此类事实无需通过证据证明，不具有待证性。

二、我国刑事诉讼中的证明对象

刑事诉讼中的证明对象通常包括两个部分：一是实体法事实；二是程序法事实。证据事实是否应该被列为证明对象的问题存在争议。我们认为，证据是证明的支撑材料，只存在证据资格和证明力有无或大小的判断问题，证据本身不需要证明，否则就有可能会形成"无休止证明"或者"循环证明"的逻辑怪圈。

（一）实体法事实

实体法事实是指对解决案件中的实体问题具有法律意义的事实。在刑事诉讼中是指认定案情并适用刑法方面的事实，即与定罪、量刑有关的事实。这主要包括刑法规定的犯罪构成要件事实以及法定和酌定的量刑情节方面的事实。刑事诉讼的目的之一是在查清事实的基础上正确适用法律，使犯罪分子罪当其罚，同时保障无罪的人不受刑事追究。所以，为正确解决被追诉人的刑事责任问题，实体法事实理当作为证明对象的核心内容。

《刑事诉讼法》第50条规定："审判人员、检察人员、侦查人员必须依照法定程序，收集能够证实犯罪嫌疑人、被告人有罪或者无罪、犯罪情节轻重的各种证据。"此条规定说明，刑事被追诉人是否有罪、犯罪情节轻重，这些与实体法律相关的各种事实都属于刑事证明对象的范围。

最高法《解释》第 64 条对以上有关证明对象的具体解释为，"应当运用证据证明的案件事实包括：（一）被告人、被害人的身份；（二）被指控的犯罪是否存在；（三）被指控的犯罪是否为被告人所实施；（四）被告人有无刑事责任能力，有无罪过，实施犯罪的动机、目的；（五）实施犯罪的时间、地点、手段、后果以及案件起因等；（六）被告人在共同犯罪中的地位、作用；（七）被告人有无从重、从轻、减轻、免除处罚情节；（八）有关附带民事诉讼、涉案财物处理的事实；（九）有关管辖、回避、延期审理等的程序事实；（十）与定罪量刑有关的其他事实。"

两院两部《办理死刑案件证据规定》第 5 条规定："办理死刑案件，对于以下事实的证明必须达到证据确实、充分：（一）被指控的犯罪事实的发生；（二）被告人实施了犯罪行为与被告人实施犯罪行为的时间、地点、手段、后果以及其他情节；（三）影响被告人定罪的身份情况；（四）被告人有刑事责任能力；（五）被告人的罪过；（六）是否共同犯罪及被告人在共同犯罪中的地位、作用；（七）对被告人从重处罚的事实。"第 36 条规定："在对被告人作出有罪认定后，人民法院认定被告人的量刑事实，除审查法定情节外，还应审查以下影响量刑的情节：（一）案件起因；（二）被害人有无过错及过错程度，是否对矛盾激化负有责任及责任大小；（三）被告人的近亲属是否协助抓获被告人；（四）被告人平时表现及有无悔罪态度；（五）被害人附带民事诉讼赔偿情况，被告人是否取得被害人或者被害人近亲属谅解；（六）其他影响量刑的情节。"

根据以上法律及相关司法解释的规定，我国刑事诉讼中的证明对象在实体法事实方面可以被概括为犯罪发生有关的事实和被告人的个人情况。

1. 犯罪发生有关的事实。被指控的犯罪事实发生与否相关的事实主要包括：

第一，犯罪行为事实本身。它包括犯罪行为是否已经发生，是否属于正当防卫、紧急避险等排除犯罪性质的行为。如果不存在排除犯罪的事由，再确定是否存在不追究刑事责任的情况，这包括是否存在《刑事诉讼法》第 15 条规定的不追究刑事责任的情形，如犯罪已过追诉时效、犯罪嫌疑人、被告人死亡、经特赦令免除刑罚等。以上情况都不存在时才具体查证实施犯罪行为的有关要素，包括时间、地点、方法、过程等。另外对案发地的客观条件、周围环境等可能构成以上事实的组成部分的也在查证之列。

第二，犯罪行为实施者。这里重在查明其是否达到刑事责任年龄、有无刑事责任能力等问题。为了正确解决被追诉人是否应当负刑事责任，或者是否满足从轻或者减轻处罚的客观条件，对被追诉人刑事责任年龄和刑事责任能力应当首先确定。确定存在责任能力的，对行为实施者才有追诉的必要性。

第三，被追诉人实施犯罪行为时的主观情况。其中最重要的是确定主观方面为故意或者过失，在此基础上还要弄清犯罪的目的、动机等主观状态。故意或过失往往关系到罪名的认定及责任的承担程度，而目的或动机等有助于衡量社会危险性的大小。

第四，犯罪的结果。犯罪行为的结果一般与犯罪的危害程度成正比。在运用证据予以证明时，还要注意揭示行为与结果之间是否存在因果关系。因果关系的有无甚至可能成为罪名是否成立的关键问题。

第五，犯罪后的表现。最主要的是指犯罪后是否有立功、自首等悔罪表现；犯罪后有无毁灭伪造证据或与同案犯串通等不良表现。这些都直接关系到对被追诉人的刑种及处刑轻重的刑罚选择问题。

2. 被告人的个人情况。我国刑事诉讼中对被告人作出有罪认定后，对刑罚的适用不仅要考虑被告人所犯的罪行种类和罪行的轻重，还要结合被告人的人身危险性大小和改造的难易程度而决定。所以，在确定刑罚时，证明对象中还应包括被告人的个人情况。这些通常包括：被告人的一般履历、一贯表现、是否有前科或受过处分等，特别是被告的平时表现等情况。需要注意的是，这些材料不能成为定罪的证据，而只能作为量刑的依据。在一些特殊案件中，如死刑案件，被告人的个人情况的证明非常重要，甚至可能关乎被告人生命权的剥夺。如两院两部《办理死刑案件证据规定》对有关量刑事实的证明中规定，在审查法定量刑情节之后，还要审查其他影响量刑的情节，这其中就包括"被告人平时表现及有无悔罪态度"。

综合法律、司法解释的规定，结合刑法学的犯罪构成要件理论，证明对象还可以被概括为包括犯罪主、客体，主、客观方面的要件事实。具体而言，主体要件为何人；主观方面为故意或过失等主观心理；客观方面包括时间、地点、手段、具体行为、后果等。当然，其他影响刑事责任认定、对定罪量刑产生不同作用的事实或情节也是证明对象。比如，是否达到法定刑事责任年龄、犯罪行为实施时的精神状态等判断被追诉人刑事责任的事实；正当防卫、紧急避险等排除行为违法性的事实；以及有无《刑事诉讼法》第15条规定的不追究刑事责任的情形；关于量刑情节的各种事实，包括有无依法应当或可以从重、从轻、减轻乃至免除处罚的情节等。

（二）程序法事实

程序法事实指涉及诉讼法律方面的事实。它虽与案件实体事实本身不具有直接关系，但对解决诉讼中的程序性争议而言必不可少。例如，与是否应当采取、变更或解除某一强制措施有关的具有法律意义的事实；有关申请回避、恢复诉讼期间的事实；有关证据资格的事实等。

程序法事实与实体法事实性质不同，但不能因此否定程序法事实同样应该作为证明对象。因为需要依靠证据来证明的范畴应属证明对象。当一方当事人对程序法上的事项提出异议，主张者通常需要提出证据对程序法事实进行证明。而且司法机关对某种程序性争议的裁决也需要建立在相应的事实基础之上。以我国新修改的《刑事诉讼法》为例，从立法上确立了非法证据排除规则，且对取证行为合法性的相关证明程序作出了具体规定。其中需要控方证明取证并未违反法定诉讼程序，这里的证明对象就是程序法事实。结合司法实践中的现实情况，对需要运用证据证明的案件程序事实可以概括如下：

1. 有关管辖争议的事实。如《刑事诉讼法》第 24 条规定："刑事案件由犯罪地的人民法院管辖。如果由被告人居住地的人民法院审判更为适宜的，可以由被告人居住地的人民法院管辖。"第 25 条规定："几个同级人民法院都有权管辖的案件，由最初受理的人民法院审判。在必要的时候，可以移送主要犯罪地的人民法院审判。"公安司法机关在受理案件之前应该审查是否有相应的材料证明自己有管辖权。

2. 有关回避的事实。如《刑事诉讼法》第 29 条规定："审判人员、检察人员、侦查人员不得接受当事人及其委托的人的请客送礼，不得违反规定会见当事人及其委托的人。审判人员、检察人员、侦查人员违反前款规定的，应当依法追究法律责任。当事人及其法定代理人有权要求他们回避。"以上的情况有很多需要通过相应的证据证明要求回避的事实成立，即成为被证明的对象。

3. 影响诉讼期间的事实。如《刑事诉讼法》第 104 条规定："当事人由于不能抗拒的原因或者有其他正当理由而耽误期限的，在障碍消除后 5 日以内，可以申请继续进行应当在期满以前完成的诉讼活动。前款申请是否准许，由人民法院裁定。"当事人欲申请恢复耽误的诉讼期限，需要举证证明存在相应的正当理由。这些事实性理由就是证明对象。

4. 作出强制措施决定依据的有关事实。如适用取保候审的条件，《刑事诉讼法》第 65 条规定，"人民法院、人民检察院和公安机关对有下列情形之一的犯罪嫌疑人、被告人，可以取保候审：（一）可能判处管制、拘役或者独立适用附加刑的；（二）可能判处有期徒刑以上刑罚，采取取保候审不致发生社会危险性的；（三）患有严重疾病、生活不能自理，怀孕或者正在哺乳自己婴儿的妇女，采取取保候审不致发生社会危险性的；（四）羁押期限届满，案件尚未办结，需要采取取保候审的。"其中第（三）、（四）项就属于需要证明的程序性事实。

5. 是否违反法定程序的事实。如非法证据排除规则要求控方对取证行为的合法性予以证明，具体规定之一体现在《刑事诉讼法》第 57 条，即"在对证据收集的合法性进行法庭调查的过程中，人民检察院应当对证据收集的合法性加以证明。现有证据材料不能证明证据收集的合法性的，人民检察院可以提请人民法院通知有关侦查人员或者其他人员出庭说明情况；人民法院可以通知有关侦查人员或者其他人员出庭说明情况。有关侦查人员或者其他人员也可以要求出庭说明情况。经人民法院通知，有关人员应当出庭。"

6. 影响执行的事实。如适用暂予监外执行的条件在《刑事诉讼法》第 254 条有规定，"对被判处有期徒刑或者拘役的罪犯，有下列情形之一的，可以暂予监外执行：（一）有严重疾病需要保外就医的；（二）怀孕或者正在哺乳自己婴儿的妇女；（三）生活不能自理，适用暂予监外执行不致危害社会的。对被判处无期徒刑的罪犯，有前款第二项规定情形的，可以暂予监外执行。对适用保外就医可能有社会危险性的罪犯，或者自伤自残的罪犯，不得保外就医。"其中的肯定性条件和否定性条件大都属于程序性事实。

当然，以上只是择其典型列举。实践中还可能出现其他对程序争议的情况，符合法律规定的都应当成为证明对象。

第四节　证明责任

一、刑事证明责任的概念

刑事诉讼中的证明责任，是指证明主体为了使自己的诉讼主张得到法院裁判的确认所承担的向法庭提供证据的责任，以及不能说服法庭支持自己主张时所承担的不利诉讼后果的责任。

二、证明主体与证明责任的关系

前节已述，我国在证明概念上有传统上广义和诉讼法学科视野下狭义之分。不同的认识也决定了证明责任概念的不同。传统上广义的"证明"将证明责任区分为证明职责和举证责任，司法机关承担证明职责，当事人承担举证责任。可见，广义上的证明将公安机关、人民检察院、人民法院作为承担证明职责的证明主体；将当事人视为承担举证责任的主体。总之，公安司法机关和当事人都成了证明主体。

狭义的证明观则主张证明责任与举证责任是等同的，而且应当使用证明责任的表述。证明责任适用于有诉讼主张的主体，具体内容包括提出证据的责任、说服责任和不利后果的承担责任。这些统一于证明责任之内，且都仅由具有诉讼主张的专门机关或当事人承担。

本书对证明责任在狭义证明观意义上加以界定，它指证明主体为了使自己的诉讼主张得到法院裁判的确认所承担的向法庭提供证据的责任以及不能说服法庭支持自己主张时所承担的不利诉讼后果的责任。显然，这种理解使得证明主体与证明责任的关系连接得更加紧密。首先，两者都基于狭义的证明概念而产生；第二，只有证明主体才履行并负担证明责任；第三，证明主体需要以明确提出诉讼主张为前提，并具有承担不利后果的条件和现实可能，相对应的证明责任的两重内涵由此展开。前者需要证明主体向法庭出示证据，履行举证责任；后者在说服不利或不能时承担不利后果的败诉风险或责任。

三、证明责任的意义

证明责任制度既有实体法上的意义，也有程序法上的意义。可以说证明责任制度是沟通实体与程序问题的一座桥梁。正因为证明责任制度的存在，司法实践中才不会出现案件无法裁判的尴尬局面。

第一，为"法官不能拒绝裁判案件"提供制度保障。法官也是人，也具有一般人认识能力上的不足。当面对诉讼案件事实真伪不明时，法官如何裁判已经不单纯是事实认定的问题。司法是保障社会正义的最后一道屏障，司法不能因法官个人的认识局限而"失灵"。证明责任制度的存在最大的意义便在于从价值论上解决事实真伪不明时法官裁判的难题。刑事诉讼采用公诉方承担证明被告有罪的证明责任制度。我国《刑事诉讼法》在无罪推定原则指导下，修改后也明确规定控方承担证明责任。这种证明责任制度对案件实体判决起到价值论上的指引作用。当控方起诉、举证后，所指控的犯罪事实成立与否仍存在疑问时，控方应当按照证明责任承担不利诉讼后果。其实，《刑事诉讼法》第195条第3项也是对此的重申，即"证据不足，不能认定被告人有罪的，应当作出证据不足、指控的犯罪不能成立的无罪判决"。

第二，引导控辩双方在诉讼中的举证活动，保证诉讼正常、顺利进行。这是证明责任在诉讼法上的意义。在法庭审判中究竟由哪一方承担证明责任，具体表现为应该由哪一方提出证据、为说服裁判者而证明并承担不能证明后的不利诉讼后果等，都是需要法律作出明确规定的。证明责任的有关具体规则正是在制度层面解决了这个实际问题。

第三，为了实现刑事政策、平衡特殊情况下的控辩双方实际取证能力，证明责任制度有关规定应运而生。如在公诉案件中，法律规定证明被告人有罪的责任均由检察机关承担，这是由无罪推定原则以及控辩双方举证能力所决定的。另外，在巨额财产来源不明等案件中，如果控方对相关事项的证明已经达到法定程度，辩方应该就特定事项进行说明。这正是通过证明责任制度达到打击职务犯罪、惩治贪腐的刑事政策要求，以及针对特定证明事项平衡控辩双方实际取证能力的体现。从总体上看，这种规定有利于实现法律的实质正义。

四、刑事证明责任的分配

（一）公诉案件中证明责任的分配

在公诉案件中，由公诉方承担证明责任，被告人不承担证明责任。犯罪嫌疑人、被告人既不承担证明自己有罪的责任，也不承担证明自己无罪的责任。不能因为犯罪嫌疑人、被告人不能证明自己无罪便得出犯罪嫌疑人、被告人有罪的结论。《刑事诉讼法》第49条明确规定了公诉案件中被告人有罪的举证责任由人民检察院承担。

（二）自诉案件中证明责任的分配

《刑事诉讼法》第49条明确规定了自诉案件中被告人有罪的举证责任由自诉人承担。自诉人向人民法院提出控诉时，必须提供证据。人民法院认为缺乏罪证，而自诉人又提不出补充证据时，人民法院应当说服自诉人撤回自诉，或者裁定驳回起诉。自诉案件中的被告人同样不负证明责任。如果被告人在诉讼过程中提起反诉，他在反诉中便成为自诉人，对反诉就承担证明责任，必须提供证据来证明反诉的主张和事实。

第五节　证明标准

一、证明标准的概念

证明标准，是证明所达到的程度或标准。证明标准是继证明主体、证明对象、证明责任之后在诉讼证明理论体系中的又一个独立概念。虽然它与证明任务、证明要求、证明目的等概念有交叉之处，但一般主流观点将证明标准界定为承担证明责任的证明主体对证明对象进行证明所需达到的程度或尺度。而证明任务侧重承担的责任或工作，证明要求侧重具体的条件，证明目的侧重想要达到的结果。

二、证明标准的意义

刑事诉讼法为证明活动预先明确设定证明标准具有十分重要的意义。它犹如整个诉讼进程的"灯塔"，对实现被追诉方诉讼权利保障、达到程序公正和实体公正并重的诉讼效果起到促进作用。

（一）为案件裁判者认定事实问题提供指南

既然证明的理论体系围绕法院审判阶段而展开，证明标准的意义首先体现在对司法裁判者认定事实问题的指引方面。法官或陪审员裁判案件需要以事实为依据，但如何裁判指控的犯罪事实成立与否，在什么情况下可以依职权认定某一案件事实取决于证据的证明是否达到了证明标准。裁判者要根据证明标准对承担证明责任的一方的证明所达到的程度进行衡量。

（二）在刑事诉讼中指引控辩双方的诉讼活动，保障辩方诉讼权利和实体权利

我国刑事诉讼原则上由控方承担证明责任，特殊情况下才由辩方承担部分证明责任。控辩双方收集证据、提出证据、履行证明责任等诉讼活动均需围绕证明标准而展开。证明标准如指南针般在刑事诉讼中指引控辩双方的诉讼活动。控辩双方都为达到证明标准、完成己方的证明责任，动摇对方的主张向法官举证。这一过程中辩方行使辩护权进行程序性辩护或实体性辩护都能有的放矢，有利于保障辩方诉讼权利和实体权利的实现。

三、我国刑事证明标准

本书"证明"的概念基本属于狭义范畴，即专门用于审判阶段。但同诉讼阶段要由不同的专门机关及其工作人员完成不同的诉讼任务。因此，对相应阶段的"证明标准"要求也不同。主要体现在程度上的差异。

1. 立案。根据《刑事诉讼法》第110条规定，人民法院、人民检察院或者公安机关认为有犯罪事实需要追究刑事责任的时候，应当立案；认为没有犯罪事实，或者犯罪事实显著轻微，不需要追究刑事责任的时候，不予立案。

2. 强制措施中的逮捕。根据《刑事诉讼法》第79条的规定，逮捕需要具备三个条件：一是证据条件；二是罪责条件；三是社会危险性条件。逮捕的证据条件，是指有证据证明有犯罪事实。总结实践经验并结合相关司法解释，通常这一标准包括：①有证据证明发生了犯罪事实；②有证据证明犯罪事实是犯罪嫌疑人实施的；③证明犯罪嫌疑人实施犯罪行为的证据已查证属实。

3. 侦查终结移送审查起诉。《刑事诉讼法》第160条规定："公安机关侦查终结的案件，应当做到犯罪事实清楚，证据确实、充分"。这是《刑事诉讼法》对侦查终结的有罪案件证明标准的要求。这一证明标准实际上与其后的诉讼阶段的要求基本一致。其目的是使侦查活动的最终成果能够经受人民检察院审查起诉、人民法院审判工作的检验。

4. 审查起诉后提起公诉。《刑事诉讼法》第172条规定："人民检察院认为犯罪嫌疑人的犯罪事实已经查清，证据确实、充分，依法应当追究刑事责任的，

应当作出起诉决定,按照审判管辖的规定,向人民法院提起公诉"。这是我国《刑事诉讼法》对人民检察院审查起诉时,对有罪案件证明标准的规定。人民检察院在审查起诉阶段就以其为目标,对于侦查机关移送审查的证据进行审查判断,符合该要求的,就移送人民法院起诉,否则就作出补充侦查或者不起诉的决定。

5. 法庭审判。法庭审判阶段,控方对被告人有罪的证明必须达到"事实清楚,证据确实、充分"的标准。《刑事诉讼法》第195条对法院判决所依据的标准也有明确要求,"合议庭进行评议,根据已经查明的事实、证据和有关的法律规定,分别作出以下判决:(一)案件事实清楚,证据确实、充分,依据法律认定被告人有罪的,应当作出有罪判决;(二)依据法律认定被告人无罪的,应当作出无罪判决;(三)证据不足,不能认定被告人有罪的,应当作出证据不足、指控的犯罪不能成立的无罪判决"。

2012年《刑事诉讼法》第53条对"案件事实清楚,证据确实、充分"的标准作了细化,"证据确实、充分,应当符合以下条件:(一)定罪量刑的事实都有证据证明;(二)据以定案的证据均经法定程序查证属实;(三)综合全案证据,对所认定事实已排除合理怀疑。"

所谓"事实清楚",并不是要求事实裁判者将案件的一切细节事实查清楚,而是要求对定罪量刑具有意义的事实,特别是关键事实查清楚。"证据确实、充分"中的"确实"是对证据"质"的要求,"充分"是对证据"量"的要求。"证据确实、充分"就是要求利用确实的证据构成一个完整的证据体系,对被告人实施犯罪行为事项的证明达到排他性的程度。2012年修改后的《刑事诉讼法》第53条增加规定了"证据确实、充分"应当符合的条件,并出现"排除合理怀疑"的表述,这有利于办案人员准确理解和掌握刑事证明标准。

"排除合理怀疑"(beyond reasonable doubt)是英美法系国家规范刑事证明标准的法律表达。据考证,最早在英国判例法中确立此标准大约在十八世纪初期,并仅适用于死刑案件。在现代英美证据法中,按照对事实认定确定性程度的不同划分证明标准,排除合理怀疑被看作是诉讼证明所能达到的最高要求,因而成为刑事诉讼中作出定罪裁决的证明标准。大陆法系国家与之相对应的术语是"内心确信"。就司法人员对案件事实的主观认识与案件客观事实的符合程度而言,又表述为"高度的盖然性"。在日本,传统的证明标准是"高度的盖然性",随着诉讼结构当事人化而开始使用"超过合理怀疑"(即排除合理怀疑)的标准。对此,日本学者解释说,"盖然性"不能否定相反事实存在的可能性,故"高度盖然性"必须达到对不允许相反事实存在的充分证明才是可信的判断;"高度盖然性"标准是双重肯定的评价方法,"超过合理怀疑"则是排除否定的评价方法,二者是同一判断的表里关系。在国际刑事司法准则方面也采纳排除合理怀疑的证明标准。例如，联合国《两权公约》第 14 条一般性意见也规定，有罪不能被推定，除非指控得到排除合理怀疑的证明。

尽管排除合理怀疑作为刑事案件中的证明标准已经得到普遍采用，但"排除合理怀疑"表述本身却还是一个比较复杂、比较微妙，甚至比较玄乎的概念。"合理怀疑"，通常解释为"基于原因和常识的怀疑———那种将使一个理智正常的人犹豫不决的怀疑"。从英美法系的诉讼判例和证据理论来看，"排除合理怀疑"强调的是事实裁判者综合全案证据对所需判定之事实的认知状态。什么是合理怀疑呢？就像某位美国法官所指出的，"是在一切证据经过全部比较和考虑之后，审理事实的人出于道义和良知，对于所指控的事实，不能信以为真。"[1]

四、疑罪从无

案件一旦发生就具有不可溯性，只能在事后根据收集的证据材料去恢复或者反映案件事实。由于主客观因素的限制，并非每一个案件都能查得一清二楚、证据确凿。有些案件中的犯罪嫌疑人、被告人是否构成犯罪、罪重还是罪轻无法证实也无法证伪，形成了真伪不明的状态，这就是所谓的"疑罪"案件。在实行有罪推定的刑事诉讼中，为了严厉打击犯罪，通常以"疑罪从赦"、"疑罪从轻"、"疑罪从赎"等"疑罪从有"的方式来处理"疑罪"案件。

"疑罪从有"的处理方式不仅有可能冤枉无辜，使真正的罪犯逍遥法外，而且削弱了司法的权威性。正如弗朗西斯·培根所言："一次不公的（司法）判决比多次不公平的举动为祸尤烈。因为这些不公平的举动不过弄脏了水流，而不公的判决则把水源败坏了。"[2]由于认识到疑罪从有处理方式的弊端，我国 1996 年《刑事诉讼法》明确规定了"疑罪从无"原则。2012 年再次修改《刑事诉讼法》时保留了此原则。这主要体现在审查起诉和一审阶段。根据我国《刑事诉讼法》第 171 条第 4 款规定，在审查起诉阶段，如果经过二次补充侦查，证据仍然达不到"犯罪事实清楚，证据确实、充分"的起诉标准，那么检察机关就应当作出证据不足的不起诉决定。另外，根据我国《刑事诉讼法》第 195 条规定，经过法庭审理，如果达不到"案件事实清楚，证据确实、充分"的程度，法庭就应当对被告人作出证据不足、指控的犯罪事实不能成立的无罪判决。

遗憾的是，二审阶段和死刑复核阶段并没有完全体现疑罪从无原则。在二审阶段，二审人民法院经过审理，发现案件事实不清或证据不足的，可由二审法院

---

[1] 卞建林、张璐："排除合理怀疑不能孤立适用"，载《检察日报》2013 年 11 月 15 日。
[2] [英] 弗朗西斯·培根：《培根论说文集》，水天同译，商务印书馆 1983 年版，第 193 页。

查清事实后改判，也可以裁定撤销原判，发回原审法院重新审判，而不是按照疑罪从无原则处理。当然，按照 2012 年修改后的《刑事诉讼法》，此种情况下发回重审以一次为限，即如果对上述发回重审的案件作出裁判后，被告人提出上诉或者检察院提出抗诉，二审法院应当依法作出判决或裁定，不得再次发回原审人民法院重新审判。在死刑复核程序中，复核法院发现判决死刑的案件证据不足时，应当将案件发回重审。毋庸置疑，这些做法并没有真正贯彻疑罪从无原则。为了真正贯彻疑罪从无原则，刑事诉讼法应该明确在每一个审判阶段，只要发现证据不足的案件，就应当作出无罪的判决。唯有如此，才能在立法上彻底贯彻疑罪从无原则。

第四编
程 序 论

第十六章 立 案

第一节 概 述

一、立案的概念

刑事诉讼中的立案，是指公安司法机关对于报案、控告、举报、自首等材料，依照管辖范围进行审查，以判明是否有犯罪事实存在和应否追究刑事责任，并依法决定是否作为刑事案件进行侦查或者审判的一种诉讼活动。从立案的概念可以看出，立案阶段的诉讼任务不仅包括对报案、控告、举报、自首等材料的接受、审查，也包括作出立案与否的决定及相应的处理结果。根据《刑事诉讼法》的规定，立案具有以下特点：

第一，立案是我国刑事诉讼的一个独立、必经的诉讼阶段，是刑事诉讼活动开始的标志。根据我国《刑事诉讼法》的规定，刑事诉讼普通程序分为立案、侦查、提起公诉、审判（包括一审、二审）和执行五个诉讼阶段；自诉案件包括立案、审判、执行三个诉讼阶段。公安司法机关在刑事诉讼过程中，必须严格依照法定程序进行，不能随意超越、颠倒诉讼阶段，但并不是每一个刑事案件都必须经过所有的诉讼程序。在诉讼过程中，可能因为法定事由或其他客观原因的出现而导致诉讼程序的终止。例如，在某些公诉案件的侦查阶段，出现不应追究刑事责任的情形，侦查机关可以撤销案件；在审查起诉阶段，人民检察院认为犯罪情节轻微，依法不需要判处刑罚或者可以免除刑罚，可以作出不起诉决定从而终结诉讼程序。但是，在刑事诉讼中，立案是一个必经的诉讼阶段，没有立案，便没有刑事诉讼的整个过程。正是由于立案是刑事诉讼必须的开始程序，因而实践中一些公安司法机关片面追求破案率而实行"先破后立、不破不立"的做法，严重违反了《刑事诉讼法》规定，应予纠正。

第二，立案是法律赋予公安机关、人民检察院、人民法院特有的权力和职责，其他任何机关、团体和个人都无权立案。我国《刑事诉讼法》第107条规定："公安机关或者人民检察院发现犯罪事实或者犯罪嫌疑人，应当按照管辖范围,立案侦查。"第 112 条规定:"对于自诉案件,被害人有权向人民法院直接起诉。被害人死亡或者丧失行为能力的,被害人的法定代理人、近亲属有权向人民法院起诉。人民法院应当依法受理。"由此可见,立案是公安司法机关的专属职权。不过,公安司法机关在行使立案权的过程中,必须严格依照立案的法定条件和标准,严格遵守立案的法定程序,只有这样才能既准确、及时地打击犯罪,又充分保障公民的合法权益。

各国对刑事诉讼启动程序的法律规定不尽一致,大体上可以概括为下列三种模式:

第一种,法律没有规定刑事诉讼启动的专门程序,侦查的开始就是刑事诉讼程序的启动。例如,在英国和美国,警察一旦对犯罪嫌疑人采取了逮捕(包括有证逮捕和无证逮捕)措施,即意味着刑事诉讼程序的启动。

第二种,刑事诉讼程序的启动需要履行一定的程序,但并未将其作为一个独立的诉讼程序,日本、法国、意大利等国就采取这种做法。例如《日本刑事诉讼法》第 189 条第 2 款规定,司法警察职员在知悉有犯罪发生时,应立即侦查犯人及证据。这一规定在日本刑事诉讼法学理论中被称为"侦查端绪"。[1]《意大利刑事诉讼法典》第 335 条规定"犯罪信息的登记",即规定公诉人对一切向他提出的报案、报告或其主动获取的犯罪消息应当立即在保存在其办公室中的专门登记簿上记载;第 343 条规定了"对追诉的批准",追诉申请由被害人依照告诉规定的程序提出,追诉要求由主管机关向公诉人提出,除法律规定的必须当场逮捕的情形外,对于需经批准方可追诉的人禁止实施拘留,禁止采用人身防范措施,禁止进行人身搜查、住宅搜查、辨认、对质、通话或通讯窃听。这些国家规定的侦查之前进行的报告、批准或登记等手续均不是独立的诉讼程序。

第三种,刑事诉讼法规定了刑事诉讼启动的专门程序,并且将它规定为独立的、必经的诉讼程序,这在世界范围内只有少数国家采用。如《俄罗斯联邦刑事诉讼法典》第七篇(第十九、二十章)"刑事案件提起"中对提起刑事案件的理由和根据、提起刑事案件的程序作了详细的规定。

二、立案的意义

立案作为刑事诉讼的开端和必经程序,在整个刑事诉讼程序中具有重要的意义:

---

[1] 更为详细的论述可以参见[日]土本武司:《日本刑事诉讼法要义》,董璠舆、宋英辉译,台湾五南图书出版公司 1997 年版,第 103 页。

首先，正确、及时立案有利于迅速揭露犯罪、证实犯罪和惩罚犯罪。立案是整个刑事诉讼程序的启动环节，公安机关、人民检察院以及人民法院对犯罪行为的追惩是从立案程序开始的。公安机关、人民检察院以及人民法院对立案材料进行准确、及时的审查，有利于尽快明确案件是否具备立案条件、是否需要启动刑事诉讼程序；也有利于对符合立案条件的案件迅速开展侦查活动、及时收集证据信息，从而实现迅速揭露犯罪、证实犯罪和惩罚犯罪的目的。

其次，正确、及时立案有利于保护公民的人身权利、民主权利和其他合法权益不受侵犯。正确立案，不仅包括使那些应当被追究刑事责任的人及时受到法律的惩处，也包括对不应当被立案的人不予立案，避免将那些不构成犯罪的行为或者具有法定不予追究刑事责任的人错误地纳入刑事诉讼程序。因此，立案的正确进行，对于保障无辜者或者不应当受到刑事追究的人的合法权益有重要意义。我国作为世界上少数几个将立案作为刑事诉讼独立的、必经程序的国家，设立立案程序的重要目的在于从程序上防止公安司法机关滥用权力、随意采取侦查行为或强制性手段、侵犯公民合法权益的情况发生。

最后，正确、及时立案有利于准确评价社会治安形势，为国家制定刑事法律与政策提供客观依据。客观、正确的立案可以为司法统计提供真实的数据，保证国家能够及时、准确、有效地了解、掌握各个时期、各个地区刑事案件的发案情况，把握不同犯罪的活动规律、特点和发展趋势，从而在宏观上准确地评价社会治安形势，并制定相应的刑事法律与政策。

第二节 立案的材料来源和条件

一、立案的材料来源

立案材料是指公安司法机关发现的或者有关单位、组织或个人向公安司法机关提交的有关犯罪事实和犯罪嫌疑人情况的材料。立案的材料来源，是指公安司法机关获取以上材料的渠道或途径。立案材料来源的广泛程度、有效程度，直接决定着刑事诉讼程序发现犯罪能力的高低，并进而影响刑事诉讼程序打击犯罪、惩罚犯罪目的的实现程度。

根据我国《刑事诉讼法》的规定和司法实践中的具体情况，立案材料的来源主要有以下方面：

（一）公安机关、人民检察院等机关自行发现的犯罪事实或者犯罪嫌疑人

《刑事诉讼法》第107条规定："公安机关或者人民检察院发现犯罪事实或

者犯罪嫌疑人,应当按照管辖范围,立案侦查。"公安机关、人民检察院是享有侦查权的专门机关,应当积极主动地发现、获取犯罪线索,特别是在执行公务中,不能"就案办案"、"坐堂办案",而应当注意案件疑点,查清余罪。一旦发现有犯罪事实或者犯罪嫌疑人需要追究刑事责任的,侦查机关必须主动立案追查或者移送有管辖权的机关处理。同法院的中立角色不同,公安机关、人民检察院等专门机关负有主动发现犯罪事实、追究刑事责任的职责和义务。司法实践表明,公安机关、人民检察院主动发现、获取的犯罪线索是立案材料的重要来源。

（二）单位和个人的报案或者举报

《刑事诉讼法》第108条第1款规定:"任何单位和个人发现有犯罪事实或者犯罪嫌疑人,有权利也有义务向公安机关、人民检察院或者人民法院报案或者举报。"任何犯罪都涉及对国家利益、社会安全乃至公民个人合法权益的侵害。发现犯罪事实或者犯罪嫌疑人时向公安司法机关报案或者举报,既是所有单位和个人依法享有的权利,也是依法应当履行的义务。单位和个人的报案或者举报材料是公安司法机关审查、决定是否立案的主要材料来源之一。

报案和举报有所不同。报案是指有关单位或者个人发现有犯罪事实发生而向公安机关、人民检察院、人民法院揭露和报告的行为；举报是指有关单位或者个人将其发现的犯罪事实及犯罪嫌疑人向公安机关、人民检察院或者人民法院揭发、报告的行为。可见,报案一般是针对犯罪事实的发生,报案材料提供的案件事实、证据材料较为简单笼统,往往不能明确指出犯罪嫌疑人；而举报内容不仅有犯罪事实的发生,通常还具体地指明了犯罪嫌疑人,提供的犯罪事实和证据材料相对具体和详细。

（三）被害人的报案或者控告

《刑事诉讼法》第108条第2款规定:"被害人对侵犯其人身、财产权利的犯罪事实或者犯罪嫌疑人,有权向公安机关、人民检察院或者人民法院报案或者控告。"被害人作为犯罪行为直接侵害的对象,往往具有揭露犯罪、追究犯罪的强烈愿望和积极主动性,同时,被害人由于往往与犯罪嫌疑人有所接触,所以对犯罪事实和犯罪嫌疑人比较了解,能够提供较为具体详细的关于犯罪事实和犯罪嫌疑人的情况。因此,被害人的报案和控告是另外一个重要的立案材料来源。

报案与控告的区别与前述报案和举报的区别相同。需要注意的是控告与举报的区别,两者就内容而言,基本是一样的,都是向公安机关、人民检察院或者人民法院揭发、报告犯罪事实及犯罪嫌疑人。二者的区别在于控告是由遭受犯罪行为直接侵害的被害人提出,而举报则一般是由与案件无直接利害关系的单位或个人提出；控告人主要是基于维护自身权益而要求追究被控告人的刑事责任,而举报人往往是为维护国家、集体或他人的合法权益或者伸张正义而要求司法机关追究被举报人的刑事责任。

（四）犯罪人的自首

根据《刑事诉讼法》第 108 条第 4 款规定，犯罪人的自首是重要的立案材料来源。自首是指在犯罪行为尚未被发觉，或者虽被发觉但犯罪人尚未被公安司法机关查获或者被扭送时，犯罪人自己或者在其家长、监护人、亲友的陪同、护送等情况下，主动向公安司法机关如实供述自己的罪行的行为。根据《刑法》相关规定，被采取强制措施的犯罪嫌疑人、被告人、正在执行刑罚的罪犯，如实向公安司法机关供述公安司法机关还未掌握的本人实施的其他犯罪行为也是自首，提供的材料也是立案的材料来源之一。

（五）其他途径

以上四个方面是《刑事诉讼法》规定的立案材料来源。除此之外，在司法实践中，常见立案材料的来源还有以下几种：①上级机关交办的案件；②群众的扭送；③党的纪检部门查处后移送追究刑事责任的案件；④其他行政执法机关移送的案件等。根据《行政执法机关移送涉嫌犯罪案件的规定》、《人民检察院办理行政执法机关移送涉嫌犯罪案件的规定》、《关于加强行政执法机关与公安机关、人民检察院工作联系的意见》、《关于在行政执法中及时移送涉嫌犯罪案件的意见》等法律文件的规定，具有行政处罚权的行政执法机关如工商、税务、审计、海关等在查处违法行为过程中，发现违法事实涉嫌构成犯罪，依法需要追究刑事责任的，必须依照规定向公安司法机关移送。《刑事诉讼法》第 52 条第 2 款规定，行政机关在行政执法和查办案件过程中收集的物证、书证、视听资料、电子数据等证据材料，在刑事诉讼中可以作为证据使用，从而使我国行政执法与刑事诉讼程序之间的联系更为紧密。

二、公诉案件立案的条件

公安司法机关接受或者获取有关犯罪事实和犯罪嫌疑人的材料后，并非必然立案侦查或审判，而是首先对相关材料依法进行审查，在确认符合立案条件后才予以立案。根据我国《刑事诉讼法》第 110 条规定，"人民法院、人民检察院或者公安机关认为有犯罪事实需要追究刑事责任的时候，应当立案；认为没有犯罪事实，或者犯罪事实显著轻微，不需要追究刑事责任的时候，不予立案，并且将不立案的原因通知控告人。"因此，刑事诉讼立案的条件包括：

（一）有犯罪事实

有犯罪事实是指有刑法规定的犯罪事实发生，并且该犯罪事实的发生有一定的证据证明，这是立案的首要条件。具体而言，"有犯罪事实"包括以下两层含义：

1. 需要立案追究的只能是依照《刑法》的规定构成犯罪的事实。公安司法机关立案追究刑事责任的必须是依照《刑法》规定构成犯罪的行为（包括犯罪预备、犯罪未遂、犯罪中止和犯罪既遂等情况），而非一般的违法行为，或者违反党纪、政纪或者社会道德要求的行为。也就是说，在立案时必须首先划清罪与非罪的界限。

需要说明的是，立案要求的有犯罪事实仅指有某种涉嫌触犯《刑法》的社会危害行为的发生，并不要求在立案审查阶段就查清犯罪过程、具体的犯罪情节、犯罪嫌疑人情况等全部犯罪事实，因为立案只是刑事诉讼的启动程序，案件尚未进行侦查或审理，具体的犯罪事实需要由立案后的侦查或审理活动来查明。

2. 犯罪事实必须有相关的证据材料证明。犯罪事实是客观存在的，而不是侦查、检察、审判人员随意猜测、主观臆断的结果，判断是否有犯罪事实发生应建立在客观存在的证据材料基础之上。当然，由于立案是刑事诉讼程序的开始阶段，因而此时的证据并不要求达到确实充分的程度，也不要求一定要查获犯罪嫌疑人。立案阶段对证据的要求是既有证据能够证明犯罪事实已经发生，并且这些证据经查证属实。

（二）需要追究刑事责任

有犯罪事实不意味着都需要立案启动刑事诉讼程序，因为只要存在法律规定的不需要追究刑事责任的情况，公安司法机关就不能立案。因此，"需要追究刑事责任"是立案必须具备的法律条件，即行为人的行为已经构成犯罪，并且依照法律规定应当追究其刑事责任。在立案阶段，在具备事实条件的情况下，只要没有证据证明存在不应追究刑事责任的法定情形，公安司法机关就应当对相应犯罪行为予以立案。但在法律明确规定不予追究刑事责任的情形下，主要是《刑事诉讼法》第15条规定的六种情形下，即使具备了立案的事实条件，公安司法机关也不应当立案。

（三）符合管辖的规定

"有犯罪事实"和"需要追究刑事责任"是立案必须具备的两个实体条件。而特定的公安司法机关对某个刑事案件是否具有管辖权则是立案的程序条件。我国《刑事诉讼法》第107条规定，"公安机关或者人民检察院发现犯罪事实或者犯罪嫌疑人，应当按照管辖范围，立案侦查。"第108条第3款规定，"对于不属于自己管辖的，应当移送主管机关处理，并且通知报案人、控告人、举报人；对于不属于自己管辖而必须采取紧急措施的，应当先采取紧急措施，然后移送主管机关。"

三、自诉案件立案条件

由于自诉案件不必经过侦查程序，在自诉人向人民法院起诉后，人民法院经审查如认为符合立案条件就应当予以受理,并直接进入审判程序。因此,一般认为,自诉案件的立案条件要高于公诉案件的立案条件。根据《刑事诉讼法》第205条的规定,自诉案件的立案条件应为"犯罪事实清楚,有足够证据"。最高法《解释》对自诉案件的立案条件作了更为具体的规定,第259条规定:"人民法院受理自诉案件必须符合下列条件:①符合《刑事诉讼法》第204条、本解释第1条的规定;②属于本院管辖;③被害人告诉;④有明确的被告人、具体的诉讼请求和证明被告人犯罪事实的证据。"

值得注意的是,为保护公民、法人和其他组织依法行使诉权,实现人民法院依法、及时受理案件,最高人民法院审判委员会于2015年4月13日通过了《最高人民法院关于人民法院登记立案若干问题的规定》(以下简称《登记立案规定》)。《登记立案规定》第1条明确规定:"人民法院对依法应该受理的一审民事起诉、行政起诉和刑事自诉,实行立案登记制",从而将刑事自诉案件的立案由以前的审查制改为了登记制。如果收到了自诉人提交的符合法律规定的起诉材料,人民法院应当当场予以登记立案,不再进行实质性的审查。《登记立案规定》第5条规定:"刑事自诉状应当记明以下事项:(一)自诉人或者代为告诉人、被告人的姓名、性别、年龄、民族、文化程度、职业、工作单位、住址、联系方式;(二)被告人实施犯罪的时间、地点、手段、情节和危害后果等;(三)具体的诉讼请求;(四)致送的人民法院和具状时间;(五)证据的名称、来源等;(六)有证人的,载明证人的姓名、住所、联系方式等。"

第三节 立案的程序

一、对立案材料的接受

对立案材料的接受,是指公安机关、人民检察院和人民法院对报案、举报、控告以及犯罪人自首的案件材料予以接受的行为。根据公安部《规定》和最高检《规则》的规定,对立案材料的接受也称为受案。根据我国《刑事诉讼法》的有关规定,对立案材料的接受应当注意以下几点:

第一,公安机关、人民检察院、人民法院对于报案、控告、举报、自首、扭送都应当立即接受,不得以任何借口推诿和拒绝;对不属于自己管辖的应当先接受,然后移送主管机关处理,情况紧急必须采取紧急措施的,应当先采取紧急措施,然后移送主管机关。《刑事诉讼法》及有关司法解释和规定均对此做了明确而具体的要求,公安部《规定》第166条规定:"公安机关对于公民扭送、报案、控告、举报或者犯罪嫌疑人自动投案的,都应当立即接受……"第172条规定："经过审查，认为有犯罪事实，但不属于自己管辖的案件，应当立即报经县级以上公安机关负责人批准，制作移送案件通知书，移送有管辖权的机关处理。对于不属于自己管辖又必须采取紧急措施的，应当先采取紧急措施，然后办理手续，移送主管机关。"法律将公安司法机关无条件接受所有有关犯罪的材料确立为其必须履行的职责，是为了便于广大群众同违法犯罪行为作斗争，也有利于公安司法机关及时有效地打击犯罪。司法实践中一些公安司法机关之间在立案问题上相互扯皮、推诿，严重伤害了广大群众参与刑事诉讼活动的热情，是背离群众路线原则，其主要原因就在于有关公安司法机关没有认真执行《刑事诉讼法》第108条关于"公安机关、人民检察院或者人民法院对于报案、控告、举报，都应当接受"的规定，应当予以纠正，情节严重的应当依法追究相关人员的法律责任。

第二，为了便于有关单位和个人报案、控告、举报以及犯罪人自首、群众扭送，报案、控告、举报既可以以书面形式提出，也可以以口头形式提出，二者在法律上具有同等效力，公安司法机关都应当接受。公安部《规定》第166条规定："公安机关对于公民扭送、报案、控告、举报或者犯罪嫌疑人自动投案的，都应当立即接受，问明情况，并制作笔录，经核对无误后，由扭送人、报案人、控告人、举报人、自动投案人签名、捺手印。必要时，应当录音或者录像。"最高检《规则》第158条规定："控告检察部门或者举报中心对于以走访形式的报案、控告、举报和犯罪嫌疑人投案自首，应当指派两名以上工作人员接待，问明情况，并制作笔录，经核对无误后，由报案人、控告人、举报人、自首人签名、捺手印，必要时可以录音、录像；对报案人、控告人、举报人、自首人提供的有关证据材料、物品等应当登记，制作接受证据（物品）清单，并由报案人、控告人、举报人、自首人签名，必要时予以拍照，并妥善保管。"单位报案、控告、举报书面材料，应有单位公章，并由单位负责人签名或者盖章，防止事后无人负责和诬告陷害。

第三，为了防止诬告陷害，确保控告、举报材料的真实、客观，接受控告、举报的工作人员应当向控告人、举报人说明诬告应负的法律责任，要求其实事求是、客观准确。但是，对控告人、举报人的控告、举报事实存在的错误，只要不是故意捏造事实、伪造证据诬陷他人，就要和诬告严格加以区别。对此，公安部《规定》第169条规定："公安机关接受控告、举报的工作人员，应当向控告人、举报人说明诬告应负的法律责任。但是，只要不是捏造事实、伪造证据，即使控告、举报的事实有出入，甚至是错误的，也要和诬告严格加以区别。"最高检《规则》第159条规定："接受控告、举报的检察人员，应当告知控告人、举报人如实控告、举报和捏造、歪曲事实应当承担的法律责任。"同时，《规则》第

180 条规定:"对于属于错告的,如果对被控告人、被举报人造成不良影响的,应当自作出决定之日起 1 个月以内向其所在单位或者有关部门通报初查结论,澄清事实。对于属于诬告陷害的,应当移送有关部门处理。"

第四,公安司法机关应当保障报案人、控告人、举报人及其近亲属的安全,并为他们保密。近年来,对报案人、控告人、举报人及其近亲属打击报复、行凶、伤害甚至杀害的案件屡有发生,影响了人民群众同犯罪作斗争的积极性。为了打击犯罪,伸张正义,弘扬人人敢于与犯罪作斗争的精神,《刑事诉讼法》第 109 条第 3 款规定,公安机关、人民检察院或者人民法院应当保障报案人、控告人、举报人及其近亲属的安全,报案人、控告人、举报人如果不愿公开自己的姓名和报案、控告、举报等行为,应当为他保守秘密。对此,公安部《规定》第 170 条规定:"公安机关应当保障扭送人、报案人、控告人、举报人及其近亲属安全扭送人、报案人、控告人、举报人如果不愿意公开自己的身份,应当为其保守秘密,并在材料中注明。"最高检《规则》第 162 条规定:"控告检察部门或者举报中心对于不愿公开姓名和举报行为的举报人,应当为其保密。"对那些威胁、侮辱、殴打扭送人、报案人、控告人或举报人的不法分子必须予以严肃查处,构成犯罪的要依法追究刑事责任;不够刑事处罚的,依法给予行政处罚或者建议、监督有关主管部门予以党纪、政纪处分。对此,相关司法解释还针对各种具体情况作出规定,例如最高检《规则》第 100 条规定,对被害人、证人、举报人、控告人及其他人员实施打击报复的被取保候审的人应予以逮捕。第 110 条规定,对于涉嫌特别重大贿赂犯罪且可能对举报人、控告人、证人及其他人员等实施打击报复的可以在指定的居所执行监视居住。第 139 条规定,对于有一定证据证明或者有迹象表明可能对被害人、举报人、控告人实施打击报复的犯罪嫌疑人应当予以逮捕。最高法《解释》第 129 条规定,被取保候审的被告人对被害人、举报人、控告人实施打击报复的,人民法院应当决定逮捕。

第五,公安机关接受案件时,根据公安部《规定》第 168 条规定,应当制作受案登记表,并出具回执,作为公安机关管理刑事案件的原始材料妥善保管,存档备查;人民检察院控告检察部门或者举报中心负责统一管理犯罪案件线索,并将收到的犯罪案件线索逐件登记。根据最高检《规则》第 163 条规定,"人民检察院对于直接受理的要案线索实行分级备案的管理制度。县、处级干部的要案线索一律报省级人民检察院举报中心备案,其中涉嫌犯罪数额特别巨大或者犯罪后果特别严重的,层报最高人民检察院举报中心备案;厅、局级以上干部的要案线索一律报最高人民检察院举报中心备案。要案线索是指依法由人民检察院直接立案侦查的县、处级以上干部犯罪的案件线索。"

二、对立案材料的审查和处理

我国《刑事诉讼法》第110条规定:"人民法院、人民检察院或者公安机关对于报案、控告、举报和自首的材料,应当按照管辖范围,迅速进行审查,认为有犯罪事实需要追究刑事责任的时候,应当立案;认为没有犯罪事实,或者犯罪事实显著轻微,不需要追究刑事责任的时候,不予立案,并且将不立案的原因通知控告人……"这是《刑事诉讼法》对立案材料的审查和处理作出的原则性规定。由于公、检、法三机关在刑事诉讼中职能分工不同,直接受理的刑事案件各有特色,因而三机关在对立案材料的审查和处理的具体做法有所不同。

(一)公安机关对立案材料的审查和处理

公安机关对于接受的案件或者发现的犯罪线索,应当迅速进行审查,经过审查分别作出以下处理:①认为有犯罪事实,但不属于自己管辖的案件,应当立即报经县级以上公安机关负责人批准,签发制作《移送案件通知书》,移送有管辖权的机关处理,并且通知报案人、控告人、举报人;必须采取紧急措施的,应当先采取紧急措施,然后办理手续,移送主管机关。②对于告诉才处理的案件,公安机关应当告知当事人向人民法院起诉。对被害人有证据证明的轻微刑事案件,公安机关应当告知被害人可以向人民法院起诉;被害人要求公安机关处理的,公安机关应当依法受理。人民法院审理自诉案件,依法调取公安机关已经收集的案件材料和有关证据的,公安机关应当及时移交。③对于不够刑事处罚需要给予行政处罚的,依法予以处理或者移送有关部门。④认为没有犯罪事实,或者犯罪情节显著轻微不需要追究刑事责任,或者具有其他依法不追究刑事责任情形的,经县级以上公安机关负责人批准,不予立案。对有控告人的案件,决定不予立案的,公安机关应当制作《不予立案通知书》,并在3日以内送达控告人。⑤认为有犯罪事实,需要追究刑事责任且属自己管辖的,经县级以上公安机关负责人批准,予以立案。对于疑难、复杂、重大、特别重大案件还应当拟订侦查工作方案。

(二)人民检察院对立案材料的审查和处理

人民检察院对于控告检察部门或者举报中心统一受理报案、控告、举报、申诉和犯罪嫌疑人投案自首,并根据具体情况和管辖规定,在7日以内分别作出如下处理:①属于人民检察院管辖的,按照相关规定移送本院有关部门或者其他人民检察院办理。②不属于人民检察院管辖的,移送有管辖权的机关处理,并且通知报案人、控告人、举报人、自首人。对于不属于人民检察院管辖又必须采取紧急措施的,应当先采取紧急措施,然后移送主管机关。③对案件事实或者线索不明的,应当进行必要的调查核实,收集相关材料,查明情况后及时移送有管辖权的机关或者部门办理。

初查由侦查部门负责,在刑罚执行和监管活动中发现的应当由人民检察院直接立案侦查的案件线索,由监所检察部门负责初查。对于重大、复杂的案件线索,监所检察部门可以商请侦查部门协助初查;必要时也可以报检察长批准后,移送侦查部门初查,监所检察部门予以配合。各级人民检察院初查的分工,按照检察机关直接立案侦查案件分级管辖的规定确定。上级人民检察院在必要时,可以直接初查或者组织、指挥、参与下级人民检察院的初查,可以将下级人民检察院管辖的案件线索指定辖区内其他人民检察院初查,也可以将本院管辖的案件线索交由下级人民检察院初查;下级人民检察院认为案情重大、复杂,需要由上级人民检察院初查的案件线索,可以提请移送上级人民检察院初查。初查一般应当秘密进行,不得擅自接触初查对象。公开进行初查或者接触初查对象,应当经检察长批准。在初查过程中,可以采取询问、查询、勘验、检查、鉴定、调取证据材料等不限制初查对象人身、财产权利的措施;不得对初查对象采取强制措施,不得查封、扣押、冻结初查对象的财产;不得采取技术侦查措施。侦查部门对举报线索初查后,认为有犯罪事实需要追究刑事责任的,应当制作审查报告,提请批准立案侦查,报检察长决定。对具有《刑事诉讼法》第15条规定的情形之一、没有犯罪事实、事实或者证据尚不符合立案条件的,提请批准不予立案。

(三)人民法院对立案材料的审查和处理

人民法院直接受理自诉案件,对收到的案件材料经审查不属于自己管辖的,应当将材料移送有管辖权的机关处理;对属于自己管辖的自诉案件,符合《刑事诉讼法》及有关司法解释规定的,决定予以立案受理;不符合有关规定的,应当说服自诉人撤回起诉,或者裁定驳回起诉。同时,根据《刑事诉讼法》第176条的规定,对人民检察院维持不起诉决定的案件,被害人可以向上一级人民检察院申诉。被害人也可以不经申诉,直接向人民法院起诉。人民法院受理案件后,人民检察院应当将有关案件材料移送人民法院。

三、对不立案决定的申请复议与检察监督

(一)申请复议

根据我国《刑事诉讼法》第110条的规定,控告人如果对公安机关、人民检察院、人民法院不予立案的决定不服,可以申请复议。申请复议应向原作出不予立案决定的机关提出。公安司法机关在对立案材料审查后,认为没有犯罪事实,或者不需要追究刑事责任而作出不立案决定后,对有控告人的,必须将不立案的原因、法律依据,以《不立案通知书》的形式告知控告人,便于控告人申请复议。控告人如果不服可在收到不予立案通知书后7日以内向作出不立案决定的公

安机关申请复议，对复议申请，原决定机关应当在收到复议申请后7日以内作出决定，并书面通知控告人。人民检察院决定不予立案的，如果是被害人控告的，应当制作不立案通知书，写明案由和案件来源，决定不立案的原因和法律依据，由侦查部门在15日以内送达控告人，同时告知本院控告检察部门。控告人如果不服，可以在收到不立案通知书10日以内申请复议。对不立案的复议，由人民检察院控告检察部门受理。控告检察部门应当根据事实和法律进行审查，并可以要求控告人、申诉人提供有关材料，认为需要侦查部门说明不立案理由的，应当及时将案件移送侦查监督部门办理。人民检察院认为被举报人的行为未构成犯罪，决定不予立案，但需要追究其党纪、政纪责任的，应当移送有管辖权的主管机关处理。法律赋予控告人申请复议的权利，一方面是为了有效地保护受害人的合法权益，另一方面也是对公安司法机关不立案决定的一种制约。

（二）检察监督

控告人对不立案决定不服的，除了可以向作出不立案决定机关申请复议外，也可不经复议而要求人民检察院予以监督。我国《刑事诉讼法》第111条规定，人民检察院认为公安机关对应当立案侦查的案件而不立案侦查的，或者被害人认为公安机关对应当立案侦查的案件而不立案侦查，向人民检察院提出的，人民检察院应当要求公安机关说明不立案的理由。人民检察院认为公安机关不立案理由不能成立的，应当通知公安机关立案，公安机关接到通知后应当立案。我国《刑事诉讼法》强化了人民检察院对公安机关不立案的监督制约机制，但对公安机关不该立案而立案的监督却没有明确规定，对此最高检《规则》填补了这一缺漏。

人民检察院是国家的法律监督机关，在刑事诉讼中有权对整个刑事诉讼活动实行法律监督，立案是刑事诉讼程序中的一个相对独立的诉讼阶段，自然应当包括在人民检察院的法律监督之内。我国《刑事诉讼法》及最高检《规则》专门规定了人民检察院对公安机关的不立案和立案决定进行监督的内容，具体而言，包括以下几点：

第一，人民检察院对公安机关不立案实施监督的材料来源主要有两个方面：一是通过人民检察院的各种业务活动发现公安机关有应当立案而不立案的情况；二是通过被害人的申诉获得。被害人及其法定代理人、近亲属，或者行政执法机关认为公安机关应当立案而不立案，向人民检察院提出的，人民检察院都应当接受，不得以任何理由拒绝。

第二，有证据证明公安机关可能存在违法动用刑事手段插手民事、经济纠纷，或者利用立案实施报复陷害、敲诈勒索以及谋取其他非法利益等违法立案情形，尚未提请批准逮捕或者移送审查起诉的，经检察长批准，应当要求公安机关书面说明立案理由。

第三，人民检察院获得不立案监督或立案监督的材料后，应当根据事实和法律进行审查。审查中可以要求被害人提供有关材料，进行必要的调查、核实。人民检察院要求公安机关说明不立案理由或者立案理由，应当制作要求说明不立案理由通知书或者要求说明立案理由通知书，及时送达公安机关，并且告知公安机关在收到要求说明不立案理由通知书或者要求说明立案理由通知书后 7 日以内，书面说明不立案或者立案的情况、依据和理由，连同有关证据材料回复人民检察院。

第四，公安机关说明不立案或者立案的理由后，人民检察院侦查监督部门应当进行审查，认为公安机关不立案或者立案理由不能成立的，经检察长或者检察委员会讨论决定，应当通知公安机关立案或者撤销案件。侦查监督部门认为公安机关不立案或者立案理由成立的，应当通知控告检察部门，由其在 10 日以内将不立案或者立案的理由和根据告知被害人及其法定代理人、近亲属或者行政执法机关。

第五，人民检察院通知公安机关立案或者撤销案件，应当制作通知立案书或者通知撤销案件书，说明依据和理由，连同证据材料送达公安机关，并且告知公安机关应当在收到通知立案书后 15 日以内立案，对通知撤销案件书没有异议的应当立即撤销案件，公安机关将立案决定书或者撤销案件决定书及时送达人民检察院。

第六，人民检察院通知公安机关立案或者撤销案件的，应当依法对执行情况进行监督。公安机关在收到通知立案书或者通知撤销案件书后超过 15 日不予立案或者既不提出复议、复核也不撤销案件的，人民检察院应当发出纠正违法通知书予以纠正。公安机关仍不纠正的，报上一级人民检察院协商同级公安机关处理。公安机关立案后 3 个月以内未侦查终结的，人民检察院可以向公安机关发出立案监督案件催办函，要求公安机关及时向人民检察院反馈侦查工作进展情况。

第七，对于由公安机关管辖的国家机关工作人员利用职权实施的重大犯罪案件，人民检察院通知公安机关立案，公安机关不予立案的，经省级以上人民检察院决定，人民检察院可以直接立案侦查。

第十七章 侦查

第一节 概述

一、侦查的概念

我国《刑事诉讼法》第106条第1项规定："'侦查'是指公安机关、人民检察院在办理案件过程中，依照法律进行的专门调查工作和有关的强制性措施。"要正确理解侦查的概念，应当注意以下几点：

（一）侦查主体具有特定性

由于侦查权的行使直接关系国家安全、社会稳定，而且很有可能使公民的人身、财产等合法权益受到侵犯，因此，国家法律对侦查主体作了明确规定。根据我国《刑事诉讼法》和有关法律的规定，有权进行侦查的主体包括公安机关、人民检察院、国家安全机关、军队保卫部门、监狱和海关所属走私犯罪侦查机构。除此以外，其他任何机关、团体和个人都无权行使侦查权。在实践中，有关机关、团体和单位的保卫处（科）对本单位内部发生的刑事案件，可以协助公安机关调查取证，但是，保卫处（科）并不是侦查主体，无权单独对刑事案件进行侦查，它们的工作只具有协助性质。

（二）侦查活动的内容具有特定性

侦查活动的内容包括专门调查工作和有关的强制性措施。专门调查工作是指为收集证据、查明犯罪而进行的调查工作。根据我国《刑事诉讼法》的有关规定，专门调查工作包括讯问犯罪嫌疑人、询问证人、被害人、勘验、检查，侦查实验，搜查，查封、扣押物证、书证，查询、冻结存款、汇款、债券、股票等财产，鉴定，辨认、技术侦查、通缉等侦查行为。这些侦查行为是侦查机关依法进行的调查工作，通过这些工作所收集的证据，经查证属实，可以作为定案的根据。

有关的强制性措施包括两类：一类是在侦查活动中采用的强制措施，包括拘传、取保候审、监视居住、拘留、逮捕五种；另一类是在进行专门调查工作过程中采用的强制性方法,包括强制检查、搜查、扣押、冻结等。

(三) 侦查活动的程序合法性

由于侦查活动一般不对外公开,加上具有不同程度的强制性,如果侦查权不能依法、正当行使,容易侵害公民的人身、财产等合法权益。为了保障公民的合法权益,我国法律对侦查的方式、方法、条件、步骤等作了较为明确的规定。侦查主体在侦查过程中必须严格遵守法律规定,才能确保侦查权不被滥用,并保证侦查活动的合法性和所收集证据的有效性,充分保护公民的合法权益不受侵犯,更好地完成侦查任务。因此,严格遵守法律,依照法定程序进行侦查,是对侦查主体的侦查活动的基本要求。

二、侦查的任务和意义

(一) 侦查的任务

在刑事诉讼中,侦查的任务就是收集证据,查明犯罪事实和查获犯罪嫌疑人,并采取必要的强制措施,保证刑事诉讼的顺利进行。根据我国《刑事诉讼法》第113条的规定,公安机关对已经立案的刑事案件,应当进行侦查,收集、调取犯罪嫌疑人有罪或者无罪、罪轻或者罪重的证据材料。查明犯罪的性质、犯罪的动机目的、犯罪的手段、犯罪结果等案件情况。在侦查过程中,对现行犯或者重大嫌疑分子可以依法先行拘留,对符合逮捕条件的犯罪嫌疑人,应当依法逮捕,保证刑事诉讼活动的顺利进行,并保护公民的合法权益不受侵犯。同时,在侦查过程中,侦查部门还应当注意总结犯罪的特点和规律,通过各种形式开展法制宣传教育,协同有关部门做好社会治安综合治理工作,以有效地惩罚犯罪和预防犯罪。

(二) 侦查的意义

侦查作为刑事诉讼的一个独立阶段,是收集证据、查获犯罪嫌疑人的关键阶段,在刑事诉讼中具有重要意义:

1. 侦查是同犯罪作斗争的重要手段。犯罪行为既破坏了本来安定的社会关系,使社会秩序处于紊乱状态,也侵犯了公民人身、财产等合法权益,因此必须予以打击。正确、及时打击犯罪行为要求公安司法机关准确查明案件事实、查获犯罪嫌疑人。这恰恰是侦查的任务所在。面对错综复杂的刑事案件,加上犯罪分子在作案后为了逃避刑事追究往往会隐匿、毁灭证据,甚至会制造假象。只有通过侦查活动,发现和收集证据才能有效地揭露犯罪行为和惩罚犯罪。由此可见,侦查是同犯罪作斗争的重要手段。

2. 侦查是提起公诉和正确审判的基础和前提条件。在刑事诉讼中,侦查活动是起诉和审判活动得以进行的基础,只有通过侦查活动查明犯罪事实和查获犯罪嫌疑人，才能将案件移送人民检察院审查起诉，进而由人民检察院将案件提交人民法院审判。实践证明，侦查工作的质量直接影响起诉和审判工作的开展。如果侦查工作做好了，收集了确实、充分的证据，那么就可以保障起诉和审判工作的顺利进行；如果侦查工作存在任何偏差或疏漏，这将影响起诉和审判工作的顺利进行，甚至影响案件正确、及时处理。

3. 侦查是预防犯罪的有力措施。侦查不仅是打击犯罪的重要手段，而且在预防犯罪方面也能发挥重要作用。一方面，通过侦查活动查明案件事实、查获犯罪人并依法惩罚犯罪人，可以对正在犯罪、准备犯罪的不稳定分子起到震慑作用；另一方面，通过侦查活动，可以掌握犯罪动向和犯罪规律，发现可能发生犯罪的隐患所在，进而采取有效措施，防止和减少犯罪的发生。此外，通过侦查，还可以强化群众的法治观念，提高守法的自觉性，积极同犯罪行为作斗争。

第二节 侦查行为

一、讯问犯罪嫌疑人

（一）讯问犯罪嫌疑人的概念和意义

讯问犯罪嫌疑人，是指侦查人员依照法定程序以言词方式向犯罪嫌疑人提问案件事实和其他与案件有关的问题，要求犯罪嫌疑人回答的一种侦查行为。

讯问犯罪嫌疑人是每一个刑事案件侦查工作中的必经程序，在侦查活动中具有重要意义。具体表现在：第一，讯问有利于侦查人员查明案情。犯罪嫌疑人对自己是否实施犯罪以及如何实施犯罪最为清楚，如果其能如实供述或如实作无罪辩解，侦查人员就可以获得有价值的信息和线索，这对查明案件事实大有裨益。第二，讯问可以为犯罪嫌疑人充分行使辩护权和获得从宽处理提供机会。犯罪嫌疑人在讯问中可以作无罪或罪轻的辩解，以便维护自己的合法权益，也可以坦白供述罪行或检举揭发他人的罪行，从而获得对自己有利的处理结果。

（二）讯问犯罪嫌疑人的程序

根据我国《刑事诉讼法》和公安部《规定》、最高检《规则》的有关规定，讯问犯罪嫌疑人应当遵守下列程序和要求：

1. 讯问的人员及人数。讯问犯罪嫌疑人必须由人民检察院或者公安机关的侦查人员负责进行，除法律规定以外，其他任何机关、团体和个人都无权行使这项权力。而且，为了保证讯问的合法性，加强侦查人员在讯问过程中的互相配合、互相监督，提高讯问的效率，同时为了保障侦查人员的人身安全，防止犯罪嫌疑人自杀、逃跑等意外事件发生，我国《刑事诉讼法》第116条第1款明确规定:"讯问的时候,侦查人员不得少于 2 人。"

2. 讯问的地点、时间。对不需要逮捕、拘留的犯罪嫌疑人,侦查机关可以传唤到犯罪嫌疑人所在市、县内的指定地点或者到他的住处进行讯问,但是应当出示人民检察院或者公安机关的证明文件。对在现场发现的犯罪嫌疑人,经出示工作证件,可以口头传唤,并将传唤的原因和依据告知被传唤人,但应当在讯问笔录中注明。犯罪嫌疑人经合法传唤,无正当理由而不到案的,可以拘传。根据侦查需要,也可以不经传唤,直接拘传。无论传唤还是拘传,持续的时间不得超过 12 小时,案情特别重大、复杂,需要采取拘留、逮捕措施的,传唤、拘传持续的时间不得超过 24 小时。不得以连续传唤、拘传的形式变相拘禁犯罪嫌疑人。传唤、拘传、讯问犯罪嫌疑人,应当保证犯罪嫌疑人的饮食和必要的休息时间。

对于已被送交看守所羁押的犯罪嫌疑人,侦查人员对其进行讯问,应当在看守所内进行。而且,对于被拘留、逮捕的犯罪嫌疑人,应当在拘留、逮捕后的 24 小时内进行讯问。

3. 讯问的步骤、方法。侦查人员在讯问犯罪嫌疑人的时候,应当首先讯问犯罪嫌疑人是否有犯罪行为,让他陈述有罪的情节或者作无罪的辩解,然后向他提出问题。这是因为犯罪嫌疑人在侦查阶段是否有罪尚无法确定,首先讯问他是否有犯罪行为可以防止侦查人员先入为主,保证讯问的客观性和公正性。如果犯罪嫌疑人承认有犯罪行为,则让他陈述犯罪的经过和情节;如果犯罪嫌疑人否认有犯罪行为,则应让他作无罪的辩解,然后再就犯罪嫌疑人供述或辩解中与认定案件事实有关,可能影响对其定罪量刑的问题向他提问。

我国《刑事诉讼法》第 118 条第 1 款规定:"犯罪嫌疑人对侦查人员的提问,应当如实回答。但是对与本案无关的问题,有拒绝回答的权利。"这一规定表明,犯罪嫌疑人对侦查人员与本案有关问题的提问负有如实回答和陈述的义务,不能拒绝回答,也不能虚假陈述。然而,犯罪嫌疑人虽然没有沉默权,对于侦查人员提出与本案无关的问题,他有拒绝回答的权利。所谓"与本案无关的问题",应指与本案所涉嫌的犯罪无关的问题。

在外国的一些警匪片中,当警察讯问犯罪嫌疑人时,我们会听到熟悉的一段话:"你有权保持沉默,你对任何一个警察所说的一切都将可能被作为法庭对你不利的证据。你有权利在接受警察询问之前委托律师,他(她)可以陪伴你受讯问的全过程。如果你付不起律师费,只要你愿意,在所有询问之前将免费为你提供一名律师。如果你不愿意回答问题,你在任何时间都可以终止谈话。如果你希望跟你的律师谈话,你可以在任何时间停止回答问题,并且你可以让律师一直伴随你询问的全过程。"这就是美国刑事司法中著名的"米兰达警告"。1963 年 3 月 3 日深夜,一位在美国亚利桑那州凤凰城某影院工作的女孩(18 岁)下班回家时，被一名男子拉进汽车里强暴。根据女孩的描述，警察将米兰达抓获。受害女孩指认米兰达就是罪犯，米兰达也供认不讳。法院据此判决米兰达犯劫持罪和强奸罪。米兰达不服判决，在狱中多次向美国联邦最高院写信上诉。联邦最高法院认定被告人的招供虽然没受到身体上的强迫但却受到心理上的强迫，警察违反了宪法第5修正案关于不得强迫被追诉人自证其罪的规定，并明确规定警察在审讯之前必须对被追诉人给予米兰达警告。米兰达规则确立后出现了不少争议。有观点认为米兰达规则不是一项宪法性权利，并且这一规则影响了惩罚犯罪的效果。但是，美国联邦最高院在2000年宣判迪克森一案中明确米兰达规则成为美国民族文化的一部分。米兰达规则体现了宪法原则，国会不能超越它。值得一提的是，在判断警察讯问的正当性方面，米兰达规则对于之前模糊不清的任意性标准更为客观和具有可操作性。

为了有效贯彻"坦白从宽"的刑事司法政策，维护犯罪嫌疑人的合法权益，同时获取真实、有效的犯罪嫌疑人供述，我国《刑事诉讼法》第118条第2款规定："侦查人员在讯问犯罪嫌疑人的时候，应当告知犯罪嫌疑人如实供述自己罪行可以从宽处理的法律规定。"

应当指出的是，在共同犯罪案件中，讯问同案的犯罪嫌疑人，应当个别进行。未被讯问的犯罪嫌疑人不得在场，以防止同案犯串供或者相互影响。在侦查阶段一般也不宜在同案犯罪嫌疑人之间进行对质。

4. 讯问时录音、录像的规定。为了保证讯问的合法性，防止侦查人员以刑讯逼供等非法方法获取犯罪嫌疑人的供述，切实维护犯罪嫌疑人的诉讼权利，我国《刑事诉讼法》和司法解释明确规定了讯问时录音、录像制度。根据我国《刑事诉讼法》第121条规定，侦查人员在讯问犯罪嫌疑人的时候，可以对讯问过程进行录音或者录像；对于可能判处无期徒刑、死刑的案件或者其他重大犯罪案件，以及人民检察院立案侦查的职务犯罪案件，应当对讯问过程进行录音、录像。根据公安部《规定》第203条第2、3款的规定，"可能判处无期徒刑、死刑的案件"是指应当适用的法定刑或者量刑档次包含无期徒刑、死刑的案件。"其他重大犯罪案件"则是指致人重伤、死亡的严重危害公共安全犯罪、严重侵犯公民人身权利犯罪，以及黑社会性质组织犯罪、严重毒品犯罪等重大故意犯罪案件。

对讯问过程录音或者录像的，应当对每一次讯问全程不间断进行，保持完整性。不得选择性地录制，不得剪接、删改。

5. 讯问未成年和聋、哑等犯罪嫌疑人的特殊要求。为了保障未成年、聋、哑和不通晓当地语言文字的犯罪嫌疑人的合法权益，我国《刑事诉讼法》对他们的讯问作了特殊要求。具体要求如下：①讯问聋、哑的犯罪嫌疑人，应当有通晓聋、哑手势的人参加并且将这种情况记明笔录。②讯问不通晓当地语言文字的犯罪嫌疑人，应当配备翻译人员。③讯问未成年犯罪嫌疑人，应当通知未成年犯罪嫌疑人被告人的法定代理人到场。无法通知、法定代理人不能到场或者法定代理人是共犯的，也可以通知未成年犯罪嫌疑人的其他成年亲属，所在学校、单位、居住地基层组织或者未成年人保护组织的代表到场，并将有关情况记录在案。④讯问女性未成年犯罪嫌疑人，应当有女工作人员在场。

6. 讯问犯罪嫌疑人的禁止性规定。为了保证讯问的合法性，防止侦查人员以刑讯逼供等非法方法获取犯罪嫌疑人的供述，我国《刑事诉讼法》第50条和第54条明确规定，严禁刑讯逼供和以威胁、引诱、欺骗以及其他非法方法收集证据，不得强迫任何人证实自己有罪。采用刑讯逼供等非法方法收集的犯罪嫌疑人、被告人供述，应当予以排除。

7. 讯问笔录的制作。讯问犯罪嫌疑人，应当制作讯问笔录。侦查人员应当将提问和犯罪嫌疑人的供述或者辩解如实地记录清楚。制作讯问笔录应当使用能够长期保持字迹的材料。讯问笔录应当交犯罪嫌疑人核对，对于没有阅读能力的，应当向他宣读。如果记载有遗漏或者差错，犯罪嫌疑人可以提出补充或者改正。犯罪嫌疑人确认笔录没有错误后，应当签名或者盖章。侦查人员也应当在笔录上签名。犯罪嫌疑人请求自行书写供述的，应当准许。必要的时候，侦查人员也可以要求犯罪嫌疑人亲笔书写供词。

二、询问证人、被害人

（一）询问证人的概念和意义

询问证人，是指侦查人员依照法定程序以言词方式向证人调查了解案件有关情况的一种侦查行为。

询问证人是广泛进行的一项侦查活动，在刑事诉讼中具有重要意义：通过询问证人，能够掌握他们看到或听到的与案件有关的情况，也可以查获犯罪嫌疑人，还可以进一步发现案件线索或者获取证据材料，帮助侦查人员排除矛盾，保证准确地查明案件事实。

（二）询问证人的程序

根据我国《刑事诉讼法》和公安部《规定》的有关规定，询问证人应当遵守下列程序和要求：

1. 询问的人数和地点。询问证人只能由侦查人员进行。询问的时候，侦查人员不得少于2人。

为了更好地保护证人，消除证人的思想顾虑，并基于方便证人提供证言的考虑，我国《刑事诉讼法》明确规定侦查人员询问证人可在多个地点中选择。根据我国《刑事诉讼法》第 122 条第 1 款的规定，侦查人员询问证人，可以在现场进行，也可以到证人所在单位、住处或者证人提出的地点进行。在必要的时候，可以通知证人到人民检察院或者公安机关提供证言。所谓"必要的时候"，一般指为了保护证人安全、保守侦查秘密、防止证人受到干扰等，才可以通知证人到侦查机关提供证言。

在现场询问证人，侦查人员应当出示工作证件。到证人所在单位、住处或者证人、被害人提出的地点询问证人，应当经办案部门负责人批准，制作询问通知书。询问前，侦查人员应当出示询问通知书和工作证件。

2. 询问证人应当个别进行。同一案件有几个证人需要询问的时候，侦查人员应当对每个证人单独进行询问；询问某一名证人的时候，其他证人不得在场，也不允许采用开座谈会的形式，让证人集体讨论和作证。这是防止证人之间互相影响的需要，也能消除证人的思想顾虑，使其充分陈述自己的所见所闻，同时，这也有利于侦查人员审查判断各个证人所提供证言的真实性。

3. 询问证人的步骤、方法。在询问时，侦查人员应当先问明证人的基本情况以及其与当事人的关系，告知他应当如实地提供证据、证言和有意作伪证或者隐匿罪证要负的法律责任，同时，应当告知证人依法享有的各种诉讼权利；然后，让证人把知道的案件情况连续地陈述出来，再就与案件有关的其他问题向他提问，要求他回答。在证人陈述的时候，侦查人员不宜随意打断，以保证其记忆的连贯性和陈述的客观性。此外，侦查人员不得向证人、被害人泄露案情或者表达对案件的看法。

为使未成年证人能够如实提供证言，询问未成年的证人时，应当通知未成年犯罪嫌疑人、被告人的法定代理人到场。询问聋、哑证人，应当有通晓聋、哑手势的人作翻译，并将这种情况记入笔录。询问不通晓当地语言文字的人、外国人，应当为其聘请翻译人员。

4. 询问证人的禁止性规定。严禁以威胁、引诱、欺骗以及其他非法方法获取证人证言。采用暴力、威胁等非法方法收集的证人证言、被害人陈述，应当予以排除。

5. 询问笔录的制作。询问证人，应当制作询问笔录。询问笔录应当客观、真实记载证人作证的内容。询问笔录应当交证人核对，对于没有阅读能力的，应当向他宣读；如果记载有遗漏或者差错，证人可以提出补充或者改正；证人承认笔录没有错误后，应当签名或者盖章，侦查人员也应当在笔录上签名；证人请求自行书写证词的，应当准许，必要的时候，侦查人员也可以要求证人亲笔书写证词。

（三）询问被害人的概念和程序

询问被害人，是指侦查人员依照法定程序以言词方式，就被害人遭受侵害的事实和犯罪嫌疑人的有关情况向被害人进行调查了解的一种侦查行为。

根据我国《刑事诉讼法》第 125 条的规定，询问被害人适用询问证人的程序。但是，由于被害人是犯罪行为直接侵犯的对象，与案件有着直接的利害关系，在刑事诉讼中处于当事人的地位，因此询问被害人除了应当遵守询问证人的各项规定以外，还应当特别注意被害人顾及名誉、情面的特殊心理，以及被害人的报复心理，审查被害人的陈述是否合乎情理，有无夸大情节等。对于被害人的个人隐私，应当为他保守秘密；对于被害人的人身安全，也应当采取切实有效的措施予以保护。此外，第一次询问被害人时，应当告知他有提起附带民事诉讼的权利。

三、勘验、检查

（一）勘验、检查的概念和意义

勘验、检查，是指侦查人员对与犯罪有关的场所、物品、尸体或者人身进行勘查、检验或检查，以发现和收集犯罪活动所遗留的各种痕迹、物品的一种侦查行为。勘验和检查的性质是一样的，二者的区别在于对象不同：勘验的对象是现场、物品和尸体，而检查的对象则是活人的身体。

勘验、检查是一种重要的侦查行为，是发现和获取第一手证据材料的重要手段。犯罪行为发生后，必然留下各种痕迹、物品，通过勘验、检查及时发现、收集和固定这些痕迹、物品，对查明案件事实往往有重要作用。而且，通过对所获得的各种痕迹和物品进行分析，可以了解犯罪嫌疑人的特征、案件的性质，有利于为侦查破案提供证据和线索。

应当指出的是，为了保证勘验、检查的质量，防止出现差错，根据我国《刑事诉讼法》第 132 条的规定，人民检察院审查案件的时候，对公安机关的勘验、检查，认为需要复验、复查时，可以要求公安机关复验、复查，并且可以派检察人员参加。此外，人民检察院在具备条件的情况下，也可以自行复验、复查。复验、复查应当遵守的法律程序和规则与勘验、检查相同。

按照对象和内容的不同，勘验、检查可以分为现场勘查、物品检验、尸体检验、人身检查四种。

（二）现场勘查

现场勘查，是指侦查人员对犯罪现场以及遗留有犯罪痕迹和物品的其他场所进行勘查的一种侦查行为。对犯罪现场进行勘查，应当遵守下列程序和要求：

1. 犯罪现场的保护。任何单位和个人，都有义务保护犯罪现场，并且立即通知公安机关派员勘验。发案地派出所、巡警等部门应当妥善保护犯罪现场和证据，控制犯罪嫌疑人，并立即报告公安机关主管部门。

2. 现场勘查的执行人员。现场勘查由县级以上公安机关侦查部门负责。现场勘查由侦查人员进行；在必要的时候，可以指派或者聘请具有专门知识的人，在侦查人员的主持下进行勘查。执行勘查的侦查人员接到通知后，应当立即赶赴现场。勘查现场，应当持有刑事犯罪现场勘查证。公安机关对案件现场进行勘查不得少于2人。勘查现场时，应当邀请2名与案件无关的公民作为见证人。

3. 现场勘查的具体要求。侦查人员在现场勘验时，应当向发现人、报案人、现场保护人了解现场的原始情况，然后划定勘查范围，并按一定的顺序有条不紊地进行。此外，应当认真、仔细观察现场每个物品和痕迹的特征、位置、状态，分析其相互联系，并采用有关技术手段发现、提取和保全证据。对尸体应先予必要的检查，如果需要，再由法医依法进行解剖和检验；在计算机犯罪的现场，应立即停止计算机的应用，并采取措施保护计算机及相关设备。

4. 现场勘查笔录的制作。勘查现场，应当拍摄现场照片、绘制现场图，制作笔录。现场勘查笔录应当客观、准确而又全面地反映现场的实际情况和侦查人员的勘查活动。对重大案件的现场，应当录像；勘查计算机犯罪案件的现场，应注意复制电子数据。侦查人员、其他参加勘查的人员和见证人应当在现场勘查笔录上签名或者盖章，并注明时间。

（三）物品检验

物品检验，是指侦查人员对已经收集到的物品及其痕迹进行检查和验证，以确定其是否与案件有关的一种侦查行为。

检验物品时，侦查人员要仔细地查验物品上的特征；对于在现场收集的物品，还要注意它与周围环境的关系，并分析研究物品的特征和痕迹的变化情况；分析该物品及其痕迹是否与案件事实有关以及有何种关系；如果侦查人员不能判断物品的特征的，应当指派或聘请鉴定人进行鉴定。

检验物品，应当制作检验笔录，详细记载检验的过程、物品及其痕迹的特征。侦查人员、其他参加检验的人员和见证人应当在物品检验笔录上签名或者盖章。

（四）尸体检验

尸体检验，是指在侦查人员的主持下，由法医或医生对非正常死亡者的尸体进行检验或者解剖的一种侦查行为。尸体检验的目的在于确定死亡的原因和时间，判断致死的工具、手段和方法，以便分析作案过程，为查明案情和查获犯罪嫌疑人提供线索和证据。尸体检验分为尸表检验和尸体解剖两种。

尸表检验，是指对尸体外部表面的检验，主要是检验尸体的位置、姿态、尸体周围的环境和情况；尸体是否出现尸斑、尸僵或腐烂等现象，其程度如何；尸体各部位是否有损伤，损伤的具体位置、形状、大小、深度和方向等，尸体的隐蔽部位（如口、鼻、眼、指甲、腋下、阴部等）有无附着物等。

尸体解剖，是指对尸体的内部组织、器官进行的检验。根据我国《刑事诉讼法》第 129 条和公安部《规定》的有关规定，对于死因不明的尸体，为了确定死因，经县级以上公安机关负责人批准，可以解剖尸体，并且通知死者家属到场，让其在解剖尸体通知书上签名。死者家属无正当理由拒不到场或者拒绝签名的，侦查人员应当在解剖尸体通知书上注明。对身份不明的尸体，无法通知死者家属的，应当在笔录中注明。对已查明死因，没有继续保存必要的尸体，应当通知家属领回处理，对于无法通知或者通知后家属拒绝领回的，经县级以上公安机关负责人批准，可以及时处理。

尸体检验的情况应制作笔录，由侦查人员和进行检验的法医或医生、死者的家属或见证人签名，并注明时间。

（五）人身检查

人身检查，是指侦查人员为了确定被害人、犯罪嫌疑人的某些特征、伤害情况或者生理状态，依法对其人身进行检查的一种侦查行为。

人身检查是对活人人身进行的一种特殊检验，涉及公民的人身权利和自由，因此必须严格按照我国《刑事诉讼法》和其他有关规定进行：①人身检查只能由侦查人员进行，必要时，可以指派、聘请法医或者医师进行人身检查；②对人身进行检查，可以提取指纹信息，采集血液、尿液、毛发、汗液、精液、唾液、呼出气息等生物样本；③犯罪嫌疑人如果拒绝检查、提取、采集，侦查人员认为必要的时候，经办案部门负责人批准，可以强制检查、提取、采集，但是对被害人不得强制检查；④被害人死亡的，应当通过被害人近亲属辨认、提取生物样本鉴定等方式确定被害人身份；⑤检查妇女的身体，应当由女工作人员或者医师进行。对强奸案件的被害妇女，不得进行生殖器和处女膜检查。个别确实需要检查的，应当征得被害人及其家长或亲属的同意，并经地（市）级侦查机关批准，在指定的医院由女医师或女法医进行。

人身检查的情况应当写成笔录，由参加检查的侦查人员、检查人员、被检查人员和见证人签名。

四、侦查实验

（一）侦查实验的概念和意义

侦查实验，是指侦查人员为了确定与案件有关的某一事实或者行为在某种条件下能否发生或者怎样发生，而按照原来的条件，将该事实或者行为加以重演或者进行试验的一种侦查行为。侦查实验对判断证人证言、被害人陈述、犯罪嫌疑人供述和辩解是否符合实际情况，是否客观真实提供可靠的依据，有利于侦查人员正确认定案件事实。

根据我国《刑事诉讼法》第133条第1款规定:"为了查明案情,在必要的时候,经公安机关负责人批准,可以进行侦查实验。"据此,侦查实验并不是在每个刑事案件的侦查中必须进行的程序,只有为了达到特定侦查目标而以其他方法不足以达到,并且有实验必要时才能进行。

(二)侦查实验的程序和要求

根据我国《刑事诉讼法》的规定和实践经验,进行侦查实验应当遵守以下程序和要求:

1. 侦查实验应当经县级以上公安机关负责人批准,并由侦查人员负责进行。在进行侦查实验时,应当邀请两名见证人在场,在必要的时候可以聘请有关专业人员参加,也可以要求犯罪嫌疑人、被害人、证人参加。

2. 侦查实验既可以在现场勘验过程中进行,也可以单独进行。

3. 侦查实验的条件应与原来的条件相同或相似,并且尽可能对同一情况重复实验,以保证侦查实验的科学性和准确性。

4. 进行侦查实验,禁止一切足以造成危险、侮辱人格或者有伤风化的行为。

5. 侦查实验应当制作笔录,记明侦查实验的条件、经过和结果,由参加侦查实验的人员签名。必要时应当侦查实验过程进行录音、录像。

五、搜查

(一)搜查的概念和意义

搜查,是指侦查人员依法对于犯罪嫌疑人以及可能隐藏罪犯或者罪证的人的身体、物品、住处和其他有关的地方进行搜索检查的一种侦查行为。

搜查有助于侦查机关及时抓获藏匿的犯罪嫌疑人、罪犯,防止其逃跑,同时对收集犯罪证据,防止证据被毁灭、转移,保证刑事诉讼顺利进行具有重要意义。

(二)搜查的程序

根据我国《刑事诉讼法》和公安部《规定》的有关规定,搜查应当遵守下列程序和要求:

1. 搜查只能由侦查人员进行,且执行搜查的侦查人员不得少于2人。

2. 进行搜查,必须向被搜查人出示搜查证。侦查人员执行拘留、逮捕的时候,遇有下列紧急情况之一的,不用搜查证也可以进行搜查:①可能随身携带凶器的;②可能隐藏爆炸、剧毒等危险物品的;③可能隐匿、毁弃、转移犯罪证据的;④可能隐匿其他犯罪嫌疑人的;⑤其他突然发生的紧急情况。

3. 进行搜查时,应当有被搜查人或者他的家属、邻居或者其他见证人在场,以证明搜查行为的合法性,保证搜查取得的证据的真实性。

4. 公安机关可以要求有关单位和个人交出可以证明犯罪嫌疑人有罪或者无罪的物证、书证、视听资料等证据。遇到阻碍搜查的,侦查人员可以强制搜查。

5. 搜查妇女的身体,应当由女工作人员进行。

6. 搜查的情况应当制作笔录,由侦查人员和被搜查人或者他的家属,邻居或者其他见证人签名。如果被搜查人拒绝签名,或者被搜查人在逃,他的家属拒绝签名或者不在场的,侦查人员应当在笔录中注明。

六、查封、扣押

(一) 查封、扣押的概念和意义

查封、扣押,是指侦查机关依法把与案件有关的财物、文件强行封存、扣留和提存的一种侦查行为。

查封、扣押通常与勘验、搜查同时进行,在勘验、搜查中发现可以用于证明犯罪嫌疑人有罪或无罪的物品和文件的,应当扣押;当然,作为一种独立的侦查行为,查封、扣押也可以单独进行。侦查机关查封、扣押与案件有关的财物、文件,可以获取和保全物证、书证,并据以认定案情,查明犯罪,同时也可以保障刑事诉讼活动的顺利进行。

(二) 查封、扣押的程序

根据我国《刑事诉讼法》和公安部《规定》的有关规定,查封、扣押应当遵守以下程序和要求:

1. 侦查机关对在侦查活动中发现的可用以证明犯罪嫌疑人有罪或者无罪的各种财物、文件,应当查封、扣押;与案件无关的财物、文件,不得查封、扣押。

2. 执行查封、扣押的侦查人员不得少于2人,并应出示查封或扣押决定书。

3. 在进行查封、扣押时,公安机关可以责令持有人主动交出应当查封、扣押的财物、文件;对于持有人拒绝交出的,侦查人员可以强制查封、扣押。

4. 对查封、扣押的财物、文件,应当会同在场见证人和被查封、扣押财物、文件持有人查点清楚,当场开列清单一式二份,由侦查人员、见证人和持有人签名或者盖章,一份交给持有人,另一份附卷备查。

5. 扣押犯罪嫌疑人的邮件、电子邮件、电报,应当经县级以上侦查机关负责人批准,制作扣押邮件、电报通知书,通知邮电部门或者网络服务单位检交扣押。但是,不需要继续扣押的时候,应立即通知邮电机关。

6. 对查封、扣押的财物及其孳息、文件侦查机关应当妥善保管,以供核查。任何单位和个人不得使用、调换、损毁或者自行处理。对查封、扣押的财物、文件，经查明确实与案件无关的，应当在三日以内解除查封、扣押、冻结，予以退还。

7. 查封、扣押的情况应当制作笔录，由侦查人员、持有人和见证人签名。对于无法确定持有人或者持有人拒绝签名的，侦查人员应当在笔录中注明。

七、查询、冻结

（一）查询、冻结的概念和意义

查询、冻结，是指侦查机关根据侦查犯罪的需要而依法向银行或其他金融机构查询犯罪嫌疑人存款、汇款、债券、股票、基金份额等财产，并在必要时予以冻结的一种侦查行为。

查询、冻结存款、汇款等财产，既可以了解犯罪嫌疑人的犯罪情况，有利于惩罚犯罪，也可以防止犯罪嫌疑人转移财物，避免国家、集体和公民个人遭受经济损失，维护国家、集体利益和公民的合法利益。

（二）查询、冻结的程序和相关问题

根据我国《刑事诉讼法》和公安部《规定》的有关规定，查询、冻结应当遵守以下程序，并需要注意相关问题：

1. 查询、冻结存款、汇款等财产，应当经县级以上公安机关负责人批准，制作协助查询、冻结财产通知书，通知金融机构等单位执行。

2. 犯罪嫌疑人的存款、汇款等财产已被冻结的，不得重复冻结，但可以轮候冻结。不论犯罪嫌疑人的存款、汇款等财产是由于何种原因被哪一个机关依法冻结，侦查机关都不得再次采取冻结措施。但是，侦查机关可以排队等候并在其解除冻结时立即采取冻结措施。

3. 冻结存款、汇款等财产的期限为6个月；冻结债券、股票、基金份额等证券的期限为2年。有特殊原因需要延长期限的，侦查机关应当在冻结期限届满前办理继续冻结手续。每次续冻存款、汇款等财产的期限最长不得超过6个月；每次续冻债券、股票、基金份额等证券的期限最长不得超过2年。继续冻结的，应当重新办理冻结的批准手续。逾期不办理继续冻结的批准手续的，视为自动解除冻结。

4. 对冻结的债券、股票、基金份额等财产，应当告知当事人或者其法定代理人、委托代理人有权申请出售。

5. 对冻结的存款、汇款、债券、股票、基金份额等财产，经查明确实与案件无关的，应当在3日以内解除查封、扣押、冻结，予以退还。

八、鉴定

（一）鉴定的概念和意义

鉴定，是指侦查机关就案件中某些专门性问题，指派或者聘请具有鉴定资格的人进行科学鉴别和判断并作出鉴定意见的一种侦查行为。

侦查机关指派或者聘请鉴定人对某些专门性问题进行鉴定，可以对所要鉴定的证据材料的真伪作出科学的判断，准确揭示该证据材料在刑事诉讼中的证明作用，对查明案件事实真相具有重要作用。

（二）鉴定的范围

鉴定的范围限于案件中的某些专门性问题，通常是指涉及法医问题、司法精神病问题、毒物毒品问题、刑事技术问题、司法会计问题等。对于刑事案件中的一般问题或法律问题，则由侦查人员进行分析判断，不需要指派或聘请鉴定人进行鉴定。

根据鉴定所涉及的专门性问题不同，在侦查中鉴定主要有刑事技术鉴定、精神病的医学鉴定、毒物鉴定、扣押物品的价格鉴定、文物鉴定、司法会计鉴定等。

（三）鉴定的程序

根据我国《刑事诉讼法》和公安部《规定》的有关规定，鉴定应当遵守下列程序和要求：

1. 侦查机关指派或者聘请的鉴定人，必须具备鉴定人的资格，即必须具有解决本案中专门性问题的专门知识和技能，并且与本案或本案当事人没有利害关系，能够保证以客观、公正的态度进行鉴定的人。

2. 侦查机关应当为鉴定人进行鉴定提供必要的条件，及时向鉴定人送交有关检材和对比样本等原始材料，介绍与鉴定有关的情况，并且明确提出要求鉴定解决的问题。禁止暗示或者强迫鉴定人作出某种鉴定意见。

3. 侦查人员还应当做好检材的保管和送检工作，并注明检材送检环节的责任人，确保检材在流转环节中的同一性和不被污染。

4. 鉴定人应当按照鉴定规则，运用科学方法独立进行鉴定。鉴定后，应当出具鉴定意见，并在鉴定意见书上签名，同时附上鉴定机构和鉴定人的资质证明或者其他证明文件。多人参加鉴定，鉴定人有不同意见的，应当注明。

5. 对鉴定意见，侦查人员应当进行审查。对经审查作为证据使用的鉴定意见，侦查机关应当及时告知犯罪嫌疑人、被害人或者其法定代理人。犯罪嫌疑人、被害人对鉴定意见有异议提出申请的，可以补充鉴定或者重新鉴定。

6. 公诉人、当事人或者辩护人、诉讼代理人对鉴定意见有异议，经人民法院依法通知的，公安机关鉴定人应当出庭作证。

7. 鉴定人故意作虚假鉴定的，应当依法追究其法律责任。

8. 对犯罪嫌疑人作精神病鉴定的时间不计入办案期限，其他鉴定时间都应当计入办案期限。

九、辨认

（一）辨认的概念和意义

辨认，是指在侦查人员的主持下，由被害人、证人或者犯罪嫌疑人对与犯罪有关的物品、文件、尸体、场所或者犯罪嫌疑人进行辨别和确认的一种侦查行为。

通过辨认活动，可以对与犯罪有关的物品、文件、场所的真实性、死者的身份以及犯罪人是否为作案人等予以辨别确认，为侦查工作提供证据和线索，有利于查明案件事实真相。

（二）辨认的程序和要求

我国《刑事诉讼法》对辨认没有作出规定。根据公安部《规定》和最高检《规则》的有关规定，辨认应当遵守下列程序和要求：

1. 辨认应当在侦查人员的主持下进行。主持辨认的侦查人员不得少于2人。

2. 在辨认前，侦查人员应当向辨认人详细询问被辨认对象的具体特征，禁止辨认人见到被辨认对象，以防止辨认人先入为主、无根据地进行辨认。同时，应当告知辨认人有意作虚假辨认应负的法律责任。

3. 几名辨认人对同一被辨认对象进行辨认时，应当由每名辨认人单独进行。必要的时候，可以有见证人在场。

4. 辨认时，应当将辨认对象混杂在特征相类似的其他对象中，不得给辨认人任何暗示。辨认犯罪嫌疑人时，被辨认的人数，公安机关主持的，不得少于7人，检察机关主持的，则为5到10人；对犯罪嫌疑人照片进行辨认的，公安机关不得少于10张的照片，检察机关为5到10张；辨认物品时，混杂的同类物品不得少于5件。但是，对场所、尸体等特定辨认对象进行辨认，或者辨认人能够准确描述物品独有特征的，陪衬物不受数量的限制。

5. 对犯罪嫌疑人的辨认，辨认人不愿意公开进行的，可以在不暴露辨认人的情况下进行，并应当为其保守秘密。

6. 对辨认经过和结果，应当制作辨认笔录，由侦查人员、辨认人、见证人签名。必要时，应当对辨认过程进行录音或者录像。

十、特殊侦查措施

（一）特殊侦查措施的概念和意义

特殊侦查措施，是指在某些特殊类型的案件中，运用一定的科技手段或其他特殊方法获取案件信息、证据和缉拿犯罪嫌疑人等侦查行为的总称。特殊侦查措施是我国 2012 年修改后的《刑事诉讼法》新增加的侦查措施，[1]具体包括技术侦查、秘密侦查和控制下交付三种。

随着科学技术的不断发展，诸如危害国家安全犯罪、恐怖活动犯罪、黑社会性质的组织犯罪、毒品犯罪以及贪污贿赂犯罪等特殊犯罪的犯罪行为越来越隐蔽化、智能化，采用特殊侦查措施不仅有利于迅速及时发现犯罪、收集证据，查获犯罪分子，而且可以使我国传统侦查模式向现代化侦查模式转变，同时也符合联合国《打击跨国犯罪公约》等国际公约的要求，具有十分重要的意义。

（二）技术侦查

技术侦查，是指公安机关、人民检察院根据侦查犯罪的需要，在经过严格的批准手续后，可以决定运用技术设备收集证据或查获犯罪嫌疑人，并由公安机关执行的一种特殊侦查措施。

根据我国《刑事诉讼法》、公安部《规定》和最高检《规则》的有关规定，技术侦查应当符合以下程序和要求：

1. 技术侦查的主体。技术侦查只能由设区的市一级以上公安机关、人民检察院等侦查机关决定采用，并由设区的市一级以上公安机关统一执行。

2. 技术侦查的适用范围。根据我国《刑事诉讼法》第 148 条的规定，根据有权决定的主体不同，技术侦查的适用范围也有所不同。

（1）公安机关在立案后，对于危害国家安全犯罪、恐怖活动犯罪、黑社会性质的组织犯罪、重大毒品犯罪或者其他严重危害社会的犯罪案件，根据侦查犯罪的需要，经过严格的批准手续，可以采取技术侦查措施。根据公安部《规定》第 254 条的规定，"其他严重危害社会的犯罪案件"包括下列案件：①故意杀人、故意伤害致人重伤或者死亡、强奸、抢劫、绑架、放火、爆炸、投放危险物质等严重暴力犯罪案件；②集团性、系列性、跨区域性重大犯罪案件；③利用电信、计算机网络、寄递渠道等实施的重大犯罪案件，以及针对计算机网络实施的重大犯罪案件；④其他严重危害社会的犯罪案件，依法可能判处 7 年以上有期徒

---

[1] 2012 年修改后的《刑事诉讼法》第二编第二章第八节使用的是"技术侦查措施"一词。技术侦查措施一词难以涵盖秘密侦查和控制下交付。技术侦查、秘密侦查和控制下交付三者应当是并列关系，均属于特殊侦查措施或手段的范畴，故本教材使用"特殊侦查措施"涵盖技术侦查、秘密侦查和控制下交付。

刑的。

（2）人民检察院在立案后，对于涉案数额在十万元以上，采取其他方法难以收集证据的重大的贪污、贿赂犯罪案件以及利用职权实施的严重侵犯公民人身权利的重大犯罪案件，根据侦查犯罪的需要，经过严格的批准手续，可以采取技术侦查措施，按照规定交有关机关执行。根据最高检《规则》第263条的规定，"利用职权实施的严重侵犯公民人身权利的重大犯罪案件"包括有重大社会影响的、造成严重后果的或者情节特别严重的非法拘禁、非法搜查、刑讯逼供、暴力取证、虐待被监管人、报复陷害等案件。

（3）公安机关、人民检察院在追捕被通缉或者批准、决定逮捕的在逃的犯罪嫌疑人、被告人，经过批准，可以采取追捕所必需的技术侦查措施。

3. 技术侦查的种类和期限。技术侦查措施包括记录监控、行踪监控、通信监控、场所监控等措施。批准决定应当根据侦查犯罪的需要，确定采取技术侦查措施的种类和适用对象。批准决定自签发之日起3个月以内有效。对于不需要继续采取技术侦查措施的，应当及时解除；对于复杂、疑难案件，期限届满仍有必要继续采取技术侦查措施的，经过批准，有效期可以延长，每次不得超过3个月。

4. 技术侦查措施的执行程序。

（1）设区的市一级以上公安机关负责人批准决定采取技术侦查措施的，应当交由负责技术侦查的部门执行。人民检察院等部门决定采取技术侦查措施，交公安机关执行的，由设区的市一级以上公安机关按照规定办理相关手续后，交负责技术侦查的部门执行，并将执行情况通知人民检察院等部门。

（2）采取技术侦查措施，必须严格按照批准的措施种类、适用对象和期限执行。

（3）侦查人员对采取技术侦查措施过程中知悉的国家秘密、商业秘密和个人隐私，应当保密；对采取技术侦查措施获取的与案件无关的材料，必须及时销毁。

（4）采取技术侦查措施获取的材料，只能用于对犯罪的侦查、起诉和审判，不得用于其他用途。根据《刑事诉讼法》第152条的规定，对于通过实施技术侦查措施收集的证据，如果使用该证据可能危及有关人员的人身安全，或者可能产生其他严重后果的，应当采取不暴露有关人员身份、技术方法等保护措施，必要时可以由审判人员在庭外对证据进行核实。

（5）公安机关依法采取技术侦查措施，有关单位和个人应当配合，并对有关情况予以保密。

（三）秘密侦查

秘密侦查，是指公安机关基于查明案情的必要性，经县级以上公安机关负责人决定,由有关人员隐匿其身份进行的侦查行为。

秘密侦查的方式主要有三种:一是卧底侦查,即侦查人员以虚构的身份进入犯罪组织内部,成为其成员,暗中收集情报或犯罪证据,为破获犯罪组织创造条件;二是化装侦查,即侦查人员以便装或异装隐去真实身份,诱使对方上钩,以获取情报或犯罪证据;三是诱惑侦查,又称"诱饵侦查"、"侦查陷阱",是指侦查人员设下圈套诱使犯罪嫌疑人实施犯罪行为,然后将其抓获。

根据我国《刑事诉讼法》和公安部《规定》的有关规定,秘密侦查应当遵守下列程序和要求:

1. 秘密侦查措施只能由公安机关决定采用。为了查明案情,在必要的时候,县级以上公安机关负责人可决定采用秘密侦查措施。

2. 秘密侦查措施可以由侦查人员实施,也可以由公安机关指定的其他人员实施。也就是说,非侦查人员以外的其他人员,经公安机关的指定后也能实施秘密侦查措施,其行为视同侦查人员的行为。

3. 实施秘密侦查时,不得诱使他人犯罪,不得采用可能危害公共安全或者发生重大人身危险的方法。所谓"诱使他人犯罪",是指通过促使本来没有犯罪意图的人产生犯罪意图的方法诱使他人犯罪的行为。此外,只要秘密侦查存在危害公共安全或者发生重大人身危险的可能性,就不得采用。

4. 公安机关实施秘密侦查收集的材料在刑事诉讼中可以作为证据使用。作为证据时,可能危及隐匿身份人员的人身安全,或者可能产生其他严重后果的,应当采取不暴露有关人员身份等保护措施。

(四) 控制下交付

控制下交付,是指对涉及给付毒品等违禁品或者财物的犯罪活动,公安机关根据侦查犯罪的需要,在保密的前提下对毒品等违禁品或有关人员进行严密监视、控制,按照犯罪嫌疑人事先计划或约定的方式、地点等将违禁品"交付"给最终接货人,使侦查机关发现涉案的所有犯罪嫌疑人并将他们全部抓获的整个侦查过程。

控制下交付是侦破毒品等违禁品犯罪案件的关键侦查手段。毒品等违禁品犯罪案件具有很大的隐秘性,如果犯罪活动的关键人不出现,则无法抓获幕后的犯罪人或者取得关键证据。实施控制下交付,可以为侦破此类案件提供助力,避免犯罪行为完成而使犯罪人逃脱法律的惩罚,甚至造成其他危害结果。

根据我国《刑事诉讼法》和公安部《规定》的有关规定,控制下交付应当遵守以下程序和要求:

1. 控制下交付只能由公安机关根据侦查犯罪的需要,依照规定实施。公安机关采取控制下交付措施,应当经县级以上公安机关负责人决定。

2. 控制下交付只能适用于涉及给付毒品等违禁品或者财物的犯罪活动，其他案件不得适用控制下交付措施。根据司法实践，"涉及给付毒品等违禁品或者财物的犯罪活动"主要包括非法买卖枪支弹药、贩毒、走私、出售或购买假币、倒卖文物等犯罪活动。

3. 公安机关采取控制下交付措施收集的材料在刑事诉讼中可以作为证据使用。作为证据时，可能危及隐匿身份人员的人身安全，或者可能产生其他严重后果的，应当采取不暴露有关人员身份等保护措施。

十一、通缉

（一）通缉的概念和意义

通缉，是指公安机关发布通缉令并采取有效措施，将应当逮捕而在逃的犯罪嫌疑人追捕归案的一种侦查行为。

通缉是公安机关系统协同作战，并依靠广大人民群众追捕在逃的犯罪嫌疑人的有力措施，对于抓获犯罪人，查明案件事实，进而惩罚犯罪具有重要的意义。

（二）通缉的对象和条件

根据我国《刑事诉讼法》第153条的规定，通缉的对象是应当逮捕而在逃的犯罪嫌疑人。由此通缉应当具备以下两个条件：一是按照犯罪嫌疑人所犯罪行依法应当逮捕，这是通缉的实质条件；二是有证据证明犯罪嫌疑人确已逃跑，这是通缉的形式条件。

（三）通缉的程序

根据我国《刑事诉讼法》和公安部《规定》、最高检《规则》的有关规定，通缉应当按照下列程序进行：

1. 决定通缉。有权决定通缉的主体包括公安机关和人民检察院。公安机关进行通缉，应当由县级以上公安机关负责人作出决定。人民检察院办理直接受理立案侦查的案件，需要追捕在逃犯罪嫌疑人的，经检察长批准，可以决定通缉。

2. 发布通缉令。只有公安机关有权发布通缉令，其他任何机关、团体和个人都无权发布。人民检察院办理直接受理立案侦查的案件，经检察长决定通缉后，应当将通缉通知书和通缉对象的照片、身份、特征、案情简况送达公安机关，由公安机关发布通缉令，追捕归案。

县级以上公安机关在自己管辖的地区内，可以直接发布通缉令；超出自己管辖的地区，应当报请有权决定的上级公安机关发布。通缉令的发送范围，由签发通缉令的公安机关负责人决定。

为发现重大犯罪线索，追缴涉案财物、证据，查获犯罪嫌疑人，必要时，经县级以上公安机关负责人批准，可以发布悬赏通告。悬赏通告应当写明悬赏对象的基本情况和赏金的具体数额。

通缉令、悬赏通告应当广泛张贴，并可以通过广播、电视、报刊、计算机网络等方式发布。

3. 补发通报。通缉令发出后，如果发现新的重要情况，发布通缉令的公安机关可以补发通报。通报必须注明原通缉令的编号和日期。

4. 布置查缉。公安机关接到通缉令后，应当及时布置查缉。抓获犯罪嫌疑人后，报经县级以上公安机关负责人批准，凭通缉令或者相关法律文书羁押，并通知通缉令发布机关进行核实，办理交接手续。

5. 撤销通缉令。经核实，犯罪嫌疑人已经自动投案、被击毙或者被抓获，以及发现有其他不需要采取通缉、边控、悬赏通告的情形的，发布机关应当在原通缉、通知、通告范围内，撤销通缉令、边控通知、悬赏通告。

第三节 侦查终结

一、侦查终结的概念和意义

侦查终结，是指经过一系列的侦查活动后，侦查机关认为案件事实已经查清，证据确实、充分，足以认定犯罪嫌疑人是否有罪和应否对其追究刑事责任而决定结束侦查，并对案件依法作出处理和提出处理意见的诉讼活动。

侦查终结是对侦查活动进行审核和总结的最后一道程序，也是侦查程序的一个必经阶段。它要求侦查机关根据已经收集的证据确定犯罪嫌疑人是否有罪，并作出相应处理。因此，正确、及时的侦查终结，可以为人民检察院准确提起公诉、人民法院正确进行审判奠定基础，也可以有效地保障无罪的人和依法不应当受到刑事追究的人免受刑事追究，具有重要意义。

二、侦查终结的条件

根据我国《刑事诉讼法》第160条和最高检《规则》第286条的规定，公安机关负责侦查的案件和人民检察院自行侦查的案件，侦查终结都应当符合以下条件：

1. 案件事实清楚。这是侦查终结的首要条件。它要求犯罪嫌疑人是否有罪、罪重还是罪轻、是否应当受刑事处罚、有无遗漏罪行和其他应当追究刑事责任的全部事实和情节都已经查清。

2. 证据确实、充分。这是侦查终结的重要条件。根据我国《刑事诉讼法》第53条第2款的规定，证据确实、充分，具体是指：①定罪量刑的事实都有证据证明；②据以定案的证据均经法定程序查证属实；③综合全案证据，对所认定事实已排除合理怀疑。

3. 法律手续完备。这也是侦查终结必不可少的条件。它要求侦查机关进行各项专门调查工作和有关的强制性措施都必须有相应的法律手续，且法律手续符合法律规定的要求。如果发现法律手续不完备或有不符合法律规定之处，应当及时采取有效的措施予以补充或改正。

以上三个条件必须同时具备，缺一不可。

三、听取辩护律师的意见

在案件侦查终结前，辩护律师提出要求的，侦查机关应当听取辩护律师的意见，并记录在案；辩护律师提出书面意见的，应当附卷。这是侦查阶段尊重和保障犯罪嫌疑人辩护权的体现。

四、侦查终结的处理

按照我国《刑事诉讼法》的有关规定，侦查机关在侦查终结时应当根据案件的不同情况作出不同的处理：

1. 对于犯罪事实清楚，证据确实、充分，犯罪性质和罪名认定正确，法律手续完备，依法应当追究犯罪嫌疑人刑事责任的案件，侦查机关应当制作起诉意见书，经县级以上公安机关负责人批准后，连同全部案卷材料、证据，以及辩护律师提出的意见，一并移送同级人民检察院审查决定。

2. 在侦查过程中（包括侦查终结时），发现不应对犯罪嫌疑人追究刑事责任的，应当作出撤销案件的决定，并制作撤销案件决定书。犯罪嫌疑人已被逮捕的，应当立即释放，发给释放证明，并通知原批准的人民检察院。所谓"不应对犯罪嫌疑人追究刑事责任"，是指本案根本没有犯罪事实、犯罪嫌疑人的行为不构成犯罪或者具有我国《刑事诉讼法》第15条规定的六种情形之一而不予追究刑事责任。

五、侦查羁押期限

侦查羁押期限，是指犯罪嫌疑人在侦查过程中被逮捕以后的羁押期限。明确规定侦查羁押期限，可以有效地保障犯罪嫌疑人的人身自由和其他合法权益，同时，也可以提高侦查工作效率，防止案件久拖不决。

根据我国《刑事诉讼法》和六机关《规定》的有关规定，侦查羁押期限可以分为一般羁押期限、特殊羁押期限和重新计算的羁押期限三种：

（一）一般羁押期限

根据我国《刑事诉讼法》第 154 条的规定，对犯罪嫌疑人逮捕后的侦查羁押期限不得超过 2 个月。这是关于一般刑事案件的侦查羁押期限的规定。需要注意的是，侦查羁押期限从犯罪嫌疑人被逮捕后开始计算，逮捕前被拘留的期限不包括在侦查羁押期限之内。一般情况下，侦查机关应当在 2 个月内侦查终结案件。

（二）特殊羁押期限

根据案件的特殊需要，侦查机关在 2 个月内不能侦查终结的，在符合法定条件的前提下并履行相应的审批手续和程序，可以延长侦查羁押期限。

1. 根据我国《刑事诉讼法》第 154 条的规定，案情复杂、期限届满不能终结的案件，可以经上一级人民检察院批准延长 1 个月。

2. 根据《刑事诉讼法》第 156 条规定，下列案件在我国《刑事诉讼法》第 154 条规定的期限届满时仍不能侦查终结的，经省、自治区、直辖市人民检察院批准或者决定，可以延长 2 个月：①交通十分不便的边远地区的重大复杂案件；②重大的犯罪集团案件；③流窜作案的重大复杂案件；④犯罪涉及面广，取证困难的重大复杂案件。

3. 根据我国《刑事诉讼法》第 157 条规定，对犯罪嫌疑人可能判处 10 年有期徒刑以上刑罚的，依照我国《刑事诉讼法》第 156 条规定延长期限届满，仍不能侦查终结的，经省、自治区、直辖市人民检察院批准或者决定，可以再延长 2 个月。

4. 根据《刑事诉讼法》第 155 条规定，因为特殊原因，在较长时间内不宜交付审判的特别重大复杂案件，由最高人民检察院报请全国人民代表大会常务委员会批准延期审理。

（三）特殊情形重新计算羁押期限

根据我国《刑事诉讼法》和六机关《规定》的有关规定，遇有下列情况不计入原有侦查羁押期限，而重新计算羁押期限：

1. 在侦查期间，发现犯罪嫌疑人另有重要罪行的，自发现之日起依照我国《刑事诉讼法》第 154 条的规定重新计算侦查羁押期限。公安机关据此重新计算侦查羁押期限的，由公安机关决定，不需要经人民检察院批准，但应当报人民检察院备案，人民检察院可以进行监督。

2. 犯罪嫌疑人不讲真实姓名、住址，身份不明的，应当对其身份进行调查，侦查羁押期限自查清其身份之日起计算，但是不得停止对其犯罪行为的侦查取证。对于犯罪事实清楚，证据确实、充分，确实无法查明其身份的，也可以按其自报的姓名移送人民检察院审查起诉。

3. 对被羁押的犯罪嫌疑人作精神病鉴定的时间，不计入侦查羁押期限。其他鉴定时间则应当计入羁押期限。

第四节 补充侦查

一、补充侦查的概念和意义

补充侦查，是指公安机关或者人民检察院依照法定程序，在原有侦查工作的基础上，对案件尚未查清的部分事实、情节继续进行侦查的诉讼活动。

补充侦查是弥补原有侦查工作没有完成侦查任务或者发现新情况时所进行的侦查活动，因此，它不是每一个刑事案件都必须经过的程序。如果原有侦查工作已经完成侦查任务，就无须补充侦查。进行补充侦查，对查清案件的全部事实、情节，保证办案质量，具有重要的意义。

二、不同诉讼阶段的补充侦查

根据我国《刑事诉讼法》的有关规定，在三个阶段有可能出现补充侦查：

（一）审查逮捕阶段的补充侦查

我国《刑事诉讼法》第88条规定："人民检察院对于公安机关提请批准逮捕的案件进行审查后，应当根据情况分别作出批准逮捕或者不批准逮捕的决定。对于批准逮捕的决定，公安机关应当立即执行，并且将执行情况及时通知人民检察院。对于不批准逮捕的，人民检察院应当说明理由，需要补充侦查的，应当同时通知公安机关。"这是关于审查逮捕阶段补充侦查的规定。在审查逮捕阶段需要补充侦查的，人民检察院应当通知公安机关，人民检察院补充侦查的通知应当和不批准逮捕决定书同时作出并送达公安机关。

（二）审查起诉阶段的补充侦查

我国《刑事诉讼法》第171条第2、3款规定："人民检察院审查案件，对于需要补充侦查的，可以退回公安机关补充侦查，也可以自行侦查。对于补充侦查的案件，应当在一个月以内补充侦查完毕。补充侦查以二次为限。补充侦查完毕移送人民检察院后，人民检察院重新计算审查起诉期限。对于二次补充侦查的案件，人民检察院仍然认为证据不足，不符合起诉条件的，应当作出不起诉的决定。"这是关于审查起诉阶段补充侦查的规定。根据这一规定，审查起诉阶段的补充侦查，具有下列几个方面的内容：

1. 补充侦查的方式有退回补充侦查和自行侦查两种。对于公安机关侦查终结的案件，人民检察院审查后，需要补充侦查的，既可以决定将案件退回公安机关补充侦查，也可以决定自行侦查。对于人民检察院自己侦查终结的案件，审起诉部门审查后，需要补充侦查的，既可以决定将案件退回本院自侦部门补充侦查，也可以决定自行侦查。

从司法实践来看，人民检察院是退回补充侦查还是自行侦查，一般取决于未查明案件事实的内容和性质。如果主要事实不清、证据不足或者有遗漏罪行、遗漏同案犯罪嫌疑人等情形的，原则上应退回补充侦查；如果只是细节问题不清的，则应尽可能自行侦查，以提高诉讼效率。

2. 对于退回补充侦查的案件，公安机关或人民检察院的自侦部门应当在1个月以内补充侦查完毕，补充侦查以2次为限。应当指出的是，对于在审查起诉期间改变管辖的案件，改变后的人民检察院认为需要补充侦查的案件，可以通过原受理案件的人民检察院退回原侦查的公安机关补充侦查，也可以自行侦查。改变管辖前后退回补充侦查的次数总共不得超过2次。

3. 对于退回补充侦查的案件，经过第一次补充侦查后，人民检察院仍然认为证据不足，不符合起诉条件的，既可以决定第二次补充侦查，也可以作出不起诉的决定。但是，经过两次补充侦查后，人民检察院仍然认为证据不足，不符合起诉条件的，应当作出不起诉的决定。

4. 对于退回补充侦查的案件，人民检察院审查起诉的期限从案件补充侦查完毕移送审查起诉之日起重新计算。

5. 对于自行补充侦查的案件，由人民检察院的审查起诉部门进行补充侦查。人民检察院审查起诉中决定自行补充侦查的，应当在审查起诉期限内侦查完毕。

（三）法庭审判阶段的补充侦查

根据我国《刑事诉讼法》第198条和第199条的规定，在法庭审判过程中，检察人员发现提起公诉的案件需要补充侦查，提出建议的，人民法院可以延期审理；人民法院决定延期审理的，人民检察院应当在1个月以内补充侦查完毕。这是法庭审判阶段补充侦查的规定。

根据这些规定，法庭审判阶段的补充侦查具有下列方面的内容：

1. 在法庭审判阶段，案件需要补充侦查的，应当由检察人员提出建议，人民法院不能主动将案件退回人民检察院补充侦查。对于检察人员的建议，除非有适当的理由，人民法院应当同意，并作出延期审理的决定。不过，根据最高法《解释》第226条的规定，审判期间，被告人提出新的立功线索的，人民法院可以建议人民检察院补充侦查。

2. 法庭审判阶段的补充侦查，不能由人民法院自行补充侦查，而只能退回人民检察院补充侦查。此外，人民检察院也不能再退回公安机关，但必要时可以要求公安机关提供协助。

3. 人民检察院补充侦查，应当在1个月以内补充侦查完毕。补充侦查也是以 2 次为限。

4. 人民检察院补充侦查完毕后移送人民法院的，人民法院重新计算审理期限。

5. 补充侦查期限届满后，经法庭通知，人民检察院未将案件移送人民法院，且未说明原因的，人民法院可以决定按人民检察院撤诉处理。

第五节 侦查监督

一、侦查监督的概念和意义

侦查监督，是指人民检察院依法对侦查机关的侦查活动是否合法进行的监督。

我国《刑事诉讼法》第 8 条规定："人民检察院依法对刑事诉讼实行法律监督。"作为刑事诉讼的重要组成部分，对侦查活动进行监督也是人民检察院实行法律监督的重要内容。通过对侦查活动进行监督，人民检察院可以发现侦查机关在侦查活动中的违法行为和刑讯逼供等违法犯罪行为，并予以纠正，这不仅有利于保障诉讼参与人尤其是犯罪嫌疑人的诉讼权利，而且有利于督促侦查人员严格依法办事，提高侦查人员的执法水平。

二、侦查监督的内容

根据最高检《规则》第 565 条规定，侦查活动监督主要发现和纠正以下违法行为：①采用刑讯逼供以及其他非法方法收集犯罪嫌疑人供述的；②采用暴力、威胁等非法方法收集证人证言、被害人陈述，或者以暴力、威胁等方法阻止证人作证或者指使他人作伪证的；③伪造、隐匿、销毁、调换、私自涂改证据，或者帮助当事人毁灭、伪造证据的；④徇私舞弊，放纵、包庇犯罪分子的；⑤故意制造冤、假、错案的；⑥在侦查活动中利用职务之便谋取非法利益的；⑦非法拘禁他人或者以其他方法非法剥夺他人人身自由的；⑧非法搜查他人身体、住宅，或者非法侵入他人住宅的；⑨非法采取技术侦查措施的；⑩在侦查过程中不应当撤案而撤案的；⑪对与案件无关的财物采取查封、扣押、冻结措施，或者应当解除查封、扣押、冻结不解除的；⑫贪污、挪用、私分、调换、违反规定使用查封、扣押、冻结的财物及其孳息的；⑬应当退还取保候审保证金不退还的；⑭违反刑事诉讼法关于决定、执行、变更、撤销强制措施规定的；⑮侦查人员应当回避而不回避的；⑯应当依法告知犯罪嫌疑人诉讼权利而不告知，影响犯罪嫌疑人行使诉讼权利的；⑰阻碍当事人、辩护人、诉讼代理人依法行使诉讼权利的；⑱讯问犯罪嫌疑人依法应当录音或者录像而没有录音或者录像的；⑲对犯罪嫌疑人拘留、逮捕、指定居所监视居住后依法应当通知家属而未通知的；⑳在侦查中有其他违反我国《刑事诉讼法》有关规定的行为的。

三、侦查监督的途径和措施

（一）侦查监督的途径

人民检察院对侦查活动进行监督主要有以下几种途径：

1. 通过在审查逮捕、审查起诉中，审查公安机关的侦查活动是否合法；

2. 根据需要可以派员参加公安机关对于重大案件的讨论和其他侦查活动，从中发现违法行为；

3. 通过受理诉讼参与人对于公安机关和侦查人员侵犯其诉讼权利和人身权利的行为向人民检察院提出的控告并及时审查，从中发现违法行为；

4. 通过审查公安机关执行人民检察院批准或者不批准逮捕决定的情况，以及释放被逮捕的犯罪嫌疑人或者变更逮捕措施的情况，从中发现违法行为。

（二）侦查监督的措施

根据最高检《规则》的有关规定，人民检察院如果发现侦查机关的侦查活动有违法情形，可以分别采取以下措施进行纠正：

1. 口头通知纠正。对于情节较轻的违法情形，可以由检察人员以口头方式向侦查人员或者公安机关负责人提出纠正意见，并及时向本部门负责人汇报；必要的时候，由部门负责人提出。

2. 书面通知纠正。对于情节较重的违法情形，应当报请检察长批准后，向公安机关发出纠正违法通知书。人民检察院书面通知纠正的，侦查机关应当将纠正情况通知人民检察院。

3. 移送有关部门依法追究刑事责任。人民检察院发现侦查人员在侦查活动中的违法行为情节严重，构成犯罪的，应当移送本院侦查部门审查，并报告检察长。侦查部门审查后应当提出是否立案侦查的意见，报请检察长决定；对于不属于人民检察院管辖的，应当移送有管辖权的人民检察院或者其他机关处理。

需要指出的是，在人民检察院内部，人民检察院侦查监督部门或者公诉部门对本院侦查部门侦查活动中的违法行为，应当根据情节分别处理。情节较轻的，可以直接向侦查部门提出纠正意见；情节较重或者需要追究刑事责任的，应当报请检察长决定。

第十八章 起诉

第一节 概述

一、起诉的概念和种类

起诉,是指法定机关或者个人依照法律规定向有管辖权的法院提出控告,要求对被告人进行审判并追究其刑事责任的诉讼活动。

根据起诉主体的不同,起诉可以分为公诉和自诉。公诉是指人民检察院代表国家向有管辖权的人民法院提出控告,要求对被告人进行审判并追究其刑事责任的诉讼活动。在现代社会,公诉是刑事起诉的主要组成部分,我国实行公诉为主,自诉为辅的起诉制度。除法律规定的特殊几类案件可以自诉外,其余刑事案件都由人民检察院代表国家进行公诉。自诉是指被害人或其法定代理人、近亲属在符合法律规定的自诉案件范围内,依法自行向有管辖权的人民法院提出控告,要求追究被告人刑事责任的诉讼活动。自诉的主体只能是被害人,在被害人死亡或者其他原因无法提起控告时,其法定代理人、近亲属可以代为控告。

二、起诉的意义和作用

1. 起诉是刑事诉讼中的重要环节。刑事诉讼一般来说分为立案、侦查、起诉、审判、执行等环节,起诉是刑事诉讼中连接侦查和审判的重要纽带,在诉讼流程中处于"承上启下"的地位。

2. 起诉启动审判程序。我国的刑事审判采用"不告不理"原则,没有起诉就没有审判,人民法院不能自行提起审判。

3. 起诉限定了审判的范围。"不告不理"原则还包含"告什么审什么",即起诉限定了审判的范围,审判不能超出起诉的范围。

第二节 审查起诉

一、审查起诉的概念

审查起诉，是指检察机关的公诉部门依法受理公安机关或者检察机关侦查部门侦查终结、移送审查起诉的案件，对犯罪事实、情节、证据、犯罪的性质、罪名、有无非法取证等内容进行审查，并作出是否起诉的决定的诉讼行为。

《刑事诉讼法》第167条规定："凡需要提起公诉的案件，一律由人民检察院审查决定。"人民检察院是法定的公诉机关，公诉案件一律由人民检察院公诉部门负责审查和提起公诉，其他任何机关、团体、组织和个人无权行使此项权力。

二、审查的内容

人民检察院审查案件的时候，要对以下内容进行审查：

1. 犯罪嫌疑人身份状况是否清楚，包括姓名、性别、国籍、出生年月日、职业和单位等；单位犯罪的，单位的相关情况是否清楚。对于不讲真实姓名的，如果犯罪事实、情节清楚，证据确实、充分，也可按照犯罪嫌疑人自报的名字提起公诉。

2. 犯罪事实、情节是否清楚，实施犯罪的时间、地点、手段、犯罪事实、危害后果是否明确。

3. 证据是否确实、充分，是否依法收集，有无应当排除非法的证据的情形；证明犯罪事实的证据材料，包括采取技术侦查措施的决定书及证据材料是否随案移送；证明相关财产系违法所得的证据材料是否随案移送；不宜移送的证据的清单、复制件、照片或者其他证明文件是否随案移送。

4. 认定犯罪性质和罪名的意见是否正确；有无法定的从重、从轻、减轻或者免除处罚的情节及酌定从重、从轻情节；共同犯罪案件的犯罪嫌疑人在犯罪活动中的责任的认定是否恰当。

5. 有无遗漏罪行和其他应当追究刑事责任的人。对于有遗漏罪行或其他应当追究刑事责任的人的可能的，审查起诉的检察人员可以采取阅卷、讯问、询问、要求侦查机关补充侦查、自行侦查等方式查明。

6. 是否属于不应追究刑事责任的。如果确属不应追究刑事责任的，应当依法作出不起诉决定。

7. 有无附带民事诉讼。对于国家财产、集体财产遭受损失的，还应当审查决定是否需要由人民检察院提起附带民事诉讼。

8. 侦查活动是否合法。具体包括侦查过程中有无非法取证行为，侦查的各种法律手续和诉讼文书是否完备。

9. 采取的强制措施是否适当，以及进行羁押必要性审查。对于已经逮捕的犯罪嫌疑人，要审查有无继续羁押的必要，对于不需要继续羁押的，依法解除逮捕或者将逮捕变更为其他强制措施。

三、审查的步骤和方法

1. 审阅案卷材料。办案人员应当全面审阅案卷材料，必要时制作阅卷笔录。

2. 讯问犯罪嫌疑人、听取辩护人意见。人民检察院审查案件，应当讯问犯罪嫌疑人，听取辩护人意见，并记录在案。辩护人提出书面意见的，应当附卷。直接听取辩护人的意见有困难的，可以通知辩护人提出书面意见，在指定期限内未提出意见的，应当记录在案。

3. 听取被害人及其诉讼代理人意见。人民检察院审查案件，应当听取被害人及其诉讼代理人的意见，并记录在案。被害人及其诉讼代理人提出书面意见的，应当附卷。直接听取被害人及其诉讼代理人的意见有困难的，可以通知被害人及其诉讼代理人提出书面意见，在指定期限内未提出意见的，应当记录在案。

4. 审查证据的合法性。人民检察院对证人证言笔录存在疑问或者认为对证人的询问不具体或者有遗漏的，可以对证人进行询问并制作笔录附卷。认为可能存在以非法方法收集证据情形的，可以要求侦查机关或侦查部门对证据收集的合法性作出书面说明或者提供相关证明材料。经审查认为确实存在以非法方法收集证据情形的，应当依法排除非法证据并提出纠正意见，同时可以要求侦查机关或侦查部门另行指派侦查人员重新调查取证，必要时人民检察院也可以自行调查取证。

5. 补充侦查。人民检察院认为犯罪事实不清、证据不足或者遗漏罪行、遗漏同案犯罪嫌疑人等情形需要补充侦查的，应当提出具体的书面意见，连同案卷材料一并退回侦查机关或侦查部门补充侦查，也可以自行侦查。退回侦查机关或侦查部门补充侦查的，应当在 1 个月以内补充侦查完毕。补充侦查以 2 次为限，对于改变管辖的案件，改变管辖前后退回补充侦查的次数总共不得超过 2 次。人民检察院在审查起诉中决定自行侦查的，应当在审查起诉期限内侦查完毕。

6. 鉴定和专门技术问题的审查。人民检察院认为需要对案件中某些专门性问题进行鉴定而侦查机关或侦查部门没有鉴定的，应当要求侦查机关或侦查部门进行鉴定；必要时也可以由人民检察院进行鉴定或者由人民检察院送交有鉴定资格的人进行。在审查起诉中，发现犯罪嫌疑人可能患有精神病的，人民检察院应当依照有关规定对犯罪嫌疑人进行鉴定。公诉部门对审查起诉案件中涉及专门技术问题的证据材料需要进行审查的,可以送交检察技术人员或者其他有专门知识的人审查,审查后应当出具审查意见。

7. 审查后的处理。审查起诉的办案人员对案件进行审查后,应当制作案件审查报告,提出起诉或者不起诉以及是否需要提起附带民事诉讼的意见,经公诉部门负责人审核,报请检察长或者检察委员会决定。办案人员认为应当向人民法院提出量刑建议的,可以在审查报告或者量刑建议书中提出量刑的意见,一并报请决定。

人民检察院对已经退回侦查机关 2 次补充侦查的案件,在审查起诉中又发现新的犯罪事实的,应当移送侦查机关立案侦查;对已经查清的犯罪事实,应当依法提起公诉。

追缴的财物中,属于被害人的合法财产,不需要在法庭出示的,应当及时返还被害人,并由被害人在发还款物清单上签名或者盖章,注明返还的理由,并将清单、照片附卷。属于违禁品或者不宜长期保存的物品,应当依照国家有关规定处理,并将清单、照片、处理结果附卷。

四、审查起诉的期限

人民检察院对于侦查机关或侦查部门移送起诉的案件,应当在 1 个月以内作出决定,重大、复杂的案件,可以延长半个月。对于改变管辖的,从改变后的人民检察院收到案件之日起计算审查起诉期限。退回侦查机关或侦查部门补充侦查的期限不计入审查起诉期限,补充侦查完毕后重新计算审查起诉期限。

实践中,检察机关往往用足审查起诉期限,对大部分案件都采用一个半月的审查起诉期限,很多时候还会采用退回补充侦查的方式变相延长审查起诉期限。

第三节 提起公诉

一、提起公诉的概念

提起公诉,是指人民检察院审查起诉后,认为需要依法追究犯罪嫌疑人刑事责任的,代表国家向法院提出控诉,要求对犯罪嫌疑人进行审判,以追究其刑事责任的诉讼行为。

提起公诉是刑事诉讼中的重要环节,是审判的启动按钮。提起公诉后,犯罪嫌疑人的身份即转化为被告人。

二、提起公诉的条件

人民检察院对案件进行审查后,认为犯罪嫌疑人的犯罪事实已经查清,证据确实、充分,依法应当追究刑事责任的,应当作出起诉决定。具体来看,提起公诉的条件应有以下几个方面:

1. 犯罪嫌疑人的犯罪事实已经查清。具有下列情形之一的,可以确认犯罪事实已经查清:

(1) 属于单一罪行的案件,查清的事实足以定罪量刑或者与定罪量刑有关的事实已经查清,不影响定罪量刑的事实无法查清的;

(2) 属于数个罪行的案件,部分罪行已经查清并符合起诉条件,其他罪行无法查清的,应当对已经查清的罪行提起公诉;

(3) 无法查清作案工具、赃物去向,但有其他证据足以对被告人定罪量刑的;

(4) 证人证言、犯罪嫌疑人供述和辩解、被害人陈述的内容中主要情节一致,只有个别情节不一致且不影响定罪的。

2. 证据确实、充分。根据《刑事诉讼法》第53条第2款的规定:证据确实、充分,应当符合以下条件:①定罪量刑的事实都有证据证明;②据以定案的证据均经法定程序查证属实;③综合全案证据,对所认定事实已排除合理怀疑。

如果负责审查起诉的公诉人认为案件尚未达到事实清楚、证据确实充分标准的,可以退回侦查机关补充侦查,也可以自行侦查。

3. 依法应当追究刑事责任。《刑事诉讼法》第173条第1款规定:"犯罪嫌疑人没有犯罪事实,或者有本法第十五条规定的情形之一的,人民检察院应当作出不起诉决定。"据此,一个案件即使符合上述两个条件,但依法不应当追究刑事责任的,也不应提起公诉。即没有犯罪事实或符合《刑事诉讼法》第15条之规定:"有下列情形之一的,不追究刑事责任,已经追究的,应当撤销案件,或者不起诉,或者终止审理,或者宣告无罪:①情节显著轻微、危害不大,不认为是犯罪的;②犯罪已过追诉时效期限的;③经特赦令免除刑罚的;④依照刑法告诉才处理的犯罪,没有告诉或者撤回告诉的;⑤犯罪嫌疑人、被告人死亡的;⑥其他法律规定免予追究刑事责任的。"

三、量刑建议与简易程序建议

(一) 量刑建议

人民检察院对提起公诉的案件,可以向人民法院提出量刑建议。除有减轻处罚或者免除处罚情节外,量刑建议应当在法定量刑幅度内提出。建议判处有期徒刑、管制、拘役的，可以具有一定的幅度，也可以提出具体确定的建议。

对提起公诉的案件提出量刑建议的，可以制作量刑建议书，与起诉书一并移送人民法院。量刑建议书的主要内容应当包括被告人所犯罪行的法定刑、量刑情节、人民检察院建议人民法院对被告人处以刑罚的种类、刑罚幅度、可以适用的刑罚执行方式以及提出量刑建议的依据和理由等。

（二）简易程序建议

人民检察院对向基层人民法院提起公诉的案件，可以建议人民法院适用简易程序。适用简易程序建议的载体形式为适用简易程序建议书，由人民检察院在提起公诉时连同起诉书一并向人民法院移送。

四、起诉书的制作和案件移送

（一）起诉书的制作

人民检察院作出起诉决定后，应当依法制作起诉书，并连同相关案卷材料移送人民法院。起诉书是刑事诉讼中最重要的文书之一，其内容应当完备、格式应该统一，一般来说，起诉书包括以下几个方面的内容：

1. 被告人的基本情况。包括姓名、性别、出生年月日、出生地和户籍地、身份证号码、民族、文化程度、职业、工作单位及职务、住址，是否受过刑事处分及处分的种类和时间，采取强制措施的情况等；如果是单位犯罪，应当写明犯罪单位的名称和组织机构代码、所在地址、联系方式，法定代表人和诉讼代表人的姓名、职务、联系方式；如果还有应当负刑事责任的直接负责的主管人员或其他直接责任人员，应当按上述被告人基本情况的内容叙写。

2. 案由和案件来源。案由即案件性质，被告人或被告单位涉嫌的罪名。案件来源即由何单位或部门移送审查起诉，如是公安机关还是检察院自侦部门。

3. 案件事实。包括犯罪的时间、地点、经过、手段、动机、目的、危害后果等与定罪量刑有关的事实要素。起诉书叙述的指控犯罪事实的必备要素应当明晰、准确。被告人被控有多项犯罪事实的，应当逐一列举，对于犯罪手段相同的同一犯罪可以概括叙写。

4. 起诉的根据和理由。包括被告人触犯的刑法条款、犯罪的性质及认定的罪名、处罚条款、法定从轻、减轻或者从重处罚的情节，共同犯罪各被告人应负的罪责等。

5. 尾部。包括起诉书送达的人民法院的名称、检察机关承办人的法律职务和姓名、出具起诉书的年月日、提起公诉的人民检察院的公章。

6. 附件。包括被告人的羁押场所或被取保候审的地点、联系方式，随案移送的卷宗册数、赃证物的名称、赃款，换押证（被告人羁押案件），适用简易程序建议书（限于简易程序案件）等。

制作起诉书应当注意：

1. 规范。起诉书有明确的格式要求，且要注意使用法言法语。
2. 准确。身份信息、诉讼过程、地点、伤情、适用法律等都需准确无误。
3. 客观。起诉书认定的事实均需有充分的证据证实，不能有猜测性的表述。
4. 中立。不能使用带感情色彩的词汇，更不能片面采信某一方的证据。
5. 全面。情节记录全面，法定量刑情节无遗漏。

北京市××区人民检察院
起诉书

京×检刑诉〔2014〕23号

被告人刘某，女，1985年3月21日出生于北京市，身份证号码为1101021985032×××××，汉族，大专文化程度，北京市××公司职员，户籍所在地为北京市×区×街×楼×门×号。因涉嫌犯盗窃罪，于2013年12月14日被北京市公安局××分局刑事拘留，经本院批准，于同年12月28日被北京市公安局××分局逮捕。

本案由北京市公安局××分局侦查终结，以被告人刘某涉嫌犯盗窃罪，于2014年1月20日向本院移送审查起诉。本院受理后，依法告知被告人有权委托辩护人，告知被害人有权委托诉讼代理人，依法讯问了被告人，审查了全部案件材料。期间，依法延长审查起诉审限一次。被告人同意适用简易程序审理本案。

经依法审查查明：

2013年11月5日20时许，被告人刘某在本市××区××酒店1009房间，盗窃被害人乔某某（男，24岁）招商银行卡一张（卡号××），并于当晚在附近的交通银行ATM机和兴业银行ATM机上共盗取卡内现金人民币8600元。

2013年12月14日，被告人刘某经公安机关电话传唤到案，并如实供述了上述犯罪事实。案发后，被告人刘某家属已代为退赔涉案赃款。

认定上述事实的证据如下：1. 被告人刘某供述和辩解；2. 被害人乔某某陈述；3. 银行账户交易明细、信用卡交易明细；4. 到案经过；5. 光盘；6. 身份材料等。

本院认为，被告人刘某盗窃他人财物，数额较大，其行为触犯了《中华人民共和国刑法》第二百六十四条之规定，犯罪事实清楚，证据确实充分，应当以盗窃罪追究其刑事责任。被告人刘某犯罪以后自动投案，如实供述自己的罪行，依照《中华人民共和国刑法》第六十七条第一款之规定，是自首，可以从轻或减轻处罚。依照《中华人民共和国刑事诉讼法》第一百七十二条之规定，提起公诉，请依法判处。

此致
北京市××区人民法院

检察员：×　×
二〇一四年三月七日

附：
1. 被告人刘某现羁押于北京市XX区看守所。
2. 预审卷宗三册。
3. 适用简易程序建议书一份。
4. 量刑建议书一份。
5. 换押证一份。

(二) 案件移送

人民检察院提起公诉的案件，应当向人民法院移送起诉书、案卷材料和证据。

起诉书应当一式8份，每增加1名被告人增加起诉书5份。

关于被害人姓名、住址、联系方式、被告人被采取强制措施的种类、是否在案及羁押处所等问题，人民检察院应当在起诉书中列明，不再单独移送材料；对于涉及被害人隐私或者为保护证人、鉴定人、被害人人身安全，而不宜公开证人、鉴定人、被害人姓名、住址、工作单位和联系方式等个人信息，可以在起诉书中使用化名替代证人、鉴定人、被害人的个人信息，但是应当另行书面说明使用化名等情况，并标明密级。

人民检察院对于犯罪嫌疑人、被告人或者证人等翻供、翻证的材料以及对于犯罪嫌疑人、被告人有利的其他证据材料，应当移送人民法院。

人民法院向人民检察院提出书面意见要求补充移送材料，人民检察院认为有必要移送的，应当自收到通知之日起三日以内补送。

对提起公诉后，在人民法院宣告判决前补充收集的证据材料，人民检察院应当及时移送人民法院。

第四节 不起诉

一、不起诉的概念和种类

不起诉是与起诉相对的,指人民检察院对侦查机关或侦查部门移送审查起诉的案件进行审查后,认为不应当起诉或者没有起诉必要的,依法作出终止诉讼程序,不提交人民法院审判的决定。

我国《刑事诉讼法》规定了四种不起诉,分别为法定不起诉、酌定不起诉、证据不足不起诉和附条件不起诉。其中,附条件不起诉是2012年修改《刑事诉讼法》时新增的内容,只适用于未成年人犯罪案件,规定于特别程序中。本节主要分析前三种不起诉,将在第二十五章第二节"未成年人刑事案件诉讼程序"中介绍附条件不起诉。

对于犯罪嫌疑人而言,不起诉决定意味其行为在法律上是无罪的。对于无罪、证据不足或者没有必要追究刑事责任的犯罪嫌疑人作出终止诉讼程序的决定,可以使犯罪嫌疑人尽快摆脱诉累,回归正常的生活,也避免了犯罪嫌疑人被打上犯罪人的标签。

二、不起诉的条件

(一)法定不起诉

法定不起诉又称为绝对不起诉,是指《刑事诉讼法》明文规定应当不起诉的,包括犯罪嫌疑人没有犯罪事实或者是有《刑事诉讼法》第15条规定的情形之一的。具体来说,包括:①犯罪嫌疑人没有犯罪事实,即没有犯罪行为存在或者虽有犯罪行为但并非犯罪嫌疑人所为;②情节显著轻微、危害不大,不认为是犯罪的;③犯罪已过追诉时效期限的;④经特赦令免除刑罚的;⑤依照刑法告诉才处理的犯罪,没有告诉或者撤回告诉的;⑥犯罪嫌疑人、被告人死亡的;⑦其他法律规定免予追究刑事责任的。

(二)酌定不起诉

酌定不起诉又称为相对不起诉。与法定不起诉不同,酌定不起诉是指犯罪嫌疑人符合追诉的条件,但是由于罪行轻微,检察机关可以根据自由裁量权作出不起诉决定。酌定不起诉是人民检察院贯彻宽严相济刑事政策的重要手段,可以根据犯罪情节和案件的具体情况,对没有起诉必要的犯罪嫌疑人作出不起诉决定,从而终止诉讼程序,达到"该宽则宽,当严则严"的司法效果。根据《刑事诉讼法》第173条第2款,对于犯罪情节轻微,依照刑法规定不需要判处刑罚或者免除刑罚的，人民检察院可以作出不起诉决定。从法律规定来看，酌定不起诉适用的前提条件是犯罪嫌疑人的行为构成犯罪，应当负刑事责任。第二个条件是犯罪行为情节轻微，依照《刑法》规定不需要判处刑罚或者免除刑罚。根据《刑法》和《刑事诉讼法》的规定，以下几种情形属于不需要判处刑罚或者免除刑罚的情形：①犯罪嫌疑人在中华人民共和国领域外犯罪，依照我国刑法规定应当负刑事责任，但在外国已经受过刑事处罚的（《刑法》第10条）；②犯罪嫌疑人又聋又哑，或者是盲人的（《刑法》第19条）；③犯罪嫌疑人因防卫过当或紧急避险超过必要限度，并造成不应有危害而犯罪的（《刑法》第20条、第21条）；④为犯罪准备工具，制造条件的（《刑法》第22条）；⑤在犯罪过程中自动终止或自动有效防止犯罪结果发生，没有造成损害的（《刑法》第24条）；⑥在共同犯罪中，起次要或辅助作用的（《刑法》第27条）；⑦被胁迫参加犯罪的（《刑法》第28条）；⑧犯罪嫌疑人有自首或者有重大立功表现或者自首后又有重大立功表现的（《刑法》第67条、第68条）；⑨双方当事人达成和解协议的，符合法律规定的不起诉条件的（《刑事诉讼法》第279条）。司法实践中，对于犯罪情节轻微的案件，检察机关可以根据案件事实情节的具体情况自由裁量，决定是否不起诉。

（三）证据不足不起诉

具有下列情形之一，不能确定犯罪嫌疑人构成犯罪或需要追究刑事责任的，属于证据不足，不符合起诉条件：①犯罪构成要件事实缺乏必要的证据予以证明的；②据以定罪的证据存在疑问，无法查证属实的；③据以定罪的证据之间、证据与案件事实之间的矛盾不能合理排除的；④根据证据得出的结论具有其他可能性，不能排除合理怀疑的；⑤根据证据认定案件事实不符合逻辑和经验法则，得出的结论明显不符合常理的。

对于2次补充侦查的案件，人民检察院仍然认为证据不足，不符合起诉条件的，应当作出不起诉的决定。对于经过1次退回补充侦查的案件，认为证据不足，不符合起诉条件，且没有退回补充侦查必要的，可以作出不起诉决定。

三、不起诉的程序

1. 不起诉决定的宣布和送达。不起诉的决定，应当公开宣布。不起诉决定书自公开宣布之日起生效。不起诉决定书应当送达被不起诉人、被不起诉人所在的单位和被害人。对于公安机关移送起诉的案件，还应当将不起诉决定书送达公安机关。

2. 强制措施的解除。不起诉决定作出后，应当同时解除强制措施，如果被不起诉人在押，应当立即释放。

3. 涉案财物的处理。人民检察院决定不起诉的案件，应当同时对侦查中查封、扣押、冻结的财物解除查封、扣押、冻结。

4. 对被不起诉人的其他处理。人民检察院决定不起诉的案件，可以根据案件的不同情况，对被不起诉人予以训诫或者责令具结悔过、赔礼道歉、赔偿损失。对被不起诉人需要给予行政处罚、行政处分或者需要没收其违法所得的，人民检察院应当提出检察意见，移送有关主管机关处理。有关主管机关应当将处理结果及时通知人民检察院。

5. 不起诉决定的救济措施。公安机关认为不起诉的决定有错误的，可以要求复议，如果意见不被接受，可以向上一级人民检察院提请复核。被害人或者其近亲属及其诉讼代理人如果对不起诉决定不服，可以自收到不起诉决定书后 7 日以内向上一级人民检察院申诉，也可以不经申诉，直接向人民法院起诉。被不起诉人如果对不起诉决定不服，可以自收到不起诉决定书后 7 日以内向人民检察院申诉。

6. 需要注意的几个问题。①对于犯罪事实并非犯罪嫌疑人所为，需要重新侦查的，应当在作出不起诉决定后书面说明理由，将案卷材料退回公安机关并建议公安机关重新侦查。②对于证据不足不起诉的，在发现新的证据，符合起诉条件时，可以提起公诉。③为了加强对不起诉的监督，防止违法使用不起诉权，省级以下人民检察院办理直接受理立案侦查的案件，拟作不起诉决定的，应当报请上一级人民检察院批准。④不起诉决定作出后，人民检察院发现不起诉决定确有错误，符合起诉条件的，应当撤销不起诉决定，提起公诉。最高人民检察院对地方各级人民检察院的起诉、不起诉决定，上级人民检察院对下级人民检察院的起诉、不起诉决定，发现确有错误的，应当予以撤销或者指令下级人民检察院纠正。

第五节　提起自诉

一、自诉案件的概念和范围

自诉案件是相对于公诉案件而言的，公诉案件必须由检察机关代表国家提起，而自诉案件是指依法享有自诉权的人直接向有管辖权的法院提起诉讼的案件。

根据《刑事诉讼法》第 204 条和最高法《解释》第 1 条，自诉案件包括以下三类：

1. 告诉才处理的案件。具体包括：①侮辱、诽谤案（《刑法》第 246 条），但严重危害社会秩序和国家利益的除外；②暴力干涉婚姻自由案（《刑法》第257条第1款）；③虐待案（《刑法》第260条第1款）；④侵占案（《刑法》第270条）。

2. 人民检察院没有提起公诉，被害人有证据证明的轻微刑事案件。具体包括：①故意伤害案（《刑法》第234条第1款）；②非法侵入住宅案（《刑法》第245条）；③侵犯通信自由案（《刑法》第252条）；④重婚案（《刑法》第258条）；⑤遗弃案（《刑法》第261条）；⑥生产、销售伪劣商品案（《刑法》分则第三章第一节），但严重危害社会秩序和国家利益的除外；⑦侵犯知识产权案（《刑法》分则第三章第七节），但严重危害社会秩序和国家利益的除外；⑧《刑法》分则第四章、第五章规定的，对被告人可能判处三年有期徒刑以下刑罚的案件。

本项规定的案件，被害人直接向人民法院起诉的，人民法院应当依法受理。对其中证据不足、可以由公安机关受理的，或者认为对被告人可能判处3年有期徒刑以上刑罚的，应当告知被害人向公安机关报案，或者移送公安机关立案侦查。

3. 被害人有证据证明对被告人侵犯自己人身、财产权利的行为应当依法追究刑事责任，且有证据证明曾经提出控告，而公安机关或者人民检察院不予追究被告人刑事责任的案件。

这是公诉转自诉的案件，本来属于公诉案件范围，但是当被害人认为应当追究刑事责任而公安机关或者人民检察院不予追究时，赋予被害人自行提起诉讼的权利。

二、提起自诉的条件

根据《刑事诉讼法》第112条、第204条，最高法《解释》第259条，提起自诉的条件包括：

1. 属于自诉案件的范围，即属于上述告诉才处理、被害人有证据证明的轻微刑事案件、公诉转自诉三种之一。

2. 起诉符合人民法院管辖的规定。

3. 自诉人应为被害人，但被害人死亡、丧失行为能力或者因受强制、威吓等无法告诉，或者是限制行为能力人以及因年老、患病、盲、聋、哑等不能亲自告诉，被害人的法定代理人、近亲属告诉或者代为告诉的，人民法院应当依法受理。

4. 有明确的被告人、具体的诉讼请求和证明被告人犯罪事实的证据。

三、提起自诉的程序

自诉人提起自诉应当提交刑事自诉状。如果自诉人同时提起附带民事诉讼的,应当提交刑事附带民事自诉状。

自诉状应当包括以下内容:

1. 自诉人(代为告诉人)、被告人的姓名、性别、年龄、民族、出生地、文化程度、职业、工作单位、住址、联系方式;
2. 被告人实施犯罪的时间、地点、手段、情节和危害后果等;
3. 具体的诉讼请求;
4. 致送的人民法院和具状时间;
5. 证据的名称、来源等;
6. 证人的姓名、住址、联系方式等。

对两名以上被告人提出告诉的,应当按照被告人的人数提供自诉状副本。

第十九章 刑事审判的基本理论

第一节 概 述

刑事审判，是指人民法院在控辩双方及其他诉讼参与人参加下，依照法定程序对刑事案件进行审理和裁判的诉讼活动。审判包括审理和裁判两方面的内容。审理是指人民法院在控辩双方及其他诉讼参与人的参加下，对控辩双方关于案件事实认定和法律适用的主张进行调查、举证、辩论的诉讼活动；裁判则是指在审理的基础上对案件的实体问题或某些程序问题作出处理决定的活动。审理和裁判是辩证统一的整体，审理是裁判的基础和前提，裁判是审理的目的和结果。

审判在整个刑事诉讼过程中处于核心地位，其决定着案件的最终处理结果，是实现国家刑罚权的关键阶段。根据我国《刑事诉讼法》的规定，刑事审判程序可分为第一审程序、第二审程序、死刑复核程序和审判监督程序。第一审程序是人民法院受理检察机关提起公诉或自诉人提起自诉以后对案件进行初次审判的程序。第二审程序是人民法院根据上诉或者抗诉，对尚未发生法律效力的一审判决、裁定所认定的事实和适用的法律进行审判的程序。死刑复核程序是人民法院对判处死刑的案件进行复审核准所进行的审判程序。审判监督程序是人民法院对已经发生法律效力而在事实认定或法律适用上确有错误的判决、裁定进行再审的程序。这些审判程序有着特殊的原则、制度和程序，共同的任务是通过审判，正确认定案件事实，准确适用法律，惩罚犯罪，保障人权。

第二节 刑事审判原则

为了实现审判公正，世界各国在总结刑事审判立法和司法实践经验的基础上，把反映刑事审判规律的一些原则确立为刑事审判原则，要求审判机关在审判过程中严格遵守。概括而言，这些原则主要有：

一、审判公开原则

审判公开原则,是指法院审理案件和宣告判决都必须公开进行的原则。阳光是最好的防腐剂,通过把法院的审判活动向社会公开,能增加审判的透明度,使审判活动接受社会公众的广泛监督,防止法院审判不公造成错案。审判公开原则作为保证审判程序公正的重要原则,已为世界各国法律所普遍确认。我国《刑事诉讼法》第 11 条也规定:"人民法院审判案件,除本法另有规定的以外,一律公开进行。"

审判公开原则要求法院的审判活动从形式到内容都应当向社会公开,包括审理公开和判决公开两方面内容。但是,审判公开原则有其例外情况。为了保护国家秘密不被泄露,保护当事人的名誉和防止对社会产生不良影响,以及防止公开审判可能对未成年人的精神造成创伤,影响其健康成长,我国《刑事诉讼法》第 183 条、第 274 条明确规定涉及国家秘密的案件、涉及有关个人隐私的案件以及审判时被告人不满 18 周岁的案件一律不公开审理。而涉及商业秘密的案件,当事人申请不公开审理的,也可以不公开审理。当然,无论案件是否公开审理,宣判是一律要公开的。

二、直接言词原则

直接言词原则,包括直接原则与言词原则两部分内容。直接原则又称直接审理原则,指法官必须在法庭上亲自听取当事人、证人及其他诉讼参与人的口头陈述,强调法官的亲历性;言词原则又称言词审理原则,指只有经由当庭口头提出并以口头辩论和质证的证据才能作为裁判的依据,庭前形成的各种书面笔录原则上不具有证据能力。由于直接言词原则可保证裁判者对证据材料调查的亲历性,实现以审判为中心,因此受到诸多国家的青睐。诸多大陆法系国家(如德国、法国等)把直接言词原则作为审判的基本原则予以规定。英美法系国家采用传闻证据规则,其内涵与直接言词原则近似,在英美法系的证据法中占有重要地位。

我国《刑事诉讼法》并没有明确规定这一原则,但有关条文对证人应当出庭作证的情形、作证的经济补偿、证人保护以及强制到庭等问题作了规定,且明确规定"经人民法院通知,鉴定人拒不出庭作证的,鉴定意见不得作为定案的根据"。可以说,现行立法已初步体现了直接言词原则的精神。但是,这些规定毕竟不是直接言词原则本身,且现行规定仍有不足之处,仍然有待进一步改革完善。

三、集中审理原则

集中审理原则又称不中断审理原则,指法院开庭审理案件,应在不更换审判人员的条件下连续进行,不得中断审理的审判原则。这一原则具有以下几项要求:①每起案件自始至终应由同一法庭进行审判。②法庭成员不可更换。③集中证据调查与法庭辩论。④庭审不中断并迅速作出裁判。

世界上许多国家在刑事诉讼中把集中审理原则确立为审判原则。如法国《刑事诉讼法典》第307条规定:"法庭审理不得中断,应当连续进行直到重罪法庭作出判决,案件终结为止;在法官和被告人必要的用餐时间内,审理可以暂停。"我国刑事审判并没有体现这一原则,刑事诉讼法不但规定在某些情况下可以延期审理,法官在同一时间段内审理多起刑事案件的情况并不少见。

四、辩论原则

辩论原则是指在法庭审理中,控辩双方应当以公开的、口头的、对立的方式进行充分的辩论,未经充分的辩论,不得进行裁判。控辩双方进行辩论,既可以在法庭审理中的辩论阶段进行,也可以在法庭审理的调查阶段就某一证据或事实、情节进行辩论。通过控辩双方在法庭上进行充分辩论,有助于法庭分辨是非,查明案件的事实与证据,及时处理案件。

世界各国刑事审判普遍适用辩论原则,我国的刑事审判也体现了辩论原则。在我国刑事审判程序中,控辩双方除了可以在法庭调查阶段就证据和案件情况进行辩论外,还可以在专门的法庭辩论阶段针对案件的事实认定和法律适用展开充分的辩论。

第三节 刑事审判组织

一、刑事审判组织的概念

刑事审判组织是指人民法院内部负责审理具体刑事案件的法庭组织形式。人民法院代表国家行使审判权,不能凭空进行审判,而只能通过具体的审判组织进行审判来实现其审判权。刑事审判组织负责对具体刑事案件进行审理和裁判,是审判权的具体行使者。

我国《刑事诉讼法》第178条规定:"基层人民法院、中级人民法院审判第一审案件,应当由审判员3人或者由审判员和人民陪审员共3人组成合议庭进行,但是基层人民法院适用简易程序的案件可以由审判员1人独任审判。"据此,人民法院审判刑事案件的组织形式有两种，即合议庭和独任庭。此外，根据我国《人民法院组织法》第10条的规定，各级人民法院设立审判委员会，实行民主集中制。审判委员会的任务是总结审判经验，讨论重大的或者疑难的案件和其他有关审判工作的问题。也就是说，审判委会员对部分刑事案件具有讨论决定权，也具有审判组织的性质。

二、刑事审判组织的种类

在我国，人民法院审判刑事案件的组织形式有三种：独任庭、合议庭与审判委员会。

（一）独任庭

独任庭是指由审判员一人独任审判刑事案件的审判组织形式。我国《刑事诉讼法》第178条规定："基层人民法院适用简易程序的案件可以由审判员一人独任审判。"据此，独任庭是基层人民法院适用简易程序审理刑事案件的审判组织。需要指出的是，并不是所有适用简易程序的刑事案件均由独任庭进行审判。根据我国《刑事诉讼法》第210条规定，适用简易程序审理案件，对可能判处3年有期徒刑以下刑罚的，可以组成合议庭进行审判，也可以由审判员1人独任审判；对可能判处3年以上有期徒刑刑罚的，应当组成合议庭进行审判。而且，根据最高法《解释》第296条规定，适用简易程序独任审判过程中，发现对被告人可能判处的3年以上有期徒刑的，应当转由合议庭审理。

（二）合议庭

合议庭是指由3名以上的审判人员组成的集体根据合议原则审判案件的审判组织形式。合议庭是人民法院内部负责审判刑事案件的基本组织形式，除依法可以由独任庭审判的刑事案件外，其他案件均应当由合议庭进行审判。司法实践证明，由合议庭根据合议原则对案件进行审判，有利于保证案件的审判质量。

根据我国《刑事诉讼法》的规定，合议庭可由审判员组成，也可由审判员和人民陪审员共同组成。合议庭的组成根据法院级别和审判程序的不同而有所不同。基层人民法院、中级人民法院审判第一审案件，应当由审判员3人或者由审判员和人民陪审员共3人组成合议庭进行。高级人民法院、最高人民法院审判第一审案件，应当由审判员3人至7人或者由审判员和人民陪审员共3人至7人组成合议庭进行。人民法院审理上诉和抗诉案件，由审判员3人至5人组成合议庭进行。最高人民法院复核死刑案件，高级人民法院复核死刑缓期执行的案件，应当由审判员3人组成合议庭进行。另外，按照审判监督程序重新审判的案件的审判组织，应当分别依照第一审程序或第二审程序的有关规定另行组成相应的合议庭，原来参加审判的审判人员不能成为该合议庭的成员。

合议庭的成员人数应当是单数。合议庭由院长或者庭长指定审判员一人担任审判长，院长或者庭长参加审判案件的时候，自己担任审判长。合议庭进行审判的时候，由审判长主持。人民陪审员享有与审判员同等的权利，评议时，每个成员都有平等的发言权和表决权。合议庭进行评议的时候，如果意见分歧，应当按多数人的意见作出决定，但是少数人的意见应当写入笔录。评议笔录由合议庭的组成人员签名。

（三）审判委员会

审判委员会是人民法院内部对审判工作实行集体领导的组织形式。我国《刑事诉讼法》第180条规定："对于疑难、复杂、重大的案件，合议庭认为难以作出决定的，由合议庭提请院长决定提交审判委员会讨论决定。审判委员会的决定，合议庭应当执行。"由此可见，审判委员会对疑难、复杂、重大案件进行讨论决定时具有审判的性质，也是人民法院的一种审判组织。

根据我国《人民法院组织法》第10条的规定，地方各级人民法院审判委员会委员，由院长提请本级人民代表大会常务委员会任免；最高人民法院审判委员会委员，由最高人民法院院长提请全国人民代表大会常务委员会任免。各级人民法院审判委员会会议由院长主持，本级人民检察院检察长可以列席，但不参加表决。审判委员会讨论和决定案件，实行民主集中制，以多数人意见为审判委员会的意见，合议庭应当据此作出判决或裁定。

根据最高法《解释》第178条规定，拟判处死刑的案件、人民检察院抗诉的案件，合议庭应当提请院长决定提交审判委员会讨论决定。对合议庭成员意见有重大分歧的案件、新类型案件、社会影响重大的案件以及其他疑难、复杂、重大的案件，合议庭认为难以作出决定的，可以提请院长决定提交审判委员会讨论决定。

在司法实践中，由于审判委员会不直接参加庭审，而仅仅依据书面材料和合议庭成员的口头汇报就作出决定，导致审者不判、判者不审现象的出现，使庭审流于形式。有的案件的审判人员也把审判委员会审判作为规避由自己对案件作出判决的途径，以推脱责任。近些年来，法学界对审判委员会制度进行了深入的探讨，改革乃至废除审判委员会制度，成为中国司法改革的重要内容。

三、人民陪审员制度

我国《刑事诉讼法》第13条规定："人民法院审判案件，依照本法实行人民陪审员陪审的制度。"人民陪审员参与审判，是普通公民参与和监督司法，是司法民主的标志性表现。通过人民陪审员参与审判，可以把公众良知灌注于司法活动，使司法能够有效地反映社会的价值倾向，增强司法的公众认同。同时，这也是人民法院的审判工作贯彻群众路线,接受群众监督的具体体现。

西方国家刑事诉讼普遍实行陪审团审判,其特点是,针对每个个案从选民名单等随机挑选一定数量的公民(一般为12人)组成陪审团,由陪审团对案件的事实问题作出裁决,如果陪审团认定被告人有罪,法官应独立地决定被告人应被判处的刑罚。

为了完善人民陪审员制度,保障公民依法参加审判活动,促进司法公正,2004年8月28日第十届全国人民代表大会常务委员会第十一次会议通过《全国人民代表大会常务委员会关于完善人民陪审员制度的决定》,对人民陪审员制度作出了明确规定。

(一)任职条件

公民担任人民陪审员,应当具备下列条件:①拥护宪法;②年满23周岁;③品行良好、公道正派;④身体健康。担任人民陪审员,一般应当达到大学专科以上文化程度。人民代表大会常务委员会的组成人员,人民法院、人民检察院、公安机关、国家安全机关、司法行政机关的工作人员,执业律师,因犯罪受过刑事处罚的人员,被开除公职的人员等不得担任人民陪审员。

(二)任免程序

人民陪审员的名额,由基层人民法院根据审判案件的需要,提请同级人民代表大会常务委员会确定。符合担任人民陪审员条件的公民,可以由其所在单位或者户籍所在地的基层组织向基层人民法院推荐,或者本人提出申请,由基层人民法院会同同级人民政府司法行政机关进行审查,并由基层人民法院院长提出人民陪审员人选,提请同级人民代表大会常务委员会任命。人民陪审员的任期为5年。

人民陪审员有下列情形之一,经所在基层人民法院会同同级人民政府司法行政机关查证属实的,应当由基层人民法院院长提请同级人民代表大会常务委员会免除其人民陪审员职务:①本人申请辞去人民陪审员职务的;②无正当理由,拒绝参加审判活动,影响审判工作正常进行的;③经查证是人民代表大会常务委员会的组成人员,人民法院、人民检察院、公安机关、国家安全机关、司法行政机关的工作人员,执业律师,因犯罪受过刑事处罚的人员或者被开除公职的人员的;④违反与审判工作有关的法律及相关规定,徇私舞弊,造成错误裁判或者其他严重后果的。人民陪审员有前述第④项所列行为,构成犯罪的,依法追究刑事责任。

(三)审理案件的范围

人民法院审判下列第一审案件,由人民陪审员和法官组成合议庭进行,适用简易程序审理的案件和法律另有规定的案件除外：①社会影响较大的刑事、民事、行政案件；②刑事案件被告人、民事案件原告或者被告、行政案件原告申请由人民陪审员参加合议庭审判的案件。

人民陪审员和法官组成合议庭审判案件时，合议庭中人民陪审员所占人数比例应当不少于1/3。

（四）陪审员的挑选

基层人民法院审判案件依法应当由人民陪审员参加合议庭审判的，应当在人民陪审员名单中随机抽取确定。中级人民法院、高级人民法院审判案件依法应当由人民陪审员参加合议庭审判的，在其所在城市的基层人民法院的人民陪审员名单中随机抽取确定。

（五）权利和义务

人民陪审员依法参加人民法院的审判活动，除不得担任审判长外，同法官有同等权利。人民陪审员参加合议庭审判案件，对事实认定、法律适用独立行使表决权。合议庭评议案件时，实行少数服从多数的原则。人民陪审员同合议庭其他组成人员意见分歧的，应当将其意见写入笔录，必要时，人民陪审员可以要求合议庭将案件提请院长决定是否提交审判委员会讨论决定。

人民陪审员参加审判活动，应当遵守法官履行职责的规定，保守审判秘密、注重司法礼仪、维护司法形象。

（六）任职保障

人民法院应当依法保障人民陪审员参加审判活动。人民陪审员所在单位或者户籍所在地的基层组织应当保障人民陪审员依法参加审判活动。

基层人民法院会同同级人民政府司法行政机关对人民陪审员进行培训，提高人民陪审员的素质。对于在审判工作中有显著成绩或者有其他突出事迹的人民陪审员，给予表彰和奖励。

人民陪审员因参加审判活动而支出的交通、就餐等费用，由人民法院给予补助。有工作单位的人民陪审员参加审判活动期间，所在单位不得克扣或者变相克扣其工资、奖金及其他福利待遇。无固定收入的人民陪审员参加审判活动期间，由人民法院参照当地职工上年度平均货币工资水平，按实际工作日给予补助。

人民陪审员因参加审判活动应当享受的补助，人民法院和司法行政机关为实施陪审制度所必需的开支，列入人民法院和司法行政机关业务经费，由同级政府财政予以保障。

自《全国人民代表大会常务委员会关于完善人民陪审员制度的决定》实施以来，人民陪审员制度在促进司法民主、保障司法公正、提升司法公信力等方面一直发挥着重要作用。但是，人民陪审员制度仍然存在需要改进和完善的地方：

一是广泛性和代表性不足；二是陪审案件范围仍不够明确；三是随机抽选流于形式，人民陪审员职权与职责不相匹配；四是缺乏退出和责任追究机制；五是履职保障机制不完善。司法实践中也出现一些人民陪审员"陪而不审、审而不议"的现象。为进一步推进司法民主，促进司法公正，保障人民群众有序参与司法，提升人民陪审员制度公信度和司法公信力，2014年10月23日中国共产党第十八届中央委员会第四次全体会议通过的《中共中央关于全面推进依法治国若干重大问题的决定》明确要求"完善人民陪审员制度，保障公民陪审权利，扩大参审范围，完善随机抽选方式，提高人民陪审制度的公信度"，并指出"逐步实行人民陪审员不再审理法律适用问题，只参与审理事实认定问题"。

2015年4月1日，中央全面深化改革领导小组第十一次会议审议通过了《人民陪审员制度改革试点方案》。2015年4月24日，第十二届全国人民代表大会常务委员会第十四次会议通过《关于授权在部分地区开展人民陪审员制度改革试点工作的决定》，正式授权最高人民法院在北京等十个省（区、市）各选择五个法院（含基层人民法院及中级人民法院）开展人民陪审员制度改革试点工作，对人民陪审员选任条件、选任程序、参审范围、参审机制、参审职权、退出和惩戒机制、履职保障制度等进行改革。这为人民陪审员制度改革提供了法律依据，并进一步明确了具体方向。

第四节 刑事审级制度

一、审级制度的概念和意义

审级制度，是指依照法律规定案件起诉后最多经过几级法院审判即告终结的制度。

审级制度的设立和存在，具有以下重要意义：

第一，可以纠正错误裁判。从中外司法实践来看，虽然刑事诉讼制度不断得到完善，随着科学技术的发展，刑事诉讼的办案质量也不断提高，也不断取得成效，但是刑事诉讼中的错误裁判仍时有发生，不可避免。通过不同级别的法院进行审判，可以为初审程序的错误裁判提供纠错的机会，最大限度防止错案的发生，保证办案质量。

第二，可以防止错案的发生。虽然通过不同级别的法院审判可以解决初审裁判的正确与否问题，但是进入复审程序的案件在整个初审案件中所占的比例并不是很高，这并不意味着实行审级制度对那些没有进入复审程序的案件没有价值和意义。事实上，审级制度的设立和存在，可以促使初审法院的审判人员努力钻研审判业务，不断提高办案质量，最大限度地减少错判、误判。同时，审级制度的设立可以为下级法院同样或类似案件如何裁判提供导向。

第三，可以增加裁判的可接受性。毋庸置疑，并不是所有进入复审的案件都会被改判，实际上相当多进入复审的案件最终被维持原判。复审案件即使最终被维持原判，这也是被告人及相关人员行使法律赋予的复审权的重要表现，可以起到安抚、说服被告人及相关人员的作用，使他们真正认识到自己确实犯了罪，判决是正确的，进而认罪伏法，乐于接受一个不利的判决。如果没有审级制度，即使裁判是正确的，也难以消除一些当事人的疑虑和抵触情绪，从而妨碍刑事诉讼任务的实现。

二、我国的审级制度

（一）两审终审制的概念与意义

放眼域外，世界各国由于国情不同、法院体系不同，实行不同的审级制度。有的国家实行三审终审制，有的国家实行两审终审制，而有的国家则以两审终审为主、兼采三审终审制。我国《刑事诉讼法》第10条规定："人民法院审判案件，实行两审终审制。"据此，我国的审级制度实行两审终审制。所谓两审终审制，是指一个案件最多经过相邻的两级人民法院审判，普通审判程序即告终结的制度。

在我国，人民法院设置为四级，即最高人民法院、高级人民法院、中级人民法院和基层人民法院。上下级人民法院之间是监督关系，上级人民法院监督下级人民法院的审判工作。根据两审终审制的要求，地方各级人民法院按照第一审程序对刑事案件作出的判决或裁定，尚未发生法律效力，只有在有上诉权的人或者同级人民检察院在法定期限内分别没有提起上诉或抗诉，第一审法院所作出的判决、裁定才发生法律效力。如果有上诉权的人或者同级人民检察院在法定期限内提出了上诉或抗诉，那么上一级人民法院应当按照第二审程序对案件再次进行审判。上一级人民法院按照第二审程序审理后作出的判决、裁定是终审裁判，立即发生法律效力。经过这样相邻两级人民法院审判后，案件的审判即告终结，故又称为四级两审终审制。

我国之所以实行两审终审制，而不采三审终审制，是充分考虑了我国的国情和司法实践需要的结果：①两审终审制符合我国地域辽阔、交通欠发达的实际情况。实行两审终审制，便于群众参与刑事诉讼，也便于人民法院行使审判权，有利于保证准确、及时地打击犯罪。②两审终审制能够保证绝大多数刑事案件得到正确处理。第二审法院通过对案件进行全面审理，可以纠正错误的一审判决、裁定。③两审终审制有利于实现上级人民法院对下级人民法院的监督。我国上下级人民法院之间是监督关系，实行两审终审制可以使上级人民法院了解下级人民法院的审判情况，通过二审程序及时纠正一审程序中存在的问题，发挥其业务监督作用。

（二）两审终审制的例外情况

我国审级制度原则上实行两审终审制，但也存在着两种例外情形：一种是一审终审的情形；另一种是两审仍未终审的情形。分述如下：

1. 一审终审的情形。两审终审制不适用于最高人民法院作为第一审审理法院的情形。最高人民法院是我国的最高审判机关，其审理的第一审刑事案件为一审终审，经它审判的一审判决、裁定，宣判后均立即生效，不存在按照第二审程序对它的裁判提出上诉或抗诉的问题。

2. 两审仍未终审的情形。两审终审制是就刑事诉讼中的普通程序而言的，对于某些特殊的刑事案件，基于慎重的考虑，即使经过了第二审程序，其判决、裁定仍未发生法律效力，而必须经过特定程序才能生效。在我国，经过两审仍未生效，还须经特定程序才能发生法律效力的案件有两种：一种是判处死刑的案件。为了确保死刑案件的质量，贯彻少杀、慎杀的刑事政策，判处死刑的案件，即使经过了二审程序，死刑判决仍未发生法律效力，必须经过死刑复核程序，才能发生法律效力并交付执行。第二种是法定刑以下判处刑罚的案件。在此种案件中，由于被告人没有法定减轻处罚情节而对其减轻处罚，属于对罪刑法定原则的一种突破，因此从程序上来讲应当更为严谨。按照我国《刑法》第63条的规定，此类案件的判决必须经过最高人民法院的核准后才能发生法律效力。

第五节　刑事裁判

刑事裁判，是指公安机关、人民检察院和人民法院在刑事诉讼过程中依法对案件的实体问题和程序问题作出的处理决定。刑事裁判包括判决、裁定和决定三种。

一、判决

（一）判决的概念

判决是人民法院通过审理对案件的实体问题所作的处理决定。判决是人民法院代表国家行使审判权，在具体案件中适用法律后的结果，因此具有权威性和稳定性，判决一经作出，实体审理即告结束，标志着实体问题的解决，非经严格法定程序不能改变或撤销。

(二) 判决的种类

刑事判决分为有罪判决、无罪判决两种。

有罪判决是人民法院经过审理后,对案件事实清楚,证据确实充分,依据法律认定被告人有罪时所作出的判决。根据是否处刑不同,有罪判决可以进一步划分为定罪处刑判决和定罪免刑判决。定罪处刑判决是指人民法院所作的在认定被告人有罪的基础上对被告人科以适当刑罚的有罪判决。定罪免刑判决是指人民法院所作的认定被告人有罪,但因被告人具有法定免除刑罚情节而宣布对其免除刑事处罚的有罪判决。

无罪判决是人民法院经过审理后所作的确认被告人的行为不构成犯罪或者因证据不足不能认定被告人有罪的判决。无罪判决有两种:一是案件事实清楚,证据确实、充分,依据法律认定被告人无罪的无罪判决;二是因证据不足,不能认定被告人有罪时作出的证据不足,指控的犯罪不能成立的无罪判决。

最高法《解释》第241条还规定了一类"不负刑事责任的判决"。此类判决在本质上也是一种无罪判决,即被告人虽然实施了犯罪行为,但由于在法律上不负刑事责任,故对其不能按照犯罪处理。不负刑事责任的判决适用于以下两种情形:①被告人因不满十六周岁,不予刑事处罚的,人民法院应当判决宣告被告人不负刑事责任;②被告人是精神病人,在不能辨认或者不能控制自己行为时造成危害后果,不予刑事处罚的,人民法院应当判决宣告被告人不负刑事责任。需要注意的是,不负刑事责任的判决所针对的被告人因不符合刑法犯罪构成理论中的主体要件,因此从本质上来讲属于无罪判决。

二、裁定

(一) 裁定的概念

裁定是在案件审理或判决执行过程中,人民法院对某些重大程序问题和部分实体问题所作的处理决定。裁定与判决一样,是人民法院依法行使审判权的结果,也以国家强制力为后盾,任何人不得抗拒执行已经发生法律效力的裁定。但是,裁定与判决也有区别,主要表现在以下几个方面:

1. 二者适用对象不同。判决针对的是案件的实体问题,而裁定除了解决部分实体性问题外,主要针对的是程序问题。

2. 二者适用的阶段不同。判决只适用于审判程序终结时,包括第一审程序、第二审程序和审判监督程序终结的时候。而裁定则适用于整个审判程序中,也就是说,第一审程序、第二审程序、死刑复核程序和审判监督程序都适用裁定。此外,裁定还适用于执行程序。

3. 二者适用的方式不同。判决必须采用书面形式作出,而裁定则可采用书面和口头两种形式作出。

4. 二者在是否具有排他性上不同。同一个刑事案件只能有一项生效判决，但同一个刑事案件可以有多个生效裁定。

5. 二者上诉、抗诉的期限不同。不服判决的上诉、抗诉期限为 10 日，而不服裁定的上诉、抗诉期限为 5 日。

（二）裁定的分类

在我国，裁定根据不同的标准有不同的分类。

1. 根据性质的不同，裁定可分为实体性裁定和程序性裁定。实体性裁定主要包括：减刑、假释、撤销缓刑、减免罚金以及对犯罪嫌疑人、被告人逃匿、死亡案件违法所得的没收的裁定等。程序性裁定则包括：自诉案件驳回起诉的裁定；终止审理的裁定；有关是否恢复诉讼期限的裁定；撤销原判、发回重审的裁定；维持原判的裁定等。

2. 根据诉讼阶段的不同，裁定可分为一审裁定、二审裁定、核准死刑裁定和再审裁定等。

3. 根据适用方式的不同，裁定可分为书面裁定和口头裁定。

三、决定

（一）决定的概念和分类

决定是公安司法机关在办理刑事案件过程中对某些程序问题所做的一种处理形式。决定与判决、裁定最大的不同之处是法律效力的不同。判决、裁定作出后，不是立即发生法律效力，被告人或者人民检察院可在法定期限内提起上诉、抗诉。而决定一经作出，立即发生法律效力，不能上诉或者抗诉。需要指出的是，为了保护当事人的合法权益，纠正可能存在的错误，当事人或有关机关可依法对某些决定，如回避的决定、不起诉决定、罚款决定等申请复议、复核。复议、复核期间并不影响决定的执行。

根据表现形式不同，决定可分为书面决定和口头决定。书面决定应当制作决定书，写明处理结论及理由。口头决定应记入笔录，它与书面决定具有同等效力。

（二）决定的适用范围

根据《刑事诉讼法》的规定，决定的适用范围主要包括以下几个方面：①是否回避的决定；②立案或不立案的决定；③对犯罪嫌疑人、被告人采取各种强制措施或变更强制措施的决定；④实施各种侦查行为的决定；⑤延长侦查中羁押犯罪嫌疑人的期限的决定；⑥起诉或不起诉的决定；⑦开庭审判的决定；⑧庭审中解决当事人和辩护人、诉讼代理人申请通知新的证人到庭、调取新的物证、申请重新鉴定或勘验的决定;⑨延期审理的决定;⑩抗诉的决定;⑪提起审判监督程序的决定;⑫未成年人附条件不起诉的决定;⑬对依法不负刑事责任的精神病人进行强制医疗的决定等。

第二十章 第一审程序

第一节 概 述

在刑事诉讼中,第一审程序是指人民法院对刑事案件进行初次审判所应当遵循的程序。第一审程序是人民法院审判活动的基本程序,在审判程序乃至刑事诉讼中居于核心地位,是其他审判程序的基础。对第一审人民法院作出的裁判,如果相关主体在法定期限内没有提起抗诉、上诉,或者虽然有抗诉、上诉,但第二审人民法院维持原裁判的,那么裁判即发生法律效力,依法执行的是第一审裁判所确定的内容。此外,第一审程序是第二审程序、死刑复核程序和审判监督程序启动的前提,没有经过第一审程序,就不会有上述刑事审判程序。当然,一些案件即使经过第一审程序,也不一定会启动第二审程序、死刑复核程序或者审判监督程序。

根据适用案件性质的不同,第一审程序可分为公诉案件的第一审程序和自诉案件的第一审程序;根据程序的繁简程度,第一审程序又可以分为普通程序和简易程序。简易程序是在第一审普通程序基础上对审判的某些步骤、程序作进一步简化,主要适用于那些案情较为简单,证据确实、充分的案件。

第二节 公诉案件的第一审程序

公诉案件的第一审程序,是指人民法院对人民检察院提起公诉的案件进行初次审判所应当遵循的程序。公诉案件的第一审程序是最为典型的审判程序,较其他审判程序而言更为完备、全面,主要包括庭前程序和庭审程序两大部分。

一、庭前程序

庭前程序,是指人民检察院向人民法院提起公诉后,人民法院在开庭审判前所进行的准备程序。根据我国《刑事诉讼法》的规定,庭前程序包括对公诉案件的审查和开庭审判前的准备两方面内容。

（一）对公诉案件的审查

1. 审查的概念与内容。对公诉案件的审查是指人民法院收到人民检察院提起公诉的案件后，对案件材料进行审查，以确定是否开庭审判的诉讼活动。对公诉案件的审查是公诉案件第一审程序的必经阶段，旨在确定公诉案件是否具备开庭审判的条件，而不涉及被告人是否有罪以及罪责大小等实体性问题。由此可见，对公诉案件的审查从本质上来说是一种程序性审查。

对公诉案件进行审查，最大限度地把不具备开庭审判条件的案件排除在法庭之外，不仅有利于提高法院工作的质量，而且有利于切实保障被告人的合法权益。

我国《刑事诉讼法》第181条规定："人民法院对提起公诉的案件进行审查后，对于起诉书中有明确的指控犯罪事实的，应当决定开庭审判。"据此，人民法院对公诉案件进行审查主要围绕是否具备开庭条件进行，只要审查起诉书中是否有明确的指控犯罪事实即可作出是否开庭审判的决定。

根据最高法《解释》第180条的规定，对提起公诉的案件，人民法院应当在收到起诉书和案卷、证据后，指定审判人员审查以下内容：①是否属于本院管辖；②起诉书是否写明被告人的身份，是否受过或者正在接受刑事处罚，被采取强制措施的种类、羁押地点，犯罪的时间、地点、手段、后果以及其他可能影响定罪量刑的情节；③是否已移送证明指控犯罪事实的证据材料，包括采取技术侦查措施的批准决定和所收集的证据材料；④是否查封、扣押、冻结被告人的违法所得或者其他涉案财物，并附证明相关财物依法应当追缴的证据材料；⑤是否列明被害人的姓名、住址、联系方式；是否附有证人、鉴定人名单；是否申请法庭通知证人、鉴定人、有专门知识的人出庭，并列明有关人员的姓名、性别、年龄、职业、住址、联系方式；是否附有需要保护的证人、鉴定人、被害人名单；⑥当事人已委托辩护人、诉讼代理人，或者已接受法律援助的，是否列明辩护人、诉讼代理人的姓名、住址、联系方式；⑦是否提起附带民事诉讼；提起附带民事诉讼的，是否列明附带民事诉讼当事人的姓名、住址、联系方式，是否附有相关证据材料；⑧侦查、审查起诉程序的各种法律手续和诉讼文书是否齐全；⑨有无《刑事诉讼法》第15条第二项至第六项规定的不追究刑事责任的情形。

因为对公诉案件的审查只是为了确定案件是否具备开庭审判的条件，所以审判人员审查的方法应为书面审查，通过审阅起诉书及所附案卷、证据等材料，判断案件是否具备了开庭审判的条件。

2. 审查后的处理。根据最高法《解释》第181条的规定，人民法院对提起公诉的案件审查后，应当按照下列情形分别处理：

（1）属于告诉才处理的案件，应当退回人民检察院，并告知被害人有权提起自诉；

（2）不属于本院管辖或者被告人不在案的，应当退回人民检察院；

（3）不符合前条第二项至第八项规定之一，需要补充材料的，应当通知人民检察院在 3 日内补送；

（4）依照《刑事诉讼法》第 195 条第三项规定宣告被告人无罪后，人民检察院根据新的事实、证据重新起诉的，应当依法受理；

（5）依照最高法《解释》第 242 条规定裁定准许撤诉的案件，没有新的事实、证据，重新起诉的，应当退回人民检察院；

（6）符合《刑事诉讼法》第 15 条第二项至第六项规定情形的，应当裁定终止审理或者退回人民检察院；

（7）被告人真实身份不明，但符合《刑事诉讼法》第 158 条第 2 款规定的，应当依法受理。

对公诉案件是否受理，应当在 7 日内审查完毕。

（二）开庭审判前的准备

人民法院对具备开庭审判条件的公诉案件决定开庭审判后，在正式开庭审判前还必须做好各项必要的准备工作，以保证法庭审判顺利进行。根据《刑事诉讼法》第 182 条及最高法《解释》第 182 条的有关规定，人民法院在开庭审判前，须做好以下各项准备工作：

1. 确定审判长及合议庭组成人员或独任庭的审判员。人民法院决定开庭审判后，对于使用普通程序审理的案件，由院长或者庭长指定审判长并确定合议庭组成人员；对于适用独任庭审理的案件，由庭长指定审判员一人独任审理。

2. 开庭 10 日前将起诉书副本送达被告人、辩护人。人民法院将人民检察院的起诉书副本至迟在开庭 10 日以前送达被告人及其辩护人。对于未委托辩护人的被告人，告知其可以委托辩护人，或者在符合法律规定条件的情况下通知法律援助机构指派律师为其提供辩护。

3. 通知当事人、法定代理人、辩护人、诉讼代理人在开庭 5 日前提供证人、鉴定人名单，以及拟当庭出示的证据；申请证人、鉴定人、有专门知识的人出庭的，应当列明有关人员的姓名、性别、年龄、职业、住址、联系方式。

4. 开庭 3 日前将开庭的时间、地点通知人民检察院。人民法院确定开庭日期后，在开庭 3 日前应当将开庭的时间、地点通知人民检察院。人民检察院应当派员出席法庭支持公诉。

5. 开庭 3 日前将传唤当事人的传票和通知辩护人、诉讼代理人、法定代理人、证人、鉴定人等出庭的通知书送达；通知有关人员出庭，也可以采取电话、短信、传真、电子邮件等能够确认对方收悉的方式。

6. 公开审理的案件,在开庭 3 日前公布案由、被告人姓名、开庭时间和地点。

7. 必要时召开庭前会议。在开庭以前,审判人员可以召集公诉人、当事人和辩护人、诉讼代理人,对回避、出庭证人名单、非法证据排除等与审判相关的问题,了解情况,听取意见。需要注意的是,庭前会议主要是解决程序或者证据资格等问题,以提高庭审效率,而对于定罪量刑等实体问题应通过开庭方式在庭审阶段解决。

案件具有下列情形之一的,审判人员可以召开庭前会议:①当事人及其辩护人、诉讼代理人申请排除非法证据的;②证据材料较多、案情重大复杂的;③社会影响重大的;④需要召开庭前会议的其他情形。召开庭前会议,根据案件情况,可以通知被告人参加。召开庭前会议,审判人员可以询问控辩双方对证据材料有无异议,对有异议的证据,应当在庭审时重点调查;无异议的,庭审时举证、质证可以简化。被害人或者其法定代理人、近亲属提起附带民事诉讼的,可以调解。

二、庭审程序

庭审程序,又称法庭审判程序,是指人民法院以开庭的方式,在公诉人、当事人和其他诉讼参与人的参加下,调查核实证据,就证据、案件事实和法律适用充分听取控辩双方的意见,依法确定被告人是否有罪,应否判处刑罚,处以何种刑罚,并依法作出裁判的诉讼活动。庭审程序是第一审程序的中心环节,大致可分为开庭、法庭调查、法庭辩论、被告人最后陈述、评议和宣判五个阶段。

（一）开庭

开庭是法庭审判的开始阶段,主要是为正式审判做好准备工作。根据《刑事诉讼法》第 185 条及最高法《解释》的相关规定,审判长在开庭环节应当完成下列工作:

（1）宣布开庭,传被告人到庭后,应当查明被告人的下列情况:姓名、出生日期、民族、出生地、文化程度、职业、住址,或者被告单位的名称、住所地、诉讼代表人的姓名、职务;是否受过法律处分及处分的种类、时间;是否被采取强制措施及强制措施的种类、时间;收到起诉书副本的日期;有附带民事诉讼的,附带民事诉讼被告人收到附带民事起诉状的日期。

（2）宣布案件的来源、起诉的案由、附带民事诉讼当事人的姓名及是否公开审理;不公开审理的,应当宣布理由。

（3）宣布合议庭组成人员、书记员、公诉人名单及辩护人、鉴定人、翻译人员等诉讼参与人的名单。

（4）应当告知当事人及其法定代理人、辩护人、诉讼代理人在法庭审理过程中依法享有下列诉讼权利：可以申请合议庭组成人员、书记员、公诉人、鉴定人和翻译人员回避；可以提出证据，申请通知新的证人到庭、调取新的证据，申请重新鉴定或者勘验、检查；被告人可以自行辩护；被告人可以在法庭辩论终结后作最后陈述。

（5）应当询问当事人及其法定代理人、辩护人、诉讼代理人是否申请回避、申请何人回避和申请回避的理由。当事人及其法定代理人、辩护人、诉讼代理人申请回避的，依照《刑事诉讼法》及相关司法解释的有关规定处理。

（二）法庭调查

法庭调查是在合议庭的主持下，在控辩双方和其他诉讼参与人的参加下，当庭审查案件事实、核实证据的诉讼活动。它的任务是全面查明案件事实、核实证据，为法庭作出正确裁判提供事实依据。法庭调查是法庭审判的关键阶段，所有证据必须经法庭调查核实后才能作为定案根据。

根据我国《刑事诉讼法》第186条至第193条以及最高法《解释》的有关规定，法庭调查应当按照下列顺序依次进行：

1. 公诉人宣读起诉书。审判长宣布法庭调查开始后，应当先由公诉人宣读起诉书；有附带民事诉讼的，再由附带民事诉讼原告人或者其法定代理人、诉讼代理人宣读附带民事起诉状。起诉书指控的被告人的犯罪事实为两起以上的，法庭调查一般应当分别进行。

2. 被告人、被害人就被指控的犯罪事实陈述。在审判长主持下，被告人、被害人可以就起诉书指控的犯罪事实分别陈述。

3. 讯问被告人。在审判长主持下，公诉人可以就起诉书指控的犯罪事实讯问被告人。审判人员可以讯问被告人。讯问同案审理的被告人，应当分别进行。必要时，可以传唤同案被告人等到庭对质。

4. 向被告人发问。经审判长准许，被害人及其法定代理人、诉讼代理人可以就公诉人讯问的犯罪事实补充发问；附带民事诉讼原告人及其法定代理人、诉讼代理人可以就附带民事部分的事实向被告人发问；被告人的法定代理人、辩护人，附带民事诉讼被告人及其法定代理人、诉讼代理人可以在控诉一方就某一问题讯问完毕后向被告人发问。

5. 向被害人、附带民事诉讼原告人发问。经审判长准许，控辩双方可以向被害人、附带民事诉讼原告人发问。必要时，审判人员也可以向被害人、附带民事诉讼当事人发问。

6. 控辩双方询问证人、鉴定人。公诉人可以提请审判长通知证人、鉴定人出庭作证，或者出示证据。被害人及其法定代理人、诉讼代理人，附带民事诉讼原告人及其诉讼代理人也可以提出申请。在控诉一方举证后，被告人及其法定代理人、辩护人可以提请审判长通知证人、鉴定人出庭作证，或者出示证据。向证人、鉴定人发问，应当先由提请通知的一方进行；发问完毕后，经审判长准许，对方也可以发问。审判人员认为必要时，可以询问证人、鉴定人、有专门知识的人。为避免证人、鉴定人之间相互影响，向证人和鉴定人发问应当分别进行。证人、鉴定人、有专门知识的人经控辩双方发问或者审判人员询问后，审判长应当告知其退庭。证人、鉴定人、有专门知识的人不得旁听对本案的审理。

证人、鉴定人出庭作证是控辩双方询问、质问权实现的根本保障，为了确保证人、鉴定人出庭作证，我国《刑事诉讼法》对证人、鉴定人应当出庭作证的情形作了明确规定。我国《刑事诉讼法》第187条规定："公诉人、当事人或者辩护人、诉讼代理人对证人证言有异议，且该证人证言对案件定罪量刑有重大影响，人民法院认为证人有必要出庭作证的，证人应当出庭作证。人民警察就其执行职务时目击的犯罪情况作为证人出庭作证，适用前款规定。公诉人、当事人或者辩护人、诉讼代理人对鉴定意见有异议，人民法院认为鉴定人有必要出庭的，鉴定人应当出庭作证。经人民法院通知，鉴定人拒不出庭作证的，鉴定意见不得作为定案的根据。"第188条规定："经人民法院通知，证人没有正当理由不出庭作证的，人民法院可以强制其到庭，但是被告人的配偶、父母、子女除外。证人没有正当理由拒绝出庭或者出庭后拒绝作证的，予以训诫，情节严重的，经院长批准，处以10日以下的拘留。被处罚人对拘留决定不服的，可以向上一级人民法院申请复议。复议期间不停止执行。"

在广受瞩目的薄熙来案件中，辩护方两次要求薄谷开来出庭，提出"证人薄谷开来有精神障碍，其作证能力存疑，且其全部证言均形成于死刑缓期执行考验期内，可能是在某种特殊的压力下或者为了自身立功减刑而作出，影响其证言的真实性"，因此应当出庭接受询问。法庭对此的回应则是："……薄谷开来应该到庭作证，本庭同时派法官到羁押的监狱面见薄谷开来，但薄谷开来明确表示拒绝到庭参加出庭。根据《中华人民共和国刑事诉讼法》第188条第1款的规定，证人没有正当理由不出庭作证，法院可强制其出庭作证，但被告人的配偶、父母、子女除外。所以说薄谷开来在本庭依法通知她之后，她明确表示拒绝出庭作证，本庭不能强制她出庭。"[1]

上述裁判表明，在被告人的近亲属作为对被告人不利的证人提供者时，被告

---

[1] 引自薄熙来案判决书，http：//www.pkulaw.cn/case/pfnl_119206397.html?keywords=薄熙来&match=Exact，最后访问时间：2015年8月8日。

人的近亲属可以援引《刑事诉讼法》第 188 条第 1 款为由拒绝出庭作证,而被告人无法有效行使辩护权对其加以反驳,此规定不利于实现程序公正。

证人出庭作证所支出的交通、住宿、就餐等费用,人民法院应当给予补助。根据我国《刑事诉讼法》第 62 条和最高法《解释》第 209 条的规定,审判危害国家安全犯罪、恐怖活动犯罪、黑社会性质的组织犯罪、毒品犯罪等案件,证人、鉴定人、被害人因出庭作证,本人或者其近亲属的人身安全面临危险的,人民法院应当采取不公开其真实姓名、住址和工作单位等个人信息,或者不暴露其外貌、真实声音等保护措施。审判期间,证人、鉴定人、被害人提出保护请求的,人民法院应当立即审查;认为确有保护必要的,应当及时决定采取相应保护措施。

证人如果具有某种客观原因导致难以出庭的情形,可以不出庭作证。最高法《解释》第 206 条规定:"证人具有下列情形之一,无法出庭作证的,人民法院可以准许其不出庭:①在庭审期间身患严重疾病或者行动极为不便的;②居所远离开庭地点且交通极为不便的;③身处国外短期无法回国的;④有其他客观原因,确实无法出庭。具有前款规定情形的,可以通过视频等方式作证。"

为了增强对鉴定意见的质证,我国《刑事诉讼法》增加了有专门知识的人出庭制度。根据我国《刑事诉讼法》第 192 条的规定,公诉人、当事人和辩护人、诉讼代理人可以申请法庭通知有专门知识的人出庭,就鉴定人作出的鉴定意见提出意见。上述有专门知识的人的出庭,适用鉴定人的有关规定。

7. 出示物证、宣读鉴定意见和有关笔录。公诉人、辩护人应当向法庭出示物证,让当事人辨认,对未到庭的证人的证言笔录、鉴定人的鉴定意见、勘验笔录和其他作为证据的文书,应当当庭宣读。审判人员应当听取公诉人、当事人和辩护人、诉讼代理人的意见。当庭出示的物证、书证、视听资料等,应当先由出示证据的一方就所出示的证据的来源、特征等作必要的说明,然后由另一方进行辨认并发表意见,控辩双方可以互相质问、辩论。

当庭出示的证据,尚未移送人民法院的,应当在质证后移交法庭。在出示后应立即将原件移交法庭,尚未移送人民法院的,应当在质证后移交法庭。此外,公诉人要求出示开庭前送交人民法院的证据目录以外的证据,辩护方提出异议的,审判长如认为该证据确有出示的必要,可以准许出示,但应该给辩护方以必要的准备时间。

8. 调取新的证据。法庭审理过程中,当事人和辩护人、诉讼代理人有权申请通知新的证人到庭,调取新的物证,申请重新鉴定或者勘验。

9. 法庭调查核实证据。法庭审理过程中,合议庭对证据有疑问的,可以宣布休庭,对证据进行调查核实。法庭对证据有疑问的,可以告知公诉人、当事人及其法定代理人、辩护人、诉讼代理人补充证据或者作出说明；必要时，可以宣布休庭，对证据进行调查核实。人民法院调查核实证据，可以进行勘验、检查、查封、扣押、鉴定和查询、冻结。

（三）法庭辩论

法庭辩论是指在审判长的主持下，控辩双方以法庭调查为基础，就被告人的行为是否构成犯罪、构成何罪、罪责轻重、应否判处刑罚和如何处罚等问题提出自己的意见和理由，并在法庭上进行论证和反驳的诉讼活动。根据我国《刑事诉讼法》第193条第1款、第2款的规定，法庭辩论包括分散辩论和集中辩论两种。分散辩论是控辩双方在法庭调查阶段，经审判长许可，对案件事实是否清楚、证据是否确实、充分等问题所进行的辩论。集中辩论是控辩双方在法庭调查后专门的法庭辩论阶段进行的辩论。法庭辩论是庭审程序的重要环节，通过控辩双方充分表明己方观点，进一步揭示案情，为公正裁判的作出奠定基础。

合议庭认为案件事实已经调查清楚的，应当由审判长宣布法庭调查结束，开始就定罪、量刑的事实、证据和适用法律等问题进行法庭辩论。法庭辩论应当在审判长的主持下，按照下列顺序进行：①公诉人发言；②被害人及其诉讼代理人发言；③被告人自行辩护；④辩护人辩护；⑤控辩双方进行辩论。前四项活动是控辩双方辩论的第一回合，在此之后，控辩双方的辩论可进行多个回合，直至控辩双方阐释意见完毕。刑事部分辩论结束后，进行附带民事诉讼部分的辩论。先由附带民事诉讼原告人及其诉讼代理人发言，然后由被告人及其诉讼代理人答辩，也可辩论多个回合。

公诉人的第一次发言在司法实践中被称为发表公诉词。公诉词是公诉人总结法庭调查的事实、证据的基础上，就案件事实、证据和法律适用等问题发表的总结性意见。公诉词以起诉书为基础，是起诉书内容的进一步深化。辩护人的第一次发言在司法实践中被称为发表辩护词。辩护词是辩护人以法庭调查的情况为基础，综合全案，提出维护被告人合法权益的总结性辩护意见。其重点是提出被告人应当无罪、罪轻、从轻、减轻、免除处罚的根据和理由，并在最后请求法庭采纳己方意见。

经过反复辩论，合议庭认为案情已经查明、罪责已经分清或者控辩双方的意见已经充分发表，审判长应及时宣布辩论终结。如果在法庭辩论中发现新的事实，认为有必要调查的，审判长可以宣布停止法庭辩论，恢复法庭调查。在事实调查清楚之后，再次进行法庭辩论。

（四）被告人最后陈述

被告人最后陈述是指被告人在法庭辩论结束之际，就自己被指控的犯罪进行最后辩护的诉讼活动。我国《刑事诉讼法》第193条第3款规定："审判长在宣布辩论终结后，被告人有最后陈述的权利。"被告人最后陈述是法庭审判的一个独立阶段，也是被告人享有的一项重要诉讼权利。这项诉讼权利专属于被告人，只能由被告人本人行使，其他任何人不得代为行使。但是，在未成年犯罪案件中，法定代理人在被告人本人作最后陈述后，可补充陈述。

审判长宣布法庭辩论终结后，合议庭应当保证被告人充分行使最后陈述的权利。被告人在最后陈述中多次重复自己意见的，审判长可以制止。陈述内容蔑视法庭、公诉人，损害他人及社会公共利益，或者与本案无关的，应当制止。在公开审理的案件中，被告人最后陈述的内容涉及国家秘密、个人隐私或者商业秘密的，应当制止。

被告人在最后陈述中提出新的事实、证据，合议庭认为可能影响正确裁判的，应当恢复法庭调查；被告人提出新的辩解理由，合议庭认为可能影响正确裁判的，应当恢复法庭辩论。

（五）评议和宣判

被告人最后陈述后，审判长应当宣布休庭，由合议庭进行评议，法庭审判进入评议和宣判环节。

1. 评议。评议是合议庭全体成员共同对案件事实的认定和法律适用进行全面讨论、分析并作出最后处理的诉讼活动。合议庭评议案件，应当根据已经查明的事实、证据和有关法律规定，在充分考虑控辩双方意见的基础上，确定被告人是否有罪、构成何罪，有无从重、从轻、减轻或者免除处罚情节，应否处以刑罚、判处何种刑罚，附带民事诉讼如何解决，查封、扣押、冻结的财物及其孳息如何处理等，并依法作出判决、裁定。

评议由审判长主持，一律秘密进行。合议庭成员享有平等的权利。评议时，应当先经过讨论，然后按照多数人的意见作出决定，但少数人的意见应写入评议笔录。一般而言，合议庭经过评议后应当作出判决，但对于疑难、复杂、重大的案件，合议庭成员意见分歧较大，难以对案件作出决定的，由合议庭提请院长决定提交审判委员会讨论决定，审判委员会的决定，合议庭应当执行。

根据最高法《解释》第241条第1款的规定，对第一审公诉案件，人民法院审理后，应当按照下列情形分别作出判决、裁定：

（1）起诉指控的事实清楚，证据确实、充分，依据法律认定指控被告人的罪名成立的，应当作出有罪判决；

（2）起诉指控的事实清楚，证据确实、充分，指控的罪名与审理认定的罪名不一致的，应当按照审理认定的罪名作出有罪判决；

（3）案件事实清楚，证据确实、充分，依据法律认定被告人无罪的，应当判决宣告被告人无罪；

（4）证据不足，不能认定被告人有罪的，应当以证据不足、指控的犯罪不能成立，判决宣告被告人无罪；

（5）案件部分事实清楚，证据确实、充分的，应当作出有罪或者无罪的判决；对事实不清、证据不足部分，不予认定；

（6）被告人因不满十六周岁，不予刑事处罚的，应当判决宣告被告人不负刑事责任；

（7）被告人是精神病人，在不能辨认或者不能控制自己行为时造成危害结果，不予刑事处罚的，应当判决宣告被告人不负刑事责任；

（8）犯罪已过追诉时效期限且不是必须追诉，或者经特赦令免除刑罚的，应当裁定终止审理；

（9）被告人死亡的，应当裁定终止审理；根据已查明的案件事实和认定的证据，能够确认无罪的，应当判决宣告被告人无罪。

按照我国《刑事诉讼法》第195条的规定，一审判决包括有罪判决和无罪判决，最高法《解释》第241条第6项、第7项在此基础上增加了一种不负刑事责任的判决。因为不负刑事责任的判决所涉及的犯罪主体不符合刑法犯罪构成理论中的主体要件，因此从本质上来讲此类判决属于无罪判决。

合议庭成员应当在评议笔录上签名，在判决书、裁定书等法律文书上署名。裁判文书应当写明裁判依据，阐释裁判理由，反映控辩双方的意见并说明采纳或者不予采纳的理由。

2. 宣判。合议庭评议结束后，进入法庭宣判阶段。宣判是人民法院把判决书的内容向当事人和社会公开宣告的诉讼活动。不论案件是否公开审理，宣告判决一律公开进行。

宣判有当庭宣判和定期宣判两种方式。当庭宣判是合议庭经评议作出裁判后，立即复庭宣告裁判结果。定期宣判是合议庭经评议作出裁判后，或者因为案情疑难、复杂、重大，难以作出决定而提请院长决定提交审判委员会讨论决定，而另行确定日期宣告裁判结果的诉讼活动。当庭宣判的，应当在5日内送达判决书。定期宣告判决的，应当在宣判前，先期公告宣判的时间和地点，传唤当事人并通知公诉人、法定代理人、辩护人和诉讼代理人；判决宣告后，应当立即送达判决书。判决书应当送达人民检察院、当事人、法定代理人、辩护人、诉讼代理人，并可以送达被告人的近亲属。判决生效后，还应当送达被告人的所在单位或者原户籍地的公安派出所，或者被告单位的注册登记机关。

三、与法庭审判有关的几个问题

（一）法庭审判笔录

法庭审判笔录是全面记载法庭审判活动的诉讼文书。法庭审判笔录是一种非常重要的诉讼材料，它不仅是合议庭讨论、评议和对案件作出处理决定的重要根据，而且是第二审人民法院审查第一审法庭审判活动是否合法的重要依据，同时也是死刑复核法院和再审人民法院进行审查和监督的依据。

根据《刑事诉讼法》第 201 条及相关司法解释的规定，开庭审理的全部活动，应当由书记员制作笔录；笔录经审判长审阅后，分别由审判长和书记员签名。法庭笔录应当在庭审后交由当事人、法定代理人、辩护人、诉讼代理人阅读或者向其宣读。法庭笔录中的出庭证人、鉴定人、有专门知识的人的证言、意见部分，应当在庭审后分别交由有关人员阅读或者向其宣读。上述人员认为记录有遗漏或者差错的，可以请求补充或者改正；确认无误后，应当签名；拒绝签名的，应当记录在案；要求改变庭审中陈述的，不予准许。

（二）法庭秩序

法庭秩序是指人民法院开庭审判时诉讼参与人和旁听人员应当遵守的秩序和纪律。法庭是人民法院代表国家行使审判权的场所，确保法庭审判活动有序进行不仅是准确定罪量刑的前提，而且是维护国家审判活动权威性、严肃性的需要。任何诉讼参与人、旁听人员在法庭上必须遵守法庭秩序，不得有妨碍法庭秩序的行为。

法庭审理过程中，诉讼参与人、旁听人员应当遵守以下纪律：①服从法庭指挥，遵守法庭礼仪；②不得鼓掌、喧哗、哄闹、随意走动；③不得对庭审活动进行录音、录像、摄影，或者通过发送邮件、博客、微博客等方式传播庭审情况，但经人民法院许可的新闻记者除外；④旁听人员不得发言、提问；⑤不得实施其他扰乱法庭秩序的行为。

法庭审理过程中，诉讼参与人或者旁听人员扰乱法庭秩序的，审判长应当按照下列情形分别处理：①情节较轻的，应当警告制止并进行训诫；②不听制止的，可以指令法警强行带出法庭；③情节严重的，报经院长批准后，可以对行为人处 1000 元以下的罚款或者 15 日以下的拘留；被处罚人对罚款、拘留的决定不服的，可以向上一级人民法院申请复议。复议期间不停止执行；④未经许可录音、录像、摄影或者通过邮件、博客、微博客等方式传播庭审情况的，可以暂扣存储介质或者相关设备；⑤聚众哄闹、冲击法庭或者侮辱、诽谤、威胁、殴打司法工作人员或者诉讼参与人，严重扰乱法庭秩序，构成犯罪的，应当依法追究刑事责任。

（三）法庭审判中特殊问题的处理

1. 审判期间发现新事实的处理。审判期间，人民法院发现新的事实，可能影响定罪的，可以建议人民检察院补充或者变更起诉；人民检察院不同意或者在 7 日内未回复意见的，人民法院应当就起诉指控的犯罪事实，依照最高法《解释》第241条的规定作出判决、裁定。

2. 人民检察院特殊情况下变更、追加、补充起诉。在人民法院宣告判决前，人民检察院发现被告人的真实身份或者犯罪事实与起诉书中叙述的身份或者指控犯罪事实不符的，或者事实、证据没有变化，但罪名、适用法律与起诉书不一致的，可以变更起诉；发现遗漏的同案犯罪嫌疑人或者罪行可以一并起诉和审理的，可以追加、补充起诉。

3. 人民检察院在裁判宣告前的撤诉。宣告判决前，人民检察院要求撤回起诉的，人民法院应当审查撤回起诉的理由，作出是否准许的裁定。

4. 延期审理。在法庭审判过程中，遇有下列情形之一，影响审判进行的，可以延期审理：①需要通知新的证人到庭，调取新的物证，重新鉴定或者勘验的；②检察人员发现提起公诉的案件需要补充侦查，提出建议的；③由于申请回避而不能进行审判的。

5. 中止审理。在审判过程中，有下列情形之一，致使案件在较长时间内无法继续审理的，可以中止审理：①被告人患有严重疾病，无法出庭的；②被告人脱逃的；③自诉人患有严重疾病，无法出庭，未委托诉讼代理人出庭的；④由于不能抗拒的原因。中止审理的原因消失后，应当恢复审理。中止审理的期间不计入审理期限。

（四）公诉案件第一审程序的期限

根据我国《刑事诉讼法》第202条的规定，人民法院审理公诉案件，应当在受理后2个月以内宣判，至迟不得超过3个月。对于可能判处死刑的案件或者附带民事诉讼的案件，以及有本法第156条规定情形之一的，经上一级人民法院批准，可以延长3个月；因特殊情况还需要延长的，报请最高人民法院批准。

人民法院改变管辖的案件，从改变后的人民法院收到案件之日起计算审理期限。人民检察院补充侦查的案件，补充侦查完毕移送人民法院后，人民法院重新计算审理期限。

第三节　自诉案件的第一审程序

自诉案件的第一审程序，是指人民法院对自诉人提起的自诉案件进行初次审判时应当遵循的程序。自诉案件的第一审程序与公诉案件第一审程序基本相同，但由于自诉案件从性质上来说主要是侵害公民个人合法权益，因此自诉案件第一审程序应有一些不同于公诉案件第一审程序的特殊之处。

根据《刑事诉讼法》第205~207条以及相关司法解释的规定，自诉案件第一审的审理程序具有以下特点：

1. 可以调解。人民法院审理告诉才处理的案件和被害人有证据证明的轻微刑事案件等两类自诉案件，可以在查明事实、分清是非的基础上，根据自愿、合法的原则进行调解。调解达成协议的，应当制作刑事调解书，由审判人员和书记员署名，并加盖人民法院印章。调解书经双方当事人签收后，即具有法律效力。调解没有达成协议，或者调解书签收前当事人反悔的，应当及时作出判决。但是，被害人有证据证明对被告人侵犯自己人身、财产权利的行为应当依法追究刑事责任，而公安机关或者人民检察院不予追究被告人刑事责任的案件不适用调解。

2. 可以和解、撤诉。判决宣告前，自诉案件的当事人可以自行和解，自诉人可以撤回自诉。人民法院经审查，认为和解、撤回自诉确属自愿的，应当裁定准许；认为系被强迫、威吓等，并非出于自愿的，不予准许。裁定准许撤诉或者当事人自行和解的自诉案件，被告人被采取强制措施的，人民法院应当立即解除。自诉人经两次传唤，无正当理由拒不到庭，或者未经法庭准许中途退庭的，人民法院应当裁定按撤诉处理。自诉人是2人以上，其中部分自诉人撤诉或者被裁定按撤诉处理的，不影响案件的继续审理。

3. 可以提起反诉。自诉案件的被告人在自诉案件审理过程中，以被害人身份向受理自诉案件的人民法院起诉自诉人犯有与本案有联系的罪行，要求人民法院追究其刑事责任的诉讼活动。根据最高法《解释》第277条的规定，告诉才处理和被害人有证据证明的轻微刑事案件的被告人或者其法定代理人在诉讼过程中，可以对自诉人提起反诉。反诉必须符合下列条件：①反诉的对象必须是本案自诉人；②反诉的内容必须是与本案有关的行为；③反诉的案件必须是告诉才处理的案件和人民检察院没有提起公诉，被害人有证据证明的轻微刑事案件。反诉案件适用自诉案件的规定，应当与自诉案件一并审理。自诉人撤诉的，不影响反诉案件的继续审理。

4. 自诉案件具有可分性。自诉案件的可分性是指自诉案件在一定条件下被告人或自诉人可以分开审理的特点。自诉案件的可分性包括以下两种情形：①被告人的可分性。自诉人明知有其他共同侵害人，但只对部分侵害人提起自诉的，人民法院应当受理，并告知其放弃告诉的法律后果；自诉人放弃告诉，判决宣告后又对其他共同侵害人就同一事实提起自诉的，人民法院不予受理。②自诉人的可分性。共同被害人中只有部分人告诉的，人民法院应当通知其他被害人参加诉讼，并告知其不参加诉讼的法律后果。被通知人接到通知后表示不参加诉讼或者不出庭的，视为放弃告诉。第一审宣判后，被通知人就同一事实又提起自诉的，人民法院不予受理。但是，当事人另行提起民事诉讼的，不受限制。

5. 审理期限比较特殊。我国《刑事诉讼法》规定自诉案件第一审的审理期限与公诉案件第一审审理期限有所不同。根据《刑事诉讼法》第206条的规定，适用普通程序审理的被告人未被羁押的自诉案件，应当在立案后 6 个月内宣判。如果被告人被羁押的，适用本法第 202 条第 1 款、第 2 款的规定。

第四节　简易程序

一、简易程序的概念和意义

简易程序，又称简易审判程序，是指基层人民法院在审理具备特定条件的刑事案件时，所适用的较普通审判程序而言相对简化的审判程序。放眼域外，面对不断增长的犯罪频率，普通审判程序的繁琐与冗长，越来越难以应付堆积如山的案件，不同程度地简化审判程序成为众多国家的选择。目前，英国、德国、日本、意大利等主要国家在其刑事诉讼法中都设有简易程序。而在美国，更有 90% 以上的刑事案件按辩诉交易处理。针对迅猛增加的刑事案件，为提高诉讼效率，我国于 1996 年修改刑事诉讼法时在第一审程序中规定了"简易程序"一节。2012 年《刑事诉讼法》修改保留了简易程序一节的设置，并在总结司法经验和司法实践需要的基础上适当扩大了简易程序的适用范围。

简易程序在我国刑事审判中的意义表现在以下三方面：

首先，有利于提高人民法院的审判效率。近年来，我国刑事案件的数量不断增长，人民法院面临的审判任务日益繁重。在这种情况下，对那些事实清楚、证据确实充分，控辩双方无争议的刑事案件适用简易程序审判，可以减轻审判的负担，同时能及时结案，提高审判效率，缓解案件积压现象。

其次，有利于保护当事人的合法权益。西方法谚云："迟来的正义非正义。"迅速审判本身是被告人享有的一项基本权利。适用简易程序可以及时、尽早结案，使当事人的权利与义务及时得到确定，从而使当事人尽早摆脱讼累，并能根据司法裁判所确立的各自的权利义务去重新安排生活。

最后，使我国刑事诉讼程序体系的设置更加科学、合理。根据刑事案件的不同情况对司法资源进行优化配置是刑事诉讼程序体系科学化、合理化的必然要求。只有对刑事案件进行繁简、难易分流，才能使刑事审判程序更为科学、合理。因而，以简易程序审理那些案件事实清楚、证据确实充分、争议不大的刑事案件，能够促进我国刑事诉讼程序体系设置更为科学。

二、简易程序的适用范围

简易程序简化和省略了普通程序的某些环节和步骤，而程序的简化可能导致人权保障水平的降低以及错案概率增加的出现，因而必须严格限制适用简易程序的案件范围。根据《刑事诉讼法》第 208 条的规定，基层人民法院管辖的案件，符合下列条件的，可以适用简易程序审判：①案件事实清楚、证据充分的；②被告人承认自己所犯罪行，对指控的犯罪事实没有异议的；③被告人对适用简易程序没有异议的。上述条件必须同时具备，缺一不可，欠缺其中任何一个条件，案件都不能适用简易程序。

适用简易程序审理案件，审判人员应当询问被告人对指控的犯罪事实的意见，告知被告人适用简易程序审理的法律规定，确认被告人是否同意适用简易程序审理。被告人对指控的犯罪事实没有异议并同意适用简易程序的，可以决定适用简易程序，并在开庭前通知人民检察院和辩护人。人民检察院在提起公诉的时候，可以建议人民法院适用简易程序。

根据我国《刑事诉讼法》第 209 条以及最高法《解释》第 290 条的规定，有下列情形之一的，不适用简易程序：①被告人是盲、聋、哑人；②被告人是尚未完全丧失辨认或者控制自己行为能力的精神病人；③有重大社会影响的；④共同犯罪案件中部分被告人不认罪或者对适用简易程序有异议的；⑤辩护人作无罪辩护的；⑥被告人认罪但经审查认为可能不构成犯罪的；⑦不宜适用简易程序审理的其他情形。

三、简易程序的特点

简易程序是第一审普通程序简化后形成的程序，与第一审普通程序相比，简易程序具有以下特点：

1. 简易程序只适用于第一审程序。简易程序设置在《刑事诉讼法》第一审程序中，因此只适用于第一审程序，第二审程序、死刑复核程序和审判监督程序均不适用。

2. 简易程序只适用于基层人民法院。中级以上人民法院虽然可以作为第一审法院审理特定的刑事案件，但不能适用简易程序。

3. 简易程序中的审判组织比较特殊。适用简易程序审理案件，对可能判处 3 年有期徒刑以下刑罚的，可以组成合议庭进行审判，也可以由审判员 1 人独任审判；对可能判处的 3 年以上有期徒刑的，应当组成合议庭进行审判。

4. 法庭审理程序大为简化。简易程序的重要特征是简化法庭审理程序。适用简易程序审理案件，可以对庭审作如下简化：①公诉人可以摘要宣读起诉书；②公诉人、辩护人、审判人员对被告人的讯问、发问可以简化或者省略；③对控辩双方无异议的证据，可以仅就证据的名称及所证明的事项作出说明；对控辩双方有异议，或者法庭认为有必要调查核实的证据，应当出示，并进行质证；④控辩双方对与定罪量刑有关的事实、证据没有异议的，法庭审理可以直接围绕罪名确定和量刑问题进行。但是，无论如何简化，适用简易程序审理案件，判决宣告前应当听取被告人的最后陈述。

5. 审理期限较短。适用简易程序审理案件，人民法院应当在受理后20日以内审结；对可能判处的3年以上有期徒刑的，可以延长至一个半月。

四、简易程序向普通程序转化

适用简易程序审理案件，在审理过程中，发现不宜适用简易程序的应当按照第一审普通程序的规定重新审理。根据《刑事诉讼法》第215条以及最高法《解释》第298条的规定，适用简易程序审理案件，在法庭审理过程中，有下列情形之一的，应当转为普通程序审理：①被告人的行为可能不构成犯罪的；②被告人可能不负刑事责任的；③被告人当庭对起诉指控的犯罪事实予以否认的；④案件事实不清、证据不足的；⑤不应当或者不宜适用简易程序的其他情形。转为普通程序审理的案件，审理期限应当从决定转为普通程序之日起计算。

为进一步合理配置司法资源，提高审理刑事案件的质量与效率，维护当事人的合法权益，2014年6月第十二届全国人大常委会第九次会议通过了《关于授权最高人民法院、最高人民检察院在部分地区开展刑事案件速裁程序试点工作的决定》，授权最高人民法院、最高人民检察院开展刑事案件速裁程序试点工作。目前，最高人民法院正在全国18个城市进行刑事案件速裁程序试点工作。刑事案件速裁程序进一步简化了刑事诉讼法规定的相关诉讼程序。刑事案件速裁程序主要包括以下内容：

（一）适用的案件范围

对事实清楚，证据充分，被告人自愿认罪，当事人对适用法律没有争议的危险驾驶、交通肇事、盗窃、诈骗、抢夺、伤害、寻衅滋事等情节较轻，依法可能判处一年以下有期徒刑、拘役、管制的案件，或者依法单处罚金的案件，进一步简化刑事诉讼法规定的相关诉讼程序。

（二）程序运作上的特征

与一般简易程序相比，刑事案件速裁程序的主要特征是进一步简化庭审程序，具有以下特点：（1）适用速裁程序的案件，拟对开庭通知时间不作限制；（2）法官当庭确认被告人自愿认罪、对适用法律没有争议、同意适用速裁程序的，可不进行法庭调查、法庭辩论，并适当缩短办案期限，但必须听取被告人的最后陈述意见；（3）裁判文书可以简化，并适当缩短办案期限；（4）对于被告人以名誉保护、信息安全等正当理由申请不公开审理，公诉机关、辩护人没有异议的，经人民法院院长批准，可以不公开审理。

第二十一章 第二审程序

第一节 概 述

第二审程序,又称上诉审程序,是指第一审人民法院的上一级人民法院对尚未发生法律效力的判决或裁定所提起的上诉或抗诉的案件,依法进行审理时应当遵循的程序。它是刑事诉讼的一个独立诉讼阶段。

正确理解第二审程序,应当注意以下三个方面:第一,第二审程序不是审理刑事案件的必经程序。一个案件是否经过第二审程序,取决于在法定期限内是否有法定的主体提出上诉或抗诉。在法定期限内提起上诉或抗诉的,该案就应由第二审人民法院依第二审程序再次审理,否则就不会产生第二审程序。第二,不能简单地把第二审程序等同于对同一个案件进行第二次审理的程序。因为除了第二审程序外,第一审程序、审判监督程序也可能对同一案件进行第二次审理。例如,对于没有提起上诉、抗诉而发生法律效力的第一审裁判,原一审法院发现案件确有错误,而把案件提交审判委员会讨论后决定再审的,可以启动审判监督程序。因为该案原来是第一审案件,因此仍按照第一审程序进行审理。第三,除了基层人民法院以外,各级人民法院都可以成为第二审人民法院。对于不服第一审人民法院所作的判决、裁定而提出上诉、抗诉的案件,它的上一级人民法院(可以是中级人民法院、高级人民法院或最高人民法院)应当按照第二审程序进行审理。

第二审人民法院对第一审判决、裁定所认定的事实、证据问题、法律适用问题以及诉讼程序问题进行全面审查和审理,并依法作出判决或裁定,具有重要的意义。通过第二审程序,不仅可以纠正第一审人民法院的错误裁判,准确地惩罚犯罪分子,保护被告人的合法权益,也可以进一步揭露和证实犯罪,依法驳回被告人的上诉,维护第一审正确的判决或裁定。此外,还可以实现上级人民法院对下级人民法院的审判工作的监督,保证人民法院正确行使审判权,提高办案质量。

第二节　第二审程序的提起

一、上诉、抗诉的主体

在我国，第二审程序只能由上诉、抗诉引起。因此，有权提起第二审程序的主体包括上诉主体和抗诉主体两种。

（一）上诉主体

根据我国《刑事诉讼法》第216条的规定，有权提出上诉的人包括：被告人、自诉人和他们的法定代理人，经被告人同意的辩护人和近亲属，以及附带民事诉讼当事人和他们的法定代理人。

由于不同的上诉主体在刑事诉讼中所处的地位不同，我国《刑事诉讼法》对他们的上诉权限也作了不同的规定。

1. 被告人及其法定代理人。在刑事诉讼中，被告人是受刑事追诉的对象，人民法院审判后所作出的判决、裁定对他们有直接的利害关系，因此，法律规定被告人享有独立的上诉权，只要不服一审人民法院的裁判，被告人都有权提出上诉。上诉权是被告人依法享有的重要的诉讼权利，设置上诉制度的主要目的就在于维护被告人的合法权益。因此，不得以任何借口侵害剥夺被告人的上诉权。此外，由于法定代理人参与刑事诉讼的主要目的是为了依法维护被代理人的合法权益，加之被代理人一般为无行为能力人或限制行为能力人，因此法律也赋予被告人的法定代理人以独立的上诉权。即使被告人不同意，法定代理人也有权按照自己的意思表示提出上诉。

2. 自诉人及其法定代理人。在刑事诉讼中，自诉人是自诉案件的当事人，处于原告的诉讼地位，承担控诉职能，与案件的处理结果有着直接利害关系，因此，法律赋予自诉人以独立的上诉权。如果自诉人不服第一审法院作出的裁判，有权提出上诉。此外，法定代理人作为自诉人的合法权益的维护者，也享有独立的上诉权。

3. 经被告人同意的辩护人和近亲属。被告人的辩护人和近亲属不具有独立的上诉权，他们只有征得被告人同意后，才可以提出上诉。被告人的辩护人和近亲属不是案件的当事人，对案件的犯罪情节不完全了解，且法院的裁判与他们没有直接的利害关系，因此法律没有赋予他们独立的上诉权，他们须征得被告人同意才能上诉。

4. 附带民事诉讼当事人和他们的法定代理人。附带民事诉讼当事人是附带民事诉讼部分的原告人或被告人，与附带民事诉讼部分的处理结果有着直接的利害关系,所以法律规定他们对附带民事诉讼部分享有独立的上诉权,可以针对判决、裁定中的附带民事诉讼部分提出上诉。但是,附带民事诉讼当事人的上诉权仅限于附带民事诉讼部分,而无权涉及判决、裁定中的刑事部分。附带民事诉讼当事人就附带民事诉讼部分提出上诉的,不影响刑事判决、裁定在上诉期满后的生效和执行。此外,附带民事诉讼当事人的法定代理人对附带民事诉讼部分也享有独立的上诉权。

(二)抗诉主体

我国《刑事诉讼法》第217条规定:"地方各级人民检察院认为本级人民法院第一审的判决、裁定确有错误的时候,应当向上一级人民法院提出抗诉。"据此,地方各级人民检察院是有权提出抗诉的主体。人民检察院是国家法律监督机关,依法对人民法院审判活动的合法性进行监督。只要判决、裁定确有错误,无论该错误判决是有利于被告人还是不利于被告人,人民检察院都应当提起抗诉。

公诉案件中的被害人虽然具有当事人的诉讼地位,但是考虑到对犯罪人进行追诉主要是国家公诉机关的职权,而且如果赋予被害人上诉权可能会带来一些问题,如被害人往往站在个人报复的情感角度考虑问题,可能导致滥用上诉权、使得上诉不加刑原则名存实亡等,因此法律并没有赋予其上诉权,而是赋予其请求抗诉的权利。根据我国《刑事诉讼法》第218条的规定,被害人及其法定代理人不服地方各级人民法院第一审的判决的,自收到判决书后5日以内,有权请求人民检察院提出抗诉。是否提出抗诉,由人民检察院决定。

二、上诉、抗诉的理由

(一)上诉的理由

我国《刑事诉讼法》并没有对提出上诉的理由规定任何限制。有权提出上诉的人只要不服第一审人民法院未发生法律效力的判决、裁定,就可以在法定期限内提出上诉,而无需提出充分的理由。人民法院对此应当受理,并启动第二审程序。这主要是考虑到大多数被告人对法律和诉讼程序不熟悉,是充分尊重被告人等上诉主体上诉权的重要表现。人民法院不得以上诉理由不充分、不正确为由而拒不接受上诉。

(二)抗诉的理由

与上诉不同,抗诉是人民检察院履行法律监督职能的重要方式,这决定了抗诉必须严肃、慎重,因此必须有明确、合法的理由。根据我国《刑事诉讼法》第217条的规定,人民检察院只有在认为同级人民法院第一审的判决、裁定确有错误的时候,才能提出抗诉。根据最高检《规则》第584条的规定,人民检察院认为同级人民法院第一审判决、裁定有下列情形之一的,应当提出抗诉:

（1）认定事实不清、证据不足的；
（2）有确实、充分证据证明有罪而判无罪，或者无罪判有罪的；
（3）重罪轻判，轻罪重判，适用刑罚明显不当的；
（4）认定罪名不正确，一罪判数罪、数罪判一罪，影响量刑或者造成严重社会影响的；
（5）免除刑事处罚或者适用缓刑、禁止令、限制减刑错误的；
（6）人民法院在审理过程中严重违反法律规定的诉讼程序的。

三、上诉、抗诉的期限

上诉主体或抗诉主体对地方各级人民法院第一审判决、裁定提出上诉或者抗诉，应当在法定的上诉或抗诉期间内提出。根据我国《刑事诉讼法》第219条和最高法《解释》第301条的规定，不服判决的上诉和抗诉的期限为10日，不服裁定的上诉和抗诉的期限为5日，上诉、抗诉的期限，从接到判决书、裁定书的第2日起算。对附带民事判决、裁定的上诉、抗诉期限，应当按照刑事部分的上诉、抗诉期限确定。附带民事部分另行审判的，上诉期限也应当按照刑事诉讼法规定的期限确定。

法律明确规定上诉、抗诉的期限，目的主要有两个：一是保障上诉权、抗诉权的充分行使，让上诉主体、人民检察院有一定的期间来考虑是否提出上诉、抗诉，并准备其上诉、抗诉的理由等；二是保证第二审人民法院能够及时审判上诉、抗诉案件，纠正确有错误的判决、裁定。

四、上诉、抗诉的方式和程序

（一）上诉的方式和程序

根据我国《刑事诉讼法》第216条的规定，上诉可以用书状或者口头方式提出。无论以哪一种方式提出，人民法院都应当受理。用上诉状提出上诉的，一般应当有上诉状正本及副本。

上诉人上诉可以通过原审人民法院提出，也可以直接向第二审人民法院提出。上诉人通过原审人民法院提出上诉的，第一审人民法院应当审查。上诉符合法律规定的，应当在上诉期满后3日内将上诉状连同案卷、证据移送上一级人民法院，并将上诉状副本送交同级人民检察院和对方当事人。上诉人直接向第二审人民法院提出上诉的，第二审人民法院应当在收到上诉状后3日内将上诉状交第一审人民法院。第一审人民法院应当审查上诉是否符合法律规定。符合法律规定的，应当在接到上诉状后3日内将上诉状连同案卷、证据移送上一级人民法院，并将上诉状副本送交同级人民检察院和对方当事人。

上诉人是否提出上诉,以他们在上诉期限届满前的最后一次意思表示为准。上诉人在上诉期限内要求撤回上诉的,人民法院应当准许。上诉人在上诉期满后要求撤回上诉的,第二审人民法院应当审查。经审查,认为原判认定事实和适用法律正确,量刑适当的,应当裁定准许撤回上诉;认为原判事实不清、证据不足或者将无罪判为有罪、轻罪重判等的,应当不予准许,继续按照上诉案件审理。被判处死刑立即执行的被告人提出上诉,在第二审开庭后宣告裁判前申请撤回上诉的,应当不予准许,继续按照上诉案件审理。

(二)抗诉的方式和程序

根据我国《刑事诉讼法》第 221 条的规定,抗诉只能以抗诉书的形式提出。地方各级人民检察院认为同级人民法院第一审判决、裁定确有错误而决定抗诉时,必须制作抗诉书。地方各级人民检察院对同级人民法院第一审判决、裁定的抗诉,应当通过第一审人民法院提交抗诉书。第一审人民法院应当在抗诉期满后 3 日内将抗诉书连同案卷、证据移送上一级人民法院,并将抗诉书副本送交当事人。

上级人民检察院接到下级人民检察院抄送的抗诉书后,应就抗诉的理由和根据进行认真审核。如果认为抗诉不当,可以直接向同级人民法院撤回下级人民检察院这一抗诉,并且将撤回抗诉的情况通知下级人民检察院。对于人民检察院在抗诉期限内撤回抗诉的,第一审人民法院不再移送案件;如果在抗诉期满后第二审人民法院宣告裁判前撤回抗诉的,第二审人民法院可以裁定准许,并通知第一审人民法院和当事人。

第三节 第二审程序的审判

一、对上诉、抗诉案件的审查

第二审人民法院对第一审人民法院移送上诉、抗诉的案卷,应当审查是否包括下列内容:①移送上诉、抗诉案件函;②上诉状或者抗诉书;③第一审判决书、裁定书八份(每增加一名被告人增加一份)及其电子文本;④全部案卷材料和证据,包括案件审结报告和其他应当移送的材料。如果上述材料齐全,第二审人民法院应当收案;材料不全的,应当通知第一审人民法院及时补充。

二、全面审查原则

我国《刑事诉讼法》第 222 条规定:"第二审人民法院应当就第一审判决认定的事实和适用法律进行全面审查,不受上诉或者抗诉范围的限制。共同犯罪的案件只有部分被告人上诉的，应当对全案进行审查，一并处理。"这就是我国刑事诉讼第二审程序实行的全面审查原则。

在第二审程序中实行全面审查原则，要求第二审人民法院对一审判决所认定的事实、适用的法律和诉讼程序进行全面审查。具体而言，第二审人民法院既要审理第一审判决中已被提出上诉或者抗诉的部分，也要审理没有被提出上诉或者抗诉的部分；既要审理实体部分，也要审理程序部分；对共同犯罪的案件，只有部分被告人提出上诉，或者人民检察院只对部分被告人的判决提出抗诉，或者自诉人只对部分被告人的判决提出上诉的，既要审理提出上诉的被告人的部分，也要审理未提出上诉的被告人的部分；即使上诉的被告人死亡，其他被告人未上诉的，第二审人民法院仍应对全案进行审查，经审查，死亡的被告人不构成犯罪的，应当宣告无罪；构成犯罪的，应当终止审理。对其他同案被告人仍应作出判决、裁定；对刑事附带民事诉讼案件，只有附带民事诉讼当事人及其法定代理人上诉的，第二审人民法院既要审理附带民事诉讼部分，也要审理刑事诉讼部分。

对上诉、抗诉案件，应当着重审查下列内容：①第一审判决认定的事实是否清楚，证据是否确实、充分；②第一审判决适用法律是否正确，量刑是否适当；③在侦查、审查起诉、第一审程序中，有无违反法定诉讼程序的情形；④上诉、抗诉是否提出新的事实、证据；⑤被告人的供述和辩解情况；⑥辩护人的辩护意见及采纳情况；⑦附带民事部分的判决、裁定是否合法、适当；⑧第一审人民法院合议庭、审判委员会讨论的意见。

第二审人民法院在审理上诉或者抗诉案件时，综合审查，全面考虑，使上诉状或者抗诉书中已经指出或者没有指出的一审判决中的错误都能得到纠正，确保案件的正确处理。全面审查原则充分体现了我国《刑事诉讼法》实事求是的精神和以事实为根据、以法律为准绳的基本原则。

三、第二审程序的审判方式

第二审程序审判方式的设置直接关系到当事人诉讼权利的保障问题，也涉及案件公正处理的实质问题。根据我国《刑事诉讼法》第223条第1款、第2款的规定，我国第二审人民法院的审判方式有开庭审理与不开庭审理两种。

（一）开庭审理

开庭审理，是指第二审人民法院组成合议庭，并在检察人员和诉讼参与人的参加下，按照第一审程序规定的开庭、法庭调查、法庭辩论、被告人最后陈述、评议和宣判步骤审理案件。根据我国《刑事诉讼法》第223条第1款和最高法《解释》第317条的规定，下列案件应当开庭审理：①被告人、自诉人及其法定代理人对第一审认定的事实、证据提出异议，可能影响定罪量刑的上诉案件；

②被告人被判处死刑立即执行的上诉案件;③人民检察院抗诉的案件;④应当开庭审理的其他案件。被判处死刑立即执行的被告人没有上诉,同案的其他被告人上诉的案件,第二审人民法院应当开庭审理。被告人被判处死刑缓期执行的上诉案件,虽不属于前述第①项规定的情形,有条件的,也应当开庭审理。

第二审人民法院开庭审理上诉、抗诉案件,可以到案件发生地或者原审人民法院所在地进行。开庭审理上诉、抗诉案件时,除参照适用第一审程序的有关规定外,应当按照下列规定进行:

1. 开庭前的准备,开庭时宣布合议庭组成,告知当事人诉讼权利等。开庭审理上诉、抗诉的公诉案件,应当通知同级人民检察院派员出庭。第二审人民法院应当在决定开庭审理后及时通知人民检察院查阅案卷。人民检察院应当在1个月以内查阅完毕。人民检察院查阅案卷的时间不计入审理期限。

2. 人民检察院提出抗诉的案件或者第二审人民法院开庭审理的公诉案件,同级人民检察院都应当派员出席法庭。

3. 第二审期间,被告人除自行辩护外,还可以继续委托第一审辩护人或者另行委托辩护人辩护。共同犯罪案件,只有部分被告人提出上诉,或者自诉人只对部分被告人的判决提出上诉,或者人民检察院只对部分被告人的判决提出抗诉的,其他同案被告人也可以委托辩护人辩护。

4. 在法庭调查阶段,审判人员宣读第一审判决书、裁定书后,上诉案件由上诉人或者辩护人先宣读上诉状或者陈述上诉理由,抗诉案件由检察人员先宣读抗诉书;既有上诉又有抗诉的案件,先由检察人员宣读抗诉书,再由上诉人或者辩护人宣读上诉状或者陈述上诉理由。

5. 在法庭辩论阶段,对上诉案件,应当先由上诉人、辩护人发言,再由检察人员及对方当事人发言;对抗诉案件,应当先由检察人员发言,再由被告人、辩护人发言;对于既有上诉又有抗诉的案件,应当先由检察人员发言,再由上诉人和他的辩护人发言,然后依次进行辩论。对于共同犯罪案件中没有提出上诉的被告人,或者是没有被抗诉的被告人,也应当让其参加法庭调查、法庭辩论。被害人有权参加法庭审理。

6. 辩论终结后,由上诉人(被告人)进行最后陈述,然后由合议庭评议,作出裁判。

(二)不开庭审理

不开庭审理,是指第二审人民法院的合议庭依法不开庭,而以上诉状或者抗诉书和第一审的全部案卷为基础,经过阅卷,讯问被告人,听取其他当事人、辩护人、诉讼代理人的意见后,直接作出判决或裁定的审理方式。

采用不开庭审理方式审理第二审案件,应当遵循下列程序:

1. 应当由审判员 3 人至 5 人组成合议庭。
2. 合议庭成员共同阅卷,并制作阅卷笔录,必要时应当提交书面阅卷意见。
3. 应当讯问被告人,听取其他当事人、辩护人、诉讼代理人的意见。合议庭全体成员应当阅卷,必要时应当提交书面阅卷意见。
4. 经合议庭评议,依法根据案件事实作出相应的处理决定。

四、上诉不加刑原则

(一) 上诉不加刑原则的概念

上诉不加刑原则,是指第二审人民法院审判只有被告人一方提出上诉的案件,不得以任何理由加重被告人刑罚的一项审判原则。我国《刑事诉讼法》第 226 条第 1 款明确规定了上诉不加刑原则:"第二审人民法院审判被告人或者他的法定代理人、辩护人、近亲属上诉的案件,不得加重被告人的刑罚。第二审人民法院发回原审人民法院重新审判的案件,除有新的犯罪事实,人民检察院补充起诉的以外,原审人民法院也不得加重被告人的刑罚。"

正确理解上诉不加刑原则,应当注意以下几个方面的内容:

1. 上诉权是被告人的一项重要诉讼权利,不论被告人上诉是否具有充分的理由,第二审人民法院都不能以被告人认罪态度不好而加重原判刑罚。
2. 只有被告人一方提出上诉的案件,第二审人民法院才能适用上诉不加刑原则。自诉人提出上诉或者人民检察院提出抗诉的,不适用该原则。
3. 只有被告人一方提出上诉的案件,第二审法院审理后,即使认为原判量刑畸轻,也不得加重原判刑罚。
4. 仅有被告人一方上诉的案件,二审法院审理后,确需按我国《刑事诉讼法》第 225 条第 1 款第 3 项规定发回原审法院重审的,在事实查明后,如果没有变更原判认定的事实,也不应加重被告人的刑罚。

(二) 上诉不加刑原则的意义

上诉不加刑原则是第二审程序的重要原则,是保障人权精神在第二审程序的体现,在刑事诉讼中具有重要意义:

1. 有利于保障被告人充分、有效行使上诉权。上诉权是被告人的一项重要诉讼权利,能否充分、有效行使直接影响被告人合法权益的维护。如果上诉可以加刑,被告人一方势必存在思想顾虑而不敢上诉。坚持上诉不加刑原则,则可以打消被告人一方上诉的思想顾虑,使他们可以按照自己的意思表示依法行使上诉权,这对维护被告人合法权益无疑大有裨益。
2. 有利于保证人民法院正确行使审判权。按照上诉不加刑原则的要求,第二审人民法院在第二审程序即使发现一审判决量刑偏轻,也不能任意改判加刑。

这无疑对第一审人民法院提出了更严格的要求，促使第一审人民法院的审判人员加强责任心，不断提高办案质量，以期经得起上级人民法院的二审审查。

3. 有利于促使人民检察院履行审判监督职责。人民检察院是国家的法律监督机关，依法对审判工作进行监督。根据上诉不加刑原则的要求，只有被告人一方上诉的案件，不得加重被告人的刑罚。这就要求人民检察院要认真履行审判监督职责，在发现一审判决量刑过轻的情况下，应当依法提起二审抗诉。

（三）上诉不加刑原则的具体适用

1. 第二审人民法院在审理只有被告人或者其法定代理人、辩护人、近亲属提出上诉的案件，不得加重被告人的刑罚，并应当执行下列规定：

（1）同案审理的案件，只有部分被告人上诉的，既不得加重上诉人的刑罚，也不得加重其他同案被告人的刑罚。

（2）原判事实清楚，证据确实、充分，只是认定的罪名不当的，可以改变罪名，但不得加重刑罚。

（3）原判对被告人实行数罪并罚的，不得加重决定执行的刑罚，也不得加重数罪中某罪的刑罚。

（4）原判对被告人宣告缓刑的，不得撤销缓刑或者延长缓刑考验期。

（5）原判没有宣告禁止令的，不得增加宣告；原判宣告禁止令的，不得增加内容、延长期限。

（6）原判对被告人判处死刑缓期执行没有限制减刑的，不得限制减刑。

（7）原判事实清楚，证据确实、充分，但判处的刑罚畸轻、应当适用附加刑而没有适用的，不得直接加重刑罚、适用附加刑，也不得以事实不清、证据不足为由发回第一审人民法院重新审判。必须依法改判的，应当在第二审判决、裁定生效后，依照审判监督程序重新审判。

2. 人民检察院只对部分被告人的判决提出抗诉，或者自诉人只对部分被告人的判决提出上诉的，第二审人民法院不得对其他同案被告人加重刑罚。

3. 被告人或者其法定代理人、辩护人、近亲属提出上诉的案件，第二审人民法院发回重新审判后，除有新的犯罪事实，人民检察院补充起诉的以外，原审人民法院不得加重被告人的刑罚。

4. 原判事实不清、证据不足，第二审人民法院发回重新审判的案件，原审人民法院重新作出判决后，被告人上诉或者人民检察院抗诉的，第二审人民法院应当依法作出判决、裁定，不得再发回重新审判。

需要注意的是，人民检察院提出抗诉或者自诉人提出上诉的案件，不受上诉不加刑原则的限制。

五、对第二审案件的处理

（一）对上诉、抗诉案件审理后的处理

根据我国《刑事诉讼法》第225条、第227条的规定，第二审人民法院对不服第一审判决的上诉、抗诉案件，经过审理后，应当按照下列情形分别处理：

1. 原判决认定事实正确，证据确实、充分和适用法律正确、量刑适当的，应当裁定驳回上诉或者抗诉，维持原判。

2. 原判决认定事实没有错误，但适用法律有错误，或者量刑不当的，应当改判。

3. 原判决事实不清楚或者证据不足的，可以由第二审人民法院查清事实后改判；也可以裁定撤销原判，发回原审人民法院重新审判。原审人民法院对于此种情况发回重新审判的案件作出判决后，被告人提出上诉或者人民检察院提出抗诉的，第二审人民法院应当依法作出判决或者裁定，不得再发回原审人民法院重新审判。也就是说，此种情况发回重审以一次为限。

4. 第二审人民法院发现第一审人民法院的审理有下列违反法律规定的诉讼程序的情形之一的，应当裁定撤销原判，发回原审人民法院重新审判：①违反本法有关公开审判的规定的；②违反回避制度的；③剥夺或者限制了当事人的法定诉讼权利，可能影响公正审判的；④审判组织的组成不合法的；⑤其他违反法律规定的诉讼程序，可能影响公正审判的。

原审人民法院对于发回重新审判的案件，应当另行组成合议庭，依照第一审程序进行审判。对于重新审判后的判决，仍可以上诉、抗诉。

第二审人民法院对不服第一审裁定的上诉或者抗诉，经过审查后，应当参照我国《刑事诉讼法》第225条、第227条和第228条的规定，分别用裁定驳回上诉、抗诉，或者撤销、变更原裁定。

第二审人民法院作出的判决、裁定，除死刑案件和在法定刑以下判处刑罚的案件外，均为终审的判决、裁定，一经宣告即发生法律效力。第二审人民法院可以自行宣告裁判，也可以委托原审人民法院代为宣告。

（二）对第二审附带民事诉讼案件的处理

第二审人民法院对刑事附带民事案件审理后，应当根据不同情况作出不同的处理：

1. 第二审人民法院审理对刑事部分提出上诉、抗诉，附带民事部分已经发生法律效力的案件，发现第一审判决、裁定中的附带民事部分确有错误的，应当依照审判监督程序对附带民事部分予以纠正。

2. 第二审人民法院审理对附带民事部分提出上诉，刑事部分已经发生法律效力的案件，发现第一审判决、裁定中的刑事部分确有错误的，应当依照审判监督程序对刑事部分进行再审，并将附带民事部分与刑事部分一并审理。

3. 第二审期间，第一审附带民事诉讼原告人增加独立的诉讼请求或者第一审附带民事诉讼被告人提出反诉的，第二审人民法院可以根据自愿、合法的原则进行调解；调解不成的，告知当事人另行起诉。

（三）对第二审自诉案件的处理

对第一审人民法院作出判决后当事人不服提出上诉的自诉案件，第二审人民法院在必要时可以在第二审程序中进行调解，当事人也可以自行和解。调解结案的，第二审人民法院应当制作调解书，第一审判决、裁定视为自动撤销；当事人自行和解的，第二审人民法院应当裁定准许撤回自诉，并撤销第一审判决、裁定。

第二审期间，自诉案件的当事人提出反诉的，第二审人民法院应当告知其另行起诉。

六、第二审案件的审理期限

根据我国《刑事诉讼法》第232条的规定，第二审人民法院受理上诉、抗诉案件，应当在2个月以内审结。对于可能判处死刑的案件或者附带民事诉讼的案件、交通十分不便的边远地区重大复杂案件、重大的犯罪集团案件、流窜作案的重大复杂案件、犯罪涉及面广，取证困难的重大复杂案件，经省、自治区、直辖市高级人民法院批准或者决定，可以延长2个月；因特殊情况还需要延长的，报请最高人民法院批准。最高人民法院受理上诉、抗诉案件的审理期限，由最高人民法院决定。

需要注意的是，第二审人民法院发回原审人民法院重新审判的案件，原审人民法院从收到发回的案件之日起，重新计算审理期限。

七、对扣押、冻结财物的处理

根据我国《刑事诉讼法》第234条的规定，公安司法机关对查封、扣押、冻结在案的财物应根据下列不同情况，采取不同的处理方式：

1. 公安机关、人民检察院和人民法院对查封、扣押、冻结的犯罪嫌疑人、被告人的财物及其孳息，应当妥善保管，以供核查，并制作清单，随案移送。任何单位和个人不得挪用或者自行处理。对被害人的合法财产，应当及时返还。对违禁品或者不宜长期保存的物品，应当依照国家有关规定处理。

2. 对作为证据使用的实物应当随案移送，对不宜移送的，应当将其清单、照片或者其他证明文件随案移送。

3. 人民法院作出的判决，应当对查封、扣押、冻结的财物及其孳息作出处理。

4. 人民法院作出的判决生效以后，有关机关应当根据判决对查封、扣押、冻结的财物及其孳息进行处理。对查封、扣押、冻结的赃款赃物及其孳息，除依法返还被害人的以外，一律上缴国库。

5. 司法工作人员贪污、挪用或者私自处理查封、扣押、冻结的财物及其孳息的，依法追究刑事责任；不构成犯罪的，给予处分。

第四节 在法定刑以下判处刑罚的特别程序

在法定刑以下判处刑罚的特别程序，又称特殊减轻处罚的特别程序，是指人民法院对刑事案件审理后，在案件不具有法定减轻处罚情节但因具有特殊情况，对犯罪人在法定刑以下判处刑罚时所应遵循的特别诉讼程序。需要注意的是，该程序并不属于二审程序，只是因为该程序与上诉审程序有类似之处，从体例角度考虑，本书将其并入二审程序。

一、在法定刑以下判处刑罚的特别程序的适用条件

我国《刑法》第63条第2款规定："犯罪分子虽然不具有本法规定的减轻处罚情节，但是根据案件的特殊情况，经最高人民法院核准，也可以在法定刑以下判处刑罚。"根据这一规定，刑事案件要适用在法定刑以下判处刑罚的特别程序，应当符合以下条件：

1. 犯罪人不具有法定减轻处罚的情节，这是适用法定刑以下判处刑罚的特别程序的前提条件。

2. 根据案件的特殊情况，需要对犯罪人在法定刑以下判处刑罚。所谓"特殊情况"，主要是针对涉及国防、外交、民族、宗教等个别特殊案件的需要。

3. 核准权只能由最高人民法院统一行使。

二、在法定刑以下判处刑罚案件的核准程序

在法定刑以下判处刑罚案件的核准程序，包括上报程序和最高人民法院的处理两方面内容。

（一）上报程序

根据最高法《解释》第336条和第337条的规定，报请最高人民法院核准在法定刑以下判处刑罚的案件，应当按照下列情形分别处理：

1. 被告人未上诉、人民检察院未抗诉的，在上诉、抗诉期满后 3 日内报请上一级人民法院复核。上一级人民法院同意原判的，应当书面层报最高人民法院核准；不同意的，应当裁定发回重新审判，或者改变管辖按照第一审程序重新审理。原判是基层人民法院作出的，高级人民法院可以指定中级人民法院按照第一审程序重新审理。

2. 被告人上诉或者人民检察院抗诉的，应当依照第二审程序审理。第二审维持原判，或者改判后仍在法定刑以下判处刑罚的，应当依照前项规定层报最高人民法院核准。

3. 报请最高人民法院核准在法定刑以下判处刑罚的案件，应当报送判决书、报请核准的报告各五份，以及全部案卷、证据。

(二) 最高人民法院的处理

对在法定刑以下判处刑罚的案件，最高人民法院予以核准的，应当作出核准裁定书；不予核准的，应当作出不核准裁定书，并撤销原判决、裁定，发回原审人民法院重新审判或者指定其他下级人民法院重新审判。

最高人民法院和上级人民法院复核在法定刑以下判处刑罚案件的审理期限，参照适用我国《刑事诉讼法》第 232 条的规定。

第二十二章 死刑复核程序

第一节 概 述

一、死刑复核程序的概念与特点

死刑复核程序是指人民法院对判处死刑的案件进行审查核准的特殊审判程序。死刑是剥夺罪犯生命的刑罚，我国一方面规定了死刑，另一方面又强调严格控制死刑的适用。因此在刑事诉讼法中规定了死刑复核程序。

作为特殊审判程序，我国的死刑复核程序具有不同于一审、二审、审判监督程序的特点：

第一，适用对象的特定性。死刑复核程序只适用于判处死刑的案件，包括判处死刑立即执行和判处死刑缓期二年执行的案件（简称"死缓"），而不适用于其他案件。

第二，对于死刑案件的必经性。对于死刑案件必须经过复核程序，只有经过复核程序并被核准的死刑判决才发生法律效力。

第三，程序启动的自动性。死刑复核程序是人民法院逐级上报复核，无须附加任何条件。即使没有上诉或者抗诉，也要报请复核、核准。

第四，核准权的专属性。只有最高人民法院对死刑案件、高级人民法院对死缓案件有核准权，而不是所有的人民法院均有核准权。

二、死刑复核程序的意义

死刑是最严厉的刑罚，一旦执行就无法改变。为了保证正确地适用死刑，同时严格控制死刑，贯彻少杀、慎杀原则，统一死刑标准，防止错杀，我国刑事诉讼法规定了死刑复核程序。具体而言，我国死刑复核程序的意义体现在以下四个方面：

第一，有利于保证正确地适用死刑，保障公民生命权。死刑是剥夺人生命的最严厉的刑罚，对死刑的适用必须慎之又慎。立法将死刑案件的最终裁判权集中由水平更高的审判主体行使,以求最大限度地保证案件审判质量,并能在一定程度上保证正确适用死刑,保障公民生命权。

第二,有利于贯彻少杀、慎杀的死刑政策。少杀慎杀是我们党和国家的一贯方针。在刑事诉讼法中特别设立死刑复核程序,正是贯彻这一方针的具体体现。经过死刑复核程序,那些"可杀可不杀的"通常被过滤出去。因此,死刑复核程序是坚持少杀、慎杀和防止滥杀的可靠保证。

第三,有利于统一死刑标准。我国幅员辽阔,司法辖区众多。而将死刑案件的最终裁决权交由统一的司法机关行使有利于规范死刑适用的标准。而且还有利于从诉讼程序上保证死刑执法尺度的统一,防止地区之间宽严不一,确保死刑在全国和全省级范围内适用标准的统一。

第四,有利于防止错杀。最高人民法院或高级人民法院在复核死刑立即执行或缓期二年执行中会及时发现死刑适用中可能出现的偏差和错误,及时纠正错误的死刑裁判,并在此基础上总结审判工作的经验和教训,指导和督促下级人民法院提高死刑案件的审判质量,有利于防止错杀。

念斌投毒案:2006年7月27日夜,福建省平潭县澳前村17号两户居民家中多人出现中毒症状,其中两人经抢救无效死亡。警方经过侦查,很快确定是人为投入氟乙酸盐鼠药所致,并认为其邻居念斌有重大作案嫌疑,将其逮捕,提起公诉。后该案历时8年10次开庭审判,4次判处死刑立即执行。历次审理及裁判为:2008年2月1日,福州市中级法院以投放危险物质罪,判处念斌死刑,剥夺政治权利终身。念斌不服判决提出上诉;2008年12月18日,福建省高院在开庭审理该案后,以"事实不清,证据不足"将案件发回福州中院重审;2009年6月8日,福州中院再次以投放危险物质罪判处念斌死刑,剥夺政治权利终身。念斌不服再次提出上诉;2010年4月7日,福建省高院做出终审裁定,驳回上诉,维持原判。案件依法报请最高人民法院进行死刑复核;2010年10月28日,最高法院以"第一审判决、第二审裁定认定被告人念斌投放危险物质罪的事实不清、证据不足",裁定不核准福建省高级法院维持死刑的裁定,并撤销福建省高级法院维持死刑的裁定,将案件发回福建省高院重新审判;2011年5月5日,福建省高院也撤销了福州市中级法院对念斌的死刑判决,该案件发回福州中院重新审判;2011年9月7日,该案在福州中院再次开庭审理,在没有新事实新证据的情况下,福州中院于同年11月24日再次对念斌判处死刑,剥夺政治权利终身;2014年8月22日,福建高院作出终审判决:一、撤销福州市中级人民法院(2011)榕刑初字第104号刑事附带民事判决。二、上诉人念斌无罪。三、上诉人念斌不承担民事赔偿责任。[1]

三、死刑核准的权限变化及意义

（一）死刑核准权的变化

死刑核准权是指对死刑（含死缓）判决、裁定由哪一审判机关进行复核与批准的权限。由于特定时期的刑事政策不同，我国死刑核准权也经历了反复的过程。

1979年《刑事诉讼法》第144条规定："死刑由最高人民法院核准。"但该法实施以来，由于国家政治形势和社会治安状况的变化，关于部分死刑案件的核准问题，全国人民代表大会及其常务委员会曾经作过多次决定。

1980年2月12日第五届全国人民代表大会常务委员会第十三次会议上，鉴于全国大中城市不断发生恶性案件，严重危害社会治安，决定在1980年内对现行的杀人、强奸、抢劫、放火等犯有严重罪行应当判处死刑的案件，最高人民法院可以授权省、自治区、直辖市高级人民法院核准；1981年6月第五届全国人民代表大会常务委员会第十九次会议通过了《关于死刑案件核准权问题的决定》，规定除反革命和贪污等判处死刑的案件由最高人民法院核准外，在1981—1983年内对杀人、强奸、抢劫、放火、投毒、决水和破坏交通、电力设备等罪行，由高级人民法院判处死刑或者由中级人民法院一审判处死刑，被告人不上诉的，不必报最高人民法院核准；1983年9月2日第六届全国人民代表大会常务委员会第二次会议通过了《关于修改〈中华人民共和国人民法院组织法〉的决定》（以下简称《修改决定》），将该法第13条修改为"死刑案件除由最高人民法院判决的以外，应当报请最高人民法院核准。杀人、强奸、抢劫、爆炸以及其他严重危害公共安全和社会治安判处死刑案件的核准，最高人民法院在必要的时候，得授权省、自治区、直辖市的高级人民法院行使。"据此，最高人民法院于1983年9月7日发布了《关于授权高级人民法院核准部分死刑案件的通知》，将上述几类案件的死刑核准权授予各省、自治区、直辖市高级人民法院和解放军军事法院行使。于是，最高人民法院自1991年至1997年间分别以《通知》的形式授予云南、广东、广西、甘肃、四川和贵州等高级人民法院对毒品犯罪判处死刑案件（本院判决的和涉外、涉港澳、涉台的毒品犯罪死刑案件除外）核准权。

1996年3月17日第八届全国人民代表大会第四次会议对1979年《刑事诉讼法》作了较大修改和完善，但对死刑复核程序未作出任何修改，死刑仍由最高人

---

[1] 参见http://baike.baidu.com/link?url=GRt-cBMbQCoY8omnY-h-ZLYJuGo75IApAeOxLYnecqfd03ywv9IDKEQj9ujYxvOhNIjYj6VH_OH84I2raJumGq，最后访问时间：2015年6月6日。

民法院核准,死缓由高级人民法院核准。但是,在《修改决定》中并未包括修改后的《人民法院组织法》第 13 条的内容,即对部分死刑案件的核准权,最高人民法院在必要的时候,得授权高级人民法院和解放军军事法院行使。1997 年因形势需要,最高人民法院以《通知》的形式授权高级人民法院和解放军军事法院行使部分死刑案件的核准权。当然,对于因人民检察院抗诉而由人民法院按照第二审程序改判为死刑的案件、死缓期间因故意犯罪而改判死刑的案件和依照审判监督程序而改判死刑的案件,无论是否属于授权的部分案件,一律报请最高人民法院核准。

2006 年 10 月 31 日第十届全国人民代表大会常务委员会第二十四次会议将《人民法院组织法》第 13 条修改为:"死刑除依法由最高人民法院判决的以外,应当报请最高人民法院核准。"该决定自 2007 年 1 月 1 日起实施,结束了对部分死刑案件的核准权下放的历史。

2012 年修改《刑事诉讼法》后不仅保留了"死刑由最高人民法院核准"的规定,而且在第二条的任务中增加规定了"尊重和保障人权"。由最高人民法院统一行使死刑案件核准权是尊重和保障人权、建设社会主义法治国家的必然要求,能够真正发挥对死刑适用的过滤作用,确保司法公正。

(二)统一行使死刑核准权的意义

1. 符合法治原则的要求,维护法律权威。司法机关制定司法解释不得违背法治原则,否则将极大损害立法权威和司法权威。而将死刑核准权收归最高人民法院,就能够理顺法律间的位阶关系与新旧法律的更替关系,这符合法治原则,也有利于维护法律权威。

2. 有利于统一死刑案件适用标准,严格控制死刑。由于我国法官素质及各省死刑适用标准不同等问题的存在,使死刑核准权下放导致死刑适用标准不统一,违背了"对相同的情况予以相同的对待"的形式正义原则,客观上导致死刑适用过多。而将死刑核准权收归最高人民法院,由于最高人民法院法官素质较高,并且仅由最高人民法院掌握死刑核准权,也便于在全国范围内统一死刑适用标准,从而严格控制死刑适用。

3. 真正发挥死刑复核程序的核准作用,确保司法公正。最高人民法院曾经将部分死刑案件的核准权授予高级人民法院行使,导致二审程序与死刑复核程序由同一法院操作。实践中,高级人民法院对于其有核准权的死刑案件普遍实行二审程序与死刑复核程序合二为一的做法。高级人民法院作出的维持原判的裁定,既是二审裁定,也是死刑核准裁定。而将死刑核准权收归最高人民法院后,死刑案件二审程序与死刑复核程序彻底分离,死刑核准程序独立,有利于其过滤作用的真正有效发挥,在正当程序中,案件质量也有了保证,从而能够实现程序公正与实体公正的双重价值。

第二节 死刑立即执行案件的复核程序

一、死刑立即执行案件的报请复核

《刑事诉讼法》第236条规定:"中级人民法院判处死刑的第一审案件,被告人不上诉的,应当由高级人民法院复核后,报请最高人民法院核准。高级人民法院不同意判处死刑的,可以提审或者发回重新审判。高级人民法院判处死刑的第一审案件被告人不上诉的,和判处死刑的第二审案件,都应当报请最高人民法院核准。"所谓"报请最高人民法院核准",是逐级上报,而不能由中级人民法院直接报送最高人民法院核准。根据这一规定和相关的司法解释,对判处死刑立即执行的案件,应当分别依照下列情形报请:

1. 中级人民法院判处死刑的第一审案件,被告人不上诉、人民检察院不抗诉的,在上诉、抗诉期满后10日内报请高级人民法院复核。高级人民法院同意判处死刑的,应当依法作出裁定后10日内报请最高人民法院核准;不同意判处死刑的,应当依照第二审程序提审或者发回重新审判;

2. 中级人民法院判处死刑的第一审案件,被告人提出上诉或者人民检察院提出抗诉,高级人民法院终审裁定维持死刑判决的,应当在作出裁定后10日内报请最高人民法院核准;高级人民法院经第二审程序不同意判处死刑而改判为死缓的,即为终审程序,不再报请最高人民法院受核。

3. 高级人民法院判处死刑的第一审案件,被告人不上诉、人民检察院不抗诉的,在上诉、抗诉期满后10日内报请最高人民法院核准;

4. 依法判处死刑缓期两年执行的罪犯,在死刑缓期执行期间,如果故意犯罪,查证属实,应当执行死刑的,由高级人民法院报请最高人民法院核准。

二、报请复核的案卷材料和法律文书

报送死刑复核案件,必须做到犯罪事实清楚,证据确实、充分,适用法律正确,诉讼文件齐备。中级人民法院或高级人民法院报请复核死刑(死缓)案件,应当一案一报。报送的材料应当包括:报请复核报告、第一、二审裁判文书,死刑案件综合报告各五份以及全部案卷、证据;死刑案件综合报告,第一、二审裁判文书和审理报告应当附送电子文本。具体内容如下:

1. 报请复核报告。报请复核报告包括下列内容:①案由;②简要案情(时间、地点、手段、情节、后果等);③审理过程;④判决结果。

2. 案件综合报告。案件综合报告包括下列内容：①被告人、被害人的基本情况；②案件的由来和审理经过；③案件侦破情况；④第一审审理情况；⑤第二审审理或者高级人民法院复核情况；⑥需要说明的问题；⑦处理意见。

3. 诉讼案卷和证据。根据案件具体情况，诉讼案卷和证据应当包括下列内容：①拘留证、逮捕证、搜查证的复印件；②扣押赃款、赃物和其他在案物证的清单；③公安机关、国家安全机关的起诉意见书或者人民检察院的侦查终结报告；④人民检察院的起诉书；⑤案件审查报告、法庭审理笔录、合议庭评议笔录和审判委员讨论决定笔录；⑥上诉状、抗诉书；⑦人民法院的判决书、裁定书和宣判笔录、送达回证；⑧能够证明案件具体情况并经过查证属实的各种肯定的和否定的证据，包括物证或者物证照片、书证、证人证言、被害人陈述、犯罪嫌疑人、被告人供述和辩解、鉴定意见、勘验、检查、辨认、侦查实验笔录、视听资料、电子数据以及辩护词及辩护律师所提出的证据等。

三、复核的方式

根据《刑事诉讼法》第 238 条的规定，最高人民法院复核死刑案件，高级人民法院复核死刑缓期二年执行的案件，应当由审判员三人组成合议庭进行。合议庭复核案件时，应当采取以下方式：

1. 对案卷进行全面审查，必要时可以调查。阅卷是重要的复核方式，通过全面审查案卷，可以发现原判认定犯罪事实是否清楚，证据是否确实、充分，定性是否准确，法律手续是否完备，对被告人判处死刑是否正确，以便结合讯问被告人等对案件作出正确的处理。审查案卷应当全面进行，一般包括下列内容：①被告人的年龄，有无刑事责任能力，是否是正在怀孕的妇女，是否属于未成年人及已满 75 周岁的人；②原审判决认定的事实是否清楚，证据是否确实、充分；③犯罪情节、后果及危害程度；④原审判决适用法律是否正确，是否必须判处死刑，是否必须立即执行；⑤有无法定、酌定从重、从轻或者减轻处罚的情节；⑥诉讼程序是否合法；⑦其他应当审查的情况。

2. 讯问被告人。《刑事诉讼法》第 240 条规定："最高人民法院复核死刑案件，应当讯问被告人。"在死刑复核程序中，被告人面临被剥夺生命的境况，其知晓案情，对一审、二审人民法院审理，对原判认定的犯罪事实、适用法律及判处的死刑是否正确了解得最清楚。同时，讯问被告人也是赋予其最后辩解的机会，对于查明案件事实、正确适用死刑、切实保障被告人的实体权利和程序权利均有重要作用。

3. 听取辩护律师的意见。《刑事诉讼法》第 240 条规定："最高人民法院复核死刑案件，应当讯问被告人，辩护律师提出要求的，应当听取辩护律师的意见。"这是2012年修改刑事诉讼法时新增加的内容,以充分维护被告人的合法权利。辩护律师提出要求的方式可以是来电、来函等方式,办案人员听取辩护律师的意见之后,应当在决定是否核准死刑时综合考虑。

现有规定虽然强化了死刑复核程序的诉讼化色彩,加强了辩护律师的参与度。但是此举仍然不够彻底,主要以书面审查为主,依旧带有较强的行政色彩。目前,律师只能靠阅卷来发现证据中的问题,并且通过书面提出意见。最理想的结果是将死刑复核程序改造为完全诉讼化的三审程序,但当前仍不现实。目前比较可行的改革是有条件的开庭审理,在案件事实认定出现重大分歧时,最高人民法院可以根据控辩双方的申请或者依职权决定开庭审理。

4. 制作复核审理报告。最高人民法院复核死刑案件进行全面审查后,合议庭应当进行评议并写出复核审理报告。审核报告应当包括下列内容:①案件的由来和审理经过;②被告人和被害人简况;③案件的侦破情况;④原审判决要点和控辩双方意见;⑤对事实和证据复核后的分析与认定;⑥合议庭评议意见和审判委员会讨论决定意见;⑦其他需要说明的问题。

四、复核的内容

复核死刑案件,应当对案件事实认定、法律适用、诉讼程序进行全面审查,具体包括:

1. 原审认定的主要事实是否清楚,证据是否确实、充分。
2. 犯罪情节、后果和危害程度。综合考虑该犯罪是否达到了"罪行极其严重"的程度。
3. 原审判决、裁定定性是否准确,罪名的认定是否与案件事实、证据及有关法律规定相吻合,是否必须判处死刑立即执行。
4. 被告人犯罪时的年龄和其他个人情况。特别应注意:犯罪的时候是否已满18周岁,不满18周岁的人,不适用死刑;如果是女犯,审判的时候是否怀孕,对于怀孕的妇女不适用死刑;被告人有无刑事责任能力。
5. 有无法定、酌定从轻或者减轻处罚的情节,以及其他应当审查的情况。
6. 审查审判期间有无违反法定程序和影响审判公正的情形。

五、死刑立即执行案件复核后的处理

对报请复核的死刑案件全面审查后,合议庭应当进行评议并写出书面复核审理报告。报告内容如前所述。《刑事诉讼法》第239条规定:"最高人民法院复

核死刑案件，应当作出核准或者不核准死刑的裁定。对于不核准死刑的，最高人民法院可以发回重新审判或者予以改判。"根据这一规定及有关司法解释，死刑立即执行案件复核后应当按照下列情形分别处理：

1. 核准。①原判认定事实和适用法律正确、量刑适当、诉讼程序合法的，应当裁定核准；②原判认定的某一具体事实或者引用的法律条款等存在瑕疵，但判处被告人死刑并无不当的，可以在纠正后作出核准的判决、裁定。

2. 不予核准，撤销原判，发回重审。①原判事实不清、证据不足的，应当裁定不予核准，并撤销原判，发回重新审判；②复核期间出现新的影响定罪量刑的事实、证据的，应当裁定不予核准，并撤销原判，发回重新审判；③原判认定事实正确，但依法不应当判处死刑的，应当裁定不予核准，并撤销原判，发回重新审判；④原审违反法定诉讼程序，可能影响公正审判的，应当裁定不予核准，并撤销原判，发回重新审判。

此外，对一人有两罪以上被判处死刑的数罪并罚案件，最高人民法院复核后，认为其中部分犯罪的死刑判决、裁定事实不清、证据不足的，应当对全案裁定不予核准，并撤销原判，发回重新审判；认为其中部分犯罪的死刑判决、裁定认定事实正确，但依法不应当判处死刑的，可以改判，并对其他应当判处死刑的犯罪作出核准死刑的判决。对有两名以上被告人被判处死刑的案件，最高人民法院复核后，认为其中部分被告人的死刑判决、裁定事实不清、证据不足的，应当对全案裁定不予核准，并撤销原判，发回重新审判；认为其中部分被告人的死刑判决、裁定认定事实正确，但依法不应当判处死刑的，可以改判，并对其他应当判处死刑的被告人作出核准死刑的判决。

最高人民法院裁定不予核准死刑的，根据案件情况，可以发回第二审人民法院或者第一审人民法院重新审判。第一审人民法院重新审判的，应当开庭审理。第二审人民法院重新审判的，可以直接改判；必须通过开庭查明事实、核实证据或者纠正原审程序的，应当开庭审理。最高人民法院裁定不予核准死刑，发回重新审判的案件，原审人民法院应当另行组成合议庭审理，但复核期间出现新的影响定罪量刑的事实、证据的与原判认定事实正确，但依法不应当判处死刑的两种情形除外。

六、最高人民检察院对死刑复核程序的监督

根据《刑事诉讼法》第240条第2款的规定，在复核死刑案件过程中，最高人民检察院可以向最高人民法院提出意见。最高人民法院应当将死刑复核结果通报最高人民检察院。为了发挥最高人民检察院在死刑复核程序中的监督作用，保障死刑复核程序中被告人的合法权利，保证死刑复核案件的质量，2012年刑事

诉讼法修改时增加了最高人民检察院对死刑复核程序的法律监督。

根据最高检《规则》和最高法《解释》的规定，最高人民检察院发现在死刑复核期间的案件具有下列情形之一，经审查认为确有必要的，应当向最高人民法院提出意见：①认为死刑二审裁判确有错误，依法不应当核准死刑的；②发现新情况、新证据，可能影响被告人定罪量刑的；③严重违反法律规定的诉讼程序，可能影响公正审判的；④司法工作人员在办理案件时，有贪污受贿、徇私舞弊，枉法裁判等行为的；⑤其他需要提出意见的。最高人民检察院应当在最高人民法院裁判文书下发前以死刑复核案件意见书的形式提出意见。最高人民检察院对于受理的死刑复核监督案件，应当在一个月以内作出决定；因案件重大、疑难、复杂，需要延长审查期限的，应当报请检察长批准，适当延长办理期限。死刑复核案件意见书应当提出明确的意见或者建议，并说明理由和法律依据。最高人民检察院提出意见的，最高人民法院应当审查，并将采纳情况及理由反馈给最高人民检察院。对于最高人民检察院提出应当核准死刑意见的案件，最高人民法院经审查仍拟不核准死刑，决定将案件提交审判委员会会议讨论并通知最高人民检察院派员列席的，最高人民检察院检察长或者受检察长委托的副检察长应当列席审判委员会会议。

第三节　死刑缓期二年执行案件的复核程序

一、死刑缓期二年执行案件的报请核准

死刑缓期二年执行不是单独的刑罚种类，而是死刑的一种执行方式。依照刑法规定，对于应当判处死刑的罪犯，如果不是必须立即执行的罪犯，在判处死刑同时宣告缓期二年执行。由于判处死刑缓期二年执行的案件，不像死刑立即执行那样一经执行即不可挽回，并且死缓司法实践表明，被判处死刑缓期二年执行的罪犯，缓刑期满后一般被减为无期徒刑或者有期徒刑。因此，其程序无需像判处死刑立即执行那样必须经过最高人民法院核准。但是死刑缓期二年执行毕竟是死刑的一种执行方式，有必要规定严格的审查程序。因此，刑事诉讼法规定了对于判处死刑缓期二年执行的核准程序。

《刑事诉讼法》第 237 条规定："中级人民法院判处死刑缓期二年执行的案件，由高级人民法院核准。"这一规定表明，判处死刑缓期二年执行案件的核准权在高级人民法院，对于这类案件应当报请高级人民法院复核、核准，并应当按照下列情形分别处理：

1. 中级人民法院一审判处死刑缓期两年执行的案件，如果被告人不上诉、

人民检察院不抗诉，在上诉、抗诉期满后，应当报请高级人民法院核准。

2. 中级人民法院一审判处死刑缓期两年执行的案件，如果被告人上诉或者人民检察院抗诉，则应当按照第二审程序的规定将案件移送高级人民法院审理。高级人民法院同意判处死刑缓期二年执行的，作出维持原判并核准死刑缓期二年执行的裁定；如果认为原判量刑过重，应当依法改判；如果认为事实不清、证据不足的，应当裁定发回重新审判。

中级人民法院在报请复核时，应当写出报请复核报告、死刑缓期执行案件综合报告，连同各种诉讼文书及全部证据等材料，一并送交高级人民法院。报请复核时，也要坚持一案一报的原则，不能等积累了若干案件一起报送。

3. 高级人民法院一审判处死刑缓期两年执行的案件，如果被告人不上诉、人民检察院不抗诉，在上诉、抗诉期满后，高级人民法院再按照死刑复核程序对死刑缓期两年执行案件进行复核；如果被告人上诉、人民检察院抗诉，则按照第二审程序的规定将案件移送最高人民法院进行审理，最高人民法院的二审裁判为终审裁判，不能上诉和抗诉。

二、死刑缓期二年执行案件复核的审理程序

高级人民法院复核"死缓"案件的内容和方式与复核死刑立即执行相同。根据最高法《解释》，高级人民法院复核死刑缓期执行案件，应当按照下列情形分别处理：

1. 原判认定事实和适用法律正确、量刑适当、诉讼程序合法的，应当裁定核准；

2. 原判认定的某一具体事实或者引用的法律条款等存在瑕疵，但判处被告人死刑缓期执行并无不当的，可以在纠正后作出核准的判决、裁定；

3. 原判认定事实正确，但适用法律有错误，或者量刑过重的，应当改判；

4. 原判事实不清、证据不足的，可以裁定不予核准，并撤销原判，发回重新审判，或者依法改判；

5. 复核期间出现新的影响定罪量刑的事实、证据的，可以裁定不予核准，并撤销原判，发回重新审判，或者依照最高法《解释》第220条规定审理后依法改判；

6. 原审违反法定诉讼程序，可能影响公正审判的，应当裁定不予核准，并撤销原判，发回重新审判。

高级人民法院复核死刑缓期执行案件，不得加重被告人的刑罚。

第二十三章 审判监督程序

第一节 概 述

一、审判监督程序的概念和性质

审判监督程序是指人民法院、人民检察院对已经发生法律效力的判决和裁定，发现在认定事实或适用法律上确有错误，依法重新启动审判程序对案件进行重新审判的程序。审判监督程序是对裁判已经发生法律效力的案件进行再次审理的程序，因此，审判监督程序通常又被称为再审程序。

审判监督程序与审判监督是两个不同的法律概念。审判监督泛指有关机关、团体和公民对人民法院审判工作实行监督，既包括人民检察院对审判工作实行监督，也包括法院系统内上级法院对下级法院审判工作的监督，如通过第二审程序、死刑复核程序、审判监督程序以及利用司法解释、批复等方式对审判工作实行监督，还包括国家权力机关、人大代表、人民群众及新闻媒体等对审判工作的社会监督；而审判监督程序则是为了纠正错误裁判而提起的诉讼程序，即仅对已经发生法律效力的判决和裁定，经审查发现确有错误的，才依法提起并进行重新审判的程序。因此，审判监督程序只是审判监督的一个方面或一种表现形式，而不是审判监督的全部内容，不能将二者混为一谈。

审判监督程序的性质体现在如下三个方面：首先，审判监督程序属于审判程序，具有审判程序的一般特点。我国《刑事诉讼法》第三编将审判监督程序放在审判当中进行规范已经充分地说明了这一点；其次，审判监督程序是刑事审判体系中的一个独立程序。在整个刑事审判体系当中，审判监督程序独立存在，它具有特定的审判对象和审判任务，不从属于第一审程序、第二审程序和死刑复核程序。尽管审判监督程序是一项独立的诉讼程序，但是它在刑事诉讼中并不是每一个案件的必经程序。根据《刑事诉讼法》有关规定，只有在满足特殊条件的情况下，法院才会按照审判监督程序对案件进行重新审判；最后，审判监督程序属于特殊救济程序。在刑事诉讼中，尽管审判监督程序和上诉程序都具有救济的功能，但是，理论界一般将审判监督程序称为特殊的救济程序，而将上诉程序称为普通的救济程序。这是因为，审判监督程序救济的对象是已经发生法律效力的裁判，而上诉程序救济的对象是尚未发生法律效力的裁判。

为了使已经发生法律效力但却有错误的案件获得重新处理，世界各国都规定了相应的再审程序。从当今各国的立法及司法实践来看，不同国家的再审程序各有特点，尤其是英美法系和大陆法系国家的再审程序区别较为明显。

大陆法系的再审程序以法国和德国为代表。在法国，再审需要向最高法院提出。最高法院应当对再审申请进行实质性审查，审查时应当认真听取申请人、律师、检察官的意见。审查后认为理由充分，需要撤销原判，重新作出判决的，应将案件移送原审法院的同级法院重新审判；审查后认为理由不足的，则应当驳回申请，申请人应承担全部诉讼费用。由于在法国，案件的再审只为被告人利益提起，禁止不利于被告的再审，因此有学者将法国的再审制度称为"保护被告人模式"。在德国，对生效裁判进行再审是从发现真实的原则出发，因此我国学者称其为"实体真实模式"。"实体真实模式"重在求得实体真实，维护社会利益，因而，对案件的再审不限于保护受判决人的利益，对受判决人不利的再审也可以进行，不过较之有利于受判决人的再审，其启动更为严格。

在英美法系国家，由于采取彻底的辩论主义，遵循"避免双重危险"原则，加之实行陪审团裁判制度，所以，我国学者一般认为其不存在完整、系统的刑事再审制度。但是，这并不意味着英美法系国家完全没有对生效裁判重新审判的程序。在美国，被告人被州法院生效裁判确定有罪后，还可以向联邦法院申请"人身保护令"，或者直接向联邦最高法院申请"调卷令"，从而启动对案件重新审判的程序。在英国，可对生效裁判启动再审程序的是"调卷令"。英国高等法院王座法庭可以依职权或根据审判受害人的申请，对作出生效裁判的下级法院签发调卷令，令其将案件移送高等法院审查。高等法院认为原判存在错误或不恰当的，可以撤销原判，予以改判。当然，由于英美法系国家在刑事诉讼中严格奉行禁止双重危险等一系列原则，上述对生效裁判进行重新审判的程序在启动上要求非常严格，因为实践中对生效裁判进行再审的较为少见。

二、审判监督程序的特点

根据我国《刑事诉讼法》的有关规定，审判监督程序具有如下几个特征：①有权提起审判监督程序的主体是人民法院和人民检察院；②审判监督程序的审理对象是已经发生法律效力的判决和裁定；③提起审判监督程序必须具备法定理由，即生效判决和裁定在认定事实或者适用法律上确有错误；④重新审判案件的人民法院以及具体程序，根据提起审判监督程序的主体和案件的不同而有所区别。这决定了审判监督程序与刑事第二审程序以及死刑复核程序既有联系，又有区别。

审判监督程序与第二审程序相比，虽然两者都是对案件进行重新审判的程序，都是对原判决、裁定所认定的事实和适用法律进行全面审查，使错误裁判得到纠正的程序，但是，它们之间有明显的区别，主要表现在：

（1）审理的对象不同。审判监督程序审理的对象是已经发生法律效力的裁判，包括正在执行和已经执行完毕的裁判。而第二审程序审理的对象仅限于尚未发生法律效力的裁判，不存在停止或者中止执行问题。

（2）提起的主体不同。审判监督程序应当由最高人民法院、上级人民法院以及各级人民法院院长提交审判委员会讨论决定提起，或者由最高人民检察院、上级人民检察院抗诉提起。而第二审程序则是由当事人（被害人除外）及其法定代理人或经其同意的辩护人、近亲属的上诉引起，或者由同级人民检察院的抗诉引起。

（3）提起的条件不同。提起审判监督程序具有严格的条件限制，即只有在经过法定主体审查之后，有充分的根据和理由认定已经生效的裁判确有错误时，才能由法定的主体提起审判监督程序。而只要具有合法的上诉或者抗诉，就能引起第二审程序，而不论其上诉有无理由，或者抗诉理由是否充分，原审法院的上一级法院都必须按照第二审程序对案件进行审理。

（4）有无提起的期限要求不同。提起审判监督程序法律没有明确规定期限，只有在发现新罪或者需要将无罪改为有罪时，才受追诉时效期限的限制，对有罪改为无罪的，法律未规定任何期限限制。但是值得注意的是，为了改变申诉无限的状况，最高人民法院的司法解释对当事人的申诉期限作了明确的限制，根据2002年11月1日开始实施的最高人民法院《关于规范人民法院再审立案的若干意见（试行）》（以下简称《再审立案意见》）第10条的规定，除了特殊情况以外，人民法院对刑事案件的申诉人在刑罚执行完毕后2年内提出的申诉才予以受理；而引起第二审程序的上诉、抗诉，必须在法定的期限内提出，逾期而又无正当理由提出上诉、抗诉的，第二审人民法院不予受理。

（5）审理案件的法院不同。按照审判监督程序审判案件的法院，既可以是原来的一审法院或二审法院，也可以是提审的任何上级法院，还可以是由上级法院依法指令与原审同级的任何法院；而按照第二审程序审理案件的法院，只能是原审法院的上一级人民法院。

（6）适用刑罚有无加刑限制不完全相同。按照审判监督程序重新审理的案件，除人民检察院抗诉的以外，一般不得加重原审被告人（原审上诉人）的刑罚；而按照二审程序审理的案件，则必须严格遵守上诉不加刑原则，即在只有被告人一方提起上诉的情况下，第二审人民法院不得加重被告人的刑罚。

（7）作出裁判的法律效力不同。按照审判监督程序所作出的裁判的法律效力取决于审判监督程序所适用的程序和审级。如果生效裁判的案件原来是第一审案件，审判监督程序应当依照第一审程序进行审判，所作新裁判允许有关主体在法定期限向第二审法院提起上诉或者抗诉。如果生效裁判的案件原来是第二审案件，或者是上级人民法院提审的案件，审判监督程序应当按照第二审程序进行，所作新裁判是终审裁判，不允许上诉或者抗诉；而按照第二审程序作出的裁判，除了法律规定需要复核的死刑裁判以外，一经作出，立即产生法律效力。

审判监督程序与死刑复核程序相比，尽管两者均属特别审判程序，但是，它们在适用对象、有权审理的法院、以及审理后所作的裁判效力等方面都有不同。审判监督程序适用的是一切确有错误的生效裁判，对这些案件可以依法由各级人民法院进行审判，所作的判决或裁定取决于原审裁判的程序和审级，即如果原来是第一审案件依照第一审程序进行审判，所作的判决、裁定，可以上诉、抗诉；如果原来是第二审案件或者是由上级人民法院提审的案件，所作的判决、裁定，是终审的判决裁定。而死刑复核程序则只适用于未生效的死刑（含死缓）案件，由最高人民法院或者高级人民法院核准后生效，立即执行死刑的，由最高人民法院院长签发执行死刑命令后才能执行。

三、审判监督程序的任务和意义

一般认为，审判监督程序的任务是正确认定案件事实和适用法律，纠正确有错误的生效裁判，做到既准确有效地惩罚犯罪分子，又保障无罪的人不受刑事追究。在刑事司法实践中，审判监督程序的意义主要体现在以下几个方面：

首先，审判监督程序有助于纠正错误裁判，确保法律得到正确的实施。通过审判监督程序，再审法院可以发现原审法院在认定事实和适用法律方面存在的问题和缺陷，并按照重新查明的案件事实，正确地对案件作出相应的处理，从而纠正原审确有错误的裁判。

其次，审判监督程序有助于审判监督，提高审判工作的质量。通过审判监督程序，最高人民法院可以发现地方各级人民法院、上级人民法院可以发现下级人民法院在审判工作中的存在的问题，帮助其总结经验和教训，提升审判技术，改进审判方法，提高审判人员的政策水平、法律水平，提高办案质量。

再次，审判监督程序有助于防止司法腐败，提升司法的廉洁性。通过审判监督程序，可以在一定程度上使原审法院的审判行为受到再审法官的制约和监督，从而有助于防止司法腐败行为的发生。

最后，审判监督程序有助于保障当事人的合法权益。在刑事诉讼中，由于种种原因，案件在经过审判以后，难免发生错误。而错误的裁判往往对当事人尤其是被告人的生命、自由、政治或者财产等权利造成一定侵害。而通过审判监督程序，可以纠正确有错误的裁判，从而使当事人的合法权益获得相应的救济。

第二节　审判监督程序的提起

一、提起审判监督程序的材料来源

提起审判监督程序的材料来源，是指发现人民法院生效的判决、裁定确有错误并提出有关证据及其资料等的渠道、途径和来源。提起审判监督程序的材料来源并非直接引起审判监督程序的发生，只有经人民法院、人民检察院审查认为原生效裁判确实存在错误，才能够依法提起审判监督程序。

根据我国《刑事诉讼法》及有关的法律、法规和司法解释，这些材料来源主要有：

（1）案件当事人及其法定代理人、近亲属和有关的案外人的申诉。《刑事诉讼法》第241条规定："当事人及其法定代理人、近亲属，对已经发生法律效力的判决、裁定，可以向人民法院或者人民检察院提出申诉，但是不能停止判决、裁定的执行。"这一规定表明，申诉是法律赋予当事人等的重要权利，审查申诉是人民法院、人民检察院发现生效裁判错误的一条重要途径。

（2）各级人民代表大会代表提出的纠正错案的议案。人大代表与人民群众有密切联系，在视察工作和调查访问过程中能够了解到群众对人民法院判决、裁定正确与否的意见；在人民代表召开会议期间，可以有针对性地提出议案，这也是审判监督程序提起的重要材料来源。

（3）人民群众的来信来访。人民群众的来信来访虽然不同于法律规定的当事人等提出的申诉，但是，它不是泛指人民群众对诉讼和非诉讼问题的一般反映，也不同于群众向党政机关反映情况和提出要求，而是他们出于司法应当公正的正义感，对已经生效的裁判认为有错误而提出的材料和意见。这些材料和意见，是审判监督程序的重要材料来源，也是人民群众监督司法工作的重要方式。

（4）司法机关通过办案或者复查案件对错案的发现。公安司法机关在办案过程中，一方面通过本案的证据，会发现新的案件线索，扩大战果；另一方面通过定期或不定期的案件复查会发现自身或下级司法机关办案中存在的错误。这两个方面一同构成了提起审查监督程序的重要材料来源。

（5）机关、团体、企业、事业单位和新闻媒体、网络等对生效裁判反映的意见。党政部门、各级党的纪检组织、国家监督机关和国家经济管理机关（海关、税务、工商）等，在社会调查和履行职责中，发现生效裁判可能有错误，向有关司法机关所作的建议、复查案件的文件及其材料等，都是提起审判监督程序的材料来源。律师协会、律师事务所等在履行职务中发现有错误的生效裁判，并以法律意见书等形式向司法机关提出意见，当然也是提起再审的重要材料来源。对以上各种材料、意见等，司法机关都应予充分重视，及时查处。

（一）申诉的概念与主体

鉴于申诉是当事人的重要诉讼权利，是审判监督程序提起的最为主要的途径，故本节以当事人及其法定代理人、近亲属的申诉为重点展开论述。

审判监督程序中的申诉，是指申诉权人对人民法院的生效裁判不服，以书状或口头形式向人民法院或者人民检察院提出该裁判在认定事实或适用法律上的错误并要求重新审判的行为。

审判监督程序中的申诉不同于第二审程序中的上诉，两者的主要区别在于：①针对的对象不同。申诉的对象是已经发生法律效力的判决、裁定；而上诉的对象是尚未发生法律效力的一审判决、裁定。②提起的主体不同。申诉的主体是当事人及其法定代理人、近亲属；上诉的主体是被告人、自诉人、附带民事诉讼当事人及其法定代理人、经被告人同意的被告人的辩护人及近亲属。③受理的机关不同。受理申诉的机关包括原审人民法院及其上级人民法院，还包括与上述各级人民法院对应的人民检察院；受理上诉的机关只能是原审人民法院及其上一级人民法院。④提起的期限不同。对于申诉的期限，《刑事诉讼法》并没有明确的规定，司法解释规定了申诉的提起期限一般为刑罚执行完毕2年内；对于上诉，法律规定了期限，不服判决的期限是10日，不服裁定的期限是5日。⑤后果不同。首先，申诉不停止生效判决、裁定的执行；上诉则必然导致一审判决、裁定不能生效；其次，申诉只是提起审判监督程序的材料来源之一，不必然导致审判监督程序的启动；而上诉则必然会引起第二审程序。

申诉也不同于信访，信访指人民群众向人民法院等来信来访，反映审判工作中存在的问题，检举违法乱纪行为等；而审判监督程序中的申诉则是不服生效判决，请求重新处理的一种诉讼行为。法律对申诉的主体作了严格的限制，除案件当事人及其法定代理人、近亲属以外，其他诉讼参与人和一般群众都无权提出申诉。人民法院对申诉应作为可能引起审判监督程序的材料来源予以审查处理，不能当作普通的来信来访对待。人民法院经审查认为申诉不符合《刑事诉讼法》第241条规定的，按来信来访处理。

根据《刑事诉讼法》第241条的规定，申诉的主体即有权对人民法院已经发生法律效力的裁判提出申诉的人，具体包括：①案件当事人，包括原审案件的被告人、被害人、自诉案件的自诉人、附带民事诉讼的原告人和被告人；②当事人的法定代理人，包括被代理人的父母、养父母、监护人和负有保护责任的机关、团体的代表。法定代理人只有在提出申诉时法定代理关系仍然存在时，才拥有申诉权；③当事人的近亲属，包括当事人的配偶、父母、子女、同胞兄弟姐妹。

（二）申诉的理由

为了保障当事人的合法权益，使申诉能够产生引起重新审判的效力，同时保障生效裁判的权威性和稳定性，节约司法资源，申诉人提出申诉，应当提出充分、具体的理由。根据我国《刑事诉讼法》第242条、最高法《解释》第375条及最高检《规则》第591条的规定，申诉的理由有以下几种：

1. 有新的证据证明原判决、裁定认定的事实确有错误，可能影响定罪量刑的。"新的证据"，根据最高法《解释》第376条的规定，是指下列情形：①原判决、裁定生效后新发现的证据；②原判决、裁定生效前已经发现，但未予收集的证据；③原判决、裁定生效前已经收集，但未经质证的证据；④原判决、裁定所依据的鉴定意见、勘验、检查等笔录或者其他证据被改变或者否定的。1996年《刑事诉讼法》第204条在此处仅规定了"有新的证据证明原判决、裁定认定的事实确有错误的"，"可能影响定罪量刑的"是2012年《刑事诉讼法》增加的限制性规定，即不仅需要有新的证据能够证明原判决、裁定认定的事实确有错误，并且该错误可能影响到定罪量刑。

2. 据以定罪量刑的证据不确实、不充分、依法应当予以排除，或者证明案件事实的主要证据之间存在矛盾的。"依法应当予以排除"是2012年《刑事诉讼法》增加的情形，与新增的有关非法证据排除的规定相衔接。

3. 原判决、裁定适用法律确有错误的。包括主要事实依据被依法变更或者撤销的、罪与非罪认定错误、此罪与彼罪认定错误以及轻罪重判、重罪轻判等量刑错误和违反法律关于溯及力规定等。

4. 违反法律规定的诉讼程序，可能影响公正审判的。违反法定程序，主要是指违反《刑事诉讼法》第227条规定的"发回重审"五种法定情形之一的。

5. 审判人员在审理该案件的时候，有贪污受贿、徇私舞弊、枉法裁判行为的。这里的审判人员既包括原审合议庭成员，也包括参与本案讨论的庭长、副庭长及所有审判委员会成员，只要有证据证明其中一人有上述行为并造成枉法裁判的，即可引起再审。

上述申诉理由，只要具备其中之一，人民法院就应当依照审判监督程序对案件进行重新审判。

(三) 申诉的提出、受理及审查处理

1. 申诉的提出。

根据《刑事诉讼法》的规定，当事人及其法定代理人、近亲属的申诉，既可以向人民法院提出，也可以向人民检察院提出。最高人民法院和最高人民检察院的司法解释对再审申诉作出了一系列具体规定。《再审立案意见》中规定，再审申请人或申诉人向人民法院申请再审或申诉，应当提交以下材料：①再审申请书或申诉状，应当载明当事人的基本情况、申请再审或申诉的事实和理由。②原一、二审判决书、裁定书等法律文书，经过人民法院复查或再审的，应当附有驳回通知书、再审判决书或裁定书。③以有新的证据证明原裁判认定的事实确有错误为由申请再审或申诉的，应当同时附有证据目录、证人名单和主要证据复印件或者照片；需要人民法院调查取证的，应当附有证据线索。申请再审或申诉不符合前述规定的，人民法院不予审查。

2. 申诉的受理。

人民法院对刑事案件的申诉人在刑罚执行完毕后2年内提出的申诉，应当受理；超过2年提出申诉，具有下列情形之一的，应当受理：①可能对原审被告人宣告无罪的；②原审被告人在《再审立案意见》规定的期限内向人民法院提出申诉，人民法院未受理的；③属于疑难、复杂、重大案件的。不符合前述规定的，人民法院不予受理。此外，以下三种情形亦不予受理：①人民法院对不符合法定主体资格的再审申请或申诉，不予受理；②上级人民法院对经终审法院的上一级人民法院依照审判监督程序审理后维持原判或者经两级人民法院依照审判监督程序复查均驳回的申请再审或申诉案件，一般不予受理。但申诉人提出新的理由，且符合《刑事诉讼法》第242条及《再审立案意见》规定条件的，以及刑事案件的原审被告人可能被宣告无罪的除外；③最高人民法院再审裁判或者复查驳回的案件，再审申请人或申诉人仍不服提出再审申请或申诉的，不予受理。

人民检察院对申诉案件的受理实行分级负责制：县级人民检察院负责查办不服基层人民法院已经发生法律效力的裁判提出的申诉，市、州、盟人民检察院或者检察分院负责查办对中级人民法院已经发生法律效力的裁判提出的申诉，省级（自治区、直辖市）人民检察院负责查办不服高级人民法院已经发生法律效力的裁判提出的申诉，最高人民法院负责查办不服最高人民法院已经发生法律效力的裁判提出的申诉。

3. 申诉的审查处理。

（1）人民法院对申诉的审查处理。根据《再审立案意见》第6条的规定，申请再审或申诉一般由终审人民法院审查处理。上一级人民法院对未经终审人民法院审查处理的再审申请或申诉，一般交终审人民法院审查；对经终审人民法院审查处理后仍然坚持申请再审或申诉的,应当受理。对未经终审人民法院及其上一级人民法院审查处理,直接向上级人民法院申请再审或申诉的,上级人民法院应当交下一级人民法院处理。对最高人民法院核准死刑的案件申诉,可以由原核准的人民法院直接处理,也可以交由原审人民法院审查。原审人民法院应当写出审查报告,提出处理意见,逐级上报核准的人民法院审定。人民法院受理申诉后,应当在3个月内作出决定,至迟不得超过6个月。

人民法院经过审查,认为具有《刑事诉讼法》第242条规定的情形之一的,由院长提请审判委员会决定重新审判。[1] 人民法院经过审查,对不符合上述情形的申诉,应当说服申诉人撤回申诉;对仍然坚持申诉的,应当书面通知驳回。申诉人对驳回申诉不服的,可以向上一级人民法院申诉。上一级人民法院经审查,认为申诉不符合《刑事诉讼法》第242条规定的,应当予以驳回。经两级人民法院处理后又提出申诉的,如果没有新的充分理由,人民法院可以不再受理。此外,《再审立案意见》第11条还规定,人民法院对刑事附带民事案件中仅就民事部分提出申诉的,一般不予再审立案。但有证据证明民事部分明显失当且原审被告人有赔偿能力的除外。

(2) 人民检察院对申诉的审查处理。根据司法解释的规定,当事人及其法定代理人、近亲属对已经发生法律效力的判决、裁定,认为有错误向人民检察院申诉的,人民检察院的控告申诉部门、监所检察部门应当分别受理,依法审查,并将审查结果告知申诉人。

人民检察院对受理材料应迅速审查,认为需要复查的,由承办人填写案件处理呈批表,经主管领导批准后复查。对批准复查的申诉案件,应当拟定复查计划,确定需要查清的主要问题以及复查方法、步骤、措施和完成的时间等。复查终结后,办案人员应制作结案报告,内容包括:申诉的主要问题和主要事实;查证的情况和结果;复查处理意见等。重大的案件应报检察长或者检察委员会批准。认为法院原判决、裁定正确的,驳回申诉,并制作驳回申诉通知书。原判决、裁定确有错误,需要纠正的,应制作改判建议书,建议人民法院重新审理,必要时经检察长或检察委员会决定,可按照审判监督程序提出抗诉。

---

[1] 对此,《再审立案意见》第7条作出了进一步的规定,即对终审刑事裁判的申诉,具备下列情形之一的,人民法院应当决定再审:①有审判时未收集到的或者未被采信的证据,可能推翻原定罪量刑的;②主要证据不充分或者不具有证明力的;③原裁判的主要事实依据被依法变更或撤销的;④据以定罪量刑的主要证据自相矛盾的;⑤引用法律条文错误或者违反《刑法》第12条的规定适用失效法律的;⑥违反法律关于溯及力规定的;⑦量刑明显不当的;⑧审判程序不合法,影响案件公正裁判的;⑨审判人员在审理案件时索贿受贿、徇私舞弊并导致枉法裁判的。

二、提起审判监督程序的主体

考虑到审判监督程序审理的对象是已经发生法律效力甚至已经得到执行的裁判,我国对有权提起审判监督程序的主体进行了严格的限制。根据《刑事诉讼法》及司法解释的规定,有权提起审判监督程序的主体包括如下几个:

(一) 各级人民法院院长及其审判委员会

我国《刑事诉讼法》第243条第1款规定:"各级人民法院院长对本院已经发生法律效力的判决和裁定,如果发现在认定事实上或者在适用法律上确有错误,必须提交审判委员会处理。"对该条的理解需要强调以下三点:

1. 人民法院院长若认为本院生效裁判确有错误,不能直接提起审判监督程序。因此,对本院已经发生法律效力的判决、裁定提起审判监督程序的权力应当由院长和审判委员会共同行使,院长负责将拟提起审判监督程序的本院生效裁判提交审判委员会进行讨论,由审判委员会决定是否对案件进行重新审判。

2. 各级人民法院院长和审判委员会提起审判监督程序的对象只能是本院的生效裁判,而不能是上级或者其他法院的生效裁判。如果一审属于本院,后来又经过二审终审的案件,发现确有错误,则一审人民法院院长及审判委员会无权提交和决定再审,只能向第二审人民法院提出意见,由第二审法院决定是否提起审判监督程序。第二审人民法院经依法提交讨论,决定提起再审的,既可以由本院重新审判,也可以发回原审人民法院重新审判。

3. 对于各级人民法院提起审判监督程序重新审判案件的次数,《刑事诉讼法》虽然没有作出明确规定,但是为了保障法律程序的严肃性,最高人民法院以司法解释的形式规定,上级人民法院对经终审法院的上一级人民法院依照审判监督程序审理后维持原判或者经两级人民法院依照审判监督程序复查后均驳回的申请再审或申诉案件,一般不予受理。

(二) 最高人民法院和上级人民法院

我国《刑事诉讼法》第243条第2款规定:"最高人民法院对各级人民法院已经发生法律效力的判决和裁定,上级人民法院对下级人民法院已经发生法律效力的判决和裁定,如果发现确有错误,有权提审或者指令下级人民法院再审。"根据这一规定,最高人民法院和上级人民法院有权监督和指导本级以下的人民法院和专门法院的审判工作,发现他们的生效判决和裁定确有错误,有权依照审判监督程序提审或者指令下级人民法院再审。

提审和指令下级人民法院再审,是最高人民法院和上级人民法院提起审判监督程序的两种方式。所谓提审,是指最高人民法院或上级人民法院认为确有错误的案件不需要或者不宜由下级人民法院重新审判而由自己进行审判的方式;指令再审,是指依法指令原审或者本级人民法院的其他下级人民法院重新审判的方式。根据法律规定和司法实践经验,一般作法是:原审裁判在认定案件事实上有错误或事实不清、证据不足或发现新事实、新证据的,为了便于就地调查和传唤当事人等出庭核实,由最高人民法院或上级人民法院指令下级人民法院再审。相反,对于那些原判认定事实正确,但是适用法律上有错误,或者属于案情疑难、复杂、重大的,或者其他不宜由原审人民法院再审的,均由最高人民法院或上级人民法院依法提审。但是,根据《刑事诉讼法》第243条第4款的规定,人民法院对人民检察院依照审判监督程序提出抗诉的案件,应当组成合议庭重新审理,只有对那些原判决事实不清或者证据不足的案件,才可以指令下级人民法院再审。

(三)最高人民检察院和上级人民检察院

我国《刑事诉讼法》第243条第3款规定:"最高人民检察院对各级人民法院已经发生法律效力的判决和裁定,上级人民检察院对下级人民法院已经发生法律效力的判决和裁定,如果发现确有错误,有权按照审判监督程序向同级人民法院提出抗诉。"对于这一规定,应当从以下几方面进行理解:

1. 人民检察院按照审判监督程序提出的抗诉,具有直接提起审判监督程序的效力。这是因为人民检察院作为国家的法律监督机关,审查案件当事人及其法定代理人、近亲属提出的申诉,或是对案件自行复查后,依法提出抗诉,是人民检察院行使法律监督权的重要方式。

2. 有权通过审判监督程序提出抗诉的机关只能是最高人民检察院或者其他原审人民法院的上级人民检察院。地方各级人民检察院和下级人民检察院发现同级人民法院或上级人民法院的判决、裁定确有错误,无权提出抗诉,只能向其上级人民检察院提出《提请抗诉报告书》,请求上级人民检察院向同级人民法院提出抗诉,是否提出抗诉,由接到请求的人民检察院决定。

3. 最高人民检察院有权对各级人民法院的生效案件依照审判监督程序提出抗诉。最高人民法院的判决和裁定,一经宣告立即生效,但是,如果最高人民检察院发现裁判确有错误,有权按照审判监督程序直接向最高人民法院提出抗诉。

4. 人民检察院对于按照审判监督程序提出抗诉的案件,认为人民法院作出的判决、裁定仍然确有错误的,如果案件是依照第一审程序审判的,同级人民检察院应当通过第一审人民法院向上级人民法院提出抗诉;如果案件是依照第二审程序审判的,上一级人民检察院应当向同级人民法院提出抗诉。

需要注意的是,人民检察院依据审判监督程序提起的抗诉,亦称再审抗诉,其和人民检察院依照第二审程序提出的抗诉,均是人民检察院对人民法院的审判活动实施法律监督的重要方式。但作为两种不同的抗诉制度,主要区别如下:

（1）抗诉的对象不同。再审抗诉针对的是已经发生法律效力的判决、裁定；二审抗诉的对象则是地方各级人民法院尚未发生法律效力的第一审判决、裁定。

（2）有权抗诉的机关不同。有权提起再审抗诉的是最高人民检察院及上级人民检察院；有权提起二审抗诉的是第一审人民法院的同级人民检察院。基层人民检察院无再审抗诉权，最高人民检察院无二审抗诉权，其他地方各级人民检察院都有二审抗诉权和再审抗诉权。

（3）接受抗诉的机关不同。接受再审抗诉的是提出抗诉的人民检察院的同级人民法院；接受二审抗诉的是提出抗诉人民检察院的上一级人民法院。

（4）提起的期限不同。我国《刑事诉讼法》没有对再审抗诉的期限作出具体的规定；二审抗诉必须在法定期间内提出。

（5）抗诉的效力不同。再审抗诉不会停止原判决、裁定的执行；二审抗诉将阻止第一审判决、裁定发生法律效力。

三、提起审判监督程序的理由

提起审判监督程序的理由，又称提起审判监督程序的条件，是指在什么情况下人民法院对已经生效的裁判决定启动审判监督程序进行重新审判。对此，《刑事诉讼法》第 243 条对提起审判监督程序的理由作了原则性的规定，即"发现人民法院已经发生法律效力的判决和裁定确有错误"。但对于如何确认"确有错误"，法律并未作出具体规定，从诉讼理论和司法实践分析，主要包括以下几种情况：事实认定错误；法律适用错误；严重的诉讼程序错误。根据《刑事诉讼法》及相关司法解释的规定，人民法院对已经发生法律效力的判决、裁定发现有以下情形之一的，应当决定再审：①有审判时未收集到的或者未被采信的证据，可能推翻原定罪量刑的；②主要证据不充分或者不具有证明力的；③原裁判的主要事实依据被依法变更或撤销的；④据以定罪量刑的主要证据自相矛盾的；⑤引用法律条文错误或者违反《刑法》第 12 条的规定适用失效法律的；⑥违反法律关于溯及力规定的；⑦量刑明显不当的；⑧审判程序不合法，影响案件公正裁判的；⑨审判人员在审理案件时索贿受贿、徇私舞弊并导致枉法裁判的。

与提起第二审程序的理由相比，提起审判监督程序的理由应该更为严格，在法律上也应更有确定性。唯此才能限制再审程序的轻易发动，维护人民法院生效裁决的既判力，切实保障当事人的合法权益。

第三节　依照审判监督程序对案件的重新审判

一、重新审判的程序

我国《刑事诉讼法》第 245 条第 1 款规定:"人民法院按照审判监督程序重新审判的案件,由原审人民法院审理的,应当另行组成合议庭进行。如果原来是第一审案件,应当依照第一审程序进行审判,所作的判决、裁定,可以上诉、抗诉;如果原来是第二审案件,或者是上级人民法院提审的案件,应当依照第二审程序进行审判,所作的判决、裁定是终审的判决、裁定。"据此,需要重点强调以下几个方面:

(一) 审判组织

根据《刑事诉讼法》第 245 条的规定,人民法院按照审判监督程序重新审判的案件,由原审人民法院审理的,应当另行组成合议庭进行。参与过本案第一审、第二审、死刑复核程序审判的合议庭组成人员,不得参与本案再审程序的审判。另外,值得注意的是,2012 年《刑事诉讼法》新增加的第 244 条规定:"上级人民法院指令下级人民法院再审的,应当指令原审人民法院以外的人民法院审理;由原审人民法院审理更为适宜的,也可以指令原审人民法院审理。"本条确立了以指令原审法院以外的其他法院审理为原则,以指令原审法院审理为补充的指令再审原则。

(二) 审理原则

根据最高法《解释》第 383 条的规定,依照审判监督程序重新审判的案件,人民法院应当重点针对申诉、抗诉和决定再审的理由进行审理。必要时,应当对原判决、裁定认定的事实、证据和适用法律进行全面审查。这表明,依照审判监督程序重新审判案件时,人民法院应当采取重点审查和全面审查相结合的原则。

另外,为了保障被告人的利益,充分体现审判监督程序的救济性,继最高人民法院 2001 年 12 月 26 日《关于刑事再审案件开庭审理程序的具体规定》之后,最高人民法院再次确立了再审不加刑原则,即根据最高法《解释》第 386 条的规定,除人民检察院抗诉的以外,再审一般不得加重原审被告人的刑罚。再审决定书或者抗诉书只针对部分原审被告人的,不得加重其他同案原审被告人的刑罚。

(三) 审理方式

依照审判监督程序对案件重新审判的方式有两种:开庭审理和不开庭审理。不开庭审理在学理上又分为:调查询问式和书面审理。前者一般是指对事实清楚的,经过阅卷、讯问被告人、听取其他当事人、辩护人、诉讼代理人的意见后,不开庭审理；后者指人民法院采用查阅案卷，书面审查核实各种证据和适用法律等情形后作出裁判。

按照审判监督程序重新审判案件，是纠正已生效的错误裁判，应当持特别慎重的态度，既要考虑到原裁判的既判力，又要使纠正错案得以实现，因此，其审理方式应当以开庭审理即直接审理为主，以不开庭审理为辅。以审判监督程序重新审判案件，原则上应当依照第一审、第二审程序开庭审理，但是，毕竟不同于原第一审程序，一律开庭审理，确实难以做到。对于那些案件事实和证据不存在重大争议，仅因适用法律错误而进行再审的案件，则可以采用不开庭审理的方式。最高人民法院《关于刑事再审案件开庭审理程序的具体规定》第5条和第6条规定了应当开庭审理以及可以不开庭审理的情形，明确了开庭审理的案件范围。

1. 人民法院审理下列再审案件，应当依法开庭审理：①依照第一审程序审理的；②依照第二审程序需要对事实或者证据进行审理的；③人民检察院按照审判监督程序提出抗诉的；④可能对原审被告人（原审上诉人）加重刑罚的；⑤有其他应当开庭审理情形的。

2. 下列再审案件可以不开庭审理：①原判决、裁定事实清楚、证据确实、充分，但适用法律错误，量刑畸重的；②1979年《刑事诉讼法》施行以前裁判的；③原审被告人（原审上诉人）、原审自诉人已经死亡，或者丧失行为能力的；④原审被告人（原审上诉人）在交通十分不便的边远地区监狱服刑，提押到庭确有困难的，但人民检察院提出抗诉的，人民法院应征得人民检察院的同意；⑤人民法院按照审判监督程序决定再审，经两次通知，人民检察院不派员出庭的。

同时，《关于刑事再审案件开庭审理程序的具体规定》第7条规定，人民法院审理共同犯罪案件，如果人民法院再审决定书或者人民检察院抗诉书只对部分同案原审被告人（同案原审上诉人）提起再审，其他未涉及到同案原审被告人（同案原审上诉人）不出庭不影响案件审理的，可以不出庭参与诉讼；部分同案原审被告人（同案原审上诉人）具有《关于刑事再审案件开庭审理程序的具体规定》第6条第3、4项规定情形不能出庭的，不影响案件的开庭审理。

（四）审理程序

根据《刑事诉讼法》第245条第1款的规定，人民法院按照审判监督程序重新审判的案件，如果原来是第一审案件，应当依照第一审程序进行审判，所作的判决、裁定，可以上诉、抗诉；如果原来是第二审案件，或者是上级人民法院提审的案件，应当依照第二审程序进行审判，所作的判决、裁定，是终审的判决、裁定。同时，根据《刑事诉讼法》第245条第2款的规定，人民法院开庭审理的再审案件，同级人民检察院应当派员出席法庭。法律这样规定，既是控、辩、审诉讼构造的需要，便于法官兼听则明，居中作出正确的裁判，也是人民检察院法律监督职责的要求。另外，对被判刑人需要采取强制措施的，根据《刑事诉讼法》第246条的规定，人民法院决定再审的案件，需要对被告人采取强制措施的，由人民法院依法决定；人民检察院提出抗诉的再审案件，需要对被告人采取强制措施的，由人民检察院依法决定。人民法院按照审判监督程序审判的案件，可以决定中止原判决、裁定的执行。

人民法院开庭审理再审案件，除依照上述规定外，还应根据最高法《解释》第386~388条的规定进行：①再审决定书或者抗诉书只针对部分原审被告人，其他同案原审被告人不出庭不影响再审的，可以不出庭参加诉讼。②审理人民检察院抗诉的再审案件，人民检察院在开庭审理前撤回抗诉的，应当裁定准许；人民检察院接到出庭通知后不派员出庭，且未说明原因的，可以裁定按撤回抗诉处理，并通知诉讼参与人。对于在送达抗诉书后被提出抗诉的原审被告人未到案的，人民法院应当裁定中止审理，原审被告人到案后，恢复审理。③审理申诉人申诉的再审案件，申诉人在再审期间撤回申诉的，应当裁定准许；申诉人经依法通知无正当理由拒不到庭，或者未经法庭许可中途退庭的，应当裁定撤回申诉处理，但申诉人不是原审当事人的除外。④开庭审理的再审案件，系人民法院决定再审的，由合议庭组成人员宣读再审决定；系人民检察院抗诉的，由检察人员宣读抗诉书；系申诉人申诉，由申诉人或者辩护人、诉讼代理人陈述申诉理由。

二、重新审判的审理期限

《刑事诉讼法》第247条第1款规定："人民法院按照审判监督程序重新审判的案件，应当在作出提审、再审决定之日起3个月以内审结，需要延长期限的，不得超过6个月。"考虑到必须及时有效地处理案件，立法作出了限制性的规定，最长不能超过6个月，以防止久拖不决的现象发生。

为了更好地使抗诉案件的接受与审理方式相衔接，《刑事诉讼法》第247条第2款规定："接受抗诉的人民法院按照审判监督程序审判抗诉案件，审理期限适用前款规定，对需要指令下级人民法院再审的，应当自接受抗诉之日起1个月以内作出决定，下级人民法院审理案件的期限适用前款规定。"

三、重新审判后的处理

人民法院按照审判监督程序重新审理以后，根据案件的不同情况和最高法《解释》的规定，应当分别作出如下处理：

1. 原判决、裁定认定事实和适用法律正确、量刑适当的，应当裁定驳回申诉或者抗诉，维持原判决、裁定。

2. 原判决、裁定定罪准确、量刑适当，但在认定事实、适用法律等方面有瑕疵的，应当裁定纠正并维持原判决、裁定。

3. 原判决、裁定认定事实没有错误，但适用法律错误，或者量刑不当的，应当撤销原判决、裁定，依法改判。

4. 依照第二审程序审理的案件，原判决、裁定事实不清或者证据不足的，可以在查清事实后改判，也可以裁定撤销原判，发回原审人民法院重新审判。

原判决、裁定事实不清或者证据不足，经审理事实已经查清的，应当根据查清的事实依法裁判；事实仍无法查清，证据不足的，不能认定被告人有罪的，应当撤销原判决、裁定，判决宣告被告人无罪。对于被提出抗诉原审被告人已经死亡或者在审理过程中死亡的，人民法院应当裁定终止审理，但对能够查清事实，确认原审被告人无罪的，应当予以改判。对再审改判宣告无罪并依法享有申请国家赔偿权利的当事人，人民法院宣判时，应当告知其在判决发生法律效力后可以依法申请国家赔偿。

另外，如前所述，除人民检察院抗诉以外，再审一般不得加重原审被告人的刑罚。再审决定书或者抗诉书只针对部分原审被告人的，不得加重其他同案原审被告人的刑罚。

第二十四章 执行

第一节 概述

一、执行的概念和意义

在刑事诉讼中，执行是指刑罚执行机关依法将已经发生法律效力的判决、裁定的内容付诸实施的活动。

执行是刑事诉讼的最后一个阶段，判决、裁定发生法律效力后，应当立即交付执行。但是，并不是判决、裁定执行的全过程和一切活动都属于刑事诉讼的范围。从性质上来看，刑罚执行机关对罪犯的教育改造、狱政管理等活动都不具有诉讼活动的性质，属于司法行政活动。具有刑事诉讼性质的执行活动主要包括交付执行和变更执行。交付执行是指将已经发生法律效力的判决、裁定交付有关刑罚执行机关的活动。变更执行则是指在判决、裁定的执行过程中，由于出现了法定情形，人民法院依法将原判决、裁定予以变更的活动。

正确、及时执行刑罚对完成刑事诉讼任务和实现刑事诉讼目的具有重要的意义：

首先，正确、及时执行生效判决、裁定，确保发生法律效力的判决、裁定所确定的内容得到切实执行，使犯罪分子受到应有的法律制裁，可以使犯罪分子通过劳动改造改恶从善，并重新回归社会。

其次，正确、及时执行生效判决、裁定，使被判无罪和被免除刑罚的在押被告人及时恢复人身自由，同时使其名誉得到恢复，合法权益得到维护。

再次，正确、及时执行生效判决、裁定，可以有效维护公民的合法权益。把犯罪分子交付执行刑罚，可以使被害人免受再次被犯罪分子侵害的困扰，人身权利等得到有效保护；同时，对于被害人因犯罪行为所造成的物质损失，也可以通过执行财产刑和附带民事诉讼中的民事赔偿裁判而得到补偿。

最后，正确、及时执行生效判决、裁定，有利于加强社会主义法制教育，增强公民的法制观念，使公民认识到，只要犯罪就逃脱不了法律的制裁，促使他们自觉遵守法律，同时，对那些正在实施犯罪、预备犯罪及社会不稳定分子起到震慑作用，从而有效减少犯罪、预防犯罪。

二、执行的依据和机关

（一）执行的依据

我国《刑事诉讼法》第248条规定："判决和裁定在发生法律效力后执行。"据此，刑事诉讼中执行的依据是已经发生法律效力的判决和裁定。

在刑事诉讼中，下列判决和裁定是发生法律效力的判决和裁定：

（1）已过法定期限没有上诉、抗诉的判决和裁定；

（2）终审的判决和裁定；

（3）最高人民法院核准的死刑的判决和高级人民法院核准的死刑缓期二年执行的判决；

（4）最高人民法院对具有特殊情况的案件在法定刑以下判处刑罚、假释核准的裁定。

（二）执行的机关

执行的机关是指依法对已经发生法律效力的判决、裁定予以执行的机关。执行的机关可根据其职能的不同和刑罚的不同特点划分为三种类型：交付执行的机关、执行机关和执行的监督机关。

1. 交付执行的机关。交付执行的机关是指按照法定程序将已经发生法律效力的判决、裁定及罪犯交给有关机关执行的国家机关。在我国，将已经发生法律效力的判决、裁定及罪犯交付执行的机关是人民法院。判决、裁定一旦发生法律效力，就应当由人民法院将其交付执行机关执行。根据我国《刑事诉讼法》和最高法《解释》的有关规定，发生法律效力的判决、裁定通常由原第一审人民法院交付执行；罪犯关押在第二审人民法院所在地的，也可以由第二审人民法院交付执行。

2. 执行机关。执行机关是指负责将发生法律效力的判决、裁定所确定的内容付诸实施的专门机关或机构。在我国，执行机关包括人民法院、监狱、未成年犯管教所、公安机关、看守所和社区矫正机构等。

执行机关根据其职权以及生效裁判的执行方式不同，负责执行的刑罚种类有所不同。人民法院负责无罪、免予刑事处罚、罚金、没收财产、死刑立即执行判决以及附带民事裁判的执行；监狱和未成年犯管教所负责对无期徒刑和有期徒刑判决的执行，此外，监狱还负责死缓判决的执行；公安机关负责被判处剥夺政治权利、拘役等罪犯的执行；看守所虽然不是刑罚执行机关，但对于被判处有期徒刑，余刑在3个月以下的罪犯，由于刑期或者余刑较短，为减少押解负担，一般由看守所代为执行；社区矫正机构负责被判处管制、宣告缓刑、假释或者暂予监外执行的罪犯的执行。

3. 执行的监督机关。人民检察院是国家法律监督机关，依法对刑事诉讼全过程实行法律监督，包括对刑事执行实行法律监督。人民检察院对执行活动实行法律监督的主要内容包括：人民法院执行死刑时，同级人民检察院派员临场监督；人民检察院对决定暂予监外执行、减刑、假释以及罪犯在服刑期间又犯罪的等情况实行监督；监狱和其他执行机关在执行中，如果认为判决有错误或者罪犯提出申诉的，应当转请人民检察院或者原判人民法院处理；人民检察院对执行机关执行刑罚的活动是否合法实行监督，如果发现有违法的情况，应当通知执行机关纠正等。

需要注意的是，在刑事诉讼中，除上述机关外，罪犯所在单位或者基层组织有时协助执行机关执行判决，它们属于辅助执行的单位或者组织，起到辅助执行的作用。

第二节 各种判决、裁定的执行

一、死刑立即执行判决的执行

死刑是我国刑罚体系中最为严厉的刑种，涉及对罪犯生命的剥夺，因此，执行死刑必须十分慎重。为了确保正确适用死刑，防止发生错杀等重大失误，我国《刑事诉讼法》和最高法《解释》对死刑立即执行判决的执行程序作了比较严密的规定。

（一）执行死刑命令的签发和交付执行

根据我国《刑事诉讼法》第 250 条的规定，最高人民法院判处和核准的死刑立即执行的判决，应当由最高人民法院院长签发执行死刑的命令。

最高人民法院的执行死刑命令，应当由高级人民法院交付第一审人民法院执行。第一审人民法院接到执行死刑命令后，应当在 7 日以内执行。

（二）死刑执行的监督

人民法院应当在执行死刑 3 日前，通知同级人民检察院派员临场监督。人民检察院收到通知后，应当派员并做好如下临场监督工作：①查明同级人民法院是否收到最高人民法院核准死刑的裁定或者作出的死刑判决、裁定和执行死刑的命令；②监督执行死刑的场所、方法和执行死刑的活动是否合法；③执行死刑前发现有《刑事诉讼法》规定的"应当停止执行"或"暂停执行"的情形后，应当建议人民法院立即停止执行；④执行死刑过程中，根据需要可以进行拍照、录像;执行死刑后,检查罪犯是否确已死亡,并填写死刑临场监督笔录,签名后入卷归档。

(三)死刑执行前的准备工作

执行死刑由人民法院的审判人员负责指挥。执行死刑前,指挥执行的审判人员对罪犯应当验明正身,核实罪犯姓名、别名、性别、年龄、职业、拘留、逮捕时间等,确保将要执行的人确系应当执行的罪犯,防止错杀;同时,应当讯问罪犯有无遗言、信札,并制作笔录,再交执行人员执行死刑。

(四)死刑罪犯同近亲属会见

我国《刑事诉讼法》没有关于死刑罪犯在执行死刑前能否会见其近亲属的规定,但是最高法《解释》第423条规定:"第一审人民法院在执行死刑前,应当告知罪犯有权会见其近亲属。罪犯申请会见并提供具体联系方式的,人民法院应当通知其近亲属。罪犯近亲属申请会见的,人民法院应当准许,并及时安排会见。"这一规定表明死刑罪犯在执行死刑前有权会见其近亲属。赋予死刑罪犯同近亲属会见的权利,既体现了法律对人伦亲情的关怀,也是尊重和保障人权的表现。

(五)执行死刑的方法和场所

我国《刑事诉讼法》第252条第2款规定:"死刑采用枪决或者注射等方法执行。"据此,执行死刑的方法包括枪决、注射以及除枪决、注射以外的其他方法。其中,"枪决、注射以外的其他方法"应当是指比枪决、注射方法更为人道和文明的方法,绝不允许采取比枪决、注射残酷的方法。另外,采用枪决、注射以外的其他方法执行死刑的,应当事先层报最高人民法院批准。

采用枪决方法执行死刑,人民法院有条件执行的,交由司法警察执行;没有条件执行的,交由武装警察执行。采用注射方法执行死刑的,由法医进行。

死刑可以在刑场或者指定的羁押场所内执行。

(六)执行死刑应当公布,不应示众

根据我国《刑事诉讼法》第252条第5款的规定,执行死刑应当公布,不应示众。公布执行死刑,可以使人民群众了解情况,也能起到震慑犯罪的作用。公布的通常方式是张贴布告。张贴布告应当选择适当的场所,避免产生负面影响。

对于在刑场执行死刑的罪犯,禁止游街示众以及一切有辱罪犯人格、有伤风化的情况发生。

(七)执行死刑后的处理

执行死刑后,应当由法医验明罪犯确实死亡,并由在场书记员制作笔录。负责执行的人民法院应当在执行死刑后15日内将执行情况,包括罪犯被执行死刑前后的照片,上报最高人民法院。

执行死刑后，交付执行的人民法院应当通知罪犯家属。负责执行的人民法院应当办理以下事项：

（1）对罪犯的遗书、遗言笔录，应当及时审查；涉及财产继承、债务清偿、家事嘱托等内容的，将遗书、遗言笔录交给家属，同时复制附卷备查；涉及案件线索等问题的，抄送有关机关。

（2）通知罪犯家属在限期内领取罪犯骨灰；没有火化条件或者因民族、宗教等原因不宜火化的，通知领取尸体；过期不领取的，由人民法院通知有关单位处理，并要求有关单位出具处理情况的说明；对罪犯骨灰或者尸体的处理情况，应当记录在案。

（3）对外国籍罪犯执行死刑后，通知外国驻华使、领馆的程序和时限，根据有关规定办理。

二、死刑缓期二年执行、无期徒刑、有期徒刑和拘役判决的执行

（一）执行机关

根据我国《刑事诉讼法》第253条第2款的规定，对被判处死刑缓期二年执行、无期徒刑、有期徒刑的罪犯，由公安机关依法将该罪犯送交监狱执行刑罚。对被判处有期徒刑的罪犯，在被交付执行刑罚前，剩余刑期在3个月以下的，由看守所代为执行。对被判处拘役的罪犯，由公安机关执行。

（二）交付执行的程序

1. 交付执行应当移送有关法律文书。罪犯被交付执行刑罚的时候，应当由交付执行的人民法院在判决生效后10日以内将有关的法律文书送达公安机关、监狱或者其他执行机关。这些法律文书包括：①人民检察院起诉书副本、自诉状复印件；②人民法院的判决书、裁定书；③人民法院的执行通知书；④人民法院的结案登记表。以上四种法律文书必须同时具备，缺一不可。

2. 交付执行的期限。人民法院对被判处死刑缓期二年执行、无期徒刑、有期徒刑的罪犯，应当将执行通知书、判决书送达羁押该罪犯的公安机关，公安机关应当自收到执行通知书、判决书之日起1个月内将该罪犯送交监狱执行刑罚。对于被判处拘役的罪犯，公安机关在收到上述法律文书后，应当立即送交执行，并将执行通知书的回执，经看守所盖章后附入审判卷内。

同案审理的案件中，部分被告人被判处死刑，对未被判处死刑的同案被告人需要羁押执行刑罚的，应当在其判决、裁定生效后10日内交付执行。但是，该同案被告人参与实施有关死刑之罪的，应当在最高人民法院复核讯问被判处死刑的被告人后交付执行。

罪犯需要收押执行刑罚，而判决、裁定生效前未被羁押的，人民法院应当根

据生效的判决书、裁定书将罪犯送交看守所羁押,并依法办理执行手续。

(三)收押和执行程序

执行机关应当将罪犯及时收押,并且通知罪犯家属。执行机关收押罪犯,应当对罪犯进行身体检查,对于不适合在监狱或其他执行场所执行的,可以暂不收监,但是如果对其暂予监外执行有社会危害性的,应当收监。对罪犯收监时,应当严格检查其人身和所携带的物品。非生活必需品,由监狱代为保管或者征得罪犯同意退回其家属,违禁品予以没收。

执行机关对罪犯收押后,应当将罪犯罪名、刑期、执行地址等自收监之日起5日以内通知罪犯家属。

被判处有期徒刑、拘役罪犯的刑期,从判决执行之日起计算,判决前被拘留和逮捕的,羁押1日折抵刑期1日;被指定居所监视居住的,2日折抵刑期1日。服刑期满,执行机关立即释放并发给释放证明。

三、管制、有期徒刑缓刑、拘役缓刑的执行

管制是指对罪行较轻的犯罪分子不予关押,在其所在社区矫正机构的管理和监督下实行矫正的一种刑罚。

缓刑是指对具备法定条件、被判处3年以下有期徒刑、拘役刑罚的罪犯,在一定期间内暂缓执行刑罚,如果罪犯在暂缓执行期间未犯新罪,则原判刑罚不再执行的一种制度。缓刑包括有期徒刑缓刑和拘役缓刑两种,它不是一项独立的刑种,而是刑法具体运用的一种特殊执行方式。

根据我国《刑事诉讼法》第258条和最高法《解释》第436条的规定,对被判处管制、宣告缓刑的罪犯,依法实行社区矫正,由社区矫正机构负责执行。对被判处管制、宣告缓刑的罪犯,人民法院应当核实其居住地。宣判时,应当书面告知罪犯到居住地县级司法行政机关报到的期限和不按期报到的后果。判决、裁定生效后10日内,应当将判决书、裁定书、执行通知书等法律文书送达罪犯居住地的县级司法行政机关,同时抄送罪犯居住地的县级人民检察院。

管制的期限为3个月以上2年以下。管制执行期间,罪犯应遵守法律、法令。执行和解除管制,应当向公众宣布。管制期满,执行机关应当及时解除,附加剥夺政治权利的,应同时宣布恢复其政治权利。管制的刑期,从判决执行之日起计算;判决执行以前先行羁押的,羁押一日折抵刑期二日,判决执行前被指定居所监视居住的,一日折抵刑期一日。

对于被判处有期徒刑、拘役宣告缓刑的罪犯,在宣告缓刑时,应当同时宣告缓刑的考验期。罪犯在缓刑考验期内,必须遵守法律、法令,接受监督考察。离开所居住的市、县或者迁居应当报经考察机关批准。

被宣告缓刑的罪犯，没有附加剥夺政治权利的，缓刑期间不应限制其政治权利的行使。缓刑罪犯参加劳动，应同工同酬。罪犯如果在考验期内没有违反法律法规，缓刑考验期满，原判刑罚不再执行，并向群众公开宣告；如果罪犯在考验期内犯新罪或者发现判决宣告以前还有其他没有判决的罪行，应当撤销缓刑，对新罪或漏罪作出判决，然后把前罪和后罪所处的刑罚，依照数罪并罚的规则，决定执行的刑罚，收监执行。

缓刑考验期从判决确定之日起计算。判决确定前先行羁押的，不能折抵缓刑考验期。

四、剥夺政治权利判决的执行

剥夺政治权利是我国《刑法》规定的一种附加刑，也可以单独适用。我国《刑事诉讼法》第259条规定："对被判处剥夺政治权利的罪犯，由公安机关执行。执行期满，应当由执行机关书面通知本人及其所在单位、居住地基层组织。"

对单处剥夺政治权利的罪犯，人民法院应当在判决、裁定生效后十日内，将判决书、裁定书、执行通知书等法律文书送达罪犯居住地的县级公安机关，并抄送罪犯居住地的县级人民检察院。

五、财产刑和附带民事裁判的执行

在刑事诉讼中，涉及财产的判决的执行包括罚金、没收财产判决的执行和附带民事诉讼中涉及财产部分的执行。根据我国《刑事诉讼法》第261条和最高法《解释》的有关规定，财产刑和附带民事裁判由第一审人民法院负责裁判执行。被执行人或者被执行财产在外地的，可以委托当地人民法院执行。

罚金是指人民法院依法判决犯罪分子或犯罪单位向国家缴纳一定数额金钱的刑罚方法。罚金在判决规定的期限内一次或者分期缴纳。期满无故不缴纳或者未足额缴纳的，人民法院应当强制缴纳。经强制缴纳仍不能全部缴纳的，在任何时候，包括主刑执行完毕后，发现被执行人有可供执行的财产的，应当追缴。

如果因遭遇不能抗拒的灾祸缴纳罚金确有困难，被执行人可以向人民法院申请减少或者免除罚金，并应当提交相关证明文件。被执行人提出申请的，人民法院应当在收到申请后1个月内作出裁定。符合法定减免条件的，应当准许；不符合条件的，驳回申请。

行政机关对被告人就同一事实已经处以罚款的，人民法院判处罚金时应当折抵，扣除行政处罚已执行的部分。

没收财产是指把犯罪人个人所有财产的一部或者全部依法无偿地收归国有的一种刑罚。没收财产的判决，无论附加适用或者独立适用，都由人民法院执行；

在必要的时候,可以会同公安机关执行。判处没收财产的,判决生效后,应当立即执行。

为了防止在没收财产判决执行前罪犯或其他人转移财产影响执行,第一审人民法院可以先行查封、扣押和冻结被告人财产。

没收财产的范围,只限于罪犯个人所有财产的一部或全部。没收全部财产的,应对罪犯个人及其抚养的家属保留必要的费用,不得没收属于其家属所有或者应得的财产。

对附带民事诉讼中财产部分的执行,应当依照我国《民事诉讼法》和有关司法解释执行。

根据最高法《解释》第440~444条的规定,执行财产刑和附带民事裁判时,还应当明确以下几点:

1. 财产刑执行完毕后,应当及时将执行的财产上缴国库。

2. 执行财产刑和附带民事裁判过程中,案外人对被执行财产提出权属异议的,人民法院应当参照民事诉讼有关执行异议的规定进行审查并作出处理。

3. 被判处财产刑,同时又承担附带民事赔偿责任的被执行人,应当先履行民事赔偿责任。判处财产刑之前被执行人所负正当债务,需要以被执行的财产偿还的,经债权人请求,应当偿还。

4. 执行财产刑过程中,具有下列情形之一的,人民法院应当裁定中止执行:①执行标的物系人民法院或者仲裁机构正在审理案件的争议标的物,需等待该案件审理完毕确定权属的;②案外人对执行标的物提出异议的;③应当中止执行的其他情形。中止执行的原因消除后,应当恢复执行。

5. 执行财产刑过程中,具有下列情形之一的,人民法院应当裁定终结执行:①据以执行的判决、裁定被撤销的;②被执行人死亡或者被执行死刑,且无财产可供执行的;③被判处罚金的单位终止,且无财产可供执行的;④依照我国《刑法》第53条规定免除罚金的;⑤应当终结执行的其他情形。裁定终结执行后,发现被执行人的财产有被隐匿、转移等情形的,应当追缴。

6. 财产刑全部或者部分被撤销的,已经执行的财产应当全部或者部分返还被执行人;无法返还的,应当依法赔偿。

六、无罪判决和免除刑罚判决的执行

我国《刑事诉讼法》第249条规定:"第一审人民法院判决被告人无罪、免除刑事处罚的,如果被告人在押,在宣判后应当立即释放。"据此,无罪、免除刑事处罚的判决,由人民法院执行。即使判决未发生法律效力,人民法院均应当立即释放已被羁押的被告人,不论在判决宣告后当事人是否提出上诉或者人民检

察院是否提出抗诉。

需要指出的是，人民法院在无罪判决、免除刑罚判决尚未发生法律效力之前释放被羁押的被告人，从性质上来讲不属于刑事执行的范畴，而是刑事诉讼法的一项特殊规定，目的在于维护公民的合法权益。

第三节 执行的变更与其他处理

执行的变更是指人民法院、监狱及其他执行机关在将发生法律效力的判决、裁定交付执行或执行过程中，发现存在法定需要改变刑罚种类或执行方法的情形，依法予以变更的活动。

刑事执行的变更与原裁判是否正确无关，而是根据执行过程中出现的新的法定情形进行的。

一、死刑、死刑缓期二年执行的变更

(一) 死刑执行的变更

为了确保正确适用死刑，防止错杀，切实贯彻"少杀、慎杀"的刑事政策，我国《刑事诉讼法》和最高法《解释》明确规定了对已经发生法律效力的死刑判决在执行程序中出现法定情形时应当"停止执行"和"暂停执行"。

1. "停止执行"和"暂停执行"的情形。

对于"停止执行"，根据我国《刑事诉讼法》第251条第1款的规定，下级人民法院接到最高人民法院执行死刑的命令后，应当在7日以内交付执行。但是发现有下列情形之一的，应当停止执行，并且立即报告最高人民法院，由最高人民法院作出裁定：①在执行前发现判决可能有错误的；②在执行前罪犯揭发重大犯罪事实或者有其他重大立功表现，可能需要改判的；③罪犯正在怀孕的。

对于"暂停执行"，我国《刑事诉讼法》第252条第4款规定："指挥执行的审判人员，对罪犯应当验明正身，讯问有无遗言、信札，然后交付执行人员执行死刑。在执行前，如果发现可能有错误，应当暂停执行，报请最高人民法院裁定。"最高法《解释》第418条进一步规定，第一审人民法院在接到执行死刑命令后、执行前，发现有下列情形之一的，应当暂停执行，并立即将请求停止执行死刑的报告和相关材料层报最高人民法院：①罪犯可能有其他犯罪的；②共同犯罪的其他犯罪嫌疑人到案，可能影响罪犯量刑的；③共同犯罪的其他罪犯被暂停或者停止执行死刑，可能影响罪犯量刑的；④罪犯揭发重大犯罪事实或者有其他重大立功表现，可能需要改判的；⑤罪犯怀孕的；⑥判决、裁定可能有影响定罪量刑的其他错误的。最高人民法院经审查，认为可能影响罪犯定罪量刑的，应当

裁定停止执行死刑；认为不影响的，应当决定继续执行死刑。

需要指出的是，虽然"停止执行"和"暂停执行"都是停止对死刑命令的执行，但是两者也有区别，主要表现在：①停止执行的原因不完全相同。前者只要有证据证明具有法定情形之一，就应当停止执行；后者则在"可能有错误"时就应当停止执行，而是否有错误，则需要在停止执行后查明。②时间范围不同。前者是在接到执行死刑命令后 7 日内发现的；后者则是在交付执行后、实施执行前在刑场或羁押场所发现的。③决定停止执行的主体不同。有权决定"停止执行"的是原审人民法院；有权决定"暂停执行"的是临场指挥执行的审判人员。

2. 停止执行的程序。

（1）下级人民法院在接到执行死刑命令后、执行前，发现案件具有应当"暂停执行"的法定情形之一的，应当暂停执行，并立即将请求停止执行死刑的报告和相关材料层报最高人民法院。

（2）最高人民法院在执行死刑命令签发后、执行前，发现案件具有应当"暂停执行"的法定情形之一的，应当立即裁定停止执行死刑，并将有关材料移交下级人民法院。下级人民法院接到最高人民法院停止执行死刑的裁定后，应当会同有关部门调查核实停止执行死刑的事由，并及时将调查结果和意见层报最高人民法院审核。对下级人民法院报送的停止执行死刑的调查结果和意见，由最高人民法院原作出核准死刑判决、裁定的合议庭负责审查，必要时，另行组成合议庭进行审查。

（3）最高人民法院经审查，认为可能影响罪犯定罪量刑的，应当裁定停止执行死刑；认为不影响的，应当决定继续执行死刑。

3. 停止执行后的处理。

最高人民法院对停止执行死刑的案件，应当按照下列情形分别处理：

（1）确认罪犯怀孕的，应当改判；

（2）确认罪犯有其他犯罪，依法应当追诉的，应当裁定不予核准死刑，撤销原判，发回重新审判；

（3）确认原判决、裁定有错误或者罪犯有重大立功表现，需要改判的，应当裁定不予核准死刑，撤销原判，发回重新审判；

（4）确认原判决、裁定没有错误，罪犯没有重大立功表现，或者重大立功表现不影响原判决、裁定执行的，应当裁定继续执行死刑，并由院长重新签发执行死刑的命令。

（二）死刑缓期二年执行的变更

死刑缓期二年执行不是独立的刑种，而是我国刑罚中死刑的一种特殊执行方法，是对罪该判处死刑但具有不必立即执行的法定条件的犯罪在判处死刑的同时宣告缓期二年执行，实行监督改造，以观后效的制度。

根据我国《刑法》第50条和《刑事诉讼法》第250条第2款的规定，死刑缓期二年执行必然会产生减刑或者执行死刑两种结果中的其中一种。无论产生哪种结果，都涉及执行的变更。其中，减刑的情形包括两种：①判处死刑缓期执行的，在死刑缓期执行期间，如果没有故意犯罪，二年期满后，减为无期徒刑；②如果确有重大立功表现，二年期满后，减为25年有期徒刑；但是，对判处死刑缓期执行的累犯及因故意杀人、强奸、抢劫、绑架、放火、爆炸、投放危险物质或者有组织的暴力性犯罪被判处死刑缓期执行的犯罪分子，人民法院根据犯罪情节等情况可以同时决定对其限制减刑。应当予以减刑的，由执行机关提出书面意见，报请高级人民法院裁定。

执行死刑的情形是：如果故意犯罪，查证属实，应当执行死刑，由高级人民法院报请最高人民法院核准。

需要注意的是，根据法律相关规定，罪犯在死刑缓期执行期间故意犯罪的，由罪犯服刑的监狱进行侦查，侦查终结后移送罪犯服刑地的盟、州、市人民检察院审查起诉并向服刑地的中级人民法院提起公诉，对人民法院经审理所作的判决，可以上诉、抗诉；待裁判生效后，应当执行死刑的，由高级人民法院报请最高人民法院核准。最高人民法院核准死刑后，由院长签发执行死刑命令，交罪犯服刑地的中级人民法院依照法定程序和方式执行死刑。

二、暂予监外执行

暂予监外执行是指被判处无期徒刑、有期徒刑、拘役的罪犯，因具有或出现法律规定的某种特殊情形，不宜在监狱或其他执行场所执行刑罚时，暂时将其放到监外交由社区矫正机构执行的一种变通方法。由此可见，暂予监外执行同时变更了执行方式和执行场所。

（一）暂予监外执行的适用对象和条件

1. 暂予监外执行的适用对象。根据我国《刑事诉讼法》第254条的规定，暂予监外执行的适用对象限于被判处无期徒刑、有期徒刑或者拘役的罪犯。应当指出的是，被判处无期徒刑的罪犯适用暂予监外执行的条件与被判处有期徒刑或者拘役的罪犯有所不同。

2. 暂予监外执行的适用条件。根据我国《刑事诉讼法》第254条的规定，对于被判处有期徒刑或者拘役的罪犯，可以适用暂予监外执行的有以下三种情形：

（1）有严重疾病需要保外就医的。这里的严重疾病，是指罪犯病危或者患有恶性传染病、不治之症等。为了防止保外就医被滥用以及罪犯在监外危害社会，对于适用保外就医可能有社会危险性的罪犯或者自伤自残的罪犯，不得保外就医。而且，对于罪犯确有严重疾病，必须保外就医的，有较为严格的程序控制，即由省级人民政府指定的医院诊断并开具证明文件，依照法律规定的程序审批。

（2）怀孕或者正在哺乳自己婴儿的妇女。哺乳婴儿一般自分娩之日起，到婴儿一周岁以前。只要该罪犯不致危害社会，原则上都可以对其决定暂予监外执行。

（3）生活不能自理，适用暂予监外执行不致危害社会的。所谓生活不能自理，是指罪犯由于老、弱、病、残等原因不能独立生活，而需他人照顾的情形。只要生活不能自理的人不致危害社会，对其决定暂予监外执行，是人道主义精神在刑事诉讼中的重要体现。

对于被判处无期徒刑的罪犯，能够适用暂予监外执行的情形只有一种：罪犯是怀孕或者正在哺乳自己婴儿的妇女。其他情形不得适用暂予监外执行。

（二）暂予监外执行的决定、批准机关和程序

1. 暂予监外执行的决定、批准机关和执行机关。根据我国《刑事诉讼法》第254条第5款的规定，在交付执行前，暂予监外执行由交付执行的人民法院决定；在交付执行后，暂予监外执行由监狱或者看守所提出书面意见，报省级以上监狱管理机关或者设区的市一级以上公安机关批准。

对暂予监外执行的罪犯，依法实行社区矫正，由社区矫正机构负责执行。

2. 暂予监外执行的程序。监狱、看守所提出暂予监外执行的书面意见的，应当将书面意见的副本抄送人民检察院。人民检察院可以向决定或者批准机关提出书面意见。

人民法院决定暂予监外执行的，应当制作暂予监外执行决定书，写明罪犯基本情况、判决确定的罪名和刑罚、决定暂予监外执行的原因、依据等，通知罪犯居住地的县级司法行政机关派员办理交接手续，并将暂予监外执行决定书抄送罪犯居住地的人民检察院和公安机关。对于罪犯在服刑过程中发现需要暂予监外执行的，执行机关应当提出书面意见，报省、自治区、直辖市的监狱管理机关或者设区的市一级以上公安机关批准。批准的，由批准机关将批准的决定通知公安机关、原审人民法院，并抄送人民检察院。在看守所、拘役所服刑的罪犯，出现暂予监外执行情形的，依上述规定办理。

人民检察院认为对罪犯暂予监外执行不当的，应当自接到通知之日起1个月内经检察长批准，向决定或者批准暂予监外执行的机关提出书面纠正意见。该机关接到人民检察院书面意见后，应当立即对决定进行重新核查。

对暂予监外执行的罪犯，有下列情形之一的，应当及时收监：①发现不符合

暂予监外执行条件的；②严重违反有关暂予监外执行监督管理规定的；③暂予监外执行的情形消失后，罪犯刑期未满的。对于人民法院决定暂予监外执行的罪犯应当予以收监的，由人民法院作出决定，将有关的法律文书送达公安机关、监狱或者其他执行机关。

对于人民法院决定暂予监外执行的罪犯应当予以收监的，由人民法院作出决定，收监执行决定书一经作出，立即生效，并将有关的法律文书送达公安机关、监狱及罪犯居住地的司法行政机关，同时抄送人民检察院。

不符合暂予监外执行条件的罪犯通过贿赂等非法手段被暂予监外执行的，在监外执行的期间不计入执行刑期。罪犯在暂予监外执行期间脱逃的，脱逃的期间不计入执行刑期。

罪犯在暂予监外执行期间死亡的，执行机关应当及时通知监狱或者看守所。

三、减刑和假释

(一) 减刑

减刑是指被判处管制、拘役、有期徒刑、无期徒刑的犯罪分子，在执行期间认真遵守监规，接受教育改造，确有悔改表现或者有立功表现的，依法减轻其刑罚的一种制度。减刑可以把较长的刑期减为较短的刑期，也可以把较重的刑罚减为较轻的刑罚（限于无期徒刑减为有期徒刑）。但是，根据我国《刑法》的有关规定，减刑以后实际执行的刑期，判处管制、拘役、有期徒刑的，不能少于原判刑期的1/2；判处无期徒刑的，不能少于13年。无期徒刑减为有期徒刑后的刑期，从裁定减刑之日起计算，已执行的刑期，不计入减刑后的刑期之内，而其他刑罚的刑期，原判刑期已执行部分，则应计入减刑后的刑期。需要指出的是，死刑缓期二年执行减为无期徒刑或有期徒刑，也是一种广义上的减刑，但它与其他刑罚的减刑存在适用对象、减刑条件和适用时间的限制等方面的差异。

1. 减刑的条件。根据我国《刑法》第78条的规定，减刑的条件为罪犯在服刑期间确有悔改表现或者立功表现，二者只要具备其中之一的，即具备了减刑条件。需要指出的是，立功表现包括一般的立功表现和重大立功表现。对于具有立功表现的，可以减刑；而对于具有重大立功表现的，应当减刑。

2. 减刑案件的管辖。根据我国《刑事诉讼法》第262条第2款的规定，被判处管制、拘役、有期徒刑或者无期徒刑的罪犯，在执行期间确有悔改或者立功表现，应当依法予以减刑、假释的时候，由执行机关提出建议书，报请人民法院审核裁定，并将建议书副本抄送人民检察院。人民检察院可以向人民法院提出书面意见。应当指出的是，根据原判刑罚的不同，提出减刑建议及对案件进行审核的机关有所不同：

（1）对被判处无期徒刑罪犯的减刑，由监狱或未成年犯管教所提出书面意见，经省、自治区、直辖市司法厅（局）监狱管理部门审核同意后，报当地高级人民法院审核裁定；

（2）对原判为有期徒刑罪犯的减刑，由监狱或未成年犯管教所提出书面意见，报请当地中级人民法院审核裁定；

（3）对原判1年以下有期徒刑且余刑在3个月以下交付看守所代为执行罪犯的减刑，由看守所提出书面意见，经公安机关审核同意后，报请中级人民法院审核裁定；

（4）对原判拘役、管制罪犯的减刑，分别由拘役所和执行监督的派出所提出书面意见，经公安机关或司法行政机关审查同意后，报请当地中级人民法院进行裁定；

（5）对原判宣告缓刑罪犯的减刑，由社区矫正机构会同协助考察的单位或组织认为确有立功表现需要在减轻刑罚基础上，相应缩短缓刑考验期的，提出意见，报请当地中级人民法院审核裁定。

（二）假释

假释是指被判处有期徒刑或无期徒刑的罪犯在执行一定刑罚以后，认真遵守监规，接受教育改造，并有悔改表现，不致再危害社会的，将其附条件地予以提前释放的制度。

1. 假释的对象。根据我国《刑法》第81条的规定，假释的对象只能是被判处有期徒刑和无期徒刑的罪犯。但是，对累犯以及因故意杀人、强奸、抢劫、绑架、放火、爆炸、投放危险物质或者有组织的暴力性犯罪被判处10年以上有期徒刑、无期徒刑的犯罪分子，不得假释。这是因为上述案件犯罪性质严重，罪犯人身危险性大，放在社会上很难防止其再危害社会，所以对他们不能假释。

2. 假释的条件。根据我国《刑法》第81条的规定，假释必须同时符合以下两个条件：

（1）执行刑期的要求。被判处有期徒刑的犯罪分子，应当执行原判刑期1/2以上，被判处无期徒刑的犯罪分子，应当实际执行13年以上。如果有特殊情况，经最高人民法院核准，可以不受上述执行刑期的限制。所谓"特殊情况"，是指与国家、社会利益有重要关系的情况。

（2）认真遵守监规，接受教育改造，确有悔改表现，没有再犯罪的危险。

3. 假释案件的管辖。对被判处无期徒刑罪犯的假释，由罪犯服刑地的高级人民法院根据省、自治区、直辖市监狱管理机关审核同意的监狱假释建议书作出裁定；对于被判处有期徒刑（包括死缓、无期徒刑减为有期徒刑）的罪犯的假释，由罪犯服刑地的中级人民法院根据当地执行机关提出的假释建议书作出裁定。

（三）对减刑、假释的审理及其期限

1. 对减刑、假释案件的审查。人民法院受理减刑、假释案件，应当审查执行机关移送的材料是否包括下列内容：①减刑、假释建议书；②终审法院的裁判文书、执行通知书、历次减刑裁定书的复印件；③证明罪犯确有悔改、立功或者重大立功表现具体事实的书面材料；④罪犯评审鉴定表、奖惩审批表等；⑤罪犯假释后对所居住社区影响的调查评估报告；⑥根据案件情况需要移送的其他材料。经审查，材料不全的，应当通知提请减刑、假释的执行机关补送。

2. 对减刑、假释案件的审理。根据最高法《解释》第 452 条的规定，人民法院审理减刑、假释案件，应当对案件的内容予以公示。公示应当写明公示期限和提出意见的方式。公示地点为罪犯服刑场所的公共区域；有条件的地方，可以面向社会公示。

审理减刑、假释案件，应当组成合议庭，可以采用书面审理的方式，但下列案件应当开庭审理：①因罪犯有重大立功表现提请减刑的；②提请减刑的起始时间、间隔时间或者减刑幅度不符合一般规定的；③社会影响重大或者社会关注度高的；④公示期间收到投诉意见的；⑤人民检察院有异议的；⑥有必要开庭审理的其他案件。

人民法院作出减刑、假释裁定后，应当在 7 日内送达提请减刑、假释的执行机关、同级人民检察院以及罪犯本人。人民检察院认为减刑、假释裁定不当，在法定期限内提出书面纠正意见的，人民法院应当在收到意见后另行组成合议庭审理，并在 1 个月内作出裁定。

减刑、假释裁定作出前，执行机关书面提请撤回减刑、假释建议的，是否准许，由人民法院决定。

人民法院发现本院已经生效的减刑、假释裁定确有错误的，应当另行组成合议庭审理；发现下级人民法院已经生效的减刑、假释裁定确有错误的，可以指令下级人民法院另行组成合议庭审理。

3. 对减刑、假释案件的审理期限。人民法院审理减刑、假释案件，应当自收到减刑、假释建议书之日起 1 个月内依法作出裁定，案情复杂或者情况特殊的，可以延长 1 个月。但是，对于被判处拘役、宣告缓刑罪犯的减刑、假释，人民法院应当自收到减刑、假释建议书之日起，1 个月以内作出裁定。

（四）对假释裁定的执行及处理

对被假释的罪犯，依法实行社区矫正。

对于被宣告假释的犯罪分子，在考验期内，没有犯新罪和发现有遗漏罪行的，考验期满，则认为原判刑罚执行完毕，并公开宣布，无需办理释放手续。

如果罪犯在假释考验期内犯新罪的，应当撤销假释，实行数罪并罚，决定执行的刑罚；如果在考验期内，发现被假释的犯罪分子在判决宣告以前还有其他罪行没有判决的，应当撤销假释，实行数罪并罚，决定执行的刑罚。

罪犯在假释考验期内，有违反法律、行政法规或者国务院有关部门关于假释的监督管理规定的行为，尚未构成犯罪的，应当依法定程序撤销假释，收监执行未执行完毕的刑罚。

（五）缓刑、假释的撤销

罪犯在缓刑、假释考验期限内犯新罪或者被发现在判决宣告前还有其他罪没有判决，应当撤销缓刑、假释的，由审判新罪的人民法院撤销原判决、裁定宣告的缓刑、假释，并书面通知原审人民法院和执行机关。

罪犯在缓刑、假释考验期限内，有下列情形之一的，原作出缓刑、假释判决、裁定的人民法院应当在收到执行机关的撤销缓刑、假释建议书后1个月内，作出撤销缓刑、假释的裁定：①违反禁止令，情节严重的；②无正当理由不按规定时间报到或者接受社区矫正期间脱离监管，超过1个月的；③因违反监督管理规定受到治安管理处罚，仍不改正的；④受到执行机关3次警告仍不改正的；⑤违反有关法律、行政法规和监督管理规定，情节严重的其他情形。

人民法院撤销缓刑、假释的裁定，一经作出，立即生效。

人民法院应当将撤销缓刑、假释裁定书送交罪犯居住地的县级司法行政机关，由其根据有关规定将罪犯交付执行。撤销缓刑、假释裁定书应当同时抄送罪犯居住地的同级人民检察院和公安机关。

四、对新罪、漏罪的追究程序

新罪，是指罪犯在服刑期间实施的新的犯罪行为。漏罪是指罪犯在服刑过程中发现其在判决宣告以前实施的尚未被判决的罪行。根据我国《刑事诉讼法》第262条第1款的规定，无论是犯新罪还是发现有漏罪，都应当依法予以追究，这必然涉及执行的变更问题。

对正在服刑的罪犯犯新罪或者发现有漏罪的，应当区分不同的情形予以追究：

1. 对于在监狱、未成年犯管教所服刑的罪犯，发现犯新罪或有漏罪的，由监狱、未成年犯管教所分别进行侦查，侦查终结后，移送人民检察院审查决定，向有管辖权的人民法院提起公诉。

2. 对在看守所、拘役所服刑的罪犯和被判处管制的罪犯，以及被宣告缓刑、假释、暂予监外执行的罪犯，在执行期间又犯新罪的，由犯罪地公安机关立案侦查，侦查终结后移送当地人民检察院，根据管辖的规定，向人民法院提起公诉。

3. 对服刑罪犯脱逃期间犯罪的，由监狱侦查终结后移送审查起诉；但是，在犯罪地抓获罪犯并发现其在脱逃期间的犯罪的，由犯罪地的公安机关、人民检察院、人民法院依照管辖范围和法定程序进行处理。

人民法院对人民检察院提起公诉的新罪、漏罪审理后，作出的生效判决，判决书除送达罪犯外，还应将副本送达原审人民法院、人民检察院和执行机关。

五、对错判和申诉的处理

根据我国《刑事诉讼法》第264条的规定，监狱和其他执行机关，在刑罚执行中如果发现原判有错误的，应当及时收集证据，提出意见，并报请主管机关审查，或者直接转送原办理的人民检察院、人民法院审查处理。在执行刑罚中，罪犯本人认为生效裁判有错误的，也可以向人民检察院或原判人民法院提出申诉，请求重新处理。对于罪犯的申诉，监狱和其他执行机关应当及时转递，不得扣押。但是，在罪犯申诉期间，在人民法院尚未撤销原判和改判之前，不能停止对原生效裁判的执行。

人民检察院、人民法院接到执行机关转送的材料和意见，或者罪犯的申诉后，应当及时进行审查，对属于原判在认定事实或适用法律上确有错误，即符合启动审判监督程序条件的，应当提出抗诉或者提审、指令下级人民法院再审；如果经审查不符合重新审判条件的，可以不予受理。根据我国《监狱法》的规定，人民检察院或者人民法院自收到监狱及其他执行机关提请处理意见书之日起6个月内将处理结果通知监狱等机关。

第四节　人民检察院对执行的监督

一、对死刑执行的监督

人民法院在交付执行死刑3日以前，应当通知同级人民检察院派员临场监督。

人民检察院收到同级人民法院执行死刑的临场监督通知后，应当查明同级人民法院是否收到最高人民法院核准的死刑裁定或者作出的死刑判决、裁定和执行死刑的命令。临场监督死刑执行的检察人员应当依法监督执行死刑的场所、方法和执行死刑的活动是否合法。在执行死刑前，发现有下列情形之一的，应当建议人民法院立即停止执行：①被执行人并非应当执行死刑的罪犯的；②罪犯犯罪时不满18周岁，或者审判的时候已满75周岁，依法不应当适用死刑的；③判决可能有错误的；④在执行前罪犯有检举揭发他人重大犯罪行为等重大立功表现，可能需要改判的；⑤罪犯正在怀孕的。

在执行死刑过程中，人民检察院临场监督人员根据需要可以进行拍照、录像；执行死刑后，人民检察院临场监督人员应当检查罪犯是否确已死亡，并填写死刑执行临场监督笔录，签名后入卷归档。

人民检察院发现人民法院在死刑执行活动中有侵犯被执行罪犯的人身权、财产权或者其近亲属、继承人合法权利等违法情形的，应当依法向人民法院提出纠正意见。

二、对暂予监外执行的监督

根据我国《刑事诉讼法》第255条、第256条和最高检《规则》的有关规定，监狱、看守所提出暂予监外执行的书面意见的，应当将书面意见的副本抄送人民检察院。

人民检察院可以向决定或者批准机关提出书面意见。决定或者批准暂予监外执行的机关应当将暂予监外执行决定抄送人民检察院。人民检察院经审查认为暂予监外执行不当的，应当自接到通知之日起1个月以内，报经检察长批准，向决定或者批准暂予监外执行的机关提出书面纠正意见。决定或者批准暂予监外执行的机关接到人民检察院的书面意见后，应当立即对该决定进行重新核查。人民检察院应当监督其对决定或者批准暂予监外执行的结果进行重新核查，并监督重新核查的结果是否符合法律规定。对核查不符合法律规定的，应当依法提出纠正意见，并向上一级人民检察院报告。

三、对减刑、假释的监督

我国《刑事诉讼法》第263条规定："人民检察院认为人民法院减刑、假释的裁定不当，应当在收到裁定书副本后20日以内，向人民法院提出书面纠正意见。人民法院应当在收到纠正意见后1个月以内重新组成合议庭进行审理，作出最终裁定。"

人民检察院收到人民法院减刑、假释的裁定书副本后，应当及时进行审查。检察人员审查人民法院减刑、假释裁定，可以向罪犯所在单位和有关人员进行调查，可以向有关机关调阅有关材料。人民检察院经审查认为人民法院减刑、假释的裁定不当，应当在收到裁定书副本后20日以内，报经检察长批准，向作出减刑、假释裁定的人民法院提出书面纠正意见。对人民法院减刑、假释裁定的纠正意见，由作出减刑、假释裁定的人民法院的同级人民检察院书面提出。人民检察院对人民法院减刑、假释的裁定提出纠正意见后，应当监督人民法院是否在收到纠正意见后1个月以内重新组成合议庭进行审理，并监督重新作出的裁定是否符合法律规定。对最终裁定不符合法律规定的,应当向同级人民法院提出纠正意见。

四、对刑罚执行活动的监督

我国《刑事诉讼法》第 265 条规定:"人民检察院对执行机关执行刑罚的活动是否合法实行监督。如果发现有违法的情况,应当通知执行机关纠正。"据此,人民检察院依法对执行机关执行刑罚活动进行监督。这些监督主要包括以下内容:

(1) 人民法院、公安机关、看守所的交付执行活动是否存在违法的情形;

(2) 人民法院判决被告人无罪、免除刑罚处罚的,在押被告人是否被立即释放;

(3) 监狱和其他刑罚执行机关收押罪犯的活动是否合法;

(4) 监狱、看守所等执行机关在管理、教育改造罪犯等活动中是否存在违法行为;

(5) 监狱、看守所、公安机关暂予监外执行的执法活动是否合法;

(6) 监狱等执行机关提请人民法院裁定减刑、假释的活动是否存在违法情形;

(7) 监狱、看守所对服刑期满或者依法应当予以释放的人员是否已按期释放;

(8) 公安机关执行剥夺政治权利的活动是否有违法情形;

(9) 人民法院执行罚金刑、没收财产刑以及执行生效判决、裁定中没收违法所得及其他涉案财产的活动是否有违法情形;

(10) 社区矫正执法活动是否有违法情形。

人民检察院在对执行机关活动进行监督的过程中,发现有违法情况的,应当通知执行机关纠正。对于情节较轻的违纪行为,检察人员可以口头方式向违纪人员或者执行机关负责人提出纠正意见;对于比较严重的违法行为,应报请检察长批准后,向监狱或公安机关发出《纠正违法通知书》。对于造成严重后果、构成犯罪的,应当依法追究责任人的刑事责任。

第二十五章 特别程序

第一节 概述

特别程序是指专门适用于特定刑事案件中,有别于普通刑事诉讼程序的特别诉讼程序。我国2012年《刑事诉讼法》修改时增设单编,分四章规定了四种特殊案件的特别程序,具体包括未成年人刑事案件诉讼程序,当事人和解的公诉案件诉讼程序,犯罪嫌疑人、被告人逃匿、死亡案件违法所得的没收程序和依法不负刑事责任的精神病人的强制医疗程序。特别程序的增设标志着我国刑事诉讼程序的完备化与科学化,也是对惩罚犯罪和保障人权的价值目标进行平衡后的产物,在我国具有里程碑意义。这四种特别程序与普通程序共同构成了我国刑事诉讼法律文本,进一步完善了刑事诉讼法律制度,更能适应司法实践的需要。

第二节 未成年人刑事案件诉讼程序

一、未成年人刑事案件诉讼程序概述

未成年人刑事案件是指犯罪嫌疑人、被告人实施涉嫌犯罪行为时已满14周岁而又未满18周岁的刑事案件。未成年人刑事案件诉讼程序是指专门适用于未成年人刑事案件中,有别于普通刑事诉讼程序的特别程序。未成年人犯罪与成年人犯罪虽然都是危害社会的行为,但是由于未成年人正值青春发育期,生理变化显著、心理上开始从幼稚向成熟过渡,与心理、生理等方面已经成熟的成年人相比有很大的不同,这些因素直接影响未成年人犯罪的动机、行为方式等。因此,国家处理未成年人刑事案件,应当根据未成年人的特点,适用有别于普通刑事诉讼程序的特别程序。对未成年人刑事案件适用特别程序已成为世界上许多国家和地区的通常做法。

自1984年底我国上海市长宁区人民法院出现了第一个专门审理未成年人刑事案件的少年法庭起,我国积极探索处理未成年人刑事案件的特别规则、原则和

制度，已取得了显著的成绩。办理未成年人刑事案件的专门机构在我国很多地方法院、人民检察院相继设立，一系列有关未成年人刑事诉讼的法律、司法解释等相继出台，如《未成年人保护法》[1]、最高人民法院《关于办理少年刑事案件的若干规定（试行）》[2]、《公安机关办理未成年人违法犯罪案件的规定》[3]、《预防未成年人犯罪法》[4]、最高人民法院《关于审理未成年人刑事案件的若干规定》[5]、《人民检察院办理未成年人刑事案件的规定》[6]、《关于进一步建立和完善办理未成年人刑事案件配套工作体系的若干意见》[7]等，标志着我国未成年刑事司法制度已经确立。

2012年我国《刑事诉讼法》修改和颁布，进一步完善了未成年人刑事案件诉讼程序。我国《刑事诉讼法》在第五编特别程序中以专章规定未成年人刑事案件诉讼程序，明确了未成年人刑事案件的处理方针、特有原则、办案人员的资格、强制法律援助、严格限制逮捕措施、社会调查、分案处理、法定代理人或者有关人员到场、附条件不起诉、犯罪记录封存等内容。

二、未成年人刑事案件诉讼程序的处理方针和特有原则

（一）教育、感化、挽救方针

教育、感化、挽救方针，是指公安司法机关在办理未成年人刑事案件时，应当对未成年犯罪嫌疑人、被告人进行教育、感化和挽救工作。

根据我国《刑事诉讼法》第266条第1款的规定，对犯罪的未成年人实行教育、感化、挽救的方针。这是办理未成年人刑事案件的基本立足点。当前我国未成年人犯罪呈上升的态势，已经成为突出的社会问题，十分有必要在处理未成年

---

[1]《未成年人保护法》于1991年9月4日通过，1992年1月1日起施行，并于2006年12月29日进行了修订，修订后的《未成年人保护法》于2007年6月1日起实施。

[2] 最高人民法院《关于办理少年刑事案件的若干规定（试行）》于1991年1月26日通过并于2013年1月18日被《最高人民法关于废止1980年1月1日至1997年6月30日期间发布的部分司法解释和司法解释性质文件（第九批）的决定》所废止。

[3]《公安机关办理未成年人违法犯罪案件的规定》于1995年10月23日通过，同时实施。

[4]《预防未成年人犯罪法》于1999年6月28日通过，同年11月1日实施，于2012年10月26日修正，2013年1月1日起实施。

[5] 最高人民法院《关于审理未成年人刑事案件的若干规定》于2000年11月15日通过，2001年4月22日起实施，并于2015年1月19日被《最高人民法院关于废止部分司法解释和司法解释性质文件（第十一批）的决定》所废止。

[6]《人民检察院办理未成年人刑事案件的规定》于2002年3月25日通过，并于2006年12月28日第一次修订，于2013年12月19日进行了第二次修订。

[7]《关于进一步建立和完善办理未成年人刑事案件配套工作体系的若干意见》由中央综治委预防青少年违法犯罪工作领导小组、最高人民法院、最高人民检察院、公安部、司法部、共青团中央于2010年8月28日联合下发。

人刑事案件时对未成年人进行教育、感化和挽救。此外，未成年人心智发育尚未成熟，对外界事物的认识以及自我评价尚处于不稳定状态，具有较大可塑性，对其教育、感化和挽救是完全有可能的。

贯彻落实教育、感化、挽救方针，要求公安司法机关工作人员在办理未成年人刑事案件中注意疏导、帮助未成年人明辨是非，促使其与犯罪行为划清界限，并依法保障其诉讼权利。当然，实行教育、感化、挽救方针并不意味着对犯罪的未成年人一概不追究刑事责任或者不予处罚。如果该追究刑事责任的不予追究，该判处刑罚的不予判处刑罚，其结果可能适得其反。因此，对未成年人的犯罪行为应当依法处罚。

（二）教育为主，惩罚为辅原则

教育为主，惩罚为辅原则，是指在办理未成年人刑事案件过程中，对未成年犯罪嫌疑人、被告人应当坚持教育和矫治为主，只有在必要的时候才能采取相应的刑罚手段对其进行惩罚。

根据我国《刑事诉讼法》第266条第1款的规定，对犯罪的未成年人坚持教育为主、惩罚为辅的原则。教育为主，惩罚为辅原则强调了对未成年人优先保护的思想，要求对涉嫌犯罪的未成年人主要进行教育，晓之以理，动之以情，促使其认识到所犯罪行的严重性并真诚悔罪，早日回归社会。尽量避免刑罚手段的适用，以免给未成年人贴上罪犯标签。

（三）分案处理原则

分案处理原则，是指公安司法机关应当将未成年人案件与成年人案件分开处理，遵循未成年人与成年人分别关押、分别管理、分别教育、分别审理的原则。

我国《刑事诉讼法》第269条第2款明确规定："对被拘留、逮捕和执行刑罚的未成年人与成年人应当分别关押、分别管理、分别教育。"确立分案处理原则的目的在于防止未成年人受到不良影响。未成年人的身心发育尚未成熟，容易受外部环境和他人的影响，如果与成年人共同关押、管理，可能受到成年犯罪人的不良影响，甚至会使未成年人学会其他作案技巧，这显然不利于对未成年人的教育和挽救。

贯彻分案处理原则，应当做到以下几点：（1）对未成年犯罪嫌疑人、被告人采取拘留、逮捕等强制措施时，应当将未成年人与成年人分别关押看管；（2）对于未成年人与成年人共同犯罪案件，尽量适用不同的诉讼程序，在不妨碍审理的前提下，坚持分案处理；（3）未成年罪犯刑罚的执行，主要在少年犯管教所执行，不得与成年犯人同处一个监所。

（四）审理不公开原则

审理不公开原则，是指人民法院在开庭审理未成年人刑事案件时，不对外公开，群众不得旁听，记者不得采访等。对未成年人刑事案件实行审理不公开原则，有利于保护未成年被告人的自尊心和名誉，有利于对他们的教育和改造。

我国《刑事诉讼法》第274条规定："审判的时候被告人不满18周岁的案件，不公开审理。"我国《预防未成年人犯罪法》第45条第2、3款规定："对于审判的时候被告人不满18周岁的刑事案件，不公开审理。对未成年人犯罪案件，新闻报道、影视节目、公开出版物不得披露该未成年人的姓名、住所、照片及可能推断出该未成年人的资料。"

贯彻审理不公开原则，要求开庭审理时被告人不满18周岁的案件，一律不公开审理。但是，经未成年被告人及其法定代理人同意，未成年被告人所在学校和未成年人保护组织可以派代表到场。此外，虽然未成年人刑事案件不公开审理，但是宣告判决仍应公开进行。

（五）社会调查原则

为了准确查明诱发未成年人犯罪的主客观原因，并予以根除，使未成年人获得彻底矫治，公安司法机关在办理未成年人刑事案件时，不仅要调查、核实案件事实和证据，而且应当全面、彻底地调查未成年犯罪嫌疑人、被告人的成长经历、犯罪原因、监护教育等情况。为此，我国《刑事诉讼法》第268条规定："公安机关、人民检察院、人民法院办理未成年人刑事案件，根据情况可以对未成年犯罪嫌疑人、被告人的成长经历、犯罪原因、监护教育等情况进行调查。"

社会调查的内容主要包括以下几个方面：第一，能够证明未成年犯罪嫌疑人、被告人是否有罪及罪责大小的情况，如犯罪构成要件、犯罪情节、犯罪后的表现等；第二，未成年人的生活环境、社会关系等，如家庭情况、在校表现情况、社交往来情况等；第三，对未成年人走上犯罪之路产生过重要影响的人和事件；第四，未成年人的兴趣爱好、身心发育成熟程度、心理状况等情况。

三、未成年人刑事案件诉讼程序的特点

未成年人刑事案件诉讼程序较之成年人刑事案件的诉讼程序而言，具有以下特点：

（一）由专门人员、专门组织承办

我国《刑事诉讼法》第266条第2款规定："人民法院、人民检察院和公安机关办理未成年人刑事案件，应当保障未成年人行使其诉讼权利，保障未成年人得到法律帮助，并由熟悉未成年人身心特点的审判人员、检察人员、侦查人员承办。"由于专门人员熟悉未成年人的身心特点，其可以根据未成年人的身心特点适用不同的方式、方法办理案件，有利于对未成年犯罪嫌疑人、被告人进行教育、感化和挽救，这对于办理好未成年人刑事案件无疑具有重要作用。

专门人员承办未成年人刑事案件贯穿刑事诉讼的主要诉讼阶段。根据我国《刑事诉讼法》和有关司法解释的规定，未成年人刑事案件的侦查、审查起诉和审判工作应当由熟悉未成年人身心特点的人员办理：①在侦查阶段，公安机关应当设置专门机构或者配备专职人员办理未成年人刑事案件。未成年人刑事案件应当由熟悉未成年人身心特点，善于做未成年人思想教育工作，具有一定办案经验的人员办理。②在审查起诉阶段，人民检察院应当指定熟悉未成年人身心特点的检察人员办理未成年人刑事案件。③在审判阶段，审理未成年人刑事案件，应当由熟悉未成年人身心特点、善于做未成年人思想教育工作的审判人员进行，并应当保持有关审判人员工作的相对稳定性。未成年人刑事案件的人民陪审员，一般由熟悉未成年人身心特点，热心教育、感化、挽救失足未成年人工作，并经过必要培训的共青团、妇联、工会、学校、未成年人保护组织等单位的工作人员或者有关单位的退休人员担任。

为了保障未成年人刑事案件办理的专门化，最高法《解释》还规定由专门组织审理未成年人刑事案件。根据最高法《解释》第462条的规定，中级人民法院和基层人民法院可以设立独立建制的未成年人案件审判庭。尚不具备条件的，应当在刑事审判庭内设立未成年人刑事案件合议庭，或者由专人负责审理未成年人刑事案件。高级人民法院应当在刑事审判庭内设立未成年人刑事案件合议庭。具备条件的，可以设立独立建制的未成年人案件审判庭。这里所讲的未成年人案件审判庭和未成年人刑事案件合议庭统称为少年法庭。

（二）通知法定代理人或合适成年人到场

为了有效维护未成年人的合法权益，在讯问和审判未成年人犯罪嫌疑人、被告人时，应当有法定代理人或合适成年人到场。根据我国《刑事诉讼法》第270条的规定，对于未成年人刑事案件，在讯问和审判的时候，应当通知未成年犯罪嫌疑人、被告人的法定代理人到场。无法通知、法定代理人不能到场或者法定代理人是共犯的，也可以通知未成年犯罪嫌疑人、被告人的其他成年亲属，所在学校、单位、居住地基层组织或者未成年人保护组织的代表到场，并将有关情况记录在案。到场的法定代理人可以代为行使未成年犯罪嫌疑人、被告人的诉讼权利。到场的法定代理人或者其他人员认为办案人员在讯问、审判中侵犯未成年人合法权益的，可以提出意见。讯问笔录、法庭笔录应当交给到场的法定代理人或者其他人员阅读或者向他宣读。讯问女性未成年犯罪嫌疑人，应当有女工作人员在场。审判未成年人刑事案件，未成年被告人最后陈述后，其法定代理人可进行补充陈述。

（三）提供法律援助

由于未成年人的心智发育尚未成熟，加上法律知识的欠缺，绝大多数未成年犯罪嫌疑人、被告人对如何行使诉讼权利无从了解。因此，由有法律专业素养的律师为其提供辩护是有效维护未成年人合法权益的重要途径。

公安司法机关受理未成年人刑事案件后，应当向未成年犯罪嫌疑人、被告人及其法定代理人告知其有权委托辩护人，并了解其委托辩护人的情况。未成年犯罪嫌疑人、被告人没有委托辩护人的，人民法院、人民检察院、公安机关应当通知法律援助机构指派律师为其提供辩护。

（四）严格限制适用逮捕措施

《刑事诉讼法》第269条第1款规定："对未成年犯罪嫌疑人、被告人应当严格限制适用逮捕措施。人民检察院审查批准逮捕和人民法院决定逮捕，应当讯问未成年犯罪嫌疑人、被告人，听取辩护律师的意见。"根据这一规定，司法机关办理未成年人刑事案件，应当严格限制适用逮捕措施。在逮捕的适用上要注意以下要求：

1. 人民检察院办理未成年犯罪嫌疑人审查逮捕案件，应当根据未成年犯罪嫌疑人涉嫌犯罪的事实、主观恶性、有无监护与社会帮教条件等，综合衡量其社会危险性，严格限制适用逮捕措施。

2. 对于罪行较轻，具备有效监护条件或者社会帮教措施，没有社会危险性或者社会危险性较小，不逮捕不致妨害诉讼正常进行的未成年犯罪嫌疑人，应当不批准逮捕。

3. 对于罪行比较严重，但主观恶性不大，有悔罪表现，具备有效监护条件或者社会帮教措施，具有下列情形之一，不逮捕不致妨害诉讼正常进行的未成年犯罪嫌疑人，可以不批准逮捕：初次犯罪、过失犯罪的；犯罪预备、中止、未遂的；有自首或者立功表现的；犯罪后如实交代罪行，真诚悔罪，积极退赃，尽力减少和赔偿损失，被害人谅解的；不属于共同犯罪的主犯或者集团犯罪中的首要分子的；属于已满十四周岁不满十六周岁的未成年人或者系在校学生的；其他可以不批准逮捕的情形。人民检察院审查批准逮捕，应当讯问未成年犯罪嫌疑人，听取辩护律师的意见。

4. 对未成年犯罪嫌疑人、被告人原则上不得使用戒具。对确有行凶、逃跑、自杀、自伤、自残等现实危险，必须使用戒具的，应当以避免和防止危害结果的发生为限度，现实危险消除后，应当立即停止使用。

（五）附条件不起诉制度

附条件不起诉，是指人民检察院在审查起诉时，对符合一定条件的未成年犯罪嫌疑人设置一定的考验期，如果未成年犯罪嫌疑人在考验期内履行了相关的义务，人民检察院将依法作出不起诉决定。附条件不起诉制度属于我国的不起诉种类之一，体现了人民检察院的自由裁量权。对未成年犯罪嫌疑人适用附条件不起诉制度有助于未成年犯罪嫌疑人得到彻底矫治，促使其顺利回归社会。

根据我国《刑事诉讼法》第271条和有关司法解释的规定，对于未成年人涉嫌刑法分则第四章、第五章、第六章规定的犯罪，可能判处1年有期徒刑以下刑罚，符合起诉条件，但有悔罪表现的，人民检察院可以作出附条件不起诉的决定。人民检察院在作出附条件不起诉的决定以前，应当听取公安机关、被害人、未成年犯罪嫌疑人的法定代理人、辩护人的意见。

人民检察院作出附条件不起诉决定的，应当确定考验期。考验期为6个月以上1年以下，从人民检察院作出附条件不起诉的决定之日起计算。被附条件不起诉的未成年犯罪嫌疑人，应当遵守下列规定：①遵守法律法规，服从监督；②按照考察机关的规定报告自己的活动情况；③离开所居住的市、县或者迁居，应当报经考察机关批准；④按照考察机关的要求接受矫治和教育。

在附条件不起诉的考验期内，由人民检察院对被附条件不起诉的未成年犯罪嫌疑人进行监督考察。未成年犯罪嫌疑人的监护人，应当对未成年犯罪嫌疑人加强管教，配合人民检察院做好监督考察工作。

考验期届满，办案人员应当制作附条件不起诉考察意见书，提出起诉或者不起诉的意见：①被附条件不起诉的未成年犯罪嫌疑人，在考验期内没有最高检《规则》第500条规定的情形，考验期满的，人民检察院应当作出不起诉的决定。②被附条件不起诉的未成年犯罪嫌疑人，在考验期内有下列情形之一的，人民检察院应当撤销附条件不起诉的决定，提起公诉：实施新的犯罪的；发现决定附条件不起诉以前还有其他犯罪需要追诉的；违反治安管理规定，造成严重后果，或者多次违反治安管理规定的；违反考察机关有关附条件不起诉的监督管理规定，造成严重后果，或者多次违反考察机关有关附条件不起诉的监督管理规定的。

（六）犯罪记录封存制度

犯罪记录封存制度，是指对被判处较轻刑罚的未成年人的犯罪记录予以密封保存，除法律特别规定外，任何单位和个人不得查询的制度。将未成年人的犯罪记录予以封存，可以避免前科给未成年人带来的负面影响，促使其能够更好地回归社会。我国《刑事诉讼法》第275条规定："犯罪的时候不满18周岁，被判处5年有期徒刑以下刑罚的，应当对相关犯罪记录予以封存。犯罪记录被封存的，不得向任何单位和个人提供，但司法机关为办案需要或者有关单位根据国家规定进行查询的除外。依法进行查询的单位，应当对被封存的犯罪记录的情况予以保密。"

但是，被封存犯罪记录的未成年人，如果发现漏罪，漏罪与封存记录之罪合并被判处5年有期徒刑以上刑罚的，应当对其犯罪记录解除封存。

第三节　当事人和解的公诉案件诉讼程序

一、概念与意义

当事人和解的公诉案件诉讼程序，是指公安司法机关在法定范围的公诉案件中，犯罪嫌疑人、被告人真诚悔罪，通过向被害人赔偿损失、赔礼道歉等方式获得被害人谅解、双方当事人自愿达成协议的，可以对犯罪嫌疑人、被告人作出不同程度的从宽处理的特别程序。

在美国，90%以上的刑事案件是通过辩诉交易结案的。所谓辩诉交易，是指刑事被告人就较轻的罪名或者数项指控中的一项或几项作出有罪答辩，以换取检察官的某种让步，通常是获得较轻的指控或者撤销其他指控，进而经双方协商达成的协议。辩诉交易的动因主要是控辩双方为应对对抗制诉讼模式下判决的不确定性，而选择对自己来说风险更小、损失更小的案件解决方式。从适用主体上来看，检察官和被告人是交易的主体，被害人不参加辩诉交易，检察官最多只是征求被害人的意见。

当事人和解的公诉案件诉讼程序是我国2012年《刑事诉讼法》修改时，在试点经验和有关司法文件基础上创建的特别程序。创建当事人和解的公诉案件诉讼程序，既是对我国固有法律文化在新的历史条件下的传承与创新，也是对域外刑事和解制度的借鉴、吸收，不仅为贯彻宽严相济刑事政策提供重要路径，而且充分尊重双方当事人的意思表示，有利于促进社会和谐安定。此外，因为由于双方当事人自愿协商达成协议解决纠纷，通常可以避免发生上访或缠讼现象，使案件能够得到及时解决，节约司法资源。

二、公诉案件当事人和解的适用条件和案件范围

（一）公诉案件当事人和解的适用条件

根据我国《刑事诉讼法》第277条的规定，在公诉案件中，当事人和解应当具备以下三个条件：

1. 犯罪嫌疑人、被告人真诚悔罪。这是当事人和解的前提条件。犯罪嫌疑人、被告人必须自愿地、发自内心地认识到自己的行为给被害人造成的伤害，对自己的犯罪行为真诚悔过。如果犯罪嫌疑人、被告人拒绝承认犯罪事实，毫无悔过之意，表明其仍具有社会危害性，应当依法予以惩罚。

2. 犯罪嫌疑人、被告人通过向被害人赔偿损失、赔礼道歉等方式获得被害

人谅解。赔偿损失、赔礼道歉等是犯罪嫌疑人、被告人真诚悔罪的具体表现。赔偿损失包括赔偿物质损失和精神损失，主要指经济赔偿。赔礼道歉既可以通过书面方式，也可以通过口头方式进行。通过赔偿损失、赔礼道歉，能够缓解当事人之间的冲突，减轻犯罪行为对被害人的伤害，最终获得被害人的谅解。当然，赔偿损失、赔礼道歉是司法实践中获得被害人谅解最常见的方式，但不限于这两种方式，还包括社区服务、照顾被害人家属等其他方式。

3. 被害人自愿和解。要求被害人在对犯罪嫌疑人、被告人谅解的基础上自愿和解，是为了防止被害人在受到暴力、胁迫等情况下违背自己的意愿同意和解，影响和解的公正性。

（二）公诉案件当事人和解的案件范围

公诉案件当事人和解的案件范围是当事人和解程序立法中的重要问题，如果适用的案件范围过窄，将不利于充分发挥当事人和解程序的作用；反之，如果范围过宽，则对国家刑罚权的实现产生不利影响。因此，设置公诉案件当事人和解的案件范围时应当把握"度"的问题。我国《刑事诉讼法》第277条采取案件类型和刑罚轻重两个标准，对公诉案件当事人和解程序的适用范围作了以下规定：

1. 因民间纠纷引起，涉嫌刑法分则第四章、第五章规定的犯罪案件，可能判处3年有期徒刑以下刑罚的。这类案件必须符合以下三个条件：第一，因民间纠纷引起。民间纠纷通常是指公民之间因人身、民主和财产等问题而发生的纠纷，如因恋爱、婚姻、家庭、邻里纠纷等常见矛盾引发的纠纷，或者因口角、泄愤等偶发性矛盾引发的纠纷。但是，有下列情形之一的，不属于因民间纠纷引起的犯罪案件：①雇凶伤害他人的；②涉及黑社会性质组织犯罪的；③涉及寻衅滋事的；④涉及聚众斗殴的；⑤多次故意伤害他人身体的；⑥其他不宜和解的。第二，涉嫌刑法分则第四章、第五章规定的犯罪案件。我国刑法分则第四章规定的是"侵犯公民人身权利、民主权利罪"，第五章规定的是"侵犯财产罪"。因此，如果犯罪嫌疑人、被告人涉嫌的犯罪不属于"侵犯公民人身权利、民主权利罪"或者"侵犯财产罪"，也不适用当事人和解程序。第三，可能判处3年有期徒刑以下刑罚。可能判处3年有期徒刑以下刑罚的犯罪一般情节较轻、性质较轻，将当事人和解的适用限于可能判处3年有期徒刑以下刑罚的案件，可以充分发挥其积极作用。以上三个条件必须同时具备，缺一不可。

2. 除渎职犯罪以外的可能判处7年有期徒刑以下刑罚的过失犯罪案件。这类案件必须同时符合以下三个条件：第一，是过失犯罪。过失犯罪是指应当预见自己的行为可能发生危害社会的结果，因为疏忽大意而没有预见，或者已经预见而轻信能够避免，以致发生这种结果的犯罪。过失犯罪的犯罪嫌疑人、被告人主观恶性较小,社会危害性不大,获得被害人谅解的可能性较大,有利于保障被害人的合法权益,促使犯罪嫌疑人、被告人悔过自新,重新回归社会。第二,可能判处7年有期徒刑以下刑罚。7年有期徒刑是多数过失犯罪的最高刑罚,这与过失犯罪的刑罚是相对应的。第三,渎职犯罪除外。渎职犯罪由于侵犯了公务职责的廉洁性、公正性,妨害了国家机关正常的职能活动,不能适用当事人和解程序。

3. 犯罪嫌疑人、被告人在5年以内曾经故意犯罪的,不适用当事人和解程序。这是当事人和解程序的例外情形。如果犯罪嫌疑人、被告人在5年以内曾经故意犯罪,表明其并没有从以前的犯罪行为中改过自新,具有较大的社会危险性和人身危险性,应当予以严厉处罚,因此,即使属于上述两种可以适用当事人和解程序的案件范围,也不得适用当事人和解程序。理解该项规定时还应当注意:第一,无论该故意犯罪是否已经追究,均应当认定为犯罪嫌疑人、被告人在5年以内曾经故意犯罪。第二,只要犯罪嫌疑人、被告人在5年以内所犯前罪为故意犯罪,则无论犯罪嫌疑人、被告人所犯后罪是故意犯罪还是过失犯罪,均不得适用当事人和解程序。

三、公诉案件当事人和解的诉讼程序

(一) 当事人进行和解

公诉案件当事人和解的主体是犯罪嫌疑人、被告人和被害人。另外,他们的法定代理人、近亲属在一定条件下也可以代为和解。根据司法解释的有关规定,被害人死亡的,其近亲属可以与被告人和解。被害人系无行为能力或者限制行为能力人的,其法定代理人、近亲属可以代为和解。犯罪嫌疑人、被告人系限制行为能力人的,其法定代理人可以代为和解。犯罪嫌疑人、被告人在押的,经犯罪嫌疑人、被告人同意,其近亲属可以代为和解。

双方当事人可以自行达成和解,也可以经人民调解委员会、村民委员会、居民委员会、当事人所在单位或者同事、亲友等组织或者个人调解后达成和解。在审判阶段,当事人提出申请的,人民法院可以主持双方当事人协商以达成和解。根据案件情况,人民法院可以邀请人民调解员、辩护人、诉讼代理人、当事人亲友等参与促成双方当事人和解。

需要指出的是,双方当事人可以就赔偿损失、赔礼道歉等民事责任事项进行和解,并且可以就被害人及其法定代理人或者近亲属是否要求或者同意公安机关、人民检察院、人民法院对犯罪嫌疑人依法从宽处理进行协商,但不得对案件的事实认定、证据采信、法律适用和定罪量刑等依法属于公安机关、人民检察院、人民法院职权范围的事宜进行协商。

（二）和解的审查

在刑事诉讼中，当事人之间和解后并不意味着和解就生效了，还须经过公安司法机关的审查和确认。根据我国《刑事诉讼法》第 277 条、第 278 条和司法解释的有关规定，对当事人和解的审查包括以下内容：

1. 审查主体。对当事人和解负有审查职责的主体是公安机关、人民检察院和人民法院。当事人之间达成和解协议的，公安司法机关应当对和解协议进行审查。公安机关负责对双方当事人在侦查阶段形成的和解协议进行审查；人民检察院负责在审查起诉阶段进行审查；人民法院则负责在审判阶段进行审查。

2. 审查程序。公安司法机关进行审查的时候，应当听取双方当事人和其他有关人员对和解的意见。"其他有关人员"包括当事人的法定代理人、辩护人、诉讼代理人等。必要时，可以听取双方当事人亲属、当地居民委员会或者村民委员会人员以及其他了解案件情况的相关人员的意见。审判期间，双方当事人在庭外达成和解的，人民法院应当通知人民检察院，并听取其意见。

3. 审查内容。审查的内容是和解的自愿性和合法性两方面内容。"自愿性"是指当事人和解的内容反映了双方当事人的真实意愿，而非由对方或第三方的各种强迫、威胁所致。"合法性"是指和解必须符合法律规定，如和解的案件范围应当属于当事人和解的案件范围、没有违反法定程序等。公安司法机关应当对和解的自愿性、合法性进行审查，重点审查以下内容：（1）双方当事人是否自愿和解；（2）犯罪嫌疑人是否真诚悔罪，是否向被害人赔礼道歉，经济赔偿数额与其所造成的损害和赔偿能力是否相适应；（3）被害人及其法定代理人或者近亲属是否明确表示对犯罪嫌疑人予以谅解；（4）是否符合法律规定；（5）是否损害国家、集体和社会公共利益或者他人的合法权益；（6）是否符合社会公德。

4. 审查结果。公安司法机关审查后，认为和解符合自愿性和合法性的，应当主持制作和解协议书，并由双方当事人及其他参加人员签名。当事人中有未成年人的，未成年当事人的法定代理人或者其他成年亲属应当在场。和解协议书是公安司法机关主持制作的记载双方当事人和解内容的诉讼文书，是履行和解协议和依法从宽处理的依据。

和解协议约定的赔偿损失内容，犯罪嫌疑人、被告人应当在协议签署后即时履行。和解协议已经全部履行，当事人反悔的，公安司法机关不予支持，但有证据证明和解违反自愿、合法原则的除外。双方当事人在侦查、审查起诉期间已经达成和解协议并全部履行，被害人或者其法定代理人、近亲属又提起附带民事诉讼的，人民法院不予受理，但有证据证明和解违反自愿、合法原则的除外。被害人或者其法定代理人、近亲属提起附带民事诉讼后，双方愿意和解，但被告人不能即时履行全部赔偿义务的，人民法院应当制作附带民事调解书。

（三）各个诉讼阶段达成和解协议后的处理方式

1. 侦查阶段。我国《刑事诉讼法》第 279 条规定："对于达成和解协议的案件，公安机关可以向人民检察院提出从宽处理的建议……"。据此，公安机关对于当事人在侦查阶段达成和解的案件不得作出撤销案件或者其他的直接处理方式，而只能向人民检察院提出从宽处理的建议。公安机关对于达成和解协议的案件向人民检察院提出从宽处理建议的，人民检察院应当予以充分考虑。人民检察院对于公安机关提请批准逮捕的案件，双方当事人达成和解协议的，可以作为有无社会危险性或者社会危险性大小的因素予以考虑，经审查认为不需要逮捕的，可以作出不批准逮捕的决定；在审查起诉阶段可以依法变更强制措施。

2. 审查起诉阶段。人民检察院对于公安机关移送审查起诉的案件，双方当事人达成和解协议的，有两种从宽处理的方式：第一，可以把当事人和解的情况作为是否需要判处刑罚或者免除刑罚的因素予以考虑，对于犯罪嫌疑人犯罪情节轻微、不需要判处刑罚的和解案件，人民检察院可以根据我国《刑事诉讼法》第 173 条第 2 款的规定作出不起诉决定。第二，对于依法应当提起公诉的，人民检察院提起公诉时可以在公诉书中载明当事人已达成和解，建议人民法院对被告人从宽处罚，并附卷移送当事人和解协议书。

人民检察院拟对当事人达成和解的公诉案件作出不起诉决定的，应当听取双方当事人对和解的意见，并且查明犯罪嫌疑人是否已经切实履行和解协议、不能即时履行的是否已经提供有效担保，将其作为是否决定不起诉的因素予以考虑。当事人在不起诉决定作出之前反悔的，可以另行达成和解。不能另行达成和解的，人民检察院应当依法作出起诉或者不起诉决定。当事人在不起诉决定作出之后反悔的，人民检察院不撤销原决定，但有证据证明和解违反自愿、合法原则的除外。

3. 审判阶段。根据我国《刑事诉讼法》第 279 条的规定，对于达成和解协议的案件，人民法院可以依法对被告人从宽处罚。虽然此处使用的是"可以"一词，但从有效贯彻当事人和解程序的角度来看，人民法院应当作出从宽的处理或者处罚。为此，最高法《解释》第 505 条规定："对达成和解协议的案件，人民法院应当对被告人从轻处罚；符合非监禁刑适用条件的，应当适用非监禁刑；判处法定最低刑仍然过重的，可以减轻处罚；综合全案认为犯罪情节轻微不需要判处刑罚的，可以免除刑事处罚。共同犯罪案件，部分被告人与被害人达成和解协议的，可以依法对该部分被告人从宽处罚，但应当注意全案的量刑平衡。"

第四节　犯罪嫌疑人、被告人逃匿、死亡案件违法所得的没收程序

一、概述

犯罪嫌疑人、被告人逃匿、死亡案件违法所得的没收程序，简称违法所得没收程序，是指贪污贿赂犯罪、恐怖活动犯罪等重大犯罪案件的犯罪嫌疑人、被告人逃逸，或者犯罪嫌疑人、被告人死亡的情形下，对违法所得及其他涉案财物进行处理的特别诉讼程序。

违法所得没收程序是我国2012年《刑事诉讼法》修改时增设的一种特别程序。增设违法所得没收程序，对我国有效打击贪污腐败犯罪行为和其他严重犯罪现象具有重要意义。近年来，随着我国惩治贪污贿赂犯罪、恐怖活动犯罪等严重犯罪活动的力度不断增强，一些严重犯罪案件，尤其是腐败案件的犯罪嫌疑人、被告人长期潜逃或者死亡，如果不建立有效的财产追回机制，按照普通案件的诉讼程序将无法有效打击贪腐行为，也无法及时挽回国家、集体或者被害人的经济损失。建立违法所得没收程序可以解决因贪官或其他严重犯罪的犯罪嫌疑人、被告人死亡而导致的无法进行追诉的问题。同时，我国政府于2003年12月10日签署了《联合国反腐败公约》，2005年10月27日十届全国人大常委会第十八次会议批准了该公约。《联合国反腐败公约》第54条第1款第3项规定："各缔约国应根据本国法律，考虑采取必要的措施，以便在因为犯罪人死亡、潜逃或者缺席而无法对其起诉的情形或其他有关情形下，能够不经过刑事定罪而没收这类财产。"联合国《打击跨国有组织犯罪公约》第12条也作了类似规定。由此可见，增设违法所得没收程序也符合我国已加入的反腐败国际公约及有关反恐怖问题决议的要求。

二、违法所得没收程序的适用条件

违法所得没收程序作为特别程序，由于犯罪嫌疑人、被告人不能到案，可能会有损犯罪嫌疑人、被告人的诉讼权利，因而适用的条件应当有严格的限制。根据《刑事诉讼法》的相关规定，适用违法所得没收程序应当具备以下四个方面的条件：

（一）特定的案件范围

我国《刑事诉讼法》第280条第1款规定："对于贪污贿赂犯罪、恐怖活动犯罪等重大犯罪案件，犯罪嫌疑人、被告人逃匿，在通缉一年后不能到案，或者犯罪嫌疑人、被告人死亡，依照刑法规定应当追缴其违法所得及其他涉案财产

的，人民检察院可以向人民法院提出没收违法所得的申请。"最高法《解释》第507条规定："依照刑法规定应当追缴违法所得及其他涉案财产，且符合下列情形之一的，人民检察院可以向人民法院提出没收违法所得的申请：（一）犯罪嫌疑人、被告人实施了贪污贿赂犯罪、恐怖活动犯罪等重大犯罪后逃匿，在通缉一年后不能到案的；（二）犯罪嫌疑人、被告人死亡的。"据此，违法所得没收程序适用于以下两类案件：

1. 贪污贿赂犯罪、恐怖活动犯罪等重大犯罪案件。具体包括：（1）重大贪污贿赂犯罪案件。贪污贿赂犯罪案件包括《刑法》分则第八章规定的贪污贿赂罪，也包括挪用公款罪、私分国有资产罪、私分罚没财物罪、巨额财产来源不明罪、隐瞒境外存款罪、介绍贿赂罪等。（2）重大的恐怖活动犯罪案件。此类案件包括组织、领导、参加恐怖组织罪，资助恐怖活动罪，劫持航空器罪，劫持船只、汽车罪，暴力危及飞行安全罪等。（3）其他重大犯罪案件。其他重大犯罪案件要适用违法所得没收程序，应当符合两个条件：一是属于重大犯罪案件。"重大犯罪案件"应具有下列情形之一：①犯罪嫌疑人、被告人可能被判处无期徒刑以上刑罚的；②案件在本省、自治区、直辖市或者全国范围内有较大影响的；③其他重大犯罪案件。二是涉及追缴违法所得及其他涉案财产。

2. 犯罪嫌疑人、被告人死亡，依法应当追缴违法所得及其他涉案财产的一般刑事案件。根据我国《刑事诉讼法》第15条的规定，犯罪嫌疑人、被告人死亡属于依法不追究刑事责任的法定情形，一旦犯罪嫌疑人、被告人死亡，刑事追诉程序即终止。但是，在一些案件中，即使被追诉人死亡，也存在依法应当追缴违法所得及其他涉案财产的情形。如果不启动没收程序，国家利益和被害人利益可能遭到损失。因此，这类案件符合追缴违法所得及其他涉案财产的，也可以适用违法所得没收程序。

（二）被追诉人不能到案

按照《刑事诉讼法》第280条的规定，违法所得没收程序的第二个适用条件是被追诉人不能到案。被追诉人不能到案有两种情形：一种情形是犯罪嫌疑人、被告人潜逃，在通缉1年后不能到案。如果犯罪嫌疑人、被告人逃匿，那么公安司法机关应当采取有关措施保证其到案，只有在通缉1年后仍无法抓捕到案的，才能适用违法所得没收程序。另一种情形是犯罪嫌疑人、被告人死亡。如果被追诉人死亡，那么依法不得追究其刑事责任，但是由于相关的涉案财物并没有处理，因此有必要针对财物适用没收程序。

（三）有追缴财产的需要

违法所得没收程序专门针对的是违法所得及其他涉案财产，如果没有需要追缴的违法所得或其他涉案财产，那么即使贪污贿赂犯罪、恐怖活动犯罪等重大案件中的犯罪嫌疑人、被告人潜逃或者死亡，也不能适用没收程序。违法所得及其他涉案财产是指犯罪嫌疑人实施犯罪行为所取得的财物及其孳息以及犯罪嫌疑人非法持有的违禁品、供犯罪所用的本人财物。需要注意的是，在一些犯罪嫌疑人、被告人死亡的案件中，即使涉及违法所得或其他涉案财产，但因为涉及金额不大，检察机关可以基于诉讼效益的考虑而不启动没收程序。

（四）程序启动要件

根据我国《刑事诉讼法》第280条的规定，违法所得没收程序的启动，需要由人民检察院向人民法院提出没收违法所得的申请。为了防止违法所得没收程序被滥用，并使该程序的法庭审理更为合理，我国的违法所得没收程序在比照普通程序基础上设置，也有类似侦查机关侦查、人民检察院审查起诉和人民法院审判等阶段。公安机关不能直接向人民法院提出没收的申请，而只能向人民检察院提出没收违法所得意见书，由人民检察院决定是否向人民法院提出没收违法所得的申请。

1. 没收违法所得意见书的提出。公安机关侦查的案件，对于符合没收违法所得条件的，经县级以上公安机关负责人批准，公安机关应当写出没收违法所得意见书，连同相关证据材料一并移送同级人民检察院。对于犯罪嫌疑人死亡，现有证据证明其存在违法所得及其他涉案财产应当予以没收的，公安机关可以进行调查。公安机关进行调查，可以依法进行查封、扣押、查询、冻结。

人民检察院直接受理立案侦查的案件，犯罪嫌疑人逃匿或者犯罪嫌疑人死亡而撤销案件，符合《刑事诉讼法》第280条第1款规定条件的，侦查部门应当启动违法所得没收程序进行调查。侦查部门经调查后认为符合条件的，应当写出没收违法所得意见书，连同案卷材料一并移送有管辖权的人民检察院侦查部门，并由有管辖权的人民检察院侦查部门移送本院公诉部门。

人民检察院在收到公安机关或其侦查部门提出的没收违法所得意见书后，应当由公诉部门对其进行审查。人民检察院应当在接到公安机关或侦查部门移送的没收违法所得意见书后30日以内作出是否提出没收违法所得申请的决定。30日以内不能作出决定的，经检察长批准，可以延长15日。经人民检察院审查后，认为不符合适用违法所得没收程序的条件的，应当作出不提出没收违法所得申请的决定，并向公安机关或人民检察院侦查部门书面说明理由；认为需要补充证据的，应当书面要求公安机关或人民检察院侦查部门补充证据，必要时也可以自行调查。公安机关或人民检察院侦查部门补充证据的时间不计入人民检察院办案期限。

人民检察院发现公安机关在违法所得没收程序的调查活动中有违法情形的，应当向公安机关提出纠正意见。

在审查公安机关移送的没收违法所得意见书的过程中，在逃的犯罪嫌疑人、被告人自动投案或者被抓获的，人民检察院应当中止审查，并将案卷退回公安机关处理。

2. 没收违法所得申请的提出。在人民检察院审查起诉过程中，对于符合适用没收财产程序的条件的，人民检察院可以直接提出没收违法所得的申请。人民法院在审理案件过程中，被告人死亡而裁定终止审理，或者被告人脱逃而裁定中止审理，人民检察院可以依法另行向人民法院提出没收违法所得的申请。

没收违法所得的申请，应当由与有管辖权的中级人民法院相对应的人民检察院提出。而且，人民检察院提出没收违法所得的申请，应当制作没收违法所得申请书，提供与犯罪事实、违法所得相关的证据材料，并列明财产的种类、数量、所在地及查封、扣押、冻结的情况。

三、违法所得没收案件的审理

（一）违法所得没收案件的审判管辖

我国《刑事诉讼法》第281条第1款明确规定了没收案件的审判管辖："没收违法所得的申请，由犯罪地或者犯罪嫌疑人、被告人居住地的中级人民法院组成合议庭进行审理。"按照该款规定，没收案件的审判管辖包括地域管辖和级别管辖。

1. 地域管辖。没收案件应当由犯罪地或者犯罪嫌疑人、被告人居住地法院管辖。这与一般刑事案件的地域管辖基本一致。犯罪地包括犯罪行为发生地和犯罪结果发生地。另外，犯罪嫌疑人、被告人的居住地法院对没收案件也有管辖权。犯罪嫌疑人、被告人的居住地为其户籍地。经常居住地与户籍地不一致的，经常居住地为其居住地。经常居住地为被告人被追诉前已连续居住1年以上的地方，但住院就医的除外。需要注意的是，此类案件"犯罪地法院"和"被告人居住地法院"是并列关系，并无优先选择的次序。

2. 级别管辖。没收违法所得及其他涉案财产案件由中级人民法院审理。由于我国没收程序审理的案件是贪污贿赂犯罪以及恐怖活动犯罪等重大犯罪案件，这些案件性质严重，且涉及面较为广泛，因此由中级人民法院审理是合理的。

（二）违法所得没收案件的公告程序

我国《刑事诉讼法》第281条第2款规定："人民法院受理没收违法所得的申请后，应当发出公告。公告期间为6个月。"公告主要是为了通知当事人或其他利害关系人，以便其获悉案件情况并能有效行使其相关权利。根据最高法《解释》第512条的规定，人民法院决定受理没收违法所得的申请后，应当在15日内发出公告。公告应当在全国公开发行的报纸或者人民法院的官方网站刊登，并在人民法院公告栏张贴、发布；必要时，可以在犯罪地、犯罪嫌疑人、被告人居住地、申请没收的不动产所在地张贴、发布。人民法院已经掌握犯罪嫌疑人、被告人的近亲属和其他利害关系人的联系方式的，应当采取电话、传真、邮件等方式直接告知其公告内容，并记录在案。

（三）利害关系人的参与

我国《刑事诉讼法》第281条第2款规定："犯罪嫌疑人、被告人的近亲属和其他利害关系人有权申请参加诉讼，也可以委托诉讼代理人参加诉讼。"利害关系人包括犯罪嫌疑人、被告人的近亲属和其他利害关系人。"其他利害关系人"是指除当事人以外对申请没收的财产主张所有权的人。

犯罪嫌疑人、被告人的近亲属和其他利害关系人申请参加诉讼的，应当在公告期间提出。犯罪嫌疑人、被告人的近亲属应当提供其与犯罪嫌疑人、被告人关系的证明材料，其他利害关系人应当提供申请没收的财产系其所有的证据材料。犯罪嫌疑人、被告人的近亲属和其他利害关系人在公告期满后申请参加诉讼，能够合理说明原因，并提供证明申请没收的财产系其所有的证据材料的，人民法院应当准许。

（四）违法所得没收案件的审理方式

公告期满后，人民法院应当组成合议庭对申请没收违法所得的案件进行审理。利害关系人申请参加诉讼的，人民法院应当开庭审理。没有利害关系人申请参加诉讼的，可以不开庭审理。

法院审理没收违法所得的申请，检察机关应当承担举证责任。开庭审理申请没收违法所得的案件，按照下列程序进行：①审判长宣布法庭调查开始后，先由检察员宣读申请书，后由利害关系人、诉讼代理人发表意见；②法庭应当依次就犯罪嫌疑人、被告人是否实施了贪污贿赂犯罪、恐怖活动犯罪等重大犯罪并已经通缉一年不能到案，或者是否已经死亡，以及申请没收的财产是否依法应当追缴进行调查；调查时，先由检察员出示有关证据，后由利害关系人发表意见、出示有关证据，并进行质证；③法庭辩论阶段，先由检察员发言，后由利害关系人及其诉讼代理人发言，并进行辩论。利害关系人接到通知后无正当理由拒不到庭，或者未经法庭许可中途退庭的，可以转为不开庭审理，但还有其他利害关系人参加诉讼的除外。

（五）违法所得没收案件的审理结果

对申请没收违法所得的案件，人民法院审理后，应当按照下列情形分别处理：①案件事实清楚，证据确实、充分，申请没收的财产确属违法所得及其他涉案财产的，除依法返还被害人的以外，应当裁定没收；②不符合没收条件的，应当裁定驳回申请。

（六）对裁决结果的上诉、抗诉

我国违法所得没收程序与普通刑事案件相类似，同样实行二审终审制。根据我国《刑事诉讼法》第282条第2款和最高法《解释》第517条的规定，对没收违法所得或者驳回申请的裁定，犯罪嫌疑人、被告人的近亲属和其他利害关系人或者人民检察院可以在5日内提出上诉、抗诉。

对不服第一审没收违法所得或者驳回申请裁定的上诉、抗诉案件，第二审人民法院经审理，应当按照下列情形分别作出裁定：①原裁定正确的，应当驳回上诉或者抗诉，维持原裁定；②原裁定确有错误的，可以在查清事实后改变原裁定；也可以撤销原裁定，发回重新审判；③原审违反法定诉讼程序，可能影响公正审判的，应当撤销原裁定，发回重新审判。

没收违法所得裁定生效后，犯罪嫌疑人、被告人到案并对没收裁定提出异议，人民检察院向原作出裁定的人民法院提起公诉的，可以由同一审判组织审理。人民法院经审理，应当按照下列情形分别处理：①原裁定正确的，予以维持，不再对涉案财产作出判决；②原裁定确有错误的，应当撤销原裁定，并在判决中对有关涉案财产一并作出处理。除上述情形外，人民法院生效的没收裁定确有错误的，应当依照审判监督程序予以纠正。已经没收的财产，应当及时返还；财产已经上缴国库的，由原没收机关从财政机关申请退库，予以返还；原物已经出卖、拍卖的，应当退还价款；造成犯罪嫌疑人、被告人以及利害关系人财产损失的，应当依法赔偿。

（七）没收案件的终止审理

在审理申请没收违法所得的案件过程中，在逃的犯罪嫌疑人、被告人自动投案或者被抓获的，人民法院应当裁定终止审理。此时人民检察院应当将案卷退回侦查机关处理。人民检察院向原受理申请的人民法院提起公诉的，可以由同一审判组织审理。在犯罪嫌疑人、被告人到案后，没收财产程序审理终止，这是综合全案情况作出正确判决的需要，也有利于保障犯罪嫌疑人、被告人的合法权益。

（八）审理期限

审理申请没收违法所得案件的期限，参照公诉案件第一审普通程序和第二审程序的审理期限执行。但是公告期间和请求刑事司法协助的时间不计入审理期限。

第五节 依法不负刑事责任的精神病人的强制医疗程序

一、概述

依法不负刑事责任的精神病人的强制医疗程序（以下简称"强制医疗程序"），是指人民法院对依法不负刑事责任且有社会危险性的精神病人，采取强制医疗措施的特别诉讼程序。

精神疾病患者暴力杀人、伤人问题已经成为影响我国社会公共安全的重要因素之一。由于精神疾病患者没有辨别能力和控制能力，因而不承担刑事责任。但是，其实施危害行为的精神障碍没有得到消除，仍然存在继续危害他人人身、财产安全的可能性。从维护公共利益和社会秩序，以及保障精神疾病患者的健康角度考虑，应当采取必要的强制医疗措施对精神疾病患者的人身自由进行一定的限制。需要指出的是，强制医疗程序是建立在精神疾病患者不负刑事责任基础之上的，因此，该程序不解决犯罪嫌疑人、被告人的刑事责任问题，而是一种特殊的社会防卫措施。

正是在这样的背景下，2012年《刑事诉讼法》修改时，在"特别程序编"中增设了依法不负刑事责任的精神病人的强制医疗程序，明确规定了强制医疗的适用条件、决定程序、解除程序，并规定了法律援助、救济程序以及法律监督等。

二、强制医疗的适用对象

我国《刑事诉讼法》第284条规定："实施暴力行为，危害公共安全或者严重危害公民人身安全，经法定程序鉴定依法不负刑事责任的精神病人，有继续危害社会可能的，可以予以强制医疗。"按照此规定，在我国强制医疗的适用对象应当同时具备行为条件、医学条件和社会危险性条件。

（一）行为条件

行为人必须实施了暴力行为，危害公共安全或者严重危害公民人身安全的情况下，才有可能适用强制医疗程序，这是对精神病人适用强制医疗程序的行为条件。首先，精神病人必须实施了暴力行为。如果没有实施暴力行为，则不能被采取强制医疗。所谓暴力行为，是指以暴力为手段，对被害人的人身、财产权利造成极大损害，危及人的生命、健康及公共安全的行为。其次，精神病人实施的暴力行为应当达到严重程度，即"危害公共安全或者严重危害公民人身安全"。所谓危害公共安全或者严重危害公民人身安全，应当理解为精神病人的行为在客观上达到了犯罪程度。

（二）医学条件

行为人必须经过鉴定程序确定为精神病人才有可能对其适用强制医疗程序，这是对精神病人适用强制医疗程序的医学条件。间歇性的精神病人在精神正常时犯罪，或者尚未完全丧失辨认或者控制自己行为能力的精神病人犯罪的，应当负刑事责任。而强制医疗程序的适用以精神病人不负刑事责任为前提，因此，查明其在实施暴力行为时是否患有精神病或者严重精神障碍而丧失辨别能力、控制能力是确定是否适用强制医疗程序的关键,而查明的重要手段就是进行司法精神病学鉴定。只有经过鉴定确定犯罪嫌疑人、被告人是精神病人而且依法不负刑事责任,才有可能对其适用强制医疗程序。

(三) 社会危险性条件

行为人必须有继续危害社会的可能才有可能对其适用强制医疗程序,这是对精神病人适用强制医疗程序的社会危险性条件。社会危险性是指由于精神病人所实施行为的性质及其精神、生理状态等,可能给社会公民人身、财产等带来严重损害后果。综合全案的具体情况分析,如果精神病人有继续危害社会的可能性,则应对其采取强制医疗措施;否则,则不能采取此措施。

三、强制医疗程序的适用

强制医疗程序与普通案件诉讼程序类似,即不同的诉讼阶段分别由公安机关、检察机关、人民法院主持,并由人民法院最后决定是否对行为人采取强制医疗措施。但是,强制医疗程序也有其特殊性,在很多方面与普通诉讼程序有所不同。

(一) 强制医疗程序的启动

公安机关在侦查过程中发现犯罪嫌疑人是依法不负刑事责任的精神病人并且符合强制医疗条件的,不能直接向人民法院提出对犯罪嫌疑人强制医疗的申请。在此种情形下,公安机关应当在7日以内写出强制医疗意见书,经县级以上公安机关负责人批准,连同相关证据材料和鉴定意见一并移送同级人民检察院。人民检察院的公诉部门应当在接到公安机关移送的强制医疗意见书后30日以内作出是否提出强制医疗申请的决定。经审查认为不符合强制医疗条件的,应当作出不提出强制医疗申请的决定,并向公安机关书面说明理由;认为需要补充证据的,应当书面要求公安机关补充证据,必要时也可以自行调查。公安机关补充证据的时间不计入人民检察院办案期限。经审查后,认为符合强制医疗条件的,人民检察院应当在作出不起诉决定后向人民法院提出强制医疗的申请。

人民检察院在审查起诉过程中发现犯罪嫌疑人是依法不负刑事责任的精神病人并符合强制医疗条件时,应当作出不起诉决定,并对符合强制医疗条件的犯罪嫌疑人向人民法院提出强制医疗申请。

强制医疗的申请由被申请人实施暴力行为所在地的基层人民检察院提出;由被申请人居住地的人民检察院提出更为适宜的,可以由被申请人居住地的基层人民检察院提出。

另外,人民法院也可以直接决定启动强制医疗程序。第一审人民法院在审理案件过程中发现被告人可能符合强制医疗条件的,应当依照法定程序对被告人进行法医精神病鉴定。经鉴定，被告人属于依法不负刑事责任的精神病人的，应当适用强制医疗程序，对案件进行审理。人民法院在审理第二审刑事案件过程中，发现被告人可能符合强制医疗条件的，可以依照强制医疗程序对案件作出处理，也可以裁定发回原审人民法院重新审判。

需要注意的是，为了防止其危害公共安全或者其他人的人身安全，经县级以上公安机关负责人批准，公安机关可以对其采取临时的保护性约束措施，如将其送往精神病院或者专门机构看管、治疗等。对于精神病人已没有继续危害社会可能，解除约束后不致发生社会危险性的，公安机关应当及时解除保护性约束措施。公安机关应当采取临时保护性约束措施而尚未采取的，人民检察院应当建议公安机关采取临时保护性约束措施。

（二）强制医疗案件的审理

1. 管辖法院。人民检察院申请对依法不负刑事责任的精神病人强制医疗的案件，由被申请人实施暴力行为所在地的基层人民法院管辖；由被申请人居住地的人民法院审判更为适宜的，可以由被申请人居住地的基层人民法院管辖。

2. 对强制医疗申请的审查与处理。对人民检察院提出的强制医疗申请，人民法院应当在 7 日内审查完毕，并按照下列情形分别处理：①不属于本院管辖的，应当退回人民检察院；②材料不全的，应当通知人民检察院在 3 日内补送；③属于强制医疗程序受案范围和本院管辖，且材料齐全的，应当受理。

3. 审理程序。审理强制医疗案件，应当通知被申请人或者被告人的法定代理人到场。被申请人或者被告人没有委托诉讼代理人的，应当通知法律援助机构指派律师担任其诉讼代理人，为其提供法律帮助。

审理强制医疗案件，应当组成合议庭，开庭审理。但是，被申请人、被告人的法定代理人请求不开庭审理，并经人民法院审查同意的除外。审理人民检察院申请强制医疗的案件，应当会见被申请人。人民法院对强制医疗案件开庭审理的，人民检察院应当派员出席法庭。

开庭审理申请强制医疗的案件，按照下列程序进行：①审判长宣布法庭调查开始后，先由检察员宣读申请书，后由被申请人的法定代理人、诉讼代理人发表意见；②法庭依次就被申请人是否实施了危害公共安全或者严重危害公民人身安全的暴力行为、是否属于依法不负刑事责任的精神病人、是否有继续危害社会的可能进行调查；调查时，先由检察员出示有关证据，后由被申请人的法定代理人、诉讼代理人发表意见、出示有关证据，并进行质证；③法庭辩论阶段，先由检察员发言，后由被申请人的法定代理人、诉讼代理人发言，并进行辩论。被申请人要求出庭，人民法院经审查其身体和精神状态，认为可以出庭的，应当准许。出庭的被申请人，在法庭调查、辩论阶段，可以发表意见。检察员宣读申请书后，被申请人的法定代理人、诉讼代理人无异议的，法庭调查可以简化。

对申请强制医疗的案件，人民法院审理后，应当按照下列情形分别处理：①符合我国《刑事诉讼法》第284条规定的强制医疗条件的，应当作出对被申请人强制医疗的决定；②被申请人属于依法不负刑事责任的精神病人，但不符合强制医疗条件的，应当作出驳回强制医疗申请的决定，被申请人已经造成危害结果的，应当同时责令其家属或者监护人严加看管和医疗；③被申请人具有完全或者部分刑事责任能力，依法应当追究刑事责任的，应当作出驳回强制医疗申请的决定，并退回人民检察院依法处理。

人民法院也可以在审理普通案件过程中直接决定启动强制医疗程序并进行审理。第一审人民法院在审理案件过程中发现被告人可能符合强制医疗条件的，应当依照法定程序对被告人进行法医精神病鉴定。经鉴定，被告人属于依法不负刑事责任的精神病人的，应当适用强制医疗程序，对案件进行审理。开庭审理时，应当先由合议庭组成人员宣读对被告人的法医精神病鉴定意见，说明被告人可能符合强制医疗的条件，后依次由公诉人和被告人的法定代理人、诉讼代理人发表意见。经审判长许可，公诉人和被告人的法定代理人、诉讼代理人可以进行辩论。人民法院审理后，应当按照下列情形分别处理：①被告人符合强制医疗条件的，应当判决宣告被告人不负刑事责任，同时作出对被告人强制医疗的决定；②被告人属于依法不负刑事责任的精神病人，但不符合强制医疗条件的，应当判决宣告被告人无罪或者不负刑事责任；被告人已经造成危害结果的，应当同时责令其家属或者监护人严加看管和医疗；③被告人具有完全或者部分刑事责任能力，依法应当追究刑事责任的，应当依照普通程序继续审理。

第二审人民法院在审理案件过程中，如果发现被告人可能符合强制医疗条件的，可以依照强制医疗程序对案件作出处理，也可以裁定发回原审人民法院重新审判。

4. 审理期限。根据我国《刑事诉讼法》第287条的规定，人民法院对于被申请人或者被告人符合强制医疗条件的，应当在1个月内作出强制医疗的决定。

5. 对强制医疗决定的复议。被决定强制医疗的人、被害人及其法定代理人、近亲属对强制医疗决定不服的，可以自收到决定书之日起5日内向上一级人民法院申请复议。复议期间不停止执行强制医疗的决定。

对不服强制医疗决定的复议申请，上一级人民法院应当组成合议庭审理，并在一个月内，按照下列情形分别作出复议决定：①被决定强制医疗的人符合强制医疗条件的，应当驳回复议申请，维持原决定；②被决定强制医疗的人不符合强制医疗条件的，应当撤销原决定；③原审违反法定诉讼程序，可能影响公正审判的，应当撤销原决定，发回原审人民法院重新审判。

对第一审人民法院在审理案件过程中发现被告人符合强制医疗条件，从而适用强制医疗程序并对案件进行审理得出的判决、决定，人民检察院提出抗诉，同时被决定强制医疗的人、被害人及其法定代理人、近亲属申请复议的，上一级人民法院应当依照第二审程序一并处理。

四、强制医疗的执行、定期复查与解除

（一）强制医疗的执行

人民法院决定强制医疗的，应当在作出决定后5日内，向公安机关送达强制医疗决定书和强制医疗执行通知书，由公安机关将被决定强制医疗的人送交强制医疗。

（二）强制医疗的定期复查与解除

1. 定期复查。在强制治疗过程中，强制医疗机构应当定期对被强制医疗的人进行诊断评估。对于已不具有人身危险性，不需要继续强制医疗的，应当及时提出解除意见，报决定强制医疗的人民法院批准。

2. 解除。被强制医疗的人及其近亲属应当向作出强制医疗决定的人民法院提出申请。被强制医疗的人及其近亲属提出的解除强制医疗申请被人民法院驳回，6个月后再次提出申请的，人民法院应当受理。

3. 对解除强制医疗意见和解除强制医疗申请的处理。强制医疗机构提出解除强制医疗意见，或者被强制医疗的人及其近亲属申请解除强制医疗的，人民法院应当审查是否附有对被强制医疗的人的诊断评估报告。强制医疗机构提出解除强制医疗意见，未附诊断评估报告的，人民法院应当要求其提供。被强制医疗的人及其近亲属向人民法院申请解除强制医疗，强制医疗机构未提供诊断评估报告的，申请人可以申请人民法院调取。必要时，人民法院可以委托鉴定机构对被强制医疗的人进行鉴定。强制医疗机构提出解除强制医疗意见，或者被强制医疗的人及其近亲属申请解除强制医疗的，人民法院应当组成合议庭进行审查，并在1个月内，按照下列情形分别处理：（1）被强制医疗的人已不具有人身危险性，不需要继续强制医疗的，应当作出解除强制医疗的决定，并可责令被强制医疗的人的家属严加看管和医疗；（2）被强制医疗的人仍具有人身危险性，需要继续强制医疗的，应当作出继续强制医疗的决定。人民法院应当在作出决定后5日内，将决定书送达强制医疗机构、申请解除强制医疗的人、被决定强制医疗的人和人民检察院。决定解除强制医疗的，应当通知强制医疗机构在收到决定书的当日解除强制医疗。人民检察院认为强制医疗决定或者解除强制医疗决定不当，在收到决定书后20日内提出书面纠正意见的，人民法院应当另行组成合议庭审理，并在1个月内作出决定。

五、检察机关对强制医疗程序的监督

我国《刑事诉讼法》第289条规定:"人民检察院对强制医疗的决定和执行实行监督。"据此,人民检察院有权对强制医疗程序进行监督。其中,对强制医疗启动程序和决定程序的监督,由人民检察院公诉部门负责;人民检察院公诉部门发现人民法院或者审判人员审理强制医疗案件违反法律规定的诉讼程序,应当向人民法院提出纠正意见。而对临时保护性措施的执行监督、对强制医疗执行的监督由人民检察院监所检察部门负责。人民检察院监所检察部门发现公安机关对涉案精神病人进行鉴定的程序违反法律或者采取临时保护性约束措施不当,或者对涉案精神病人采取临时保护性约束措施时有体罚、虐待等违法情形的,应当提出纠正意见。

第五编
附　论

第二十六章 联合国刑事司法准则与我国刑事诉讼
CHAPTER 26

第一节 概 述

一、联合国刑事司法准则的概念

联合国刑事司法准则是指联合国制定、认可或倡导的,在刑事司法中应当遵循和贯彻的标准和规范的总称。在联合国文书中,通常表述为"The Standards and Norms of UN in Criminal Justice",其宗旨在于促使世界各国为有效惩罚犯罪提供必要手段和便利的同时,保障每一个公民的基本人权不被非法侵犯。

联合国刑事司法准则并不是一个单一的文件,而是由联合国各组织机构制定的一系列文件和一些文件中的有关规定以及国际条约中有关刑事司法规定的综合。[1] 自1945年创建以来,联合国在刑事司法方面已经形成了一个相对完备、科学的体系,为世界各国刑事司法体系的完善与改革提供了十分重要的导向作用。联合国刑事司法准则具有以下几个特点:

第一,很大程度的普适性。联合国刑事司法准则是各方成员国共同努力的结果,因而能够最大限度地跨越不同社会和文化的差异,为众多国家所逐步认同接受,其中许多国际公约都具有普遍适用的权威性。值得注意的是,由于联合国刑事司法机构众多,各自通过或认可的准则具有不同的权威性,并且各机构通过准则的程序有很大不同,因此刑事司法准则的普适性也需要分别认定。尽管如此,相对于其他国际组织或区域性组织通过的有关准则而言,由联合国制定、认可或倡导的准则仍然具有较高层次的普遍适用价值。

第二,价值多元性。世界各国的刑事司法体系普遍追求两大价值目标,一是实现程序正义,保障人权;二是有效预防犯罪,维护社会有序发展。这两个价值目标亦是联合国刑事司法准则不断发展及完善的方向。因此联合国制定的刑事司法准则以减少犯罪率,提高执法和司法的效率和效力,尊重人权和促进公正、人

---

[1] 杨宇冠:《国际人权法对我国刑事司法改革的影响》,中国法制出版社2008年版,第16页。

道为最高目标。从联合国刑事司法准则的内容看，有的侧重于司法公正和保障人权，有的侧重于控制犯罪和预防犯罪。当这两个价值目标发生冲突时，国际公认的原则是，不得以牺牲司法公正或威胁基本人权为代价来控制犯罪或建立秩序。

第三，开放性。联合国刑事司法准则涉及的问题相当广泛，其内容不仅包含刑事司法领域国际公认的基本人权规范，还包括刑事实体法以及刑事程序法等。自创建以来，联合国遵循客观情势需要以及国际人权不断发展的要求先后设立了人权委员会、社会委员会、人权事务委员会等各种机构，各个部门相互分工，不断丰富刑事司法准则的内涵。

二、联合国刑事司法准则的法律渊源和体系

（一）联合国刑事司法准则的法律渊源

联合国刑事司法准则包含在联合国制定或批准的国际公约和其他国际法律文书之中。从效力层面分析，联合国刑事司法准则的法律渊源有以下三个层次：[1]

第一个层次是具有法律约束力的国际公约。联合国大会通过、制定或批准的国际公约对缔约国具有法律上的约束力，所有签署、加入、批准的国家必须遵守并诚实履行。这一层次的刑事司法准则包括《联合国宪章》、"国际人权宪章"（《世界人权宣言》、《经济、社会和文化权利国际公约》、联合国《两权公约》）、联合国《禁止酷刑公约》等。其中以联合国《两权公约》最具代表性，它的有关规定构成联合国刑事司法的根本性准则，是迄今为止最为全面、集中地规定国际公认的刑事司法人权准则的联合国文书。

第二个层次是具有软法性质或者国际惯例性质的法律文书。其形式包括标准、规范、指导原则、原则、规则和守则，以及示范协定、决议、宣言、建议等。这些国际法律文书虽然不具有国际公约那样的法律强制力，但由于其产生和形成代表了成员国在刑事司法领域的"共识"和普遍做法，得到各成员国的认同和支持，所以也对各成员国具有道义上的约束和监督效力。具体包括历届联合国预防犯罪和罪犯待遇大会通过、并经联合国经社理事会或联合国大会批准的一系列国际法律文书，表现为联合国通过的有关宣言、决议及指导原则等，如《防止及惩治灭绝种族罪公约》、《囚犯待遇最低限度标准规则》等。

第三个层次是示范性或倡议性文书。比如由联合国制定并推荐的有关示范协定或模范立法，由历届联合国预防犯罪和刑事司法大会通过的有关预防犯罪战略

---

[1] 卞建林主编：《中国刑事司法改革探索——以联合国刑事司法准则为参照》，中国人民公安大学出版社2007年版，第34~36页。

设想之类的文书等。这一层次的刑事司法准则没有强制力,只供各国在制定类似文书时参考。

虽然后两个层次的国际法律文书仅具有道义上的约束力和政策上的重要参考价值,但是同样是刑事司法国际准则的重要渊源,因为它们表现了某种国际共识或发展趋势。

(二) 联合国刑事司法准则的法律体系

根据调整领域的不同,联合国刑事司法准则的内容体系主要涵盖以下几个方面:[1]

1. 刑事司法根本性准则体系。具体包括《联合国宪章》、《世界人权宣言》、《经济、社会、文化权利国际公约》和联合国《两权公约》。《联合国宪章》虽然没有直接涉及刑事司法这一领域,但其关于世界和平、基本人权和社会进步的一般宣告对联合国刑事司法领域发挥了巨大的参考作用。《世界人权宣言》中对无罪推定、法不溯及既往、不受任意逮捕和拘禁、公开审判、司法独立、辩护权、人人平等、禁止酷刑或残忍的不人道的待遇和刑罚、生命权、人身自由和安全等刑事司法原则进行了系统性的阐述。联合国《两权公约》对刑事司法准则的规定最为明确、集中、具体,与刑事诉讼有关规定主要体现在第9条和第14条中。其中第9条规定了人身自由和安全权,主要涉及刑事诉讼中禁止任意、非法逮捕和羁押的问题。第14条则规定了在刑事审判中的程序性保障原则,包括公正审判、公开审判、无罪推定、律师帮助权、与不利证人对质权、反对强迫自我归罪、一事不再理原则、错案赔偿等多方面的内容。

2. 关于执法、司法机关以及律师应当遵守的行为规范。具体包括联合国《司法独立原则》、联合国《检察官作用准则》、联合国《关律师作用的基本原则》、《执法人员使用武力和火器的基本原则》等。

3. 关于保护被拘禁的人。具体包括《保护所有遭受任何形式拘留或监禁的人的原则》、《非拘禁措施最低限度标准规则》和《有效防止和调查法外、任意和即决处决的原则》。

4. 关于禁止酷刑。这方面的刑事司法准则主要有《保护人人不受酷刑和其他残忍、不人道或有辱人格待遇或处罚宣言》、联合国《禁止酷刑公约》、《酷刑的法律调查和取证》。

5. 关于死刑。主要有联合国《死刑犯的权利保障措施》、《关于保护死刑权利的保障措施的执行情况》。

6. 关于囚犯待遇。主要包括联合国《囚犯待遇规则》、《切实执行囚犯待遇

---

[1] 卞建林、杨宇冠:《联合国刑事司法准则撮要》,中国政法大学出版社2003年版,第13~18页。

最低限度标准规则的步骤》、《开展国际合作，以求减少监狱人满为患和进行替代性刑罚》。

7. 关于保护未成年人和预防少年犯罪方面。具体包括《儿童权利宣言》、《儿童权利公约》、《少年司法最低限度标准规则》、《预防少年犯罪准则（利雅得准则）》和《保护被剥夺自由少年规则》。

8. 关于保护被害人方面。这一方面的刑事司法准则主要体现为《为罪行和滥用权力行为受害者取得公理的基本原则宣言》。

9. 关于刑事司法协助方面。《关于移交外籍囚犯的模式协定》、《刑事事件互助示范条约》、《引渡示范条约》、《刑事事件转移诉讼示范条约》等均对刑事司法协助方面有所规定。

第二节　联合国公约中的刑事司法国际准则

刑事司法正义是司法正义的基本组成部分，它是通过刑事司法活动所体现出的普遍公认的司法正义精神和原则。以国际视角看，加强法治，特别是实现刑事司法正义不是单纯的法律问题，而是与政治、经济和社会等各种因素密切相关。有效的预防犯罪和良好运作的司法机构对于建立及巩固刑事司法正义至关重要。在实现刑事司法正义的进程中，对人权的保障更是不可缺少的一环。

《世界人权宣言》是第一份保护世界人权的法律文件。《世界人权宣言》、联合国《两权公约》和《经济、社会及文化权利国际公约》共同构成国际人权宪章。1945年以来，一系列国际人权条约和其他法律文件的通过扩充了国际人权相关法律内容。国际人权相关法律所确立的权利既包括了实体权利，也包括程序权利。其中，程序权利中包含了大量的刑事程序内容，构成了刑事诉讼的基本国际准则。

一、诉讼权利平等原则

《世界人权宣言》第2条规定，人人有资格享受本宣言所载的一切权利和自由，不分种族、肤色、性别、语言、宗教、政治或其他见解、国籍或社会出身、财产、出生或其他身份等任何区别。联合国《两权公约》第2条作出了同样的规定，提出了一切人平等享有公约中所规定的所有权利，同时联合国《两权公约》第14条规定，所有的人在法庭和裁判所前一律平等。上述几条公约中的规定，确立了诉讼权利平等的刑事司法国际准则。

诉讼权利的平等具有重要的法律价值，该原则意味着法庭和裁判所应当平等地对待每一个人，确保他们能得到公平的对待。对于刑事被追诉人而言，其当然应当纳入诉讼权利平等原则的保护体系中，不应当因为涉嫌犯罪而遭受任何不公平处置。

二、司法补救原则

联合国《两权公约》第2条第3款要求，每一个公约缔约国需承担以下义务：①保证任何一个被侵犯了本公约所承认的权利或自由的人，能得到有效的补救，尽管此种侵犯是以官方资格行事的人所为；②保证任何要求此种补救的人能由合格的司法、行政或立法当局或由国家法律制度规定的任何其他合格当局断定其在这方面的权利；并发展司法补救的可能性；③保证合格当局在准予此等补救时，确能付诸实施。该条款是司法补救原则的有效体现。《世界人权宣言》第8条同样对司法补救原则有所规定，即任何人当宪法或法律所赋予他的基本权利遭受侵害时，有权由合格的国家法庭对这种侵害行为作有效的补救。

司法补救原则是指个人的由国际公约所承认的权利或自由受到侵犯时，国家负有提供有效补救的义务。违法现象和侵犯个人权利的现象在任何国家都有可能发生。对于刑事被追诉人而言，更是如此。对此，确认被侵犯的权利得以寻求有效司法补救就显得十分重要。根据联合国公约的规定，国家要保障侵权行为由合格的当局进行审查，并根据侵权性质作出相应的侵权补救。只有这样，才能够使权利保障系统具有完整性。

除此之外，联合国《两权公约》第14条第5款规定，凡被判定有罪者，应有权由一个较高级法庭对其定罪及刑罚依法进行复审。审级制度是保证裁决的正确性，及时纠正错误裁判的诉讼机制。被判定有罪者对于已经做出的有罪判决有不服意见的，表明该判决可能存在不公正，或者被判定有罪者对作出有罪判决的法庭失去信任。因此，建立审级制度，赋予被判决有罪者复审权，在某种程度上而言也是司法补救原则的有效体现。

三、限制死刑原则

联合国《两权公约》第6条规定，人人有固有的生命权。这个权利应受法律保护。不得任意剥夺任何人的生命。在未废除死刑的国家，判处死刑只能是作为对最严重的罪行的惩罚，判处应按照犯罪时有效并且不违反本公约规定和防止及惩治灭绝种族罪公约的法律。这种刑罚，非经合格法庭最后判决，不得执行。任何被判处死刑的人应有权要求赦免或减刑。对一切判处死刑的案件均得给予大赦、特赦或减刑。对18岁以下的人所犯的罪，不得判处死刑；对孕妇不得执行死刑。该条款集中反映了联合国公约对生命权的保障态度，并从实体法和程序法角度规定死刑的控制问题。

生命权是一切权利的基础，是人所享有的最重要的权利，因此，法律对于生命权应当给予切实有效的程序保障。从刑事诉讼法角度理解，只有经过正当、正义的刑事诉讼程序，才能剥夺一个人的生命。

四、禁止酷刑或施以残忍的、不人道的或侮辱性的待遇或刑罚原则

联合国《两权公约》第7条规定，任何人均不得加以酷刑或施以残忍的、不人道的或侮辱性的待遇或刑罚。特别是对任何人均不得未经其自由同意而施以医药或科学试验。该公约第10条规定，所有被剥夺自由的人应给予人道及尊重其固有的人格尊严的待遇。除特殊情况外，被控告的人应与被判罪的人隔离开，并应给予适合于未判罪者身份的分别待遇；被控告的少年应与成年人分隔开，并应尽速予以判决。监狱制度应包括以争取囚犯改造和社会复员为基本目的的待遇。少年罪犯应与成年人隔离开，并应给予适合其年龄及法律地位的待遇。《世界人权宣言》第5条亦规定，任何人不得加以酷刑，或施以残忍的、不人道的或侮辱性的待遇或刑罚。

虽然上述规定是不同公约的不同条款，但是均规定了禁止酷刑或施以残忍的、不人道的或侮辱性的待遇或刑罚原则，其目的在于保护个人的尊严、身体和精神不受非法侵犯，不管这种侵犯是以公职人员还是以官方身份所造成的。根据联合国人权事务理事会的解释，该原则在任何情况下都不得予以克减，即使是在社会紧急状态威胁到国家的生命并经正式宣布时，各缔约国都必须遵照执行。当然，纯因正当的刑罚所引起的疼痛或痛苦不包括在内。

五、程序保障原则

《世界人权宣言》第9条规定，任何人不得加以任意逮捕、拘禁或放逐。联合国《两权公约》第9条对此精神作出了更为详尽的阐述规定，即人人有权享有人身自由和安全。具体包括：①任何人不得加以任意逮捕或拘禁。除非依照法律所确定的根据和程序，任何人不得被剥夺自由。②任何被逮捕的人，在被逮捕时应被告知逮捕他的理由，并应被迅速告知对他提出的任何指控。③任何因刑事指控被逮捕或拘禁的人，应被迅速带见审判官或其他经法律授权行使司法权力的官员，并有权在合理的时间内受审判或被释放。等候审判的人受监禁不应作为一般规则，但可规定释放时应保证在司法程序的任何其他阶段出席审判，并在必要时报到听候执行判决。④任何因逮捕或拘禁被剥夺自由的人，有资格向法庭提起诉讼，以便法庭能不拖延地决定拘禁他是否合法以及如果拘禁不合法时命令予以释放。⑤任何遭受非法逮捕或拘禁的受害者，有得到赔偿的权利。

上述条文集中阐述了人身自由的程序保障原则，该原则要求国家通过宪法和

法律确定公正的刑事程序，侦查、起诉和审判机关必须在法律范围内依照法定程序行使职权，未经法定程序，不得对任何人进行指控、逮捕、审判和处刑。程序保障原则的目的是限制刑事活动中国家公权力的行使，要求任何机关的决定必须有程序上和实体上的依据。就程序合法性原则来说，具体包括：①迅速告知指控。赋予被追诉人充分的知情权，主要是为了确保其在诉讼中能够充分、有效地做好辩护的准备。②对逮捕的合法性进行司法审查，即无论是刑罚的剥夺自由还是作为诉讼强制手段剥夺自由均应当由法院或行使司法权力的机构决定，剥夺自由是否合法由法院审查。

除此之外，联合国《两权公约》第 14 条规定，受审时间不被无故拖延。该条同样对人身自由的程序保障原则进行了阐释，即被追诉人有权迅速地接受审判。从刑事诉讼办案规律角度来说，及时地对被追诉人进行审判，能够有效避免被追诉人遭受长期羁押或长期处于受追诉状态，缩短被追诉人因刑事审判程序而难以自由行使人身权的状态，从刑事程序上充分保障了个人的人身自由。

六、审判独立、公正、公开原则

联合国《两权公约》第 14 条规定，在判定对任何人提出的任何刑事指控或确定他在一件诉讼案件中的权利和义务时，人人有资格由一个依法设立的合格的、独立的和无偏倚的法庭进行公正的和公开的审讯。《世界人权宣言》第 10 条规定，人人完全平等地有权由一个独立而无偏倚的法庭进行公正的和公开的审讯，以确定他的权利和义务并判定对他提出的任何刑事指控。这两条规定确立了刑事审判独立、公正、公开原则。

刑事审判权应当严格归属于合格的法庭享有，其他任何机构和个人没有审判权。刑事审判法庭应当是独立的，即不得依附于任何个人或团体，亦不得听从他人的无端指挥。刑事审判法庭也应当是公正无偏的，对诉讼任何一方应当平等对待而不能有所偏向。此外，为确保刑事法庭的独立、公平，刑事审判一般应当公开进行，并应公开地公布刑事裁决。当然，对由于民主社会中的道德的、公共秩序的或国家安全的理由，或当诉讼当事人的私生活的利益有此需要时，或在特殊情况下法庭认为公开审判会损害司法利益因而严格需要的限度下，可不使记者和公众出席全部或部分审判；但对刑事案件或法律诉讼的任何判刑决应公开宣布，除非少年的利益另有要求或者诉讼系有关儿童监护权的婚姻争端，联合国《两权公约》第 14 条作出了不予公开的例外规定。

七、无罪推定原则

1948 年 12 月 10 日，无罪推定原则在联合国大会通过的《世界人权宣言》

这一联合国文件中被首次得以确认。该宣言第 11 条第 1 款规定："凡受刑事控告者，在未经获得辩护上所需的一切保证的公开审判而依法证实有罪以前，有权被视为无罪。"联合国《两权公约》第 14 条第 2 款再次确认了无罪推定原则，即凡受刑事控告者，在未依法证实有罪之前，应有权被视为无罪。这是对无罪推定完整、经典的表述。

无罪推定原则是现代法治国家刑事司法通行的一项重要刑事诉讼原则，是国际公约确认和保护的基本人权，也是联合国在刑事司法领域制定和推行的最低限度标准之一。虽然两大法系就无罪推定原则内涵的认识不尽相同，但两大法系一致认可，认定犯罪的证明责任由代表国家的控方承担，这是无罪推定原则的应有之义。控方只能通过确实充分的证据来推翻无罪之推定，从而实现追究犯罪的目的。

联合国人权事务委员会在 2007 年通过的联合国《两权公约》第 32 号一般性意见规定：无罪推定是保护人权的基本要素，要求检方提供控诉的证据，保证在排除所有合理怀疑证实有罪之前，应被视为无罪，确保对被告适用无罪推定原则，并要求根据这一原则对待受刑事罪行指控者。所有公共当局均有责任不对审判结果作出预断，如不得发表公开声明指称被告有罪。

八、辩护权原则

联合国《两权公约》第 14 条规定，受到刑事指控的人有权"出席受审并亲自替自己辩护或经由他自己选择的法律援助进行辩护。如果他没有法律援助，要通知他享有这种权利；在司法利益有此需要的案件中，为他指定法律援助，而在他没有足够能力偿付法律援助的案件中，不要他自己付费。"

被追诉人享受出庭权、辩护权以及获得法律帮助权是实现司法公平与正义的前提和保障之一。出庭权是被追诉人行使辩护权的重要前提，只有在享有出庭权的基础上，才能在法庭上有效针对控方的指控进行辩驳。现在世界上还有一些国家允许刑事诉讼缺席审判，如意大利等，但为保障被追诉人辩护权，要求缺席审判必须有其律师到庭。辩护权是被追诉人在刑事诉讼程序中的核心权利，没有或者不能充分保障辩护权的刑事诉讼是不公正的。在刑事程序中，被追诉人可以自己行使辩护权，也可以委托专业律师协助其辩护。对于无力聘请律师辩护而案件又符合法律援助条件之时，有权获得由国家提供的免费法律帮助，以此制度设计保障被追诉人辩护权的有效行使。

此外，对于不懂或不会说法庭上所用的语言的被追诉人，联合国《两权公约》第 14 条赋予其免费获得译员的援助的权利。在译员的帮助下，充分行使辩护权，维护审判公正。

九、不得强迫自证其罪原则

联合国《两权公约》第 14 条规定，不被强迫作不利于他自己的证言或强迫承认犯罪。不被强迫作不利于他自己的证言是指不强迫被告人在审判时接受询问；承认犯罪是指坦白罪行。该条文确定了刑事诉讼中，被追诉人不受强迫自证其罪的权利，亦可以解释为自愿供述原则或沉默权，前者是最低标准，后者是进一步的要求。

不得强迫自证其罪的原则体现了联合国公约对个人人格权的尊重，它提供给个人在面对刑事指控时的一种自由的选择权。如果被追诉人面对刑事指控选择沉默，那么任何国家司法机关，均不得以暴力、威胁、利诱和其他方法迫使被追诉人自证有罪。

十、一事不再理原则

联合国《两权公约》第 14 条第 7 款规定，任何人已依一国的法律及刑事程序被最后定罪或宣告无罪者，不得就同一罪名再予审判或惩罚。这一条确立了刑事诉讼中的一事不再理原则。

一事不再理原则，是指一个刑事案件经法院审判后，除法律另有规定以外，当事人不得再行起诉，法院不得再行处理。该原则在英美法系国家又称"禁止双重危险"原则。一事不再理原则实体法上的意义在于维护法院判决的"既判力"，程序法上的意义在于避免对被告人重复追诉和审判。[1]该原则在维护判决稳定性、严肃性的同时，保障了被追诉人的权利。如果司法机关利用其所拥有的资源和权力，对于公民的一项犯罪行为反复实施多次的刑事追诉，从而追求最终对其定罪的结果，那么被追诉人将会永远活在不安定的状态之中。

十一、对未成年人诉讼权利的特殊保护

联合国《两权公约》第 14 条第 4 款规定，对少年的案件，在程序上应考虑到他们的年龄和帮助他们重新做人的需要。

与成年人相比，未成年人的生理和心理有其自身的特点，他们正值青春发育阶段，尚难形成稳定的是非观以及正确的价值观，对一些不良行为容易产生模仿的冲动。也正因为未成年人的这种生理和心理特点，处理此类案件时更应当考虑对他们的教育以及挽救，以保障其有效的改过自新。对此，联合国儿童特别问题

---

[1] 宋英辉主编：《刑事诉讼法学》，北京师范大学出版社 2010 年版，第 445 页。

会议先后出台了《儿童权利公约》、《保护被剥夺自由少年规则》以及《预防少年犯罪准则（利雅得准则）》，以建立适应未成年人的特殊刑事程序，保证未成年人的身心能够健康发展。

第三节　联合国刑事司法准则与我国刑事诉讼

自联合国刑事司法准则体系逐步确立以来，对世界各国的刑事司法产生了积极和深远的影响。我国对联合国刑事司法准则长期以来一直保持高度的关注和尊重，重视在刑事司法领域与联合国加强合作，先后缔结参与了一系列具有重要影响的联合国决议。

一个国家加入联合国公约需要根据本国国内法的程序规定予以签署和批准。根据我国《宪法》第 67 条第 14 款的规定，全国人民代表大会常务委员会有权"决定同外国缔结的条约和重要协定的批准和废除。"该条表明联合国刑事司法准则在我国生效的前提是经中国有权机关批准该公约。在司法实践中，联合国公约一般由我国派驻联合国常驻代表团的大使签署，在签署之后，并不意味着该公约对我国有约束力，而只表明我国有意向参加该公约。联合国公约在我国的生效需要根据公约本身的规定向公约保存机构即联合国秘书长提交批准书，然后根据公约本身的规定确定生效时间。联合国通过的人权和涉及人权的公约很多，其中最重要的有六个人权公约，我国已经批准了其中的五个：①1997 年 10 月 27 日签署、2001 年 2 月 28 日批准的《经济、社会和文化权利国际公约》；②1981 年 12 月 29 日交存加入书、1982 年 1 月 28 日生效的《消除一切形式种族歧视国际公约》；③1980 年 11 月 4 日签署、1980 年 12 月 4 日生效的《消除对妇女一切形式歧视公约》；④1990 年 8 月 29 日签署、1991 年 12 月 29 批准的《儿童权利公约》；⑤1986 年 12 月 12 日签署、1988 年 10 月 4 日交存批准书的联合国《禁止酷刑公约》。对于联合国《两权公约》我国于 1998 年 10 月 5 日签署，目前尚待正式批准。

联合国公约在一个国家内的生效意味着该国应当诚实的执行公约的规定，享有公约规定的权利、承担公约规定的义务。各个国家执行联合国公约的方式不同，以美国为例，它加入的联合国公约可以在国内直接生效，不需要转化为国内的法律，又如英国，经批准的联合国公约不直接在国内生效，而是要转化为国内法才能生效。我国没有统一规定联合国刑事司法准则在我国的法律效力。在刑事司法领域，目前采用的是吸收原则，即我国法院不能直接引用联合国公约的规定作出判决，而是应当待国内立法参照联合国公约对国内法律进行相应修改后，才能予以援用。

加入联合国国际公约对我国现行法制尤其是刑事诉讼体制及其运作机制产生了重要的影响。1996年及2012年对《刑事诉讼法》的修改，均能看到我国刑事司法吸收联合国刑事司法准则的诚意。当然，任何国家的法律或者国际公约都不是标准模板，对于联合国刑事司法准则也不应是全盘接受，而是要根据我国国情，有选择的接受。在确立此种立法观的基础上，理性看待我国《刑事诉讼法》与联合国刑事司法准则的对比研究工作，能有效分析在我国实施联合国刑事司法准则的可行性。

一、我国《刑事诉讼法》中体现联合国刑事司法准则的内容

（一）关于诉讼权利平等原则

《世界人权宣言》和联合国《两权公约》均提出了实现人人诉讼权利平等的原则性要求。目前，世界各国基本已经在国内立法中确认了人人平等原则。该原则亦在我国《刑事诉讼法》第6条中有所体现，即人民法院、人民检察院和公安机关进行刑事诉讼，对于一切公民，在适用法律上一律平等，在法律面前，不允许有任何特权。这表明我国在诉讼权利平等原则的立法态度上，与联合国公约保持一致。

（二）关于司法补救原则

联合国《两权公约》第2条要求，当个人所享有的由联合国公约赋予的权利遭受侵犯时，国家司法机关应当有提供司法补救的义务。对此，我国《刑事诉讼法》第14条第2款规定，诉讼参与人对于审判人员、检察人员和侦查人员侵犯公民诉讼权利和人身侮辱的行为，有权提出控告。以此确保诉讼参与人的人格尊严以及诉讼权利不受公权力机关的侵犯。

除此之外，《刑事诉讼法》第216条规定，被告人、自诉人和他们的法定代理人，不服地方各级人民法院第一审的判决、裁定，有权用书状或者口头向上一级人民法院上诉。被告人的辩护人和近亲属，经被告人同意，可以提出上诉。对被告人的上诉权，不得以任何借口加以剥夺。这条规定是我国复审制的体现，对于诉讼参与人，之所以有不同于一审的意见，要么是因为一审判决可能存在不公正的情况，要么是因为诉讼当事人对一审法院失去了基本信任，需要寻求更高的审判机关来对案件进行全面审查，可以说，赋予刑事诉讼参与人复审权，在某种程度上而言也是司法补救原则的有效体现。

（三）关于限制死刑

我国《刑事诉讼法》通过死刑复核程序严格控制对死刑案件的核准权。除此之外，对于可能被判处死刑的犯罪嫌疑人、被告人，刑事司法程序通过多方面制度设计确保其诉讼权利的有效行使，从而防止死刑的滥用。这些制度设计主要

体现在以下几个方面：①对于犯罪嫌疑人、被告人可能判处死刑，没有委托辩护人的，人民法院、人民检察院和公安机关应当通知法律援助机构指派律师为其辩护。②侦查人员在讯问可能被判处死刑的犯罪嫌疑人时，应该对讯问过程进行录音或录像。③对于可能判处死刑的案件，在审理期限上可以适当延长，以确保查清案件的真实情况。④最高人民法院复核死刑案件，应当讯问被告人，辩护律师提出要求的，应当听取辩护律师的意见。上述这些规定，体现了我国刑事诉讼程序对死刑适用的谨慎态度。

（四）关于禁止酷刑或施以残忍的、不人道的或侮辱性的待遇或刑罚原则

联合国《两权公约》要求对被追诉人应该给予人道及尊重，不得对其施以酷刑或施以残忍的、不人道的或侮辱性的待遇或刑罚。《刑事诉讼法》第50条规定，审判人员、检察人员、侦查人员必须依照法定程序，收集能够证实犯罪嫌疑人、被告人有罪或者无罪、犯罪情节轻重的各种证据。严禁刑讯逼供和以威胁、引诱、欺骗以及其他非法方法收集证据。除此之外，《刑事诉讼法》第54条规定，采用刑讯逼供等非法方法收集的犯罪嫌疑人、被告人供述和采用暴力、威胁等非法方法收集的证人证言、被害人陈述，应当予以排除。通过对非法言词证据的排除，削弱公安司法机关刑讯获得口供的原始动机。

（五）关于程序保障原则

《世界人权宣言》和联合国《两权公约》均规定，任何人不得加以任意逮捕、拘禁或放逐，并从刑事程序上对被追诉人人身自由的限制作出了严格的程序性要求。对此，我国《刑事诉讼法》第78条规定，逮捕犯罪嫌疑人、被告人，必须经过人民检察院批准或者人民法院决定，由公安机关执行。除此之外，为了保障犯罪嫌疑人、被告人的人身自由权利，切实地降低刑事羁押率，我国《刑事诉讼法》不仅对公安机关申请，以及检察机关批准或决定逮捕的内部程序予以详细规定，并且设立了取保候审、住处监视居住与指定居所监视居住的强制措施，以防止逮捕羁押的不当滥用。

（六）关于审判独立、公正、公开原则

我国《刑事诉讼法》第5条规定，人民法院依照法律规定独立行使审判权，人民检察院依照法律规定独立行使检察院，不受行政机关、社会团体和个人的干涉。第11条规定，人民法院审判案件，除本法另有规定的以外，一律公开进行。尽管我国的审判独立，仅指人民法院整体的独立，并不包括其他国家要求的审判法官个体独立，但是就审判独立的总体要求而言，与国际公约的精神一致。

（七）关于辩护权原则

我国《刑事诉讼法》第11条规定，被告人有权获得辩护，人民法院有义务保证被告人获得辩护。第14条规定，人民法院、人民检察院和公安机关应当保

障犯罪嫌疑人、被告人和其他诉讼参与人依法享有的辩护权和其他诉讼权利。第 32 条规定，犯罪嫌疑人、被告人除自己行使辩护权以外，还可以委托一至二人作为辩护人。第 34 条规定，犯罪嫌疑人、被告人因经济困难或者其他原因没有委托辩护人的，本人及其近亲属可以向法律援助机构提出申请。对符合法律援助条件的，法律援助机构应当指派律师为其提供辩护。此外，对于犯罪嫌疑人、被告人是盲、聋、哑人，或者是尚未完全丧失辨认或者控制自己行为能力的精神病人，或者是可能被判处无期徒刑、死刑，或者是未成年犯罪嫌疑人、被告人，而没有委托辩护人的，人民法院、人民检察院和公安机关应当通知法律援助机构指派律师为其提供辩护。此外，我国《刑事诉讼法》第 9 条规定，各民族公民都有用本民族语言文字进行诉讼的权利。人民法院、人民检察院和公安机关对于不通晓当地通用的语言文字的诉讼参与人，应当为他们翻译。

上述相关法律条文从赋予辩护权、辩护权的行使方式、提供刑事辩护法律援助以及翻译等方面，切实保障了犯罪嫌疑人、被告人的辩护权。

（八）关于对未成年人诉讼权利的特殊保护

《刑事诉讼法》在特别程序中设立未成年人刑事案件诉讼程序专章，以确保对未成年人诉讼权利的特殊保护，这一点与联合国《两权公约》的要求趋于一致。在这一专章里，除了传统的对法定代理人在场原则、提供法律援助辩护以及不公开审理原则等内容予以再次确认外，创设了社会调查制度、附条件不起诉制度以及案卷封存制度。上述内容秉承对犯罪的未成年人实行教育、感化、挽救的方针，坚持教育为主、惩罚为辅的原则，针对未成年人的生理、心理特点和成长需要对未成年人提供诉讼程序中的特殊保障，符合联合国刑事司法准则的要求。

二、我国《刑事诉讼法》与联合国刑事司法准则的差距

虽然将联合国刑事司法准则作为我国《刑事诉讼法》改革的参照系，并非我们目前刑事司法改革的唯一路径，但是遵循联合国刑事司法准则所规定的基本要求却是我们趋近"惩罚犯罪、保障人权"目标的最佳路径。因此，有必要将我国《刑事诉讼法》中与联合国刑事司法准则的差距予以适当的对比研究，由此推演出下一步刑事司法改革的方向。

（一）无罪推定原则的再完善

目前世界上适用最广、也是《世界人权公约》、联合国《两权公约》所公认的原则便是无罪推定原则。刑事诉讼程序从一个侧面讲，就是对被追诉人的这种原始状态的否定性求证过程。任何宣布个人有罪的裁决都必须越过无罪推定原则下设的种种制度障碍。在未经法律授权机关最终确切否定之前或不能否定之前，只好承认他本身的原始状态，即无罪状态。

对此，我国《刑事诉讼法》第 12 条规定："未经人民法院依法判决，对任何人都不得确定有罪"。根据这一原则性规定，只要法院没有依法作出对于被告人的有罪判决，被告人便处于无罪公民的地位，享有一个无罪公民的全部诉讼权利，这是国家对尊重和保障人权的再次重申。然而，与联合国公约中确立的无罪推定原则相较而言，我国《刑事诉讼》第 12 条的规定还有尚待完善之处。

联合国公约中无罪推定的传统格式为：被告人未经法院依法判决，应推定为无罪的人。从国际惯用之无罪推定原则的表述来看，强调的是被指控人在刑事诉讼过程中所处于的被推定为无罪的地位，因此，无罪推定原则要求在刑事诉讼中赋予被指控人推定无罪所应享有的诉讼权利。而我国《刑事诉讼法》第 12 条之规定所强调的是人民法院的定罪权。这种侧重点的差异，表明了我国只是吸收了无罪推定的部分内容，并未完全确立无罪推定原则。

此外，从立法解释的角度上，根据全国人大常委会法制工作委员对《刑事诉讼法》第 12 条的解释，"我们反对有罪推定，但也不是西方国家的那种无罪推定，而是实事求是地进行侦查，客观地收集有罪或者无罪、罪轻或者罪重的各种证据，在人民法院作出有罪判决以前，我们不称被告人为罪犯，但也不说他没有罪或假定他无罪，如果假定他无罪，那么侦查机关对他进行侦查、采取强制措施就没有根据了"。可以说，我国《刑事诉讼法》与联合国《两权公约》中关于无罪推定的表述差异，实质上反映了对犯罪嫌疑人、被告人权利保障程序的差异。而正是由于这种观念上的预断与偏见，可能直接影响到犯罪嫌疑人、被告人在刑事诉讼程序中权利的行使。

（二）不得强迫自证其罪原则的再完善

我国《刑事诉讼法》第 50 条规定，审判人员、检察人员、侦查人员必须依照法定程序，收集能够证实犯罪嫌疑人、被告人有罪或者无罪、犯罪情节轻重的各种证据。严禁刑讯逼供和以威胁、引诱、欺骗以及其他非法方法收集证据，不得强迫任何人证实自己有罪。2012 年《刑事诉讼法》一经修改，第 50 条的相关内容就成为刑事司法学界热议的对象，有学者认为，该条款确立了我国不得强迫自证其罪原则，是对犯罪嫌疑人、被告人人权保障的一大进步。

然而，2012 年《刑事诉讼法》的修改仍旧保留了原法第 64 条的规定，即侦查人员在讯问犯罪嫌疑人的时候，应当首先讯问犯罪嫌疑人是否有犯罪行为，让他陈述有罪的情节或者无罪的辩解，然后向他提出问题。犯罪嫌疑人对侦查人员的提问，应当如实回答。但是对与本案无关的问题，有拒绝回答的权利。这条规定明确要求了犯罪嫌疑人有"如实陈述"的义务，而没有保持沉默或者拒绝陈述的权利。

虽然我国《刑事诉讼法》为保障犯罪嫌疑人不得强迫自证其罪设立了非法

言词证据的排除程序，但是供述义务的存在却显然违背了无罪推定原则以及举证责任的相关规定。除此之外，司法实践之中，犯罪嫌疑人口供仍然是我国刑事司法重要证据来源之一，规定犯罪嫌疑人有"如实供述"的义务会助长侦查机关对犯罪嫌疑人供述的依赖，这也是刑讯逼供屡禁不止的重要原因。因此，要在我国真正确立不得强迫自证其罪的原则，对犯罪嫌疑人、被告人的如实供述要求应当取消。

（三）一事不再审原则的再完善

联合国《两权公约》第14条第7款规定的一事不再审原则，一方面有利于维护判决的稳定性和司法的严肃性，另一方面也是对犯罪嫌疑人、被告人内心安定权的维护。

与之相较，我国传统刑事司法观念是"有错必纠"原则，它不仅包括对于无罪有罪判、轻罪重罪判的裁决的更正，还包括对有罪无罪判、重罪轻判的裁决的推翻，并且这种更正没有期限的限制，凡是人民法院认为判决存有错误的情况，都有权启动再审程序，对被追诉人重新予以定罪量刑。这一规定显然与联合国《两权公约》的相关规定相互冲突。这可能会导致司法机关利用自身资源和权力，无止境地对被追诉人予以追诉，以最终实现对其定罪的目的，也不利于被害人尽早从刑事案件带来的伤害中走出来，从而造成上访案件的累积，不利于社会的安定。

因此，我国应当参照联合国《两权公约》的规定，建立一事不再审原则。具体在立法过程中，可以结合我国国情，设立一事不再审的例外情形，以实现现行规定到一事不再审原则真正确立之间的合理过渡。

附　本书法律文件简称表

中国法律文件

全　称	简　称
1.《中华人民共和国宪法》	《宪法》
2.《中华人民共和国刑事诉讼法》（1979年）	1979年《刑事诉讼法》
3.《中华人民共和国刑事诉讼法》（1996年）	1996年《刑事诉讼法》
4.《中华人民共和国刑事诉讼法》（2012年）	《刑事诉讼法》
5.《中华人民共和国刑法》	《刑法》
6.《中华人民共和国律师法》	《律师法》
7.《中华人民共和国人民警察法》	《人民警察法》
8.《中华人民共和国反间谍法》	《反间谍法》
9.《中华人民共和国人民法院组织法》	《人民法院组织法》
10.《中华人民共和国人民检察院组织法》	《人民检察院组织法》
11. 最高人民法院、最高人民检察院、公安部、国家安全部、司法部、全国人大常委会法制工作委员会《关于实施刑事诉讼法若干问题的规定》	六部门《规定》
12. 最高人民法院、最高人民检察院、公安部、国家安全部、司法部《关于办理死刑案件审查判断证据若干问题的规定》	两院三部《办理死刑案件证据规定》

续表

全　称	简　称
13. 最高人民法院、最高人民检察院、公安部、国家安全部、司法部《关于办理刑事案件排除非法证据若干问题的规定》	两院三部《非法证据排除规定》
14. 最高人民法院、最高人民检察院、公安部、司法部《关于进一步严格依法办案确保办理死刑案件质量的意见》	两院二部《办理死刑案件意见》
15. 最高人民法院、最高人民检察院、公安部、司法部《关于刑事诉讼法律援助工作的规定》	两院二部《法律援助规定》
16. 全国人大常委会《关于司法鉴定管理问题的决定》	人大常委会《司法鉴定管理决定》
17. 最高人民法院《关于适用〈中华人民共和国刑事诉讼法〉的解释》	最高法《解释》
18. 最高人民检察院《人民检察院刑事诉讼规则（试行）》	最高检《规则》
19. 公安部《公安机关办理刑事案件程序规定》	公安部《规定》
20. 司法部《司法鉴定程序通则》	司法部《司法鉴定通则》
21.《中华人民共和国国家赔偿法》	《国家赔偿法》

联合国法律文件

全　称	简　称
1. 联合国《公民权利和政治权利国际公约》	联合国《两权公约》
2. 联合国《关于保护死刑犯权利的保障措施》	联合国《死刑犯权利保障措施》
3. 联合国《禁止酷刑和其他残忍、不人道或有辱人格的待遇或处罚公约》	联合国《禁止酷刑公约》
4. 联合国《囚犯待遇最低限度标准规则》	联合国《囚犯待遇规则》
5. 联合国《关于司法机关独立的基本原则》	联合国《司法独立原则》
6. 联合国《关于检察官作用的准则》	联合国《检察官作用准则》
7. 联合国《关于律师作用的基本原则》	联合国《律师作用基本原则》
8. 联合国《打击跨国有组织犯罪公约》	联合国《打击跨国犯罪公约》
9. 联合国《反腐败公约》	联合国《反腐败公约》